刑事程序法论丛
Criminal Procedure Series

Research on Criminal
Collegiate Court

中国刑事合议庭研究

蒋志如／著

图书在版编目(CIP)数据

中国刑事合议庭研究/蒋志如著. —北京:北京大学出版社,2021.3
（刑事程序法论丛）
ISBN 978-7-301-32113-3

Ⅰ.①中… Ⅱ.①蒋… Ⅲ.①刑事诉讼—审判—合议制—研究—中国 Ⅳ.①D925.218.4

中国版本图书馆CIP数据核字(2021)第059719号

书　　　　名	中国刑事合议庭研究 ZHONGGUO XINGSHI HEYITING YANJIU
著作责任者	蒋志如　著
责 任 编 辑	孙战营
标 准 书 号	ISBN 978-7-301-32113-3
出 版 发 行	北京大学出版社
地　　　　址	北京市海淀区成府路205号　100871
网　　　　址	http://www.pup.cn
电 子 信 箱	law@pup.pku.edu.cn
新 浪 微 博	@北京大学出版社　@北大出版社法律图书
电　　　　话	邮购部 010-62752015　发行部 010-62750672　编辑部 010-62752027
印　刷　者	大厂回族自治县彩虹印刷有限公司
经　销　者	新华书店
	965毫米×1300毫米　16开本　23.25印张　457千字
	2021年3月第1版　2021年3月第1次印刷
定　　　　价	68.00元

未经许可，不得以任何方式复制或抄袭本书之部分或全部内容。
版权所有，侵权必究
举报电话：010-62752024　电子信箱：fd@pup.pku.edu.cn
图书如有印装质量问题，请与出版部联系，电话：010-62756370

目录

第一章 中国刑事合议庭的基本问题、研究进路与材料 / 1

第二章 刑事合议(庭)制度的基本原理 / 26
 第一节 刑事合议(庭)制度基本原理的基本问题——一个导论 / 26
 第二节 刑事审级制度、判决制度对合议庭的外部约束 / 30
 第三节 作为组织的刑事合议庭合议的基本价值和原则 / 41
 第四节 刑事合议庭运行的基本机制 / 49

第三章 中国刑事合议庭:基于法律文本和现实的描绘 / 61
 第一节 刑事合议庭的规范考察——基于1949年以来法律文本的审视 / 62

第二节 刑事合议庭的运行现状考察(一):刑事合议庭 VS 刑事独任庭 / 83

第三节 刑事合议庭的运行现状考察(二):审判委员会视野下的独任庭、合议庭 / 104

第四节 本章小结 / 120

第四章 中国刑事合议庭中的法官 / 125

第一节 法官的知识积累与审判业务 / 125

第二节 法官薪资、仕途与刑事审判业务 / 155

第三节 其他因素与审判业务:法官尊严问题考 / 185

第四节 本章小结 / 207

第五章 中国刑事合议庭中的诉讼程序与司法过程 / 216

第一节 问题、材料与研究进路 / 216

第二节 帝制中国刑事法官的司法过程——以经典文学中的刑事案件为中心的考察 / 220

第三节 刑事法官在职务犯罪案件中的司法过程——以贪污贿赂犯罪为中心的考察 / 256

第四节 一般刑事案件的司法过程——以部分交通肇事罪为例的考察 / 301

第六章 法治视野下的中国刑事合议庭改革 / 333

主要参考文献 / 352

后　记 / 363

第一章　中国刑事合议庭的基本问题、研究进路与材料

一、刑事合议庭作为刑事审判组织的基本问题

(一) 中国刑事审判组织简史

在任何社会,刑事案件都是非常重要的一类社会纠纷,而且距离现代社会越远,刑事案件在整个社会、国家中的地位越高、比重也越高。在帝制中国,这一现象表现得更明显,因为民事案件也常常以刑事方式处断,如唐宋以后,对别籍异财(分家、分财产)往往以刑法规范之①,就好像帝制中国只有刑事纠纷、刑事案件。或者更确切地说,一切社会纠纷均可能以处置刑事案件的方式解决之,正如有的学者对中国传统纠纷处置方式的评论:整个社会的宗法等级制度森严,法律意识淡薄,极端专制的中央集权政府只重视用残酷的刑法和束缚人们思想的礼法来稳定其统治秩序,违背了封建礼法就要受到封建刑法的严厉处罚(此即所谓"出礼入刑")……②

基于刑事纠纷、刑事案件而来的刑事法律,如果从中国法律思想的角度看,起源于"兵"——进而有所谓的"兵刑一体"的观念。该观念反映了这样一种制度:

---

① 参见杨鸿烈:《中国法律思想史》,中国政法大学出版社2004年版,第260—265页。
② 参见季怀银:《中国传统民商法兴衰之鉴》,中国民主法制出版社2003年版,第23页。

古代刑罚最初由军事长官负责作出和实施,或者由军事长官担任法官(士、司寇、尉不仅仅是法官,更是军官),由其适用军法和刑法,抑或者更确切地说将军纪、军法用于刑事案件①;进而刑法、刑罚主要不与(公民或居民)权利相关,而是与军事管理、国家统制和政府治理相关,即通过刑法、刑罚的"禁奸止邪"达到管理社会和士兵的目的。与之相关的诉讼程序(如逋律、囚律)也同样如此。历朝历代均坚持并强化这一主张和立场,进而决定了中国古代法律的基本特征:诸法合体,以刑为主,重刑轻民。刑即法、法即刑,更或者说以刑一统(包括将诉讼法直接纳入刑法典),国家大法也以(历代)刑法典(如《秦律》《九章律》《唐律》《宋刑统》《大明律例》《大清律例》等)为基础。②

从刑事审判组织角度看,正因为法律或者刑律是历朝历代治理社会、国家的重要工具(礼、德为主,刑为辅,或者说它们是政府治理社会一体两面的工具),因而适用法律(刑律)和解决纠纷的主体、组织也不仅仅是刑事纠纷解决者,更是地方社会的治理者,两者往往集于一身(用当下的流行语来说,即"两块牌子,一套人马")。这一组织最初简陋,如廷尉既是职位、官位,又是机构组织。随着时间的推移、技术的发展、经济水平的提升,审判组织和审判人员得到相应的完善和细化,进而呈现出具有中国特色的审判组织体系。

首先,帝制中国非正式的审判组织。

在帝制中国,县(州)是历代王朝设立的最低级别的正式国家机构,县(州)以下均为非正式的组织或者说自治组织。这些非正式组织或自治组织在国家默认语境下可以获得部分审理刑事案件的权力。以下审判组织值得关注③:

(1)宗族审理机构。对宗族内的民事纠纷、部分刑事案件(如居丧娶

---

① 参见杨鸿烈:《中国法律思想史》,中国政法大学出版社 2004 年版,第 146—149 页。
② 参见张晋藩:《中国法律的传统与近代转型》,法律出版社 1997 年版,第 136—152 页。
③ 对此的详细分析,请参见高其才:《多元司法——中国社会的纠纷解决方式及其变革》,法律出版社 2009 年版,第 34—79 页;[英]S. 斯普林科尔:《清代法制导论——从社会学角度加以分析》,张守东译,中国政法大学出版社 2000 年版,第 99—120 页。
当然,并不限于这些组织,比如有的学者认为,还存在乡村中的村落审判组织和秘密会社内部的审判组织(高其才:《多元司法——中国社会的纠纷解决方式及其变革》,法律出版社 2009 年版,第 52—64 页、第 79—90 页)。

妻、以卑抗尊、亲族乱伦等行为)享有审判权。一般由族长或族内德高望重之人主持(审理),族内子弟参与,根据案件事实、情、理作出决定。一般一审终审,因为这是家族内部事务,国家承认宗族审理机构判断和处置与家族、宗族有关刑事案件的权力。如果犯罪行为的社会危害性达到需要国家介入的程度,宗族审理机构才可能被排斥在外。

(2)行会审理机构。行会是经济发展、发达的产物,也是城市特别是大城市发展到一定阶段的产物。当行会组织成立时,就有组织者。组织者制定行会章程、确定成员的基本权利和义务。虽然与宗族组织比较而言,行会的经济性、物质利益属性比较高,权利诉求更多,但其间仍然有可能发生刑事案件,甚至发生严重的刑事案件。这类刑事案件可以由行会出面处理。进而言之,当行会成员不愿意将该刑事案件交由官府(政府)处理时,行会内部的审理机构可以对这类案件进行审理。在追求"无讼"的帝制中国,官方默认行会审理机构的存在,默认其享有审判权。

但是,有一点值得注意:宗族审理机构和行会审理机构,作为非正式的审判组织,仅仅是地方政府(衙门)治理社会、解决纠纷的辅助机构,而非处理刑事案件的最终组织。如果当事人不服族长、行会作出的"判决",他们仍然可能求助于官府,虽然官府未必受理。① 因此,在非正式的审判组织内部,组织机构、诉讼程序、证据规则非常粗陋、原始,也没有多少专业知识和技巧辅助,而且宗族、行会更不寻求对诉讼程序、证据规则的改进,因为无论是在行会,抑或宗族内部均属于熟人社会(彼此知根知底),比较容易达致事实真相与情理、法理的统一。

其次,帝制中国正式的审理机构。

自国家诞生以来,国家即主导了刑事案件的审理。如果从审判组织(体系)角度看,专职司法的机关越来越完善:

从中央审判机关看:从最初(先秦)的士、司寇、大理,到廷尉,再到唐朝重要司法机关的"三司"(大理寺、刑部、御史台)。宋、元、明、清虽有损益,却基本延续"三司"之格局,只有职能区分上的差异,即刑部(取代大理

---

① 在中国语境下,一方面,知县、知府等不一定会受理案件,特别是他认为不重要的或者说无理取闹的或者不敢受理的案件。在此,他们的自由裁量权非常大,大到可以超出我们的想象,比如说武大郎被杀一案,知县即故意不受理。另一方面,则存在乱受理案件的情况。

寺)为最重要的刑事案件审判机关,而大理寺(原来为审判机构)、都察院主要承担监督、纠察等职能。① 晚清司法改革之前,中央审理刑事案件的审判机关为刑部。②

从地方刑事审判组织看,地方在宋元之前没有发展出专门的组织,基本上延续既有行政官员兼理司法的传统,亦即各级地方政府不仅仅是治理地方的一级政府,更是一级刑事审判组织。地方审判组织从最低一级到刑部之下有县衙、府(州)。当历史发展到明清两朝之际,在地方政府中,开始出现按察使司这一专职衙门,作为省级专职的审判刑事案件的机构。但按察使司仍然受制于巡抚或总督,他们相当于当下政法体制下的省高院院长或主管刑事的副院长。因此,地方一级的审判组织包括知县、知府、道台、按察使司、巡抚或者总督掌管的衙门。

另外,帝制中国不仅仅建立了比较成熟的审判组织,亦发展出成熟的刑事案件诉讼管辖制度,简单描绘如下:当一件刑事案件需要追究时,第一审即为知县在县衙的审理,第二审为知府衙门,第三审为道台衙门,第四审为按察使司衙门,第五审为督抚衙门。而且,不同性质的刑事案件有不同的终结审级,笞杖案件县衙一级即可审结,徒刑案件到督抚一级即可终结,流刑案件则要到刑部方可审结,死刑案件需要皇帝朱批才完成所有诉讼程序。③

简言之,作为正式的刑事审判组织,从地方到中央依次为:县衙、(知)府衙门、道(台)衙门、按察使司衙门、督抚衙门、刑部衙门。刑部衙门、按察使司衙门为专职的(刑事案件)审判组织,其他为行政兼理司法。④

---

① 从元开始,刑部即为审理刑事案件的部门,到明清之际,刑部仍然主天下刑名,其他两大机关大理寺和都察院更多是复核、驳正、检察,与唐朝三大中央司法机关的职能比较的话,的确变化不少,但其本质一致。

② 但其不是最高、最后的审判者,刑部上面还有作为最后判断者、最高法官的皇帝。

③ 参见魏淑民:《清代乾隆朝省级司法实践研究》,中国人民大学出版社 2013 年版;张可:《清代审级制度研究》,中国政法大学 2011 年博士学位论文,第 25—52 页。
另注:这一制度也被称为"逐级复审制"(参见郑秦:《清代法律制度研究》,中国政法大学出版社 2000 年版,第 90—101 页)。

④ 与此同时,还有一点值得注意:这些审判组织也没有垄断帝国所有的刑事案件,帝国通过默认的方式赋予相关组织审理部分刑事案件的权力,如兵部对涉及士兵案件的审理,吏部对部分官吏案件的审理。只有到了晚清司法改革之际,大理院(即原来的大理寺)负责所有案件的审理,刑部负责司法行政之事务,其他部门不再负责刑事案件的审理。

再次,近代以来刑事审判组织的发展。

鸦片战争以降,中国传统政制遭到重创。清末新政,既是对西方政制挑战的应对,也是对旧有政制的改革。它开创的中国近代化被民国继承。如果从司法改革、刑事审判组织建设角度看,到 1949 年中华人民共和国成立之时(大约 50 年的光景),中国已初步建立了一套完整的与行政机关、立法机关并立的(在形式上比较健全和完善的)司法体制:晚清、民国初年,从组织角度看,确立了大理院、高等审判厅、地方审判厅、初级审判厅的四级三审制的司法体制,它们是专职的(刑事案件)审判组织,在法院内部从法院建立之初即有刑事审判庭的设立。南京国民政府时期,国家设立了最高法院、高等法院(高等法院分院)、地方法院(或者县司法处)三级审判组织,实行三级三审制的司法体制,它们也是(甚至更)专职的审判组织,所有的刑事案件均已归属到法院刑事审判庭审理。

1949 年,中华人民共和国成立,确立了社会主义制度。经过 20 世纪 50 年代的法院建设,中国确立了初级人民法院(县法院)、中级人民法院(市中院)、高级人民法院(省高院)和最高人民法院(最高院)四级法院,并实行两审终审制的审级制度。此亦为专职的审判组织,其内设置的刑事审判庭负责审理所有的刑事案件。进而言之,在法院内部,设立专职的审理刑事案件的刑事审判庭(与民事审判庭、行政审判庭等并列),每一个刑事审判庭设立若干合议庭(至少一个,中级人民法院至少两个,在高级人民法院、最高人民法院则更多)。除此之外,在中华人民共和国成立初期,所有法院均设立审判委员会,负责本院重大、疑难的案件,还负责新型刑事案件。

简而言之,经过清末、民国和中华人民共和国近一百年的法院建设,中国在刑事审判组织问题上已确立了如下事项:

(1) 法院,作为一个整体,是审理刑事案件的专门组织,法院之外的其他组织被排除在外;

(2) 在法院内,只有刑事审判庭是专门审理刑事案件的组织,其他审判组织没有权限审理刑事案件;

(3) 刑事审判庭内部,设立若干刑事合议庭负责审理刑事案件;

(4) 法院内部刑事审判委员会是本院最高的审判组织,它的决议刑事合议庭应当执行。

(二) 中国刑事审判组织的基本问题

通过简单梳理中国历史上的刑事审判组织,我们可以确认如下基本事实:

首先,在帝制中国,审判组织比较简单,甚至很多审判组织、机构仍然是由行政官员兼理。虽然中国有久远之历史,却只发展出两级专职审理刑事案件的组织,即按察使司和刑部。在非专职的审判组织、审判衙门中,属吏不少(而且级别越高,属吏也越多),但法官只有一名。换而言之,知县、知府、道台等为各级政府部门的正职负责人,担任法官,其他人均为辅助者,进而审判组织非常简单或者说无法复杂,相当于当下的独任制或独任庭审判制度。

其次,就专职的审判组织而言:从刑事侦查、刑事审判角度看,专职的审判组织已有很多专业知识和司法经验的积累(如南宋宋慈所著的《洗冤集录》即为其担任知县、提点刑等刑狱官职务时的司法经验总结),但这些审判组织也常常按行政逻辑模式展开(亦即其在本质上仍然是一个行政机关①)。进而言之,在帝制中国,刑事审判组织虽然是一个审理案件的机关,虽然也需要专业知识,却并没有与其他权力机关、衙门有所区别。以刑部为例:刑部作为一个衙门,不仅仅其属吏需要有专业知识——在当时更多是要求有司法经验、司法经历——即使刑部尚书也应当有审案的司法经验,或者说如果有司法经验更容易得到认可、推荐。但是,刑部在性质上仍然是一个行政机关,或者说仅仅是整个国家衙门的组成部分,因为在衙门审案时,其中行政命令逻辑高于司法审判逻辑。换句话来说,刑部之官员审理刑事案件时,其司法逻辑不能、也无法抗衡所在官场、圈子内的行政运行逻辑。②

最后,晚清新政以来,经过一百余年的发展,从中央到地方都设立了

---

① 这一点,我们从《汉书》《后汉书》等著作中所描绘的官吏经历得到间接证明,很多官员在刑部、大理寺、都察院的职务仅仅是其人生经历之一,而且一般都是中间经历,他们向往更高的职务,因为在品级上,他们与宰相等职位相比要低。

② 这里的行政运行逻辑不仅仅包括上下级命令,也包括上下级官员间如私人关系的影响。比如,《红楼梦》中贾雨村审理的薛蟠打死冯渊一案,该案涉及贾政之亲戚(均为"四大家族"成员),贾雨村主动包庇薛蟠,并将审理结果上报贾政,以取悦贾府。

专职的、专业的审判组织,有三种审判组织,刑事审判委员会、刑事合议庭和刑事独任庭。三种刑事审判组织根据《中华人民共和国宪法》《中华人民共和国人民法院组织法》《中华人民共和国刑事诉讼法》以下简称《刑事诉讼法》)等法律文本确立的诉讼程序、证据规则展开刑事案件审理的工作。虽然从当下的司法实践看,刑事审判组织运行模式还有若干深层缺陷和问题,但与帝制中国比较已经有了巨大的变化,其内在的运行方式已有一种比较纯粹的司法逻辑,法官的判断是一种法律职业的判断,也是比较独立的司法判断。

而这一审理刑事案件的方式、模式是近一百余年才发展起来的,是一种新的司法模式。如果与帝制中国司法模式相比较,这种转变是从公堂到法庭(刑事合议庭)的转变。① 对于转变前的刑事审判组织的运行逻辑,笔者不打算在本书作详细研究,但会涉及(本书第五章,对此有所涉及);对于转变后刑事审判组织的运行逻辑,则是本书拟要探讨的基本问题。

首先,关于法律文本中的刑事合议庭。中华人民共和国成立以来,涉及刑事合议庭的法律文本,特别是1979年后的法律文本(包括最高人民法院系列的司法解释、地方各级法院的章程、规则等)已非常丰富。我们将以这些法律文本为基础,详细梳理法律文本中刑事合议庭的基本图景、运行模式及其在国家正式法律文献中存在的深层次问题。

其次,考察中国既有的司法体制的基本实践。根据中国当下司法体制,将刑事合议庭放置到法院系统、法院内部业务部门、刑事审判庭等框架下考察,以展示刑事合议庭的基本结构、运行模式,及其与刑事独任庭、刑事审判委员会之间的内在权力关系。

再次,对刑事合议庭中的法官进行考察,亦即对刑事合议庭中的人展开考察。只有当法官有尊严地司法、独立司法,并通过良好司法表现,使之在刑事审判中达到有效平衡之时,刑事合议庭之运行逻辑方可实现彻底转变,刑事审判组织也才能真正实现从公堂到法庭的转变。反之,刑事合议庭必将运行不畅,刑事法官的司法也仍将问题重重。

最后,考察刑事合议庭在刑事案件中的运行情况,亦即对刑事合议庭中的"事"进行考察:通过考察三类刑事案件(帝制中国的刑事案件、职务

---

① 参见张德美:《从公堂走向法庭:清末民初诉讼制度改革研究》,中国政法大学出版社2009年版,第23页。

犯罪刑事案件和交通肇事刑事案件)考察中国刑事合议庭的实际运行情况,以佐证前述对中国刑事合议庭、刑事法官及其相关事项之间内在深层关系的考察情况或判断。

总而言之,通过考察法律文本中的中国刑事合议庭的现实图景及刑事合议庭中的"人"和"事"探求合议庭的内在缺陷,并为未来改革刑事合议庭提供建议。

二、中国刑事审判组织、刑事合议庭研究的基本现状

研究转变后的中国刑事审判组织、刑事合议庭的运行逻辑,即是对当下刑事审判组织、刑事合议庭制度的研究。我们从什么视角对此展开研究呢?我们首先应当对既有研究、既有文献进行梳理,以探求该领域取得的成果和达成的学术共识。在此基础上,或者以新的研究方法,或者根据新的资料、文献推进对刑事审判组织、刑事合议庭的基本理论、理念的发展或者更新对其的认识。下面我们即对法学界在刑事审判组织、刑事合议庭领域的研究进行梳理。

(一)从(刑事)审判组织看

首先,直接以刑事审判组织为主题的研究现状。

国内并无这一主题的学术专著,但有一些学术论文,并不丰富。根据笔者收集到的资料[①],大约有10篇文献,包括期刊论文、硕士学位论文、博士学位论文,可以简单描绘如下:

其一,比较早的一篇文献是1993年发表的《刑事审判组织的权与责》。该文讨论了刑事审判组织审理刑事案件的权力分配问题,认为当时刑事审判组织存在着权与责不统一的问题。具体而言,刑事审判组织包括两个,一个组织是刑事合议庭或刑事独任庭,它们只有认定事实的权力,而另一个组织是拥有裁判权的刑事审判委员会或者院长[②],在刑事审判中可能出现事实认定权与裁判权的分离,进而引起权与责不统一现象。

其二,四川联合大学陈永革副教授在《完善我国刑事审判组织职能刍谈》一文中对三个审判组织(刑事独任庭、刑事合议庭和刑事审判委员会)

---

① 主要通过知网查询,时间截至2017年12月30日。
② 参见刘有伦:《刑事审判组织的权与责》,载《现代法学》1993年第6期。

的各自职能和审案范围作出详细分析:刑事独任庭主要负责简单案件,刑事审判委员会负责重大、疑难案件,刑事合议庭负责其他案件。①

其三,中南财经政法大学姚莉教授的《刑事审判组织表决规则研究》和《从集体决策到个体决策——刑事审判组织改革新思路》两文对刑事审判组织的决策模式作了开拓性研究。②

其四,还有些其他文献。其中一篇文章涉及质疑审判委员会能否成为审判组织的问题,还有一篇文章讨论未成年人刑事案件的审判组织问题,亦有一篇文章涉及刑事简易程序审判组织模式的研究。③ 一篇硕士学位论文涉及刑事审判组织审判权运行情况的研究;一篇博士论文涉及未成年人刑事审判组织研究。④

总之,直接以刑事审判组织为主题的文献并不多,并且也比较陈旧。而且,相关文献的研究方法也比较单一,主要以规范法学的范式对刑事审判组织展开研究,对诸如有哪些刑事审判组织、审判组织的职权及其范围和运行现状等问题展开讨论。

其次,以审判组织为主题的研究现状。

国内涉及审判组织的专著有两部,即中南财经政法大学姚莉教授2005 年出版的《反思与重构——中国法制现代化进程中的审判组织改革研究》和学者杨知文在2014 年出版的《中国审判制度的内部组织构造》。相关论文文献比较丰富(通过知网搜索,有六百余条⑤)。如果深入考察学术论文文献的基本内容,其涉及的基本问题和主要内容大致可以被两部专著涵盖。因此,在这里,笔者主要以两部专著为根据考察中国当下关于审判组织的研究现状。但有一点需要说明,在这里主要是对前述刑事审

---

① 参见陈永革:《完善我国刑事审判组织职能刍谈》,载《现代法学》1997 年第 4 期。
② 参见姚莉:《刑事审判组织表决规则研究》,载《法学研究》2009 年第 1 期;姚莉、詹建红:《从集体决策到个体决策——刑事审判组织改革新思路》,载《中国律师》2000 年第 10 期。
③ 参见苏宏峰:《刑事诉讼中的审判委员会不应成为审判组织》,载《呼伦贝尔学院学报》2000 年第 3 期;曾康:《少年刑事审判组织研究》,载《青少年犯罪问题》2009 年第 5 期;王冬香:《刑事简易程序审判组织模式改革刍议》,载《政法论坛》2005 年第 1 期。
④ 参见余为军:《刑事审判组织审判权虚置现象研究》,内蒙古大学 2012 年硕士研究生学位论文;曾康:《未成年人刑事审判程序研究》,西南政法大学 2007 年博士研究生学位论文。
⑤ 其实有效信息不多,仅有一百余条(时间截至 2017 年 12 月 30 日),涉及的类型有民事审判组织、行政审判组织、环境资源案件审判组织等,涉及的内容也与前述刑事审判组织差不多。

判组织研究没有涉及的地方进行梳理,亦即将其作为对前者研究现状的补充性梳理。

其一,姚莉教授出版的《反思与重构——中国法制现代化进程中的审判组织改革研究》。该书于 2005 年由中国政法大学出版社出版,系作者博士论文修改而成。该书全面、深入地描绘和展示了审判组织的基本原理(审判组织与司法权、司法公正、司法效率、诉讼结构的内在深层关系),并以该原理作为标准对中外审判组织进行对比式分析(展示其优点与缺陷),最后针对中国审判组织的内在问题,提出了构建中国特色的审判组织制度,并在审判组织视角下探讨陪审制、法官制度的构建问题。[①]

其二,学者杨知文的《中国审判制度的内部组织构造》。该书于 2014 年由法律出版社出版,亦系由作者博士论文修改而成。根据该书的内容和基本框架,作者研究的重心不是审判组织的审判权,而是侧重于以下两点的分析和展示:(1)法院作为一个整体,上下级法院之间关系问题;(2)在法院内部的各类组织〔包括审判组织的审判权、执行机构(执行局)的执行权与法院的行政管理权〕的权力分配下的内部组织构造情况。在此基础上,作者提出了构建中国审判组织制度内部组织构造的现代模式:其一,从整体上看,建立以专业化、非行政化为特点的现代审判组织模式;其二,从组织内部看,建立以职业法官、平权型法官人际关系、法官独立判断等为要素的现代审判组织模式。[②]

总而言之,中国学者对(刑事)审判组织的研究虽然深入,却局限于对审判组织本身的描绘和分析,局限于在诉讼程序、审判权等理论框架下的考察,或者说注重对审判组织基本原理的描绘。相关文献缺少对刑事审判组织的纵向历史研究,特别是缺乏对中国历史上审判组织的深入考察;同时也缺少对刑事审判组织基本背景的相关研究,更缺少研究方法的创新,比如说缺乏对刑事审判组织的实证领域研究(包括交叉领域的研究)。

(二)刑事合议庭研究的基本现状

对刑事审判组织研究局限于宏观考察和规范研究,缺少对其的微观

[①] 参见姚莉:《反思与重构——中国法制现代化进程中的审判组织改革研究》,中国政法大学出版社 2005 年版。

[②] 参见杨知文:《中国审判制度的内部组织构造》,法律出版社 2014 年版。

考察、历史考察、实证研究。之所以如此,一个非常重要的原因,在于该主题比较宏大、内容涉及面过于丰富。因此,我们应当深入具体的审判组织。在现行法律确定的三种刑事审判组织中,刑事合议庭是最重要、最基本的刑事审判组织,刑事独任庭、刑事审判委员会只是对其的补充(或者缩减,或者叠加),因而我们可以通过梳理刑事合议庭的研究现状以反映学界对刑事审判组织的研究情况。总的来说,改革开放40年,根据笔者收集的资料,涉及刑事合议庭研究的文献不多,专著大致有6部,重要期刊文献也仅一百余篇(包括硕士、博士学位论文)。在这里,笔者择其要者,作如下概述:

首先,规范法学视角下的刑事合议庭研究。

其一,左卫民教授带领的研究团队对此的研究成果集中体现在《合议制度研究——兼论合议庭独立审判》一书中。该书于2001年由法律出版社出版。该书以比较法方法描绘了英、美、法、德等主要国家关于合议制度的缘起、发展和当下制度现状,并比较其间的差异和优劣。同时,该书还以规范研究方法分析了合议制度理论样态和基本特征。最后,作者结合中国实际,提出了改善中国合议制度的诸多建议。[①]

其二,2002年,山东省高级人民法院院长尹忠显主编的《合议制问题研究》一书出版。该书对合议庭的法律规范展开研究,对合议庭的价值取向、决策机制、运行模式等作出了全面、深入且很有实践性的研究(虽然不是实证研究意义上的研究),体现了实务部门对该问题的深入思考。[②]

其三,2014年,刘世强在中国政法大学出版社出版其博士论文《刑事合议制度研究》。该著作对刑事合议制度的历史、合议模式、基本原则、合议和决策的机制等基础性问题作了全面考察,并对中国国情下的承办法官制、审判长负责制、院庭长审批制和审判委员会对刑事合议庭决策的影响作了全面深入考察。这是一本比较时新且很有理论深度的关于刑事合议庭的专著。[③]

其四,除此之外,还有其他学者在这一领域进行了零星耕耘,主要以

---

① 参见左卫民等:《合议制度研究——兼论合议庭独立审判》,法律出版社2001年版。
② 参见尹忠显主编:《合议制问题研究》,法律出版社2002年版。
③ 参见刘世强:《刑事合议制度研究》,中国政法大学出版社2014年版。

论文的方式展示,如以陈卫东教授为代表的学者从法律规范角度所作的研究。这类研究主要针对两个问题:一是研究合议制度的法律规范,二是反思和审视合议制度与其他制度的内在关系。如陈卫东、刘计划在《论集中审理原则与合议庭功能的强化——兼评〈关于人民法院合议庭工作的若干规定〉》一文中描绘了中国合议庭制度的基本现状,认为合议制度的改革和完善应当将合议庭改革与其他诸如集中审理原则等制度建设相互关联。①

其五,另外,还有若干硕士学位论文。以西南政法大学一批硕士研究生为例,主要有刘国华的《刑事第一审合议庭评议研究》(2007 年硕士论文)、习静的《合议庭评议机制研究——以刑事诉讼为视角》(2008 年硕士论文)、朱隽瑜的《合议庭建设研究——以刑事诉讼为视角》(2011 年硕士论文)。他们对此展开的持续、深入研究,大大丰富了学界对刑事合议庭的理解和思考。

简而言之,如果从研究方法的角度观察和审视的话,上述文献有一个共同点,从规范法学视角描绘合议庭制度,进而对法官在合议庭中的定位和功能、合议庭议事规则(如刘国华在其硕士论文讨论了合议庭之议事规则)进行了研究。

其次,对刑事合议庭(合议制度)的实证研究和交叉学科研究。

随着对刑事合议庭(制度)研究的深入,学者们不再满足于对它的规范研究,而是逐渐转向以实证研究方法、交叉学科的方法对合议庭、合议制度展开更深入探讨。申言之:

其一,以实证研究方法考察刑事合议庭:四川省高级人民法院法官袁坚 2014 年出版《刑事审判合议制度研究》一书。该书由法律出版社出版。该书不仅考察了刑事合议庭的基本理论,还以实证研究方法考察了中国刑事合议庭运行的基本情况,并提出了对中国刑事合议庭进行改革的一些建议。②

除此之外,还有一些学者以调研报告的方式考察了中国基层法院刑

---

① 参见陈卫东、刘计划:《论集中审理原则与合议庭功能的强化——兼评〈关于人民法院合议庭工作的若干规定〉》,载《中国法学》2003 年第 1 期。
② 参见袁坚:《刑事审判合议制度研究》,法律出版社 2014 年版。

事合议庭运行的情况。①

其二,以其他交叉学科知识研究(刑事)合议(合议庭)制度。此类文献、论文有 10 篇左右,代表文献有两个:(1)以余亚宇的《群体决策心理视角下的合议庭评议功能之弥合》为例。该文通过群体决策心理学理论成果研究合议庭的议事规则,以此为基本判准观察中国当下合议庭在决策时可能出现的问题,并为这些问题的解决提供了方案。②(2)张雪纯出版的专著《合议制裁判研究——基于决策理论的分析》。该书运用集体决策理论的研究方法和进路对刑事合议庭的优势,特别是与独任制比较下的优势进行了研究,进而对在决策理论框架下合议制运行的内外部影响因素等问题进行了分析。③

其三,值得注意的是,还有学者对此的研究已不再直接聚焦刑事合议庭,而是对刑事判决或者司法过程展开分析。例如,(1)代志鹏撰写的专著《司法判决是如何生产出来的——基层法官角色的理想图景与现实选择》。该书于 2011 年由人民出版社出版。在该书中,作者在对平保县人民法院进行调研的基础上,详细分析了法院司法判决的诞生过程。究其实质,该书主要对合议庭展开了个案研究。④(2)更有学者从(审判)组织视角思考法官角色问题或者说法官的组织角色问题。⑤

总而言之,通过梳理刑事合议庭、合议制度这一组织、制度的主要文献,中国刑事审判组织的图景得到清晰,不仅仅内容更加丰富,研究方法也有重大突破(实证研究方法、交叉学科研究方法的介入)。进而言之,国内法学界对合议制度的研究取得了长足的进步,也产生了一些优秀成果,特别是系列专著的出版,在左卫民教授 2001 年出版著作《合议制度研究——兼论合议庭独立审判》后,到当下已有 6 部(根据笔者收集的资料)专著对该主题展开深入的探讨和思考。在这些均有一定创新性的著作

---

① 参见王超:《关于某县人民法院刑事审判合议庭运行情况的调研报告》,西南政法大学 2011 年硕士研究生学位论文。
② 参见余亚宇:《群体决策心理视角下的合议庭评议功能之弥合》,载《法律适用》2014 年第 1 期。
③ 参见张雪纯:《合议制裁判研究——基于决策理论的分析》,法律出版社 2013 年版。
④ 参见代志鹏:《司法判决是如何生产出来的——基层法官角色的理想图景与现实选择》,人民出版社 2011 年版。
⑤ 参见陆而启:《法官角色论——从社会、组织和诉讼场域的审视》,法律出版社 2009 年版。

中,我们发现仍然缺少对刑事合议庭、合议制度作深入、持续研究的经典作品,更缺乏以多种研究方法从不同角度对其展开研究的优秀作品。

根据上述,我们可以作出如下结论:到目前为止,对刑事审判组织、刑事合议庭研究的文献、专著并不丰富。法学界,特别是刑事诉讼法学界,还没有形成一幅融制度、规则和思想为一体的,且勾连历史、现在和未来的刑事合议庭、刑事合议制度的全景图。[①]

三、研究方法与研究进路、材料说明

通过梳理刑事审判组织、刑事合议庭的相关文献,我们不仅仅丰富了刑事审判组织、刑事合议庭之间深层关系的整幅图景,更丰富了探求刑事审判组织、刑事合议庭的研究方法。如果从另一个角度审视的话,我们亦在梳理文献中发现了既有研究没有涉及的内容或者说既有研究中被遗忘的领域;更确切地说,我们能够在既有研究中发现学界描绘的刑事审判组织、刑事合议庭图景所隐含的瑕疵、缺陷。这不仅仅有研究内容的遗漏,亦有研究方法的疏漏——这恰好是本书开始的地方。

(一) 研究对象的界定

根据中国现行法律,刑事审判组织有三:刑事合议庭、刑事独任庭和刑事审判委员会。因此,研究刑事审判组织这一主题将产生如下问题:在现行刑事审判组织中,我们对三大刑事审判组织作同等研究,还是有所侧

[①] 在这里,笔者仅对中国学术界关于刑事合议庭、合议制度、刑事审判组织的文献进行梳理,以挖掘、寻找同一主题下的研究进路和研究方法。笔者省略了对国外研究成果的梳理,一方面,文献收集存在困难,另一方面,也存在语言困难。不过在这里,笔者还是想根据收集的部分英语资料对国外相关研究做一个简单的评价:一方面,大陆法系更侧重于从规范视角、从应然角度观察和思考刑事合议制度,其他视角的研究不多;另一方面,虽然英美法系国家没有对合议庭的专门研究,但其对刑事司法过程的深入研究对本书的研究极具启示意义。对本研究具有重要启示意义的研究主要包括以下两个方面:(1) 对陪审团的研究,以心理学、管理学、社会学等学科知识研究陪审团运行机制,以更好地实现陪审团设置的功能与作用;(2) 法官在法律解释和适用领域,英美法学者有更多的思考和研究,如著名法官霍姆斯、卡多佐、波斯纳等人均对法官的司法过程有深入研究;如,卡多佐在《司法过程的性质》一书总结了法官司法的影响因素,首先是法律(包括成文法和判例),其次是历史、经验、心理倾向、潜意识等。又如,著名法官兼学者理查德·R.波斯纳撰写的《法官如何思考》等系列著作,对法官司法作出了系统研究。美国法官司法采用实用主义、经验主义思考进路:在复杂案件中,法条、政治、程序、心理倾向等因素对判决产生深刻影响,特别是联邦最高法院在决策时,这一点特别明显,如戈尔诉布什一案,在联邦最高法院以 4∶5 败诉就反映了法官在各种要素影响下的决策情况。简而言之,虽然英美法系国家没有对合议庭的专门研究,但是在研究陪审团和法官司法过程中所使用的研究方法及其观察视角值得我们借鉴。

重？如果有所侧重为什么有这一侧重？作为业务部门的刑事审判组织与法院的内在关系如何？对这些问题的分析与确定是研究中国刑事审判组织（刑事合议庭）的基本前提。

首先，本研究是对刑事审判组织的研究。

通过前述关于刑事审判组织文献的梳理和中国刑事审判组织简史的勾勒，我们已经知晓如是研究有很大缺陷，即任何论述均很容易陷入一种空泛的讨论、一种纯理论（亦即从规范角度研究刑事审判组织）的讨论。如是研究方法也是一种静态的观察方法。当相关知识有限或者已经穷尽之时，该研究方法下的继续研究很难有对新知识的推进和积累。

另外，由于刑事审判组织本身内容丰富，如果以其他研究方法对三种审判组织作同等研究，有考察和研究成本高的缺陷。因此，对刑事审判组织的研究，最好以某一具体刑事审判组织的研究取代之，即对刑事合议庭或者刑事独任庭，或者刑事审判委员会做专门研究。

其次，本研究又不甘心于对某一刑事审判组织作单独研究。笔者拟将刑事合议庭放在三种刑事审判组织（作为整体的刑事审判组织）框架下进行考察，分析三种审判组织的内在深层关系，特别是考察法官、刑事独任庭、刑事合议庭与刑事审判委员会内在的权力逻辑下的运行问题。进而言之，虽然我们主要研究刑事合议庭、合议制度，但并不忽略对刑事独任庭、刑事审判委员会的考察，并且是将三者放置到同一框架考察，以刑事合议庭为侧重，在对照、比较中考察另外两种审判组织。

（二）研究对象确定后的研究方法、研究进路

针对上述确定的研究对象，即对刑事合议庭展开研究，我们将以何种方式展开对其的讨论呢？此为研究方法和研究进路的问题，请看下述对本书将要使用到的基本研究方法的说明和阐释：

首先，法律文本研究法。[①]

近代之前，中国刑事审判组织比较简单，负责审案的法官非常少。在法官审理刑事案件考量的因素中，他们关心案件真相，但更关注案件可能

[①] 该研究方法已是笔者从事刑事诉讼法学研究的基本方法，在既有研究中，笔者已经对此有所叙述（参见蒋志如：《刑事特别程序研究》，法律出版社2016年版，第18—19页）。但在国内刑事诉讼法学界，对法律文本做系统研究的文献、著作并不多。

带来的政治后果。或者更确切地说,对行政因素的考量远远高于对案件本身的考量、判断。进而,不管是法官的司法程序,抑或法官之准入、收入等情况均是传统习惯法的产物,很少有相关法律文本留下,因而无从研究。

近现代以来,中国刑事审判模式出现了从公堂到法庭的变迁。这不是从中国社会内部孕育、发芽、逐步成长壮大的产物,而是移植他国、他域法律、司法体制的产物。中国作为后进国家,借鉴他国制度经验制定本国法律成为立法机关(及其相关机关)的最重要事项,以此做到有法可依。在这里,涉及的刑事合议庭通常有《宪法》《法院组织法》《刑事诉讼法》等重要法律。这些基本法律一般由立法机关(国会或者全国人民代表大会)制定,同时还包括相关机关制定、颁布的若干涉及该问题的法律规范、司法解释,比如说共和国时期,最高人民法院、最高人民检察院等司法机关通过司法解释的方式发布了一系列涉及刑事合议庭的法律文件。如果从晚清新政算起,到当下的一百一十余年中,中国已陆续产生非常丰富的涉及刑事合议庭的法律文本。这些法律文本是我们研究的重要基础材料。

这些法律文本对刑事合议庭的制度规范表达了中国的官方立场及其立场的变化,申言之:其一,我们通过考察具有前后相继关系的法律文本,探求刑事合议庭的组成情况、运行模式及国家对刑事合议庭和法官司法的过程、结果的潜在态度。其二,当纵向比较系列法律文本时(亦即同时对法律文本作一种文本史的梳理),我们可以观察到国家对待刑事合议庭、法官司法一以贯之的态度,更可以观察某些立场、态度的改变过程和既有司法、治理经验的积累情况。其三,通过研究系列法律文本,我们还可以看到:在刑事合议庭作为一种组织运行时,其存在的缺陷是国家对其误解的结果,或者说长期陷入某种误区的结果,而对其的改革则反映了国家治理经验的积累或者说已经遇到一些障碍需要更新规则以应对。

在此,笔者还需要一个限定:在本书的研究中,笔者主要以中华人民共和国时期涉及的刑事合议庭的法律文本为范围作一个详细讨论。之所以有此限定,一个非常重要的原因是收集资料比较方便,更因为中华人民共和国时期的法律、司法体制与晚清改革以来到1949年确立的司法体制、法律制度迥异,对其单独考察不影响本研究考察的效果。①

其次,历史研究方法。

历史研究是法学研究的一个基本方法,但并非每项研究都需要运用该研究方法。②笔者以该研究方法从事刑事合议庭研究有以下考量:

其一,基于个人偏好,在笔者读书生涯中,对于纯历史知识和相关制度历史知识的积累是笔者知识积累中的基本组成部分,一旦确定研究对象,对其作一个历史的梳理和审视已成为笔者研究中的基本维度,以通过考察研究对象的沿革、损益寻求其得失或者探求其发展的规律。

其二,通过历史研究方法,我们可以在铺陈历史事件中,在展示历史资料中注意制度的变迁情况、得失情况以思考当下刑事合议制度改革的进路。而且,这一研究进路也是一种比较方便、有效率的研究进路,因为历史资料更容易收集,而法院内部资料的收集,特别是关于工作问题资料的收集则是一个敏感性相当高的问题,没有特殊的权力资本、社会资本和经济资本很难获得充分的资料。③

因此,在本书对刑事合议庭的研究中,将着重通过历史研究方法展示法官的准入情况、法官法律知识积累情况、法官工作强度与职业尊严等问题以探求中国(刑事)法官从事刑事审判时的可能心态、可能影响其行为的要素。

再次,社会实证研究方法。

社会实证研究方法是本书研究的基本方法。笔者组成课题组对 S 省 M 市两级法院展开调研,基本情况如下:

其一,M 市两级法院所在地区的基本情况可以简单描绘如下:课题组调研的地区是中国西部省份(代称为 S 省)的一个市(代称为 M 市),其辖有一个中级人民法院及其下辖 11 个基层法院。调研组调研的对象有中级人民法院及其辖区内有代表性的三类基层法院,其中一个是市辖区基

---

① 但有时为了比较、对照的需要,笔者仍然可能涉及 1949 年前关于刑事合议庭的法律文本。不过,将以注释的方式展示。

② 其实,前述法律文本研究法,也蕴含着浓浓的历史研究方法。

③ 相关研究主要在社会实证研究中得到集中体现,对此问题有分析的文献,请参见苏力:《法律社会学调查中的权力资源——一个社会学调查过程中的反思》,载《社会学研究》1998 年第 2 期。

层法院(F区人民法院)、两个是带有民族特色的基层法院(B县和P县人民法院)、一个是农业大县的基层法院(X县人民法院)①,同时也参考了对其他法院调研的相关数据。具体案例主要来自中级人民法院、P县和X县人民法院、F区人民法院。调研法院所在地区,S省M市,是位于S省北部重要的地级市,是该省的第二大城市,也是该省北出的必经之路。M市地形呈西北东南向条带状,东西宽约144公里,南北长约296公里,根据2010年第六次全国人口普查数据,该市常住人口为4613862人,下辖2个区、1个县级市、6个县(但是其下属11个基层法院)。虽然M市GDP位居S省第二,但与处于第一的省会城市相距太远,是很有代表性的地级市,既有发达的市区(F区),又有农业大县(X县),更有民族地区(B县和P县)。

因此,M市辖区两级法院的刑事纠纷,在S省、在整个西部地区也是很有代表性地级市,集现代(F区法院的医疗纠纷、交通肇事、知识产权等纠纷占据一席之地)、传统(X县法院的传统刑事案件占据主导地位)与民族特色(P县法院的民族纠纷占据重要地位)于一身。

其二,调研过程。课题组集中调研共计两次:第一次是2014年1—3月,组成三人组的调研团队,仅对M市中级人民法院刑事审判庭进行调研。② 在这次调研中,我们主要围绕以下问题展开,刑事合议庭的组成情况、审理案件情况、法官的组成(性别、年龄等)等。通过这次调研,我们确定了研究刑事合议庭问题的基本框架。通过近一年的详细梳理关于刑事合议庭的相关文献后,第二次调研提上议事日程,组成调研组(成员五人),于2015年9—12月、2016年9—12月两个时间段对S省M市两级法院进行全面调研,形成了本书实证研究的基础资料,申言之:

(1)访谈资料。我们对M市两级法院刑事审判庭近六十名刑庭法官进行了详细访谈:(A)对法官的基本信息(年龄、性别)、入职经历、在法院工作经历、职务晋升、收入、工作量、休假等情况作了详细访谈,形成了本

---

① 必须指出一点,在本研究中,我们在各基层法院、中级人民法院收集的部分统计数据、案例,笔者也曾在另一本专著中使用。
② 为申请国家社科课题所做的准备性调研。其实,在这之前,由于其他研究进入法院调研,这些调研收集的数据仍然为本研究提供了部分资料,进而言之,本研究(包括后续的几本专著和已经出版的《刑事特别程序研究》),均是笔者对S省M市两级法院多年来持续调研的产物。

研究中法官个人信息、工作、收入等基本情况的资料基础。(B)对相关案例的访谈。在课题组收集相关案例时,我们针对案例,对承办案件的法官、审判长、庭长,甚至主管副院长等人进行了访谈。通过访谈把握案件的运行全过程。(C)对相关制度进行访谈,以考察刑庭法官知识积累问题。我们以法官工作生涯中的读书情况为中心进行访谈,并对其进行整理,以类型化的方式呈现出来。

(2)收集典型案例。我们在M市两级法院调研时,积极收集典型案例,有如下几个来源:(A)在访谈中请法官介绍最近5年来审理的典型案例;(B)主动查询相关案例卷宗,特别是已经确定的某些类型的案例,如本书第五章涉及的职务犯罪案件和交通肇事案件即通过此种方式获得。通过收集、分析前述典型案例、某些类型的案例,我们可以深入考察法官司法之微观过程,法官在司法过程中考量的基础要素,通过对比不同类型案件的司法过程,我们将尽量展示、探索法官审理案件考量的共同要素、特殊要素。

(3)统计数据。对M市两级法院的案件数、法官数、职务晋升、人员变动等进行详细统计、整理,这是本研究图表的基本组成部分。当然需要说明的是,我们的数据还包括对基层法院历史上数据(根据法院内部资料,如法院志)的收集和整理。

(4)M市两级法院的法院志。根据笔者研究大纲,法院史是我们关注的重要内容[①],因而在调研中,我们特别注重法院编写的内部资料法院志。通过各种途径,我们收集到了绝大部分基层人民法院的法院志(12个法院,1个中级人民法院法院志,8个基层人民法院法院志,共有9部法院志,另外3个法院没有编写法院志)和M市中级人民法院法院志。这些法院志中相关数据、史料是本研究的基础资料。

其实关于法院志资料的收集并不限于前述,还包括S省其他地区部分法院志。此外,还有其他省、市、自治区公开发行的法院志,如《广西法院志》《湖南法院志》《重庆法院志》《成都法院志》等法院志资料。

---

① 笔者将在另一本专著中对其作专门研究。在这里,我们的重心不在于法院史,但在考察有些问题时,法院志仍然是非常重要的资料。

(三) 对基础材料的说明

虽然课题组调研时间不长,但所涉及基础资料的时间跨度很长,从中华人民共和国成立的 1949 年至 2016 年,60 余年。因而,笔者还需要对这些资料作以下几个说明:

首先,本书涉及的部分资料与笔者在另一本专著《刑事特别程序研究》中的资料有共享部分。而《刑事特别程序研究》一书已由法律出版社于 2016 年 7 月出版(而实际完成为 2015 年 10 月),本书研究的启动和展开是前一研究对数据收集、资料整理的继续。因而,在收集 M 市两级法院数据时,必然包括了《刑事特别程序研究》中的部分数据,但由于当时收集数据有一些失误、甚至因处理方法不同而出现了数据的不一致、错漏现象。在本书中,我们主要使用修正、调整后的调研数据。

另外,由于本书与《刑事特别程序研究》一书均有相关课题支持,但在申请课题时,在不同的课题以不同的代称指称同一法院,或者同一法官。进而言之,笔者的两项研究均沿用课题申请中使用的指称和命名(实证研究的一个基本前提是匿名调研),因而两者之间出现了指称上的混乱,但均是对一省内同一个市两级法院的调研。

其次,法院志中的数据与在法院收集到的数据。法院志一般为法院研究室等部门花费若干年收集的该法院自成立之日起所保存的资料。在理论上,编者、主编虽然遵循一个大体的程序、框架[①],却也在倾向、偏好中对其收集资料进行选择,并对选择的资料进行再编辑、整理,进而形成一部法院志。

但是,法院不仅仅有内部事务,更有与上级法院的交往,还有与其他法院的互动,因而基层法院可能对同一事件、史料进行了不同的选择,或者忽略,或者详略不等,或者记载有冲突。特别是省级法院的法院志,它们记载的材料与其说是相互印证,还不如说是相互补充。换而言之,一方面同一层次不同法院、上下级法院可能记载了不同的内容,一法院法院志

[①] 中国自古有修史的传统。"文化大革命"之后,中国政府启动了大规模的修史运动,法院也不例外。M 市两级法院在 20 世纪 80 年代即有修志的任务,在 20 世纪 90 年代,M 市两级法院均完成修志,在 20 世纪八九十年代新成立的法院则除外。作为一种政治任务,从省到市,再到县人民法院均成立研究室专职修本院法院志,一般耗费 10 余年,有的法院则用 20 年时间方完成。

记载了 A 事,另一法院法院志记载了 B 事,进而诸多法院志一起形成了一幅完整的法院发展史。另一方面就某一具体事项,不同法院志之间可能不是相互证明,反而可能出现这一情况,即不同法院志对同一事项也有一些相互冲突的记载。

这也是笔者在研究中使用这些资料时遇到的困境之一。其实,这也是笔者收集法院志资料时不限于 M 市两级法院,而是将法院志之资料收集扩展到 S 省其他法院、其他省法院法院志的原因。通过如是扩张式收集资料,在讨论相关问题时,方有更多的资料以论证、分析本研究的主题。

四、本研究的基本内容

根据前述,虽然本研究的主题是刑事审判组织,但基于刑事审判组织中的三种形式(刑事合议庭、刑事独任庭和刑事审判委员会)的深层关系,这一主题被置换为在刑事审判组织的框架下审视、观察和研究刑事合议庭。根据现有的研究刑事审判组织、刑事合议庭的主要文献,我们发现这些研究存在一些缺陷和不足。从规范法学角度看,关于刑事审判组织、刑事合议庭的"知识"已相当完善、丰富,如果继续研究该主题,可以推进知识和洞识的空间相当有限。因此,我们将在规范法学积累的既有(基础)知识的基础上,坚持既有的有优良传统的研究方法和采用新的研究方法,亦即以实证研究方法、法律文本研究方法和历史研究方法推进对刑事审判组织、刑事合议庭的观察和思考,为将来相关制度的修正和完善提供建议。

基于此,本书的基本框架将作如下安排:

第一章,中国刑事合议庭的基本问题、研究进路与材料。这是本研究的导论。该章分为三个部分:首先,通过梳理中国刑事审判组织的历史以挖掘中国传统刑事审判组织的运行逻辑(行政逻辑优先),继而在西法东渐中,刑事审判组织的司法逻辑逐渐滋生。进而,在当下形成了仍有行政逻辑的司法逻辑,或者更确切地说中国刑事审判组织在审理刑事案件时开始了从行政逻辑优先向司法逻辑优先转变。其次,为了展示、描绘刑事审判组织的运行模式、运行逻辑,我们随后梳理了当下法学界对刑事审判组织、刑事合议庭研究的主要文献,梳理了这些文献的基本内容(范围)和研究方法，以探求本研究的研究方法、研究进路和展开本研究应当收集的基础资料。最后，根据确定的研究方法和基础资料，为了解决前述提出的问题，对本研究的具体内容作个初步交代。

第二章，刑事合议（庭）制度的基本原理。刑事审判组织、刑事合议庭作为一种现代工业社会的组织、一种技术性非常强的现代组织，我们首先得从法律制度视角考察这一组织的运行背景和基本原理，具体分为以下三部分展开：首先，对刑事合议庭运行的外部因素进行讨论，即通过对刑事合议庭作出的判决与刑事审级制度的内在联系进行考察。申言之：中国虽然实行两审终审制，却由于有中国特色的再审制度①，所有审级的法官均要重复第一审审理的内容（不仅仅要关注事实问题，也要关注法律问题），进而在理论上中国的刑事审判成为一个没有终点的审判程序。如果对照法治国家，不管是大陆法系，抑或英美法系，无论是三审终审制，还是两审终审制，有一个基本分工：第一审法院（大陆法系的第二审）虽然都解决事实问题和法律问题，但事实问题在这一审级终结。第二审法院（大陆法系第三审）、第三审法院只负责法律问题，即法律审，即使有再审，也应当在有利于被告人之时，方可启动，国家权力机关（检察官、法院）在实践中并不能主动启动刑事再审程序。进而言之，中国审级制度、刑事判决制度不能反映刑事法官在其从事的法律工作的独自贡献，不能体现法院内部的分工与分权。在法治国家，法院之间的分权通过审级制度、判决制度得到较好体现，进而可以反映不同层级法院法官的劳动成果。其次，在此基础上，我们讨论了刑事合议庭作为一个现代决策组织，就其自身而言应当秉持的基本理念（民主、平等、独立和效率价值）和基本原则（多人参与、共同决策等）。最后，在前述理念下，对刑事合议庭的合议过程、模式作了一个详细探讨，提出了一个观点即刑事合议庭的运行应当是一个先"分"（分权、独立思考、判断）后"合"（共同决策）的过程。

第三章，中国刑事合议庭：基于法律文本和现实的描绘。这一章从三方面考察中国刑事合议庭的运行现状：首先，中华人民共和国成立后，国

---

① 参见蒋志如：《司法权威与人性尊严——以李昌奎案为中心的透视》，载《安徽警官职业学院学报》2014年第4期；蒋志如：《中国刑事再审程序启动主体的实证研究——以S省G市的调研为范围》，载《安徽大学法律评论》2014年第2辑。

民政府的"六法全书"被废除,中华人民共和国的立法机关、司法机关颁布的法律、司法解释等相关法律文本确立了具有中国特色的刑事合议庭(制度)。一方面,通过考察这些法律文本,可以发现作为法院内部的一个审判组织,刑事合议庭从制度建设角度看已相当现代化,已具备若干现代性的理念和制度规范;另一方面,即使只考察法律文本,我们也能发现刑事合议庭(制度)的内在缺陷,即其司法权的行使蕴含着浓浓的行政化逻辑:承办法官、审判长、庭长、(主管)副院长、院长、审判委员会等主体对刑事合议庭均能产生影响,而且这一影响呈现出"命令—执行"的关系。其次,考察司法实践中的刑事合议庭,亦即考察刑事合议庭与刑事审判庭、法院(管理)的深层关系:刑事合议庭,从法律文本看应当是一个流动性非常强的审判组织,但实际上却是一个固化的刑事审判组织。从内部结构看,刑事合议庭本来应当是一个合议组织,却因为承办法官制度、请示汇报制度而成为承办法官"唱独角戏"的刑事审判组织,进而与上级领导(承办法官与审判长、庭长等领导)形成一种"命令—执行"的内在关系,并与刑事独任庭在运行模式上在"神"上保持了一致。最后,将刑事合议庭、刑事独任庭放置到刑事审判委员会、刑事审判组织的框架下考察,我们可以发现如是一个结论:刑事审判委员会是一个扩大版的刑事合议庭,而刑事合议庭是一个扩张版的刑事独任庭,虽然在细节上三者很不一样。

第四章,中国刑事合议庭中的法官。这一章的内容分为三个组成部分:首先,根据课题组收集的系列法院志资料、访谈而来的资料考察一名法官准入时的专业知识及在职业生涯中积累专业知识的现状,我们发现中国刑事法官的专业知识并不丰富,职业生涯中积累的专业知识也不多,积累得更多的是法官职业生涯中的司法经验。其次,通过考察刑事法官的收入状况与职务晋升空间,我们发现在可以预期的时间内两者都很难有所提升,为了提高收入或者晋升职务,抑或为了两者,他们可能改变其从事刑事审判工作的态度和行为方式,进而可能影响案件结果。最后,考察对法官影响并不直接的案件审理(数)量和休闲时间安排情况等次要因素。这些次要因素对(刑事)法官从事刑事审判工作的态度和行为方式有可能产生影响,虽然这一影响非常间接,却可以体现法官职业尊严、荣誉得到保障和提升的情况。

通过前述考察,我们还得出一个简单的结论,中国刑事法官更多只是熟练的办案工人或者说是"民工法官",而非真正精英主义的刑事案件审判者(法官)。

第五章,中国刑事合议庭中的诉讼程序与司法过程。这一章也分为三部分:首先,通过考察经典文学中著名案例(涉及武松的系列案例和薛蟠打死冯渊的系列案例)探求帝制中国法官司法的基本逻辑,即行政逻辑处于主导地位,司法逻辑处于边缘地位并起着合法化行政逻辑的作用。其次,通过考察当下中国系列贪污贿赂案件探求贪污渎职案件中的诉讼程序和刑事合议庭的评议、合议过程,即法官在刑事合议庭中的司法过程仍然可能受到其他因素的影响。但这一影响与帝制中国已有质的不同,在这里,刑事合议庭中法官间的合议、评议具有实质意义,其他因素的影响更多在量刑领域起作用。再次,通过考察 M 市两级法院的交通肇事刑事案件探求刑事合议庭(独任庭)法官之司法过程,即:在交通肇事罪案件中,既有的法律制度已将各方责任做了较好配置,国家、市场、当事人各方的权力、权利、义务也能够较好实现,大部分案件可以归属到简单案件范围。因此,法官在交通肇事罪案件中已可以独立办案,其他因素的影响已近消失。

简而言之,通过本章对三类案件司法过程不同层面的详细描绘可知,前述几章所描绘的基本景象,即作为刑事审判组织的刑事合议庭、刑事法官在刑事案件中的司法过程及其表现与本章所描绘的情况相契。

第六章,法治视野下的中国刑事合议庭改革。基于前述对刑事合议庭、刑事合议庭中的人、事中呈现出的深层次问题,笔者将其置于法治的视野下作再次审视,特提出如下两方面建议:首先,从立法层面细化刑事合议庭制度,既包括刑事合议庭与其他部门的权力界限问题,又包括对刑事合议庭内部的权力进一步细化和界定。进而言之,当下中国刑事合议庭应当被赋予更多权力以保障法官可以独立办案、真正合议,如果没有这一点,所谓的共同决策则容易成为一种形式,仍然落入到既有的承办法官制度的窠臼。其次,刑事合议庭作为一种组织,在立法层面的规制仅仅是第一步,还需要法官在审理刑事案件中履行一名现代刑事法官应当履行的诸多职责,亦即刑事法官通过司法审判推动法律发展、法治进步。申言之:在这些职责中,有些职责是基础性的,无可避免,如通过审理刑事案件解决纠纷。有些职责需要刑事法官具备更多能力和动力方可胜任,比如说制定法律、审查侦查权和公诉权的运行情况。通过发挥主观能动性和积累经验、知识形成的能力,法官能够在审理中推动法律发展,进而提升中国法治的运行情况、发展状态。要实现之,需要更多条件配套,如法官收入、休闲之充分保障(他们应当生活在优渥的生活环境中,更应当有预期明显的职业前景)、审理(刑事)案件的职业成就感。对此,未来的改革不应忽略。

总而言之,通过本研究我们阐述了如下一个有些武断的观点:从中国刑事审判组织角度观察,刑事审判委员会约等于刑事合议庭约等于刑事独任庭约等于刑事法官。进而言之,对刑事审判组织的考察,也就是对刑事合议庭或者刑事独任庭或者刑事法官(及其司法)的考察。也因此,本研究中的第二章是对法治国家刑事合议庭的观察,第三章、第四章、第五章是对中国刑事合议庭从组织(三种审判组织)和事项(即法官或刑事合议庭司法)上的考察,两者形成鲜明对比(相当于一个比较法研究),进而达到在法治视野下审视中国刑事审判组织、刑事合议庭改革进路的目的。

第二章 刑事合议(庭)制度的基本原理

第一节 刑事合议(庭)制度基本原理的基本问题——一个导论

刑事合议庭是审判刑事案件的基本组织。作为一种现代组织,它审理刑事案件不仅仅是认定事实、适用法律的过程,也是合议庭内部法官间经常性交流和既有司法体制下的刑事合议庭与法院内外其他组织持续互动的过程。而且,刑事合议庭与法院内外其他组织的持续互动更具有决定性,决定了前者互动的方式和意义。这与下述情况类似:一位优秀的科学家,如果国家和社会不允许其从事科研活动,而是令其扫大街,他的优秀对科学发展则没有意义;如果整个社会氛围对其不宽容,或者说一方面鼓励他积极进取而另一方面却又让其他杂事干扰他,这位科学家的能力仍然得不到体现。[1] 因此,刑事合议(庭)制度基本原理应当包括两方面内容:

---

[1] 关于社会环境、科学家的贡献的相互关系的深层次分析,请参见〔美〕R. K. 默顿:《科学社会学——理论与经验研究》,鲁旭东、林聚任译,商务印书馆 2010 年版;〔美〕罗伯特·金·默顿:《十七世纪英格兰的科学、技术与社会》,范岱年、吴忠、蒋效东译,商务印书馆 2000 年版,第 278—304 页。

首先，外部影响：司法体制对刑事合议庭作为一种组织的影响。

刑事合议庭作为司法体制的组成部分，必将受到该体制影响，影响之幅度与方式取决于如下因素：与审判事务有直接关系的制度，如审级制度、判决制度；与审判事务有间接关系的制度或者说配套制度，如法官的薪资制度、工作强度问题。就这一章关注的刑事合议（庭）制度的基本原理而言，审级制度、判决制度值得关注，值得申言：

其一，刑事审级制度：中国实行两审终审制，法国也实行两审终审制，中、法两国的两审均为事实审和法律审。美国、德国实行三审终审制，一审有事实审和法律审，二审、三审均为法律审。这本身并无优劣，只与一个国家的司法体制有密切关系，间接与一个国家政制有关。这不是我们在这里需要讨论的问题，我们需要关注的是下述问题，即当一个国家法院系统分成若干层级法院时，各级法院之间的功能是否有区分，是否可以体现每一级法院法官的独特贡献？当每一级法院法官可以在审判工作中体现出独特贡献时，他们必将努力通过审判体现和展示自己的态度和行为方式；反之，他们则常常隐匿自己的态度，并竭力将自己的行为隐藏在其他人后面，或者以其他名义的方式出现。

其二，刑事判决制度：刑事合议庭之审判结果即刑事判决（书），其应当具备一定形式和符合内在逻辑，进而间接呈现法官之司法过程。① 但不同法系、不同国家的判决（书）制度在表现形式、风格上有差异。有的以合议庭整体的名义作出判决，不能有异议；有的将判决书的意见分为主流意见和异议意见，并存于同一份判决书。② 当刑事判决书可以体现法官的"私人劳动"且在既有司法体制下有允许之空间时，刑事合议庭之法官必将在刑事审判程序中，在既有的合议庭规则的基础上发挥主观能动性以体现自己对判决书的独特贡献。

简而言之，既有的司法体制作为刑事合议庭的外部影响因素，如审级制度、判决（书）制度必将对刑事合议庭之合议、法官在合议中的态度与行为方式产生影响。如果在简单案件中无法产生影响的话，在复杂、疑难、

---

① 参见韩哲：《刑事判决合理性研究》，中国人民公安大学出版社 2008 年版，第 23—48 页。
② 参见宋冰编：《读本：美国与德国的司法制度及司法程序》，中国政法大学出版社 1998 年版，第 443—448 页。

新型案件中必将产生影响。

其次,内部结构:刑事合议庭内部的互动

当外部因素的可能影响排除之后,或者说在外部影响因素相对固定、可以预期之时,刑事合议庭作为一种决策组织则处于一个(相对)封闭的环境。刑事合议庭组织的运行规则(及其相互关系)、法官积累的知识等内部因素则成为决定法官们博弈情况的关键因素,更是决定判决结果的关键因素:

其一,刑事合议庭的组成情况,涉及合议庭组织之规模和法官准入等问题。就组织规模而言,作为一种集体决策,一般由单数的多人组成,至少应当是3人以上的奇数人员组成:3名成员是集体决策的最小组织。如果超过20人,决策群体的规模过大,其决策之结果则有诸多不确定性。因此,现代组织除了国家立法、行政等决策组织外,其他组织的成员一般不超过20人。① 刑事合议庭的成员在规模上不大,虽然不同国家有差异:中国3—7名(但通常是3名)②,美国最多可达13名(6—12名陪审员+1名法官)③,法国最多可以达到15名成员(3名法官和12名参审员)④。

就组织成员准入而言,即选任法官问题,不同国家基于不同国策、政策考量,采用不同的选任、准入方式,就其实质而言,即清华大学教授张建伟所描绘的"精英司法,还是庸人司法问题"⑤。

其二,刑事合议庭法官间的相互关系问题。作为刑事合议庭成员,法官之间的相互关系是否平等至关重要。如果从法律文本看,各国均规定

---

① 参见〔美〕亨利·罗伯特:《罗伯特议事规则(第11版)》,袁天鹏、孙涤译,格致出版社、上海人民出版社2015年版。
② 现行2018年《刑事诉讼法》第183条对此有详细规定,其全文为:
基层人民法院、中级人民法院审判第一审案件,应当由审判员3人或者由审判员和人民陪审员共3人或者7人组成合议庭进行,但是基层人民法院适用简易程序、速裁程序的案件可以由审判员1人独任审判。高级人民法院审判第一审案件,应当由审判员3人至7人或者由审判员和人民陪审员共3人或者7人组成合议庭进行。最高人民法院审判第一审案件,应当由审判员3人至7人组成合议庭进行。人民法院审判上诉和抗诉案件,由审判员3人或者5人组成合议庭进行。合议庭的成员人数应当是单数。
③ 参见王兆鹏:《美国刑事诉讼法(第二版)》,北京大学出版社2014年版,第12—13页。
④ 〔法〕卡斯东·斯特法尼等:《法国刑事诉讼法精义》(上),罗结珍译,中国政法大学出版社1999年版,第405—415页。
⑤ 参见张建伟:《刑事司法体制原理》,中国人民公安大学出版社2002年版,第292—304页。

合议庭之法官法律地位平等，但实际上成员间仍然有一些或明或暗地相互影响关系，并对合议庭的合议产生影响：(1) 有些关系是因经常性接触，并根据一方的知识、人格、能力等自然而然积累形成的影响力（令他人愿意接受他的影响）。这很难消除，只有通过制定相关规则降低其影响。(2) 有些是因其他诸如领导等身份而产生的关系和影响。这一影响比较直接，也是一种"人为"现象（当然也是既有历史传统影响之余续），可以通过法律直接排除（但未必能够做到）。

其三，刑事合议庭的运行规则问题。它涉及刑事合议庭获取信息的渠道、法官的独立判断、法官的投票顺序、多数决等问题。不仅如此，还有刑事合议庭运行的基本理念和基本原则，或者说刑事合议庭基本规则所体现的现代理念和基本原则，比如说民主、平等、效率、共同决策等理念和原则。

简言之，该问题涉及合议庭的组成（从理论上看，它应当是一个临时的组织，遇到案件即临时组织，一旦判决书作出，即告解散），合议庭成员之准入、相互关系，合议庭作为一种组织的运行等问题。

再次，对本章刑事合议庭原理基本问题的一个界定、说明。

根据前述，刑事合议（庭）制度基本原理涉及如下问题：审级制度、判决（书）制度，合议（庭）的基本理念、基本原则、运行规则、模式和法官准入等诸多问题。这里涉及的任何一个主题、问题，均可以撰写一部或数部专著，很显然本章的篇幅无法容纳。而且如果从知识增量角度看，以传统研究框架展开讨论的话，我们也很难对其有所推进。以平等价值为例：我们可以考察、研究平等之简史、平等的基本内容，平等的优缺点，进而再在刑事合议庭中审视这些内容以确定其具体内容。稍有留意即可发现，这一考察方式下的前几项内容之文献已经汗牛充栋（政治学、法哲学、宪法学、民法学等所有学科对此有涉及），而且对平等之内涵、类型等问题已有相当之共识，更是毋庸赘述。

经过人类社会数百年的探求和司法实践，我们对现代社会的刑事合议（庭）制度的基本原理已有相当之共识。中国作为后进国家，法律制度建设领域的确落后，但经过晚清新政以来一百余年的政治制度改革、司法制度改革，国人亦对之知之甚详（虽然司法实践运行问题仍然重重）。进而言之,从刑事合议(庭)制度基本原理、基本知识看,我们亦很难对此在知识增量上还能大幅推进。在此语境下,笔者将采取如下进路描绘和展示刑事合议庭之基本原理并以此为评价、审视本书后面章节的基本判准:

其一,对照中国与西方法治国家的刑事审级制度、刑事判决制度以探求应然意义上刑事合议庭作为一种组织运行将会受到的影响。但在具体内容上却是另一番景象,即通过对照、比较:一方面,探求刑事审级制度、刑事判决制度对刑事合议庭可能有的影响,特别是正面影响;另一方面探求中国审级制度、判决制度的内在缺陷,并探求对中国刑事合议庭可能带来的负面影响。这样做的根本原因在于这两项制度很难仅通过中国刑事合议庭实践运行中的深层次问题得到反映,只有对照、比较方可凸显。

其二,通过简单梳理的方式描绘应然意义上的刑事合议庭的基本价值、基本理念和运行模式。这相当于简单"罗列"刑事合议庭作为一种组织运行的基本原理、基础规则及其内在的逻辑关系以确立一个评价、审视的判准。

第二节 刑事审级制度、判决制度对合议庭的外部约束

刑事合议庭作为一种现代社会、工业社会的必备组织不可能在真空、封闭环境中运行,而是在现实社会、具体政制中运行,它必定受到若干外部因素的直接或间接影响。就这一点而言,我们将以对刑事合议庭有重要影响的审级制度、刑事判决(书)制度为中心进行考察。①

---

① 审级制度,可以有一审终审制、两审终审制、三审终审制和四审终审制(参见朱立恒:《刑事审级制度研究》,法律出版社 2008 年版,第 69—75 页),但一个国家一般来说采取一种为主,其他模式为辅,比如说中国,以两审终审制为主,一审终审制(最高法院人民法院审理的第一审案件即为终审案件)为辅的模式。基于此,我们在分析一个国家审级制度时,为了叙述的便利,我们只描绘主要的审级制度,如中国,则只涉及两审终审制,不涉及最高人民法院一审终审的例外情况,因为最高人民法院除了审理江青、四人帮一案外并没有审理其他一审刑事案件。

另注:刑事裁判不仅仅包括判决,也包括裁定和决定。由于后两者没有判决的普遍意义和重要地位,因而在这里我们只以判决为主展开分析。

一、中国语境下的刑事判决、审级制度与合议庭

根据《中华人民共和国人民法院组织法》《中华人民共和国刑事诉讼法》等法律,中国(刑事)审级制度实行两审终审制,并呈现出刑事审级"柱形结构"的景象①,具体而言:

刑事合议庭是刑事审判的基本组织。它的基本任务是认定事实、适用法律,并作出具有法律效力的刑事裁判(包括判决、裁定和决定)。该刑事裁判特别是刑事判决是刑事案件在刑事合议庭通过审判程序自然运行的最终结果或成果。刑事被告人、被害人,甚或检察机关与之休戚相关,将根据判决之结果情况决定是否提起上诉,或者提起抗诉。② 如果提起上诉、抗诉,上级法院再组成合议庭既对案件又对该判决、裁定进行审理,根据现行《刑事诉讼法》关于第二审程序的规定,合议庭仍然需要完成事实认定和法律适用,并作出判决的任务。此为对第一审刑事程序的"重复",当该判决作出时,即为生效的法律判决、终审判决。③ 除此之外,还有审判监督程序。审判监督程序是对已经发生法律效力的刑事裁判(主要是刑事判决)进行的再审理,亦是刑事合议庭对事实、法律的全面审理,与原来的第一审程序(第一审结束后没有上诉、抗诉而生效)或者第二审程序并无本质区别。④ 因为作为权力机关的检察院、法院是审判监督程序启动的主导者,而且被告人之利益并非是再审程序合议庭考量的唯一因素,他们的审理依然以庭审、阅读卷宗、合议所认定的事实、法律为基础并作判决。

进而言之,无论是在第二审程序,抑或在审判监督程序,合议庭作出的刑事裁判的确降低了其前程序判决的稳定性,而且由于审判监督程序之启动并没有时间、次数之限制,另一个负面后果也容易出现,即刑事案

---

① 参见王超:《刑事审级制度的多维视角》,法律出版社2016年版,第239—241页。
② 抗诉在中国刑事诉讼程序中非常重要:(1)在第二审程序中,上诉与抗诉同等重要,均为启动第二审程序的基本方式;(2)但是,在审判监督程序,抗诉比当事人申诉更重要,申诉并不启动该程序,只有抗诉可以直接启动审判监督程序。
③ 如果是死刑案件(包括死刑立即执行和死刑缓期两年执行),则不是两审终审可以容纳的,这类案件还应当经历一个专门的、自动的死刑复核程序(省高院对死刑缓期两年执行的案件进行复核,最高人民法院对死刑立即执行的案件进行核准)。
④ 如果已经发生法律效力的判决为第一审,则没有第二审,对其启动的再审程序与第一审程序在审理范围上则没有任何区别。

件不断在一审、二审、再审间徘徊,耗时费力,如聂树斌案件从发生(1994)到最终解决(2016)经历了二十余年方告终结。一言以蔽之,无论是一审、二审,抑或再审,合议庭均对案件之事实、法律进行全面审理,而且在理论上还可以无限重复从一审到再审的全过程,使刑事判决呈现出极不稳定的基本特性。

据此,无论是哪一审级的合议庭法官(包括第一审的陪审员),他/她参与合议的案件(包括认定事实、适用法律等事项)均可能受到他们同行重新审视、评价,并可能被改判。而且,无论合议庭中的法官(陪审员)如何小心谨慎,都可能无法避免。因为事实很容易被新证据推翻,法律也更可能随着时间的不同、法官的不同而有不同的认识、解释,进而导致不同法院,甚至同一法院不同诉讼阶段的合议庭在事实认定、法律适用方面产生分歧、冲突,甚至截然相反的(判决)结果。

在此语境下,作为刑事合议庭成员的法官在合议过程中的个人判断并不重要。他们的努力很容易遭到合议庭、上级法院合议庭的否定(因为不断遭到再审视),进而他们不愿意对合议结果负责。虽然在形式上要求合议庭以集体名义作出判决,也有合议庭法官承担责任的追究制度①,但并不能产生实质性的法律效果,最终的责任人只能是承办法官。进而,刑事合议庭作为一种组织的合议被虚置,或者说在刑事合议庭作为一种组织进行合议或者决策时,现有的刑事审级、刑事判决的制度和规则对其有相当的负面影响。更确切地说,既有的刑事审级、刑事判决等因素与合议庭组织运行有相互影响的函数关系,前者为自变量,后者为因变量。②

要详细展示刑事审级、刑事判决与刑事合议庭合议制度之深层关系,以及中国语境下的深层次问题,我们不应仅仅考察中国的制度规范、司法实践,还应当扩张视野,揆诸其他有代表性的国家的制度规范、司法实践。在本书,以美国为例,考察英美法系;以德国为例,考察大陆法系。③

---

① 参见陈瑞华:《法官责任制度的三种模式》,载《法学研究》2015年第4期。
② 不过,值得注意的是,刑事合议庭的运行情况并不全然受制于刑事审级、刑事判决,还有其他情况,比如说合议庭自身组织情况。对此,请参见本书后面章节的分析和描绘。
③ 关于世界上主要国家法院体制、审级制度之文献,参见管欧:《法院组织法论》,三民书局1990年版,第27—31页。

二、美国视域下的审级制度、刑事判决与刑事合议庭

美国有联邦和州两套法院体系。美国共有 50 个州,亦即有 50 个州的法院体系。① 不过,在审级上,各州规定大致相同,主要有初审法院或治安法院、州上诉法院、州最高法院,但每州却各有特点,如在法官遴选、审级机构等事项上有相当大的差异②,进而整幅州法院图景显得异彩纷呈③。美国联邦法院体系只有一套,与州法院体系比较而言比较单调,显得形单影只,只有联邦地区法院(初审法院)、联邦上诉法院(上诉法院)、联邦最高法院(最高法院)三级。而且,联邦最高法院又是州最高法院的上诉法院,进而可以规制州法院司法和统一全国法律适用。换句话来说,州法院仍然受到联邦最高法院的审视和规制,进而对州法院体系产生深刻、持久的影响。④ 因此,考察联邦法院更能体现出美国审级制度的基本特性,进而我们也仅以联邦法院体系讨论美国法院审级、判决稳定性问题。

美国联邦法院共有三级审判机关,分别为联邦地区法院(94 所)、联邦上诉法院(全国共 13 个)、联邦最高法院(1 所)。它们共同负责能够进入联邦法院的所有案件,但没有根据案件性质(民事案件、刑事案件等)而单独设立相应独立的刑事审判庭、民事审判庭,而是或者由独任庭(＋陪审团)审理,或者由全体成员或者由三名职业法官参与的合议庭审理。

联邦地区法院。亦即初审法院,由其负责辖区内的所有刑事案件第一审。由陪审团与法官组成合议庭,内部有分工、分权,陪审团负责认定案件事实(是否有罪),法官负责法律问题(负责作出刑事判决,或者说正当化陪审团的事实认定)。在第一审程序阶段,陪审团作出的事实认定,

---

① 美国实际上包括 50 个州和一个哥伦比亚特区政府。
② 以法官遴选为例,有的州以任命的方式实现,有的州以选举的方式实现,这些方式并行不悖。
③ 参见陈杭平:《统一的正义:美国联邦上诉审及其启示》,中国法制出版社 2015 年版,第 47—49 页。
④ 参见宋冰编:《读本:美国与德国的司法制度及司法程序》,中国政法大学出版社 1998 年版,第 109—120 页。
另注:关于美国联邦法院、州法院关系的深层关系的详细描绘,请参见〔美〕弗兰克·M.柯芬:《美国上诉程序——法庭·代理·裁判》,傅郁林译,中国政法大学出版社 2009 年版,第 32—42 页。

"……只要是在遵循正当法律程序以及控辩双方平等对抗的情况下作出的,无论正确与否,都被认为是公正的、可接受的、甚至是难以挑战和终局的"。① 如果被告人不服第一审联邦地区法院的刑事判决,他可以上诉到联邦上诉法院②,这一次上诉被称为"权利性上诉"。

联邦上诉法院,一般由三名职业法官组成合议庭审理。三名职业法官通过独自阅卷、收集先例、听取辩护律师的辩论意见,逐渐形成自己对上诉案件的法律意见。进而言之,上诉法院法官并不审查初审法院的事实认定问题(不调查证据、也不传唤证人),仅对第一审刑事判决的法律问题进行审查,通过表决的方式作出(第一)上诉审判决,并由合议庭多数表决的成员撰写判决书。合议庭三名成员间独立、平等,共同通过投票方式作出决策,因而被称为"协作型"(而非科层型)审判组织。③

联邦最高法院。上诉人如果不服上诉法院判决,可以对该判决提起再次上诉(第二次上诉)。但这一次上诉能否得到立案由联邦最高法院决定,他们可以择案而审。联邦最高法院法官只对那些有法律意义、对联邦有意义的案件进行审理,每年不足 100 起案件(包括刑事案件)实际进入第三审,约占总申请数的 1%。④ 进而言之,美国联邦最高法院审理的第三审是有限制的第三审,被告人/上诉人可以提出申请,但是否受理完全由最高法院决定,而且决定开始第三审的原因主要不是案件本身的法律适用是否有错,而是该案件所涉及的法律问题是否是他们关注的、联邦层面上的重大政治(如布朗诉教育委员会案)、经济(如劳工问题)、社会(如堕胎问题)议题。

一旦决定审理,即成立刑事合议庭。联邦最高法院有九名大法官,一般由全体成员(至少需要六人)出席组成合议庭,首席大法官主持合议庭。他们仅就案件的法律问题以书面方式审理,或者书面与口头辩论相结合

---

① 参见王超:《刑事审级制度的多维视角》,法律出版社 2016 年版,第 104 页。
② 通常不会有检察官对第一审判决提起上诉的问题,特别是针对一审法院的无罪判决,检察官没有任何权力提起上诉(抗诉);同样,检察官还得遵守"避免双重危险"的原则,不得对该案再次起诉(关于这一点,请参见龙宗智:《刑事庭审制度研究》,中国政法大学出版社 2001 年版,第 440—441 页)。
③ 参见陈杭平:《统一的正义:美国联邦上诉审及其启示》,中国法制出版社 2015 年版,第 31 页。
④ 同上书,第 36 页。

的方式进行审理,并以此为基础作出合议,最后通过投票作出判决①,该判决具有最终性,进而具有完全的确定性。

综上所述,美国联邦法院实行的三审终审制可以作如下概括:第一审负责事实和法律两方面事项,事实问题在此得到最终处置。第二审、第三审并不关心事实问题,而是将其作为一个既定"事实",已不容置疑,只关注适用法律是否有问题。如果就法律审而言,第二审、第三审也有差异:(1)第二审对法律适用是否正确进行判断。第三审则仅对重大法律事项进行谨慎判断。(2)第二审程序的启动由被告人是否提起上诉决定,而且第二审法院没有拒绝的权力,检察官在此也没有任何存在空间(因而被称为"权利性上诉")。在这里,法律问题基本上得到确定。第三审作为终审是否启动,联邦最高法院有最终决定权②,因而是有限的第三审,而且一旦第三审作出判决,则是一个最终的、不可改变的判决。

从判决的确定性看,刑事判决逐渐获得确定性、既判力,或者说刑事判决(书)的既判力与法院之审级有比较优良之分工和平衡:第一审法院作出的判决在事实问题上有了完全的确定力,但法律问题需要上诉法院才获得确定力(高度的既判力),只有极其稀少的刑事判决需要联邦最高法院的审理才最终获得既判力和确定性。③

三、德国语境下的审级制度、刑事判决与刑事合议庭

德国是一个联邦制国家,法院体系包括联邦与州两个层面。整个国家确立了从联邦最高法院(普通法院)④到(州)高等地区上诉法院、(州)地

---

① 参见朱立恒:《刑事审级制度研究》,法律出版社2008年版,第117页。
② 与美国审判监督程序类似,中国的审判监督程序是否启动主要由权力机关决定,当事人只有申请权(参见蒋志如:《中国刑事再审程序启动主体的实证研究——以S省G市的调研为范围》,载《安徽大学法律评论》2014年第2期)。
③ 另外,虽然在美国有人身保护令的救济措施,但对已经发生法律效力的判决,几无更改的可能;而且从学理上看,人身保护令在很大程度上与原来的刑事诉讼程序没有多大关系,其主要是针对监狱的一场诉讼,在性质上不属于刑事诉讼,而是针对监狱监禁的诉讼(参见〔美〕罗纳尔多·V.戴尔卡门:《美国刑事诉讼——法律和实践》,张鸿巍等译,武汉大学出版社2006年版,第63—65页)。
④ 在联邦层面,除了联邦普通法院之外,还有专门的联邦财税法院、联邦行政法院、联邦劳动法院、联邦社会法院以及联邦宪法法院(参见邵建东主编:《德国司法制度》,厦门大学出版社2010年版,第38—39页)。

区法院、(州)地方法院四级法院体系①,实行四级三审终审制。

刑事第一审法院:刑事案件初审法院有(州)地方法院、(州)地区法院、(州)高等地区上诉法院。其中,(州)地方法院审判组织有两种形式:其一,由一名职业法官审理自诉案件和 2 年以下自由刑的案件;其二,可能判处最高达 4 年监禁的较为严重的刑事案件则由一名职业法官、两名非职业法官组成的合议庭审理。非常严重的刑事案件(即除了地方法院和高等地区上诉法院主管的第一审案件外)由地区法院三名职业法官、两名非职业法官组成的合议庭进行第一审审理。(州)高等地区上诉法院审理严重危害国家安全犯罪的案件,由五名或三名职业法官组成的合议庭进行第一审审理。②

刑事第二审法院:对地方法院判决不服,可以向地区法院提起上诉,无论是独任制审理的案件,抑或由参审制合议庭审理的案件均由地区法院小刑事庭审理,是为第二审。小刑事庭由一名职业法官和两名非职业法官组成合议庭,对事实问题和法律问题进行重新审理,相当于对案件进行"重复"审理——在这一点上,与中国的刑事第二审类似——既包括事实审,也包括法律审。③

刑事第三审法院④:负责第三审的是高等地区上诉法院和联邦最高法院,以下案件属于第三审审理范围:(1) 针对地方法院判决,如果上诉人提起的是关于法律问题的上诉,则直接上诉到第三审法院(高等地区上诉

---

① 中国学者对德国法院翻译不同而形成了不同的称谓,容易造成混淆。在这里,笔者将以学者宋冰编的《读本:美国与德国的司法制度及司法程序》中的翻译为基础,根据掌握的资料,它们大致可以这样一一对应:州地方法院,而其他学者则译为"区法院""基层法院";州地区法院,其他学者译为"地方法院""州法院";州高等上诉法院,其他学者译为"州高等法院""邦高等法院"(参见〔德〕克劳思·罗科信:《刑事诉讼法(第 24 版)》,吴丽琪译,法律出版社 2003 年版,第 45—46 页;邵建东主编:《德国司法制度》,厦门大学出版社 2010 年版,第 39—41 页)。

② 参见〔德〕托马斯·魏根特:《德国刑事诉讼程序》,岳礼玲、温小洁译,中国政法大学出版社 2004 年版,第 36—37 页。

③ 参见〔德〕克劳思·罗科信:《刑事诉讼法(第 24 版)》,吴丽琪译,法律出版社 2003 年版,第 45,500—508 页。

另注:该第二审,又被称为"一般性上诉",只有地方法院的刑事案件才可能被提起的上诉(参见〔德〕托马斯·魏根特:《德国刑事诉讼程序》,岳礼玲、温小洁译,中国政法大学出版社 2004 年版,第 220—222 页)。

④ 参见〔德〕克劳思·罗科信:《刑事诉讼法(第 24 版)》,吴丽琪译,法律出版社 2003 年版,第 512—514 页。

法院)。(2)不服地区法院作出的关于第一次上诉的判决,上诉人提起了第二次上诉。(3)对地区法院重罪案件作出的第一审判决提起上诉(由高等地区上诉法院负责审理);对高等地区上诉法院审理第一审案件作出的判决不服,向联邦最高法院提起的上诉。第三审法院由三名或五名职业法官组成合议庭,仅就上诉案件的法律适用问题进行审理,并作出具有终局性的判决。

另外,虽然德国有再审程序的设置,它可能会动摇合议庭判决的确定性,但由于现实中再审程序启动的可能性非常小,而且仅允许对被告人有利之再审程序启动,进而再审案件可以忽略不计,因而对判决的既判力基本上没有影响,至少可以说没有中国再审程序对初审的影响大。①

综上所述,德国实行三审终审制,第一审、第二审是包括事实审和法律审的全面审查,第二审是一种具有"重复性"劳动的刑事合议庭审理,是国家对初审法院,特别是地方法院不信任的结果。② 换句话说,当地方法院作为第一审法院时,其作出的判决并不具有确定性,很容易受到上级法院的审视和改变。当第二审判决作出时,刑事案件的事实认定得到完全确定,如果有第三审,法院不再就事实问题进行审理,只审视下级法院的法律适用问题,通过法律审,刑事判决获得完全的既判力。

因此,与美国法院刑事判决相同,德国法院的刑事判决也是渐次获得最终的确定力、既判力。

四、本节小结

根据前述,我们可以对审级制度、判决与刑事合议庭之深层关系做一个更详细地分析和展示:

首先,美国、德国等法治国家刑事合议庭的判决具有高度确定性、很强的既判力,中国刑事合议庭作出的刑事判决则表现出更多的不确定性。这不仅仅与一个国家司法体制确立的审级制度有关,更与在不同审级(不同级别法院)设置不同的功能有关。申言之:

---

① 参见〔德〕托马斯·魏根特:《德国刑事诉讼程序》,岳礼玲、温小洁译,中国政法大学出版社 2004 年版,第 232 页。

② 同上书,第 220 页。

美国联邦地区法院第一审有事实审和法律审两方面事项：**陪审团在事实方面的努力获得了充分的、完全的确定性**，如果当事人不上诉，与联邦最高法院作出的判决一样，该判决（包括法律审）获得充分完全的确定性。即使被告人提起上诉，联邦上诉法院、联邦最高法院也只对案件的法律问题进行审理（即只有法律审）。对于第二审、第三审的法律审而言，正如美国学者的观察，即"事后发现的初审法官的错误，只要它没有影响到最终结果，在司法的天平上又不能站到如此重要的地位，以至于有必要求助第二次审理。对下级法院判决必须有清醒的认识和充分的尊重"[①]；即使在重要案件中，初审法院、上诉法院判决被改判，也只反映如是情况，即"……上诉审法官不比初审法官更聪明，使其判决优越的唯一理由仅在于人数，3个、5个、7个或9个总会比一个头脑强"[②]。

简言之，联邦上诉法院合议庭一般尊重初审法院的判决，即使改判他们也并没有认为上诉法院合议庭作出的判决更好，而是将其归因于上诉法院合议庭组织运行情况更好，进而判决质量更高。联邦上诉法院与联邦最高法院的区别在于：第二审为权利性上诉，只要上诉，上诉法院不能拒绝。第三审程序并不是当事人申请即启动，而是根据该案是否与联邦的政治、经济、社会有重大关联，并经由四名以上大法官同意方可启动的程序，是一种择案而审的，且主动权、控制权掌握在（联邦最高）法院的第三审程序。因此第二审判决的稳定性更高、确定性也更强，而且即使进入第三审，第二审判决也有高度确定性，因为能够进入第三审的案件数量低，不具有影响第二审判决既判力的效果。

德国法院第一审与第二审均为对事实、法律的审判，到第二审事实问题得到确定，第三审可以是第一审仅就法律问题提起的"越级"上诉，也可以是对第二审提起的上诉，还可能是地区法院第一审、高等地区上诉法院（州最高法院）第一审的上诉，但均是对案件的法律问题进行审理，是为法

[①] 参见宋冰编：《读本：美国与德国的司法制度及司法程序》，中国政法大学出版社1998年版，第416页。

[②] 同上。

律审,亦为终审判决。第二审、第三审均为刑事合议庭之审理①,而且第三审的法律审均为职业法官组成合议庭进行审理。**另外,有一个问题值得注意**:由于第一、第二审均为对事实、法律的全面审理,导致了有些第一审法官对事实的审理不够审慎、仔细,因为他们认为反正有第二审法官对其把关②,进而言之,第一审的合议庭(一名职业法官和两名参审的非职业法官组成)的合议质量可能不高,至少与美国初审法院审判比较而言要低一些。

而中国的一审、二审、再审均是对事实和法律的全面审理,各审级没有任何功能区分,进而合议庭之判决没有任何确定性,判决书的既判力没有形成,在中国当下司法机关具有的强烈行政性特征的特殊语境下③,其不确定性特征得到进一步凸显。

其次,(前述)这一特征影响了在合议庭作为一种组织运行时法官的合议态度和行为方式,申言之:

以美国为例:作为第三审的联邦最高法院,每年审理刑事案件的绝对数不多,在总案件数量上更是可以忽略不计。因此,我们可以作更简略地判断:在第一审,事实问题得到最终确定;在第二审,法律问题得到确定,进而刑事判决得到全面确定。因此,它要求每一审均应当发挥应有之职责和功能。申言之:合议庭(初审法院为陪审团,上诉法院为三名法官组成的合议庭)作为一种组织的运行,在每一次对刑事案件的审理中,在庭审、评议、判断和表决时均应当体现高质量(体现公平与正义,而非效率),进而合议庭成员之关系、地位、表决方式得到充分重视,并不断提升、强化合议庭成员的协作程度,最终形成法官、首席法官在合议庭庭审、评议、发表意见、表决的,融多人合议、平等合议、独立判断、共同决策等于一体的

---

① 或者由一名职业法官、两名非职业法官,或者由三名职业法官、两名非职业法官,或者由三名职业法官,或者由五名职业法官组成合议庭。
② 参见〔德〕克劳思·罗科信:《刑事诉讼法(第24版)》,吴丽琪译,法律出版社2003年版,第512—514页。
③ 参见蒋志如:《法律文本与历史视野下的中国法院研究——一个导论》,待刊稿;参见陈瑞华:《司法裁判的行政决策模式——对中国法院"司法行政化"现象的重新考察》,载《吉林大学社会科学学报》2008年第4期。

工作原则、规则。①

作为法治国家的德国与此类似:虽然合议庭形成的判决在风格上有很大不同②,但法官(包括非职业法官)合议态度、行为方式相似。

就中国而言,正因为中国上下级法院的行政化运行模式,而且合议庭均是对事实、法律的全面审理,没有功能之区分,因而合议庭法官在合议组织中常常采取一种短视、不负责任的态度和行为方式,因为最终有其他机关、组织对此负最后责任,或者说第一审法院合议庭的法官在合议时无论怎样表现均没有意义,很容易遭到上级法院合议庭的批评与否定。

综上所述,刑事判决(书)对被告人来说至关重要,涉及其生命、自由和财产,因而国家通过设置合理的审级制度(通过合理区分上下级法院的功能和职责)、合议制度(合议规则的确定)实现判决的稳定性、可控性以更好地保障刑事被告人人权和基本利益。在这一系列制度中,合议庭之合议(包括陪审团之合议、职业法官或者职业法官与非职业法官组成的合议庭合议)具有直接判断、决策的职责,对判决(书)有直接之影响。审级制度、判决书制度等则对法官对待刑事审判程序、事实认定和法律适用事项的态度和行为方式有间接影响,即不同的审级制度和不同的判决书表达方式影响了合议庭中法官(包括非职业法官)的合议态度、行为方式。

简而言之,刑事判决(书)规则和审级制度对刑事合议庭决策有相当的影响,中国未来的司法改革应当在作为司法制度组成部分的审级制度、判决书制度上着力,至少不能对其视而不见。未来的配套制度改革应当在不同级别的法院合议庭之间确立判决中不同事项的确定力,亦即不同级别法院应当有确立既判力的事实审、法律审之别。

---

① 参见张雪纯:《合议制裁判研究——基于决策理论的分析》,法律出版社2013年版,第106—107页;刘世强:《刑事合议庭制度研究》,中国政法大学出版社2014年版,第71—81页。

② 德国法院判决书没有所谓的并存意见、反对意见,但法官之平等、独立的判断和决策会得到充分体现(参见宋冰编:《读本:美国与德国的司法制度及司法程序》,中国政法大学出版社1998年版,第445—470页)。

第三节　作为组织的刑事合议庭合议的基本价值和原则

当人类社会发展到工业社会、现代社会，法院、法官已成为守护正义的最后一道门槛。同时，法院、刑事合议庭和法官也受到工业社会科技的影响，亦受到现代社会的理念、价值的深刻影响。这些理念和价值一方面是制度实践的产物，另一方面又是推进制度发展的根本前提：刑事合议庭一方面共享社会基本理念和价值（如民主、平等价值），另一方面也发展出更显专业特征的独特价值、理念和基本原则（如多人参与、共同决策原则）。

一、基本价值

根据本章第二节对审级制度的初步描绘，法治国家之法院（组织法或司法法）常常采取三审终审制，并对各审级法院确定了不同的功能、地位。如是的审级制度，可以说是一种变相的一审终审制。以美国为例，联邦法院的第一审通常为事实审，第二审为法律审，第三审也是法律审（第三审负责的案件非常稀少，而且是否启动取决于美国联邦最高法院，因而可以忽略不计）。换言之，在每一审中，法院均需终结性地解决案件中的部分问题。刑事合议庭作为一个审判组织、一种组织形式，如果欲在这一背景下产生公平、正义的法律判决以解决刑事纠纷、修复被破坏的社会秩序则应当在一定的规则和价值前提下运行方可达致该制度设置的目的。

因此，一方面，刑事合议庭合议过程中的民主、平等、独立、效率等价值应当是其运行的基础。另一方面，诸价值之间亦应当形成一个具有内在关系的逻辑体系，亦即诸价值的位阶问题：民主、平等、独立等价值应当处于第一位阶，在此基础上方可考虑合议庭运行的效率价值（这是一个运行成本问题）[①]，申言之：

[①] 有人将公正作为合议庭运行的基本价值（参见袁坚：《刑事审判合议制度研究》，法律出版社2014年版，第40—41页）。笔者认为不妥，因为这是评价、判断合议庭运行结果——刑事判决的价值，而非合议庭运行自身的价值。

(一) 民主价值

首先,作为共享价值的民主

根据学者王绍光的观点,民主的最初含义是指"……由全体人民(而不是他们选出的代表)平等地、无差别地参与国家决策和进行管理……"①,亦即最初的民主是直接民主。当民主发展到现代社会,民主不再是直接民主,而是一种代议制民主、间接民主,它要求一系列的诸如选举制度、政党制度和行政与立法关系等的制度安排。②

不过,这还是一种静态意义上的描绘。如果从动态的现代民主过程看,民主至少应当具备以下五个条件:(1) 团体成员中所有公民参与(所有成年公民的选举权、投票权);(2) 团体中的公民有效地参与(收集信息、分析和判断信息);(3) 平等投票(每一人成员应当平等投票,所投的票应当平等计算);(4) 知情的了解(要求在合理的时间内,团体成员有机会了解有关政策及其可能的后果,成员也有其他选项可供选择);(5) 议程的控制(成员有机会确定议程,决定什么事项可以纳入议程)。③

进而言之,民主作为一种社会治理方式,在最初,是一种全体人民参与的国家决策和官吏任命方式,因而没有所谓选举、政党等其他制度与之配套,是一种直接民主,并没有现代民主精致、细密。而现代民主是一种间接民主,一种代议制的民主,需要选举、政党等配套制度支撑,更需要(所有)成年人平等、有效地参与,并有能力控制民主之议程,平等投票以作出决策。它大致包括了下列问题,即决策成员的准入问题,有组织地讨论以充分收集和分析决策所需要的信息,投票并计算结果的问题。

其次,刑事合议庭中的民主价值

就本书分析的刑事合议庭这一特殊组织而言,它是一个比较封闭的审判组织,人数也不多,法官之间是同事关系(亦即法官之间是熟人关系,也有日常合作关系),进而合议庭中民主价值应当继承直接民主下的民主理念。因此,刑事合议庭中民主价值的基本内容、要素不仅应当有现代民主理念下的若干借鉴,还应有直接民主理念下的直接继承。具体描绘

---

① 参见王绍光:《民主四讲》,生活·读书·新知三联书店 2008 年版,第 2 页。
② 同上书,第 137—190 页。
③ 参见[美]查尔斯·蒂利:《民主》,魏洪钟译,上海世纪出版集团 2009 年版,第 7—8 页。

如下：

其一，合议庭成员应当**全体参与**。就刑事合议庭的组成而言，美国联邦法院第一审中的陪审团有十二人（加上一名法官，也仅有十三人）[①]，而且第二审通常为职业法官三人组成合议庭，第三审（联邦最高法院）最多由九名职业法官组成合议庭。德国法院合议庭通常是三人，最多是五人；中国刑事合议庭的组成成员最少三人，最多七人。因此，合议庭的规模从人数组成看，非常小，与现代选举民主比较，规模的确太小，直接民主是可行的方式，应当由合议庭全体人员参与。

其二，合议庭成员应当**有效地参与合议**。刑事合议庭法官在平等参与的基础上通过庭审（在中国还包括阅卷、汇报等）方式获取认定事实的所有信息。只有当法官在此基础上收集判决所需的信息，方可对信息进行理性地审视、分析，并形成自己的判断。

其三，合议庭合议应当遵守少数服从多数的基本原则。刑事合议庭的合议是一种集体决策，而且结果也只能有一个。当有分歧、冲突时，只能通过数字（多数）的方式解决难题、争议。进而，在刑事合议庭，法官或者陪审员应当根据自己形成的判断**独立、平等地投票**，在**一人一票原则、少数服从多数原则或框架下**形成合议庭之博弈结果、判决结果。

其四，与政治民主不一样的是：法官、陪审员或参审员在合议时并不能，甚至也不需要控制合议议程，他们只能就案件事实认定、法律适用问题展开合议，也不能引入其他因素以使判决有新的选择或者其他选择。因为刑事案件、纠纷的处置过程是一个相对独立、封闭的进行过程，其他人或因素无法参与，也不能参与。

简言之，（刑事）合议庭合议之民主价值与政治民主价值有差异，表现为两点：（1）政治民主具有开放性特点，刑事合议庭民主价值相对封闭，与之有异；（2）刑事合议庭的规模较小，应当是由全体成员参与的一种直接民主。

---

① 其他国家很少有10名成员以上的合议庭，只有法国，它的刑事合议庭在历史上最多时达到15人——由3名职业法官和12名陪审员组成合议庭。根据现行法律，法官人数最多时是3名职业法官和9名陪审员组成合议庭（参见〔法〕卡斯东·斯特法尼等：《法国刑事诉讼法精义》（上），罗结珍译，中国政法大学出版社1999年版，第407—411页）。

（二）平等价值

首先，作为现代社会基本价值的平等

平等是法律的基本价值。它的基本意涵，简单地说，是人人在法律面前平等①，但不限于此，比如说刑事诉讼程序中的"平等武装原则"，它要求通过帮助被告人、限制侦查等司法机关权力的方式达到双方的大致平等。② 就学者已达成的共识而言，平等价值包括形式和实质两个层面的内容：

（1）从形式上看，主要是资格、机会方面的一种平等，抽象意义上则要求所有成员一律平等，不仅仅是适用法律平等，更是赋予平等的权利、提供同等的机会等领域的平等。

（2）从实质上看，国家、社会根据主体、成员的不同情况、特点、属性采取不同的方式为个体发展提供所需要的基础条件和特别需求，如对弱势群体予以更多的照顾、待遇。③

其次，刑事合议庭中平等价值的体现

具体到刑事合议庭这一组织，也包括形式上和实质上的平等。申言之：

（1）在刑事合议庭内，无论是大陆法系，还是英美法系的刑事合议庭成员（无论是职业法官，还是非职业法官）的法律地位都平等④。在（英美法系）陪审团这一组织，所有陪审员在法律地位上平等，而且均无相关专业法律知识作为前提条件。还有，合议庭成员平等参与法庭审理，平等地在合议时发表（法律）意见，并平等地投票（实行一人一票原则）——此为平等价值在合议庭运行形式上的价值体现。这是刑事合议庭运行所要求的形式上平等。

---

① 参见高其才主编：《法理学（第二版）》，清华大学出版社 2011 年版，第 169—170 页。
② 参见陈永生：《侦查程序原理论》，中国人民公安大学出版社 2003 年版，第 288—317 页。
③ 参见林来梵：《宪法学讲义（第二版）》，法律出版社 2015 年版，第 356—368 页。
另注：学者张千帆将平等的具体内涵分为三个层次：(1) 结果平等与机会平等，(2) 实际平等与表面平等，(3) 实体平等与程序平等（参见张千帆：《宪法学导论——原理与应用（第三版）》，法律出版社 2014 年版，第 502—507 页）。
④ 英美法系上诉法院的刑事合议庭中并无非职业法官的参与，均为职业法官进入合议庭，他们参加庭审、合议、评议、判决，大陆法系在第一审、第二审中常常有非职业法官参加合议庭的情况。

(2)在合议庭成员中,法官(包括非职业法官)之间也有差异。虽然在准入时,法官的整体情况类似,但不同法官拥有的不同人生经历、阅历,积累的知识、偏好也不一样。在一个比较固定的合议庭组织中,一般法官容易产生对能力、司法经验丰富的法官的尊敬、认同,这是法官职业生涯中长期以来积累的经验、能力和权威等因素带来的产物。因此,法官之间相互影响、(间接或实际)隶属的情况无可避免。为了减少这一相互影响、差异,达致合议庭成员之间的实质平等,可以在如是方面努力,即:法官在合议时,成员发表意见次序应当遵循资历、经验(即担任法官的年限)从低到高、从不丰富到丰富的原则展开,经验丰富、有实际影响力的法官最后发言。在此语境下,经验不丰富、刚刚入职的法官在合议时方可能充分展示、发表自己的合议意见。此为合议庭运行所要求平等价值实质方面的内容。

(三) 独立价值

在刑事合议中,合议庭成员在民主、平等氛围下还应当坚持一种独立的态度、独立的行为方式。从宽泛意义上说,它包括法官作为主体的自由意志,根据自己的理性、意愿、良心形成判断,并自由地作出判断(简单地说,它要求法官合议时有内心自由和行动自由)。[①] 对此,我们可以作如下两方面的阐释:

(1)合议庭作为一个组织应当具有独立性。法院院长等行政领导不能干预合议庭对刑事案件的审理,法院之外(如行政、政党等)的因素更不能干预、影响合议庭在刑事案件中的合议。进而言之,合议庭作为一个组织,一个相对封闭的组织对外具有独立性,它要求合议之结果判决只体现合议庭之意志和判断。

(2)在合议庭内部,合议庭成员不仅仅在法律地位上平等,在个体上也独立,包括两方面内容:其一,独自收集信息。包括在听审时收集关于涉案事实、证据的信息以及在合议过程中收集关于该案涉及的法律问题的信息。其二,独自作出判断并投票。根据收集到的案件事实信息、法律适用信息形成自己的独立判断,并根据这一判断自由地发表关于案件的

---

① 参见左卫民等:《合议制度研究——兼论合议庭独立审判》,法律出版社2001年版,第47—48页。

事实、法律意见,在投票时独立地、自由地投票。这一独立性与学生完成一场开卷考试在理念上相同:考试之题目由出题教师确定,学生不能求助于其他同学,更不能求助于老师,只能独立地自己完成收集资料、作答等事项,并且是在规定的时间内收集与考试相关资料并根据既定考试题目作答。①

因此,简单地说,刑事合议庭这一组织的独立性有两方面内容:(1)合议庭组织对外的独立性;(2)法官(陪审员、参审员)个体的独立性,具有个体的意志自由和选择自由。这是对民主价值、平等价值的深化。

(四) 效率价值

任何制度、组织的运行都需要成本,不可能有"既要马儿跑,又不让马吃草"的现象。作为一种组织的刑事合议庭还应当考虑效率问题。刑事诉讼程序是以刑事被告人为中心,以解决被告人是否有罪、是否应当承担刑事责任以及承担什么样的刑事责任为职责的一种制度。其基本要义在于剥夺被告人利益,首要应当考量的是判决结果的公正、公平。因此,对效率价值的考量应当放置在前述价值之后。进而言之,在该场域,刑事合议庭合议之效率并非首要考量的问题,只需要达至最低程度的效率即可,即合议庭运行之金钱成本、时间成本应当在可控的范围之内。因为刑事诉讼程序、司法制度之效率价值主要不是通过刑事合议庭审理的案件体现,而是通过对刑事案件进行案件分流体现,如通过大量的辩诉交易让尽量少的案件进入对抗式刑事诉讼程序,刑事合议庭也就可以以最低效率的方式展开,一旦展开,则在前述价值下充分进行,以最大限度地在合议庭中保障被告人之诉讼权利和基本利益。

简言之,在刑事合议庭合议的场域,从价值理念看,效率价值并不是重要的价值,刑事合议庭的基本价值应当包括民主价值、平等价值和(合议庭、法官)独立价值。而且,这三种价值并非截然分离,从上述描绘和分析中可以看到,它们之间有交叉的部分,如民主本身即有平等意蕴,独立也应当是民主的题中之义,平等、独立本身是民主展开的前提(之一)。而且,这些价值的部分交叉并不是一种障碍,因为它们不交叉重叠而形成的

---

① 在国内这种考试很少,在美国此类考试则是一种常见形式(参见苏力:《法治及其本土资源(修订版)》,中国政法大学出版社 2004 年版,第 347—348 页)。

独特部分一起支撑了合议庭作为一种组织运行的基本理念和思维方式:合议庭成员独立且平等,在民主氛围下的合议决定是经得起考验的刑事判决,是有质量的刑事判决,进而不需要更多更高层级、审级的法院审视下级法院的判断。

二、刑事合议庭运行的基本原则

刑事合议庭作为一种审判组织的运行起点是法庭第一次庭审(或者系列庭审),经过庭审后的评议(甚至是一系列的评议),最终以(一次)投票表决的方式结束刑事审判程序并以刑事判决书体现之。在这一过程中,刑事合议庭除了应当秉持前述民主、平等和独立的价值外,还应当遵循其作为一种组织运行的系列原则。根据学术界通说,刑事合议庭运行应当遵循的基本原则有四项,即多人参与、平等参与、共同决策和独立审判。[①] 在这些基本原则中,有部分原则与前述基本价值有重合,即平等与独立,它们不仅仅是刑事合议庭应当秉持的基本价值,也是应当遵循的基本原则,在此不再赘述。笔者仅仅就其不同部分展开叙述,对刑事合议庭的多人参与和共同决策原则作一些分析:

(一) 多人参与原则

在现代社会,从审判组织看,审判的独任制与合议制并立、对峙。[②] 独任制审判为一人(通常为职业法官)审理案件。合议制审判则意味着至少两人以上参加审判,上限即最多多少人可以参加。不同国家有不同规定:以西方法治国家为例,英国合议庭成员有两种,一种陪审团由 12 人(+1 名职业法官)组成,另一种由 3 名职业法官组成。美国合议庭成员也同样如此,但以职业法官组成合议庭的形式中最多可以达 9 人(联邦最高法院)。德国合议庭成员由 3 名或 5 名成员组成,或者全部由职业法官组成,或者由职业法官与非职业法官组成。法国合议庭成员最多可以达 15

----

① 参见左卫民等:《合议制度研究——兼论合议庭独立审判》,法律出版社 2001 年版,第 39—50 页;刘世强:《刑事合议制度研究》,中国政法大学出版社 2014 年版,第 71—81 页。
② 参见赵旻:《民事审判独任制研究》,华中科技大学出版社 2014 年版,第 11—17 页。
另注:在中国,刑事审判委员会也通常被作为一个审判组织,而且被认为是法院内部最高的审判机构(参见康均心:《法院改革研究——以一个基层法院的探索为视点》,中国政法大学出版社 2004 年版,第 242—245 页)。

人(由12名陪审员和3名职业法官组成)。① 简言之,合议庭之合议成员应当由2人至15人组成(一般为3人以上的单数),或者说,现代社会的合议庭成员从既有法律规范看没有超过15名成员,但也没有低于3人的②,亦即合议庭应当遵循多人参与原则。

因此,所谓多人参与原则是指合议庭应由两人以上的多人成员参与,就其内涵而言有以下三个层面:

(1) 一般为两人以上的奇数(3、5、7、9等奇数情况)组成合议庭,偶数为例外(如美国联邦最高法院可能出现6人合议庭的情况③)。因为当合议庭成员是奇数时可以防止合议庭投票僵局(一半对一半)情况的出现。

(2) 基于效率的考虑,合议庭成员不能太多,不能超过15人,因为合议过程中成员增多会增加时间、司法成本。当其超过一定数量,特别是15人以上更容易出现拖沓不决的情况,进而降低了合议效率,也必将增加司法成本。

(3) 如果违背了法律规定的人数(多人),合议庭成员启动之法庭审理、合议不产生任何法律后果,或者说很容易被上诉法院因程序违法而确定无效。

(二) 共同决策原则

刑事合议庭成员在民主、平等、独立的氛围、前提下,不仅仅需要多人参与,更需要共同决策。从理论上说,涉及案件的所有事项均应是共同决策的范围,可以通过以下方式实现:

(1) 共同讨论、分析案情。职业法官合议庭、参审制合议庭之合议庭成员拥有同等的事实认定、法律适用权力。他们都有权力参与合议庭的讨论,通过讨论形成认定事实和适用法律的意见。以英美法系国家为例,在有陪审团的审判中,陪审团主要就事实问题展开讨论以形成被告人是否有

---

① 参见张雪纯:《合议制裁判研究——基于决策理论的分析》,法律出版社2013年版,第105—109页。
② 在古代社会,民众法庭有达100人以上的合议庭,如雅典的民众法庭有200人、甚至500人的各种类型,古罗马具体审理案件达30—40人(参见左卫民等:《合议制度研究——兼论合议庭独立审判》,法律出版社2001年版,第15—17页)。
③ 参见陈杭平:《统一的正义:美国联邦上诉审及其启示》,中国法制出版社2015年版,第34—35页。

罪的决定,而法官则负责法律适用问题(包括刑事诉讼程序方面等)的处理。

(2) 共同投票。在大陆法系国家,职业法官与参审员一起,同等地参与对事实认定和法律适用的讨论,并平等投票。合议庭成员在平等、独立的氛围下共同听审以获得关于案件事实的所有信息,还可以独立收集各种涉及案件的法律问题的信息以形成自己的法律意见,在评议(共同讨论、分析案件的事实问题和法律问题)后,通过投票的方式决策。当然,在这里值得注意的是,并不是每一个刑事案件均需要经过合议庭的案件讨论、分析并投票,还可能直接通过投票的方式实现共同决策。

(3) 协商式决策。在复杂案件中,合议庭成员对法律问题的讨论、分析不一定能够形成一个统一的意见,或者说合议庭没有形成多数意见,形成了两种或两种以上的意见,合议庭成员间需要通过协商决策方式以便在投票时形成一个可以作为判决基础的多数意见,具体而言:合议庭成员应当在相互讨论中,相互说服,相互妥协(因为任何一名成员没有放弃发表意见的权利),但这一妥协也应当在平等、独立的基础上展开,而非以权威、资历让其他合议庭成员放弃自己的观点和主张,即:部分成员自愿放弃自己的法律意见,进而通过赞同其他方的观点(在美国,还可以在同意的基础上表达并存意见)以形成合议庭的多数人意见。①

总而言之,通过刑事合议庭承载的基本价值和基本原则,即通过民主、平等、独立、多人参与和共同决策等价值和原则内在规定了刑事合议庭之合议制度的运行机制,规范了合议庭作为一种组织在产生刑事判决的过程中信息输入、决策和产出的模式。

第四节　刑事合议庭运行的基本机制

一、合议庭组织成员之组成:筹备合议庭

刑事合议庭组织的成员构成因为不同的模式而有不同。根据主流观

---

① 但是,应当注意的是,共同决策并不排斥合议庭内部的分工,如当判决结果出现时,判决书由谁撰写的问题(可以分配至某一成员,参见左卫民等:《合议制度研究——兼论合议庭独立审判》,法律出版社2001年版,第45—47页)。

点,刑事合议庭有三种模式:陪审制刑事合议庭、参审制刑事合议庭和职业法官刑事合议庭。合议庭成员构成情况可以简单梳理如下:

首先,陪审制刑事合议庭

陪审制刑事合议庭主要存在于英美法系。它由陪审员(12名)+法官组成,前者决定事实问题(是否构成犯罪问题),后者处理法律问题,可以用以下公式表示:案件事实(由陪审团认定)×法律(由法官确定)=裁决。①

就陪审员而言,他们只在事实上有发言权,因而对陪审员的要求与法官迥异,即:(1)陪审员首先应当是具有一定财产和其他条件(如没有不良记录、没有系统的法律知识)的普通人。凡是符合这一条件的公民应当登记在册,进而自动形成一个陪审员候选名单库。(2)通过抽签的方式随机产生12名成员,还得有一定人数的女性陪审员进入到12名陪审员名单。(3)由(大)法官负责召集。(4)召集来的12名陪审团还要经过回避程序的审查,如果有需要回避的成员,则进行递补,最终组成12人陪审团。(5)当确定陪审员成员后,还得产生一名陪审团团长。②

符合前述条件和要求的陪审团,**仅能通过庭审获得的信息**作出对被告人是否有罪的判断。

就法官而言,法官是职业法官,是法律专业知识的掌握者,他的职责是对陪审团作出的事实认定进行合法化,亦即通过法律适用的方式并以判决书的形式完成刑事审判。这一工作是技术性非常强的事项,要求他们应当经过系统的法学教育、职业训练,具有相当的司法经验,并经由行政长官提名、国会(议院)通过产生。③

简言之,陪审制合议庭由12名普通公民和1名法官组成:12名陪审员仅对被告人是否构成犯罪的问题进行听审、评议,并作出判断,法官仅

---

① 参见〔美〕威廉·L.德威尔:《美国的陪审团》,王凯译,华夏出版社2009年版,第73—74页。
② 参见易延友:《陪审团审判与对抗式诉讼》,三民书局股份有限公司2004年版,第203—206页。
③ 英美法系的法官,通常在经过系统的法学教育且具备一定年限的律师中选择,由一定的机构推荐,经过一定的任命程序产生(参见最高人民法院中国应用法学研究所编:《美国法官制度与法院组织标准》,于秀艳等编译,人民法院出版社2008年版,第1—16页)。

对法律适用事项负责。因此,采用陪审制的国家,对刑事合议庭的审判事项进行了内部分权,前者负责事实,后者负责法律,虽然在认定事实事项上,如果涉及程序性问题仍然由法官引导、甚至主导。

其次,参审制刑事合议庭

参审制刑事合议庭,又称为混合制刑事合议庭,主要由职业法官与非职业法官组成,法国、德国为其典型。法国的参审制刑事合议庭,一般由3名职业法官和9名非职业法官组成。① 德国的参审制,可以由1名职业法官和2名非职业法官,或者2—3名职业法官和2名非职业法官组成。② 参审制刑事合议庭成员的基本情况如下:

其一,就职业法官而言。以法国为例,法国之职业法官主要从国家司法学校的学生中选任③,由政府(司法部部长)任命。主要有三类群体可以通过考试进入国家司法学校,即有法律学历的学生、具有一定年限的公务员和其他在职人员。④ 以德国为例,(职业)法官应当接受系统法学教育(获得一定学位),参加第一次国家考试,通过考试的考生进入到法官学院学习两年,参加第二次国家考试,通过考试者将获得法官(检察官、律师)的正式资格。⑤

其二,就参加合议庭的非职业法官而言。以法国为例,非职业法官应当具备如下条件:(1)具有法国国籍;(2)年满23岁,有读写能力,享有政治、民事权利的公民都具有参审员的资格(也有一些除外条件,如无民事行为能力人、正在受到刑事追诉的人、担任某些政治性职务的人);(3)通过抽签方式产生9人组成参审员。⑥ 以德国为例,参审员应当具备如下条件:(1)应当具有德国国籍,年龄在25周岁以上(70周岁以下),但内阁成

---

① 参见〔法〕卡斯东·斯特法尼等:《法国刑事诉讼法精义》(上),罗结珍译,中国政法大学出版社1999年版,第406—408页。
② 参见〔德〕克劳思·罗科信:《刑事诉讼法(第24版)》,吴丽琪译,法律出版社2003年版,第45页。
③ 共有两种,除了考试外,还有不需要在司法学校学习,直接任命法官的情形(参见金邦贵主编:《法国司法制度》,法律出版社2008年版,第309—310页)。
④ 参见金邦贵主编:《法国司法制度》,法律出版社2008年版,第306—309页。
⑤ 参见徐显明、郑永流主编:《六年制法学教育模式改革》,中国法制出版社2009年版,第87—98页。
⑥ 参见〔法〕卡斯东·斯特法尼等:《法国刑事诉讼法精义》(上),罗结珍译,中国政法大学出版社1999年版,第409—413页。

员、法官、检察官等不能担任;(2)成立一个由法官(1名)、公务员(1名)和地区委员会选出的10名成员组成的遴选委员会,每隔4年确定符合条件的本地区的非职业法官名单;(3)当具体合议庭的组成需要非职业法官时,通过抽签的方式确定。①

非职业法官与职业法官一起组成合议庭,参与刑事案件的审理。在审判程序中,所有的非职业法官(参审员)与职业法官均拥有同等的听审权、评议权和投票权,亦即参审员与职业法官享有同等的权利②,因而并无内部的分权问题(这对于非职业法官而言,有点强人所难)。

最后,职业法官刑事合议庭

职业法官刑事合议庭,简单地说,合议庭成员均由职业法官组成。任何国家均有如是刑事合议庭组成模式,无论是英美法系的美国联邦上诉法院、联邦最高法院,英国高等法院,抑或是大陆法系的德国上诉法院、德国州高等法院、德国联邦法院等均采用职业法官合议庭模式审理案件。就中国而言,第一审刑事案件一般由合议庭进行审理(除非法律明文规定适用其他程序,如简易程序和速裁程序范围内的刑事案件),可以由职业法官组成合议庭,也可以由职业法官与陪审员组成合议庭;中国的第二审刑事案件、再审刑事案件均由职业法官组成的合议庭审理。

这一模式的合议庭主要针对的是重罪案件和上诉案件,更可能是重大、复杂和疑难案件,因而需要由职业法官组成合议庭审理。合议庭成员,在大陆法系国家一般由3—5名职业法官组成③,英美法系国家则一般由3—9名职业法官组成。这些职业法官的准入与前述陪审制、参审制中的法官准入相同,因为他们都有一个最基本任务,即适用法律。据此,我

---

① 参见〔德〕托马斯·魏根特:《德国刑事诉讼程序》,岳礼玲、温小洁译,中国政法大学出版社2004年版,第28页。
② 参见〔法〕卡斯东·斯特法尼等:《法国刑事诉讼法精义》(上),罗结珍译,中国政法大学出版社1999年版,第413—416页。
③ 对于属于大陆法系的日本而言,它的最高法院比较有特色,由院长和14名法官组成,可以形成两种合议庭模式,大法官由15名法官组成的合议庭进行审理,小法官由5名法官组成的合议庭进行审理(参见〔日〕田口守一:《刑事诉讼法(第五版)》,张凌、于秀峰译,法律出版社2010年版,第172页)。
另注:中国职业法官组成的刑事合议庭虽然从司法实践看,只有三名,但从法律文本看,至多可以达到七名。

们可以知道无论是大陆法系国家,还是英美法系国家,职业法官的准入大致类似:(1)有系统的法学教育,有专门的司法训练或司法经验的法律人方可成为职业法官,或者更确切地说,职业法官不仅仅是法律知识的掌握者,也要有一定甚至丰富的司法经验。(2)而且从职业法官合议庭适用的审级看,更多是在上诉审、第三审法院中采用①,根据这些法院的定位、功能(即主要解决法律问题,而非事实问题),职业法官组成的合议庭更胜任。

总而言之,虽然各个国家刑事合议庭之组成方式有不同,但核心要素一致,有职业法官组成的刑事合议庭,也有职业法官与非职业法官组成的合议庭(不同法系在此有所差异,即大陆法系的参审制和英美法系的陪审制的差异),职业法官是刑事合议庭的核心。

进而,合议庭成员之准入要求不一样,对非职业法官的要求不高,要求其应当是一名合格的国家公民,而对职业法官而言则要求有专业的法律知识、法律技能、一定的司法经验。如是基本规则、制度决定了作为审判组织的合议庭运行质量高低。

这一阶段我们还可以这样说,即:首先,当一件刑事案件起诉到法院后,在法院筹备合议庭的阶段,通过人员选拔、回避等程序性事项实现法官在审案之际秉持中立态度的目的。其次,可以对其产生高度信任,因为他们拥有优秀的认定事实、适用法律的知识、技能和相关能力。②

二、刑事合议庭的庭审:案件信息的输入

刑事诉讼程序的庭审阶段,大致可以从合议庭开庭起到评议之前这段时间,包括了法庭调查和法庭辩论两个阶段。③ 法庭调查是合议庭法官认定事实的阶段,法庭辩论则包括对事实问题和法律问题的辩论,即解决

---

① 但也可能是第一审:由于该案件属于重大犯罪案件,应当由更高级别法院进行第一审,如德国州最高法院(高等地区上诉法院)会审理一定条件下的第一审刑事案件(参见宋冰编:《读本:美国与德国的司法制度及司法程序》,中国政法大学出版社1998年版,第126—127页)。

② 这是一个基本原则,被称为"法官事物之独立性原则"(参见林钰雄:《刑事诉讼法(上册总论编)》,中国人民大学出版社2005年版,第79页)。

③ 在中国,还有最后一个环节,即被告人的最后陈述。

被告人是否有罪,如果有罪的话,如何量刑的问题。① 但这只是一般情况,实际上,不同模式下的刑事合议庭,其庭审情况有所差异,具体描绘如下:

首先,对于陪审制刑事合议庭而言。法官除了拥有在定罪后的法律适用权(包括处置量刑问题)外,还有主持法庭审理之权(包括维护庭审秩序的权力、程序指挥权)和指示陪审团的权力。这些权力保障了控辩双方有序地将事实、证据呈现在被赋予事实认定权的陪审团面前。进而言之,在陪审团面前,对于控方而言,他最主要的任务是通过出示证据证明被告人有罪,对于被告人而言,他/她及其辩护律师最主要的任务则是通过证据证明其无罪或者罪轻的主张。

这一过程即是案件信息的输入过程。在此时,陪审员只有一个任务,倾听控辩双方的举证和陈述。

其次,就参审制刑事合议庭而言。职业法官与参审员享有同等权利,在审判长的主持下,根据诉讼程序、证据规则听取控辩双方展示证据、陈述事实和发表法律意见,除此之外,职业法官还拥有主导和控制属于程序性事项的诸如诉讼指挥权等权力。进而,在该模式下的庭审过程,参审员和法官均是被动接受信息,并初步形成一些看法和意见,但并不能在此阶段表达自己的态度和意见,评议阶段方是他们讨论认定事实、适用法律的场域。

最后,就职业法官刑事合议庭而言。如果职业法官刑事合议庭审理第一审刑事案件的话,与前述参审制刑事合议庭庭审情况一致;如果是上诉审、第三审的话,合议庭法官则仅仅就法律问题展开讨论,所谓的庭审,则主要听取辩护律师的法律意见。

总而言之,刑事合议庭的庭审过程是合议庭运行的第一个阶段,也是最重要、最基础的阶段。在该阶段中,合议庭成员**不在于主动积极行为,而在于消极地、被动地听取控辩双方陈述事实、证据,以及法律适用的意见或建议**,以为未来的评议提供经过刑事诉讼程序、刑事证据法规制后的案件信息。另外,还有两点值得注意:

---

① 在中国语境下,还可能出现这一情况:这两个阶段并不能严格区分,可能在法庭辩论阶段发现事实问题还需要再调查,进而法官宣布回到法庭调查阶段;当法庭调查结束后,再进行法庭辩论。

其一，主持庭审的法官（在大陆法系为审判长）拥有更多的权力，主要是与诉讼程序事项有关的权力；

其二，如果是上诉审、第三审，合议庭审理则主要听取辩护律师的（二审、三审）法律意见。在这时，检察官一方的地位和作用降低，甚至消失。

简单地说，控辩双方在庭审阶段主要通过陈述事实、证据、法律适用意见以输入涉案信息。该信息的输入情况决定了合议庭成员的选择、加工和判断，左右了最后的判决。

三、刑事合议庭的评议：案件信息的分析与加工

在被告人做最后陈述后，控辩双方通过法庭审理呈现在合议庭成员面前的信息是合议庭合议的基础。这是一个关于案件事实信息传达到合议庭成员的过程。接踵而来的事项是合议庭成员对其的分析、加工，最终形成自己意见、判断，随后将意见在合议庭表达、相互交流，甚至还有相互说服，以为投票做准备。这一过程即为刑事合议庭的评议。

首先，就陪审制的刑事合议庭而言。陪审团在庭审结束后，法官可以就案件的事实和法律问题作出总结和说明，就相关问题向陪审团作出一些指示，陪审团随后进入评议室。当陪审团进入评议室（密室）后，其基本情况正如学者王兆鹏所描绘的，"……此室由警卫看守，任何人（包括法官）不得进出，若评议时间需数时或数日，餐饮住宿皆由法院供给并进行监督，任何外人都不得与陪审员接触，以免不当影响心证[①]"。进而言之，刑事合议庭之成员应当在封闭、独立、集体在场的环境下进行合议，就该事实认定而言，即使（大）法官也不能过问、干预和有倾向地引导。

就刑事陪审团内部而言，12名陪审员在评议室评议时，仅以经过法庭审理获得信息，对被告人是否有罪问题作出判断，并在人人平等的条件下投票：（1）如果达成全体一致，则直接由陪审团团长宣布评议结果；（2）如果不能达成完全一致，12人陪审团形成11∶1或者10∶2的结果也可以视为完全一致；（3）在没有达到这种绝对多数的情况下，则需要陪审员之间相互说服，在有些成员自愿改变自己立场的情况下最终达到绝对多数

---

① 参见王兆鹏：《美国刑事诉讼法》，北京大学出版社2005年版，第492—493页。

决的结果(当然,也可能出现最终达不成绝对多数的现象,即出现"悬案陪审团"现象,进而大法官应当重组陪审团并重新审判)。①

法官在陪审团宣布结果后,或者因为无罪而当庭释放被告人,或者因为有罪而继续就量刑问题展开工作。陪审团的定罪工作和法官的量刑工作最终通过刑事判决书得到体现。

其次,就参审制刑事合议庭而言。被告人做最后陈述后,合议庭成员进入评议室:一般情况下,合议庭成员将独自根据法庭审理提供的信息形成对案件事实认定和法律适用的意见,随后根据这一意见投票形成判决结果。但也存在这种情况:虽然非职业法官与职业法官在合议时平等、独立,且对事实、法律事项享有同等的职权,但职业法官无疑有更多的法律知识及司法经验优势,就案件的事实和法律问题发表意见时,更可能说服、引导非职业法官。

因此,在发表合议意见时,首先由非职业法官发表意见,然后才是职业法官根据入职年龄、资历等顺序依次发言,最后投票时也应当遵循非职业法官先投票,职业法官后投票的规则。因此,即使有非职业法官改变其观点和立场,在前述规则下也是允许的,即允许合议、评议过程中在说服的情况下改变观点和立场,并成为判决的基础。

最后,就职业法官刑事合议庭而言:

如果是职业法官合议庭审理第一审刑事案件,这与参审制合议庭评议并无多大区别,均是对事实和法律问题的评议、合议,毋庸多言。

如果是上诉审、第三审,合议庭成员则仅仅就法律问题展开评议。由于上诉审、第三审不仅仅有解决纠纷的功能,更有统一地区或全国法律之作用,进而法官需要独自收集涉及该案之资料、文献,形成自己的法律意见,在评议室评议时发表自己的意见。这可能并非一次评议即达成一致意见、形成判决,更可能需要经过一系列评议方可实现。这是一个评议过程。在这一过程中,如果出现法律意见的重大分歧,也有一个相互说服的过程,即有些合议庭成员改变自己立场和观点进而形成一个多数意见的过程。

---

① 参见易延友:《陪审团审判与对抗式诉讼》,三民书局股份有限公司2004年版,第208—214页。

进而言之,合议庭在评议时,有一个"分"和"合"的过程,首先得形成自己的独立法律意见(即为"分"的过程),在表达法律意见过程中如果没有分歧,则判决结果出现(此为"合"的过程)。如果有分歧,特别是重大分歧,则在不断表达法律意见过程中,部分成员改变立场和观点,进而出现多数意见(此为复杂的"合"的过程)。

综上所述,刑事合议庭的评议过程因不同的合议庭组织模式而有些差异,但都可以分成两个部分,即先分后合:(1)所谓"分":合议庭成员首先得形成自己的关于案件事实或者法律或者事实与法律的意见。(2)所谓"合":在一起评议时发表意见并形成多数意见,或者绝大多数意见,甚至一致意见。而且,值得注意的是,合议庭组织的不同模式,导致了"分"与"合"程度的不同:在职业法官刑事合议庭合议、评议时他们可能在适用法律时表现一种复杂的"合",在陪审团合议庭合议、评议时陪审团对认定事实可能表现出一种复杂的"合"。

四、刑事合议庭的判决:信息输出的结果

当刑事案件经过刑事庭审、合议庭合议(评议)后,合议庭可以通过口头或者书面形式投票,刑事判决结果即出。这是评议之后随之而来、自然而然的结果,并不是一个独立的阶段。

而且,当判决结果出现后,还有一个判决书撰写问题。这是一个对案件事实认定、法律适用过程进行"总结"的书面表达,并以国家正式的法律文书体现。通常情况下,判决书由审判长委托一名成员撰写,判决书初稿应当接受合议庭其他成员的审查。[①] 在英美法系国家,特别是美国,这一做法有非常具体的操作规则规范:在美国联邦法院,首席大法官可以授权自己撰写法律判决书(如马歇尔为了达到自己的目的,常常亲自撰写法律判决书,最出名的判决书即"马伯里诉麦迪逊案"的判决书),也可以授权多数意见中的资深法官撰写,少数派法官也可以发表不同意见或并存

[①] 参见左卫民等:《合议制度研究——兼论合议庭独立审判》,法律出版社2001年版,第57—58页。

意见。①

综上所述,判决(书)与刑事合议庭作为一种组织的运行机制没有直接关系,属于合议庭内的细节事项。但,刑事合议庭之庭审、合议、评议过程之结果应当通过一定的形式让被告人(包括辩护律师)、检察官和社会大众知晓。而这一形式,即刑事合议庭作为一种审判组织在审理刑事案件过程中的输出结果、刑事判决书——彰显了国家对此的权威确认,因而有其重要性,值得在这里作简单叙述。

总而言之,刑事合议庭的运行机制包括了刑事案件经过输入、加工和输出等环节并形成刑事判决的整体过程,它分为刑事合议庭成员组成的过程、被动接受信息的过程、主动积极加工信息的过程,并最终以刑事判决书的形式呈现在社会公众面前。

本章小结

通过前面四节的描绘和叙述,我们可以对本章作如下总结:

首先,通过梳理刑事审级制度、判决制度与刑事合议庭的内在深层关系,我们可以看到刑事合议庭作为一种组织在完成刑事审判任务时,其秉持的内在的价值、遵循的基本原则和相应的组织规则非常匹配,实现了理念、原则、制度与规则的高度契合。申言之:

法治状态、审级制度、判决制度是刑事合议庭运行的外部环境。法治是刑事合议庭良好运行的前提基础,它要求法官服从法律、服从良心,而非服从上级、领导的意志,要求法官在庭审、评议时体现司法化逻辑,而非行政化的逻辑。三审终审制②,应当让每一审级均有独特的功能,或者说大致有一个能够区分各审级的独特功能。进而言之,每一审级的独特功能在本质上彰显了法院审案应当实行"一审终审",充分发挥合议的优势。

这一情况要求刑事合议庭应当秉持相应的理念、价值、基本原则,并

---

① 参见宋冰编:《读本:美国与德国的司法制度及司法程序》,中国政法大学出版社1998年版,第445—450页。

② 法国是典型的两审终审制,而且一审与二审均是对事实、法律的全面审理,但它有一个向最高法院申请复审的制度,只对其中的法律问题进行审理,而非再就事实、法律的全面审理(参见金邦贵主编:《法国司法制度》,法律出版社2008年版,第108—110页)。因而,法国从本质上更像是三审终审制,或者说与德国三审终审有更多类似的地方,而非相异。

在审判程序中达致保障人权和实现正义、公正、公平的目的:合议庭(审理、评议、投票)不仅仅对外需要独立和相对封闭,对内更需要民主、独立和平等,需要多人参与,需要共同决策(集体在场)。同时,它还需要合议庭作为一个组织在两方面作出努力:其一,从准入资格角度看,合议庭成员分为两类,职业法官和非职业法官(包括英美法系的陪审团成员)。每一类的准入资格应当相同,法官应当具备学历(系统的法学教育)、司法训练(一定年限的司法经验)两方面条件,非职业法官应当是具备一定条件[①]的本国合格的、有品德的公民。其二,通过一定的合议规则,如发表意见、投票的顺序来保障合议庭成员实现实质上的平等、独立、民主决策,也通过其他规则(如不得放弃表达意见规则、秘密投票规则)来保证合议庭成员的合议是有效的合议、评议。

总而言之,它要求刑事合议庭作为一个组织,不仅仅需要注重合议成员准入资格,更需要关注一个组织在处理工作事项时是一个系统工程或过程,亦即一个从(案件)信息输入,再到信息的分析和加工,最后到投票决策的系统过程。它要求合议庭成员在信息输入时尽量被动接受,在合议、评议阶段要积极主动,以此形成自己对案件事实、法律问题的独立意见,进而通过投票共同决策(在场原则)输出判决结果。

其次,通过梳理刑事合议庭组织应当秉持的理念、原则和基本规则,我们可以看到,合议庭组织中成员之"分"是首要基本要素,申言之:合议庭成员首先需要独立、平等,可以形成对涉案事实、涉案可能需要法律的独立判断、独立(法律)意见,这是合议、评议的前提和基础,这也是最终投票的基础,甚至可以说合议庭的很多规则、制度都与这一目的有关。

简而言之,合议庭成员之间平等的"分权"是刑事合议庭之合议的基础因素。

最后,合议庭组织在"分权"的基础上,才能有"合"的问题,申言之:它一方面要求合议庭成员在合议、评议过程中平等、充分地表达自己的意见;另一方面,为了保障实质平等,要求合议成员遵循一定的次序、顺序表达,即使有说服、妥协、放弃的现象出现(合议过程并不排斥这一点),也不

[①] 这一条件不是学历,更不是司法经验,而是具有社会常识的国家公民即可,当然有些国家要求政治家等不能担任陪审员、参审员。

是成员被迫的结果,而是自愿接受,至少是自愿选择的结果。在此基础上,合议庭成员独自投票,并根据投票结果撰写判决书。这一过程才是真正的"合"。

总之,刑事合议庭作为一种组织的运行,不仅仅需要理念、原则等滋润,更需要明确如是事实:合议之基础前提是司法判断权在合议庭成员之间"分权",只有实质意义的"分"才可能有实质意义上的"合"。否则,刑事合议庭本身的运行会扭曲,如果再有审级制度的不合理设置,这一扭曲将加剧,如果还没有法治环境的支撑,刑事合议庭的真正合议的确是一件不可思议的事情。

第三章 中国刑事合议庭：基于法律文本和现实的描绘

刑事合议庭作为一种现代的审判组织，不仅与一个国家的司法体制中的审级、判决制度有关，也与刑事合议庭本身之制度设计有密切关系。法治国家通过数百年的发展逐渐演化出系列相互匹配的且有内在关联的审级制度、判决制度和刑事合议制度。虽然各个国家在细节上有诸多差异，却在理念、原则、核心要素上非常一致。

中国刑事合议庭、合议制度，从其本身观察[①]，其理念、原则、制度和具体规则的基本情况如何，是否符合作为一种组织的运行规律，或者说当下的理念、原则、制度与具体规则反映了中国合议庭、合议制度运行的哪种现状？这是本章将要分析和审视的问题，我们将对以下问题进行考察：

首先，在中国已经颁布的法律、法规、司法解释、法律文件中，涉及刑事合议庭的法律、司法解释为我们规范了一幅何种景象的刑事合议庭？

其次，这一合议庭与刑事独任庭（独任制）是否有本质差异，与西方国家刑事合议庭有何差异，如果有差异，中国刑事合议庭在对照、比较中是一种什么样的样态？如果对照刑事审判委员会，中国刑事合议庭又有

---

① 第二章已有对中国刑事判决、审级制度对合议庭的外部影响的考察，兹不论述。

什么样的特点？

再次,中国近年来实施的员额制改革,以审判为中心的诉讼制度改革、司法责任制等司法改革,对刑事合议庭是否有影响,是何种影响,特别是对其的可能的负面影响有哪些？

最后,笔者还将对中国刑事审判组织中的刑事合议庭、独任庭、审判委员会的关系作进一步评论、探讨,努力挖掘这一现状的深层次原因及其后果、影响,并为下一章分析中国刑事合议庭中刑事法官的情况奠定基础,更为分析刑事合议庭在刑事案件中的司法过程作一些铺垫。

第一节 刑事合议庭的规范考察——基于1949年以来法律文本的审视

一、1949年中华人民共和国成立到1979年《刑事诉讼法》颁布前的刑事合议庭

1949年10月1日,中华人民共和国成立,开启了共和国的历史时期,旧有的中国国民党治理下的国民政府制定的"六法全书"随着国民政府在大陆统治的结束而被全面废除。中国共产党领导的中华人民共和国启动了建设中国特色社会主义性质的法律体系。从1951年制定的《中华人民共和国人民法院暂行组织条例》起,其间经历近30年的时间,到1979年《刑事诉讼法》颁布,涉及刑事合议庭的法律规范逐渐丰富和完善起来。从刑事合议庭相关的法律文本看,这一逐渐丰富和完善的过程可以申述如下:1951年中央人民政府委员会公布了《中华人民共和国人民法院暂行组织条例》,1954年颁布了《中华人民共和国人民法院组织法》,1957年到1963年公布了六稿《中华人民共和国刑事诉讼法(草案)》。

根据前述出台的法律、条例,我们可以对这一时期刑事合议庭、合议制度的基本图景作一个初步描绘:

首先,从刑事合议庭适用范围和成员组成看。

(1) 1951 年《中华人民共和国人民法院暂行组织条例》中的刑事合议庭。①

其一,法院的审判组织形式。审判组织形式共计三种,分别为独任庭、合议庭和审判委员会。它们之间有案件范围上的分工:简单、一般刑事案件由独任庭、独任法官审理;复杂、重大、疑难案件由合议庭或者审判委员会审理。

其二,(刑事)合议庭由三名审判员组成,其中一人担任主任审判员(即审判长)。合议庭作为一个整体对重大疑难、复杂的刑事案件进行审理。进而言之,对合议庭的组成方式,法院仅以审判员为审理案件之主体,陪审员并无存在空间。

简言之,根据 1951 年《中华人民共和国人民法院暂行组织条例》,合议庭审理刑事案件通常由三名审判员组成,而且适用范围非常狭窄,只审理重大、复杂、疑难案件。

(2) 1954 年《中华人民共和国人民法院组织法》中的刑事合议庭。

简单地说,人民法院审理(刑事)案件应当实行合议制,通过合议庭审理案件,并要求第一审案件应当有陪审员参与合议庭。② 详言之,可以申言如下:

其一,(刑事)合议庭的组织形式,从仅一种增加到两种,即由职业法官组成的合议庭和由职业法官、非职业法官(陪审员)组成的合议庭两种。

其二,第一审案件一般以职业法官与非职业法官组成合议庭进行审理,并且将合议庭审理案件的范围进行扩张,不再限于重大、复杂、疑难案件,换言之,第一审刑事案件都应当以合议庭的方式进行审理。

其三,第二审刑事案件,即上诉案件(第二审)和抗诉案件。应当以职业法官组成合议庭的形式审理(刑事案件),而且审理范围扩张到所有起

---

① 参见《中华人民共和国人民法院暂行组织条例》第 16 条,其全文为:县级人民法院刑事、民事案件,由审判员一人审判;遇有重要或疑难的案件,应由审判员三人合议审判(以其中一人为主任审判员),或由审判委员会决议处理。

② 根据《中华人民共和国人民法院组织法(1954)》第 8 条和第 9 条第 1 款,其全文为:
第 8 条:人民法院审判第一审案件,实行人民陪审员制度,但是简单的民事案件、轻微的刑事案件和法律另有规定的案件除外。
第 9 条第 1 款:人民法院审判案件,实行合议制。

诉到法院的刑事案件。

其四,审判长(由"主任审判员"改称"审判长"),由法院院长或庭长指定,如果院长或庭长参加合议庭,则由自己担任审判长。

总而言之,1954年《中华人民共和国人民法院组织法》比1951年《中华人民共和国人民法院暂行组织条例》对刑事合议庭的规定有推进,合议庭之制度内容在其适用范围和成员组成上有更丰富的规定。

(3)1957年《中华人民共和国刑事诉讼法(草案)》第一稿中的刑事合议庭。

1957年5月,最高人民法院受命制定《刑事诉讼法》,很快完成草案。但没有正式公布。虽然不是国家正式颁布的刑事诉讼法,只是一部草案,但其对刑事合议庭组成情况的规定也反映了当时最高法院对刑事合议庭的理解,申言之[①]:

其一,仍然坚持了1954年《中华人民共和国人民法院组织法》的基本规定,即:合议庭有职业法官组成的合议庭,和职业法官与陪审员(非职业法官)组成的合议庭两种模式,而且在适用范围也相同,即合议庭负责所有刑事案件。

其二,刑事合议庭的成员数多样化:第一审案件均应由职业法官与陪审员组成合议庭审理,即使最高人民法院也如此:最高人民法院由审判员三名、陪审员二或者四名,亦即由五名或者七名审判员、陪审员组成刑事合议庭。地方法院(从基层法院到省高级法院)均由审判员一名与陪审员两名组成(刑事)合议庭。

其三,同样,如果是被告人上诉的刑事案件、检察院抗诉的刑事案件,上级法院一般以三名职业法官组成合议庭进行审理。

---

① 对此的详细分析,请参见1957年《中华人民共和国刑事诉讼法(草案)》第31条、第32条,其全文为:

第31条:审判组织成员应当经过依法任命或者选择的人。审判人员相互间有亲属关系的,不能参加同一审判组织。

第32条:地方各级人民法院审判第一审案件,除依照本法第247条的规定可以独任审判外,应当由审判员一员,陪审员二人组成合议庭进行。合议庭审案由审判员担任审判长。最高人民法院审判第一审案件,由审判员三人、人民陪审员二人或四人组成合议庭进行。人民法院审判上诉和抗议(抗诉)案件,由审判员三人组成合议庭进行。合议由院长或者庭长指定一人担任审判长。院长或者庭长参加审判案件的时候,自己担任审判长。

其四,审判长由法院院长、庭长指定,如果院长或庭长参加合议庭,则由院长或庭长担任审判长。

其五,审判组织成员的产生方式得到确立:根据该草案,合议庭成员可以由任命或者选举产生。

总而言之,相对于1954年《中华人民共和国人民法院组织法》,该草案在规范刑事合议庭的审理范围和成员组成问题上仍然有一定的推进或细化,相对于1951年《中华人民共和国人民法院暂行组织条例》则推进更多。

(4)《中华人民共和国刑事诉讼法(草案)》(第二稿到第六稿)中的刑事合议庭。

1962年《刑事诉讼法》的制定工作重启。从1962年8月起,以1957年5月的草案为基础,经过不到一年的时间(截至1963年5月),先后出台5稿草案。在刑事合议庭之组成、准入问题上,这五稿草案并无实质性推进,不仅如此,反而有所退步,即1963年3月13日的第四稿删去了最高人民法院第一审刑事合议庭组成情况的相关规定,删去审判组织成员的产生方式。①

根据前述,从1949年到1963年近15年间,涉及该问题的法律文件包括两部《法院组织法》和六部《刑事诉讼法(草案)》,凡计八个法律文件。根据这些法律规范、文件,关于刑事合议庭的准入、产生与组成的规定可以作如下判断:

第一,有一直坚持的方面,如刑事合议庭的两种组成模式,如审判长的产生方式,由院长或者庭长指定审判长,如果参加刑事合议庭则自己担任审判长;

第二,有发展和完善的地方:如刑事合议庭审理案件范围的增加,不再局限于复杂、疑难、重大案件,又如合议庭成员组成的确定(地方法院第一审案件由一名审判员和两名陪审员组成合议庭,最高人民法院则由三名审判员和两名或者四名陪审员组成刑事合议庭,上诉、抗诉案件则由三名审判员组成合议庭);

---

① 《中华人民共和国刑事诉讼法(草案)》第四稿第17条、第五稿第19条、第六稿第19条均删去了相关规定。

第三，也有不足的地方：如删除了法院审判组织成员的产生方式，如刑事合议庭与独任庭审理的案件范围有巨大调整，前者由少数复杂、疑难、重大案件扩展到所有刑事案件。

其次，刑事合议庭的庭审、评议。

刑事合议庭的审理和评议是合议制度的基本问题。但1951年出台的《中华人民共和国人民法院暂行组织条例》，1954年出台的《中华人民共和国人民法院组织法》对此均未有所规范。1957年最高人民法院受命制定的《中华人民共和国刑事诉讼法（草案）》才对其有所规定，但后来的五稿草案并未超出1957年对其的规定。因此，我们以1957年《中华人民共和国刑事诉讼法（草案）》为中心（兼论第二到第六稿草案）展开分析。

概而言之，1957年《中华人民共和国刑事诉讼法（草案）》对刑事合议庭的庭审和评议制度的规范仅仅略具雏形，还常常在表述时模糊其词。如果详言之，可以从以下两方面展开：

（1）就刑事合议庭审理而言。一方面，草案规定了合议庭应当对同一案件进行连续、不间断审理的基本原则，亦即刑事合议庭成员不得在中途更换合议成员，也不能审理其他案件①，他们共同参与法庭调查和法庭辩论之全过程②，审理案件应当具有亲历性特征。

另一方面，草案赋予了刑事合议庭积极的法庭调查权。它要求合议庭成员，特别是审判长，不仅不能消极参加庭审，还应当在宣读起诉书后在第一时间主动积极讯问被告人③、调查证据。在1962年8月的第二稿有如下规定体现了合议庭法官拥有主动积极调查证据的职权：第188条规定：合议庭认为案件材料不充分，需要重新收集证据的时候，应当裁定延期审理、自行调查……第190条规定：合议庭在审理中，如果发现另有与本案有密切关系的其他犯罪，其案情在审理过程中可以查明的，应当一

---

① 参见《中华人民共和国刑事诉讼法（草案）》（第一稿）第198条，其全文为：合议庭从开始审理到评议终结，除了指定的休息时间外，应当连续进行，中间不能审理其他案件。

② 第一稿到第六稿，均将审判程序严格分为法庭调查程序和法庭辩论程序。

③ 从第一稿到第六稿的《中华人民共和国刑事诉讼法（草案）》均有在宣读起诉书后，审判长第一时间讯问被告人的法律赋权。

并处理……①简言之,刑事合议庭(特别是审判长)一方面要听取控辩双方陈述事实、举证、质证以获得案件事实,另一方面在需要时还有权(常常是主动积极)调查证据以证明案件事实(在本质上要求他们与控方并肩作战)。

(2)就刑事合议庭评议而言:根据1957年《中华人民共和国刑事诉讼法(草案)》第33、34条②,刑事合议庭评议规则可以简单叙述如下:

其一,在刑事合议庭中,审判长居于领导地位,要求审判长领导合议庭之评议过程,同时也要求合议庭之评议应当是秘密评议。

其二,草案对合议庭发言顺序作了一个难能可贵的规定,即:在有人民陪审员参与合议庭的情况下,由人民陪审员首先发言,审判员组成的合议庭,由审判员先发言,审判长最后发言。

其三,与第二点相应的是投票规则,包括两方面内容:合议庭成员不得放弃(发言)和投票,投票顺序也遵循发言之顺序,合议庭的审判长在最后投票。

其四,合议庭的决策规则:如果合议庭意见一致,则以一致意见作为评议结果。如果出现意见分歧情况,则以少数服从多数为原则,以多数意见为评议结果,少数意见仅仅记录在案。

其五,当合议庭遇到重大案件、疑难案件,合议庭不能决定时,合议庭应当提请院长交审判委员会讨论,审判委员会的决定合议庭应当执行。

根据1957年《中华人民共和国刑事诉讼法(草案)》第233条、第234条,合议庭的合议、评议还包括以下内容:

其一,刑事合议庭合议的基础只能是法庭审理中陈述的事实、证据;法官、合议庭根据这一限制性事实、证据适用法律。

其二,刑事合议庭评议的基本内容有三项,即:被告人是否构成犯罪及构成什么罪的基本问题,应当怎么量刑的问题,如何处置涉案物品的问题。③

---

① 参见吴宏耀、种松志主编:《中国刑事诉讼法典百年(中)》,中国政法大学出版社2012年版,第538—539页。
② 同上书,第460页。
另注:后来五稿均没有超越第一稿确定的框架,而且基本精神完全一致。
③ 参见吴宏耀、种松志主编:《中国刑事诉讼法典百年(中)》,中国政法大学出版社2012年版,第490页。

根据上述,作为审判组织刑事合议庭的庭审与评议,在《中华人民共和国刑事诉讼法(草案)》中的基本精神有两点:首先,传统因素仍然占据主导地位,即确认审判长对合议庭及其对庭审和合议的全面领导权以及审判委员会对合议庭的领导权。其次,庭审与合议规则中有现代理念的一方面,刑事合议庭的合议要受到庭审情况的制约,是基于庭审情况的一种评议、合议,而非案外因素的影响。从发言顺序看,陪审员或者审判员先发言,审判长最后发言。①

再次,刑事合议庭的判决书。②

当我们从(刑事诉讼)程序法的角度看,刑事判决书仍然有值得关注的地方,请看下面的初步描绘:

1951 年《中华人民共和国人民法院暂行组织条例》、1954 年《中华人民共和国人民法院组织法》对判决书问题并无涉及,1957 年起的六稿《中华人民共和国刑事诉讼法(草案)》对此有所着墨,很粗陋,包括了以下两方面的内容:

其一,判决书的基本内容、格式。根据 1957 年 8 月《中华人民共和国刑事诉讼法(草案)》第 236、237、238 条,刑事判决书分为两种,即有罪和无罪判决:就有罪判决而言,它包括事实、理由和判决三部分。就无罪判决而言,则更简单,只需写明被告人的行为不构成犯罪或者不能证明他确实犯罪的理由,最后在判决部分写明被告人无罪的结论。③

其二,判决书的签名与生效问题:根据 1957 年的草案,刑事判决书只要有审判人员签名即告生效。但 1962 年制定的第二稿《中华人民共和国刑事诉讼法(草案)》,它不仅仅要求审判人员的签名,更需要院长签发方

---

① 中国当时遵循民主集中制,所谓民主即为大家的言说,集中是领导参考大家的言说作出决定,可不是投票数的多少决定判决结果(参见李洪林:《中国思想运动史》,香港天地出版集团1999 年版,第 91 页)。

② 判决书集中体现了刑事合议庭审理案件的结果,应当是一种对合议庭审理案件的书面表达形式。但是,在中国语境下,法院、合议庭、法官均并不重视判决书及其撰写。在他们看来,只要通过庭审、评议环节做到认定事实清楚、证据充分,法律适用准确即可,其他的问题仅仅是细节末叶而已,因为中国之当事人、社会大众只关注结果,即使职业法律人也没有例外;合议庭成员没有法律赋予他们权力表达他们的不同意见,他们没有动力在判决书上花费更多时间和精力,因而导致法律人也不能从判决书中探求关于合议庭评议过程中可能有的争议、分歧或者有意义的法律事项。

③ 参见吴宏耀、种松志主编:《中国刑事诉讼法典百年(中)》,中国政法大学出版社 2012 年版,第 490 页。

可有效。① 进而言之,从刑事判决书生效角度看,不仅仅需要审判人员签名,更需要法院院长签发,判决书方生效,方可对外公开、宣布。这体现了法院院长对刑事判决书有一定的、甚至是最后的控制权,相对于1957年第一稿草案来说是一种历史的倒退。②

最后,本部分小结。

根据1951年《中华人民共和国人民法院暂行组织条例》、1954年《中华人民共和国人民法院组织法》、六稿《中华人民共和国刑事诉讼法(草案)》等法律文本,我们大致勾勒出了一幅1979年前中华人民共和国时期"纸上"的关于刑事合议庭运行的基本图景。这幅图景非常强烈地表达了如下几个观点或关于刑事合议庭的基本理念:

首先,与刑事合议庭并立的审判组织,有刑事独任庭和刑事审判委员会两种。它们三者之间在审理案件范围上存在分工,且不同时期有所变化:最初,独任庭审理绝大部分刑事案件,重大、疑难、复杂案件由合议庭审理,后来合议庭审理一般刑事案件,只有法律规定的简单刑事案件交由独任庭审理。

但无论哪一种审判组织的审理,如果法官或合议庭不能决定,最后得交由审判委员会决定。还有在刑事合议庭,审判长不仅仅有主持作用,更有领导的职责。不仅如此,从刑事庭审、合议环节,再到最后的法律文书生效等环节,法院院长、庭长、审判委员会对合议庭(及其成员)在深层次上的领导地位均得到充分体现。

其次,刑事合议庭的组织形式。最初,刑事合议庭只有职业法官模式,后来则是职业法官模式与混合模式(即由审判员和陪审员组成的合议庭)并存。第一审案件均由职业法官、陪审员组成的合议庭进行审理,地方法院一般由一名审判员、两名陪审员组成合议庭,最高人民法院则有三名审判员、两或四名陪审员组成合议庭。上诉案件、抗诉案件则均由审判

---

① 参见吴宏耀、种松志主编:《中国刑事诉讼法典百年(中)》,中国政法大学出版社2012年版,第541页。
另注:随后四稿草案均有此规定,而且在司法实践中,这也是法院一直遵循的实践做法,到十八届四中全会司法改革以来,院长签发这一工作程序方逐渐隐退。
② 这种做法在法院中得到贯彻,即使改革开放以后,该实践也一直被延续,直到2016年员额制改革后,法院领导的签发制度才被废除。

员组成的合议庭进行审理,一般由三名审判员组成合议庭。

再次,在刑事合议庭运行过程中,庭审、评议是最核心阶段。这两阶段都体现了合议庭的审判长、法官积极主动行使司法权:在庭审阶段,法官不仅仅以消极听取控辩双方通过陈述事实、展示证据的方式获取信息,更是可以主动行使司法权调查、收集证据以为合议、评议做准备。在评议阶段,合议庭仍然可以调查证据,甚至重新回到法庭调查、法庭辩论阶段以探求事实,而非绝对地根据庭审获得信息对事实认定、法律适用进行评议。六稿草案均确定了如下具有现代性的法律规则,即:在合议过程中,陪审员或审判员、审判长之发言先后顺序得到确定,少数服从多数的基本原则也得到确立。

简言之,这些法律文本在合议庭组成、适用范围等问题上着力较多,也形成了比较成熟的理念和行为规则。不可否认,这些规则比较简单,也容易落实,因为这更多是形式上的约束。但在合议庭内部、合议庭与审判委员会(审委会一般由院长、副院长和庭长等组成)之间的权力和权利关系配置问题上,上述法律文本却一直含糊其词,申言之:

如果从国家倾向上看,作为一个整体的法律文本在合议庭审理、合议等事项上赋权于合议庭审判长、法院庭长、院长更多,而对于合议庭成员之间应当秉持的平等、独立、民主等现代理念很少着墨、甚或削减既有权利。结合当时的司法体制、政治体制,我们还可以作出这样的判断:这些规则与下级人民法院要接受上级人民法院的领导和监督(甚至同级政府)[①]、法院党组要接受地方党委领导等规则一起削弱了刑事合议庭作为一种相对独立、相对封闭的审判组织的功能和地位,进一步强化了法院内部领导之间和领导与法官之间的行政命令关系。

二、现行法律文本中的刑事合议庭

"文化大革命"结束后,中共中央通过拨乱反正、工作重心转移到经济建设领域,国家和社会逐渐恢复并不断向前发展。与之相适应,建设有中

[①] 参见1951年《中华人民共和国人民法院暂行组织条例》第10条、1954年《中华人民共和国人民法院组织法》第14条(武延平、刘根菊等:《刑事诉讼法学参考资料汇编(中)》,北京大学出版社2005年版,第712、803页)。

国特色的社会主义法律体系再次启动,《宪法》《刑法》《刑事诉讼法》《民法通则》《经济合同法》等法律、法规陆续出台,到建国60周年时,初步形成了具有中国特色的社会主义法律体系。① 与刑事合议庭有关的法律规范、司法解释等法律文件可以大略列举如下:《中华人民共和国人民法院组织法》(1979/1983/1986/2006/2018)、《刑事诉讼法》(1979/1996/2012/2018)、《中华人民共和国法官法》(1995/2001/2017/2019)、《最高人民法院关于适用〈中华人民共和国刑事诉讼法〉的解释》(2012/2021)、《最高人民法院关于人民法院合议庭工作的若干规定》(2002)、《最高人民法院关于完善院长、副院长、庭长、副庭长参加合议庭审理案件制度的若干意见》(2007)、《最高人民法院关于进一步加强合议庭职责的若干规定》(2010)、《最高人民法院关于人民陪审员参加审判活动若干问题的规定》(2010)、《人民陪审员制度改革试点工作实施办法》(2015)等。在这一部分的分析中,我们将根据上述法律文本描绘中国当下刑事合议庭之"纸上"图景。在这里,还需要说明的是,我们在分析、论述中也会涉及一些地方法院制定的关于刑事合议庭的内部规则,以便更清晰地展示其丰富的内容。

(一) 关于刑事合议庭的组成问题

首先,刑事合议庭的审案形式和范围:根据2006年《中华人民共和国人民法院组织法》第11条第1款规定②:人民法院审判案件,实行两审终审制。③ 第一审刑事案件④,人民法院实行合议庭审理,轻微的和法律另有明文规定的刑事案件由审判员一人独任审判;第二审刑事案件(包括上

---

① 关于中国立法情况及其成就的详细分析,参见蒋安杰:《立法60年呈波浪形走势》,载《法制日报》2011年3月2日第9版;陈斯喜:《新中国立法60年回顾与展望》,载《法治论丛》2010年第2期;朱景文:《中国法律发展的全景展示》,载《法制资讯》2011年第4期。

② 该条文从1979年《中华人民共和国人民法院组织法》颁布以来,经过1983年修订、1986年修改、2006年修正,2018年作了最新修订;相较于1954年《中华人民共和国人民法院组织法》已有推进,虽然不能说有本质性修改,只是相对于1954年的规定,内容有更多的变化,理念、思维方式上也有变化。

③ 1979年《中华人民共和国人民法院组织法》第12条、1983年/2006年《中华人民共和国人民法院组织法》第11条对此均有类似规定;但是,2018年《中华人民共和国人民法院组织法》直接取消了该规定,虽然司法实践中仍然坚持两审终审制。

④ 实际上,如果最高人民法院审理第一审,则一审终审制,但最高人民法院除了审理"林彪、江青反革命集团"案外,并没有审理过任何第一审刑事案件,即使省高级人民法院审理第一审刑事案件也非常少,在笔者掌握的资料中,并无相关司法实践。因此,所谓的第一审,实际上是基层人民法院的第一审和中级人民法院的第一审。

诉和抗诉案件），则由审判员组成合议庭审理。2018 年最新出台的《刑事诉讼法》《中华人民共和国人民法院组织法》对此的规定变化并不大，但扩大了独任审判庭的审理范围，即由一名法官独任审理适用简易程序与速裁程序的刑事案件①；换句话来说，这一修改缩小了刑事合议庭审理案件的范围。

总而言之，改革开放后，刑事合议庭的基本形式在本质上没有任何变化，仍然有两种，法官担任审判员的专业刑事合议庭和法官、陪审员组成的刑事合议庭。而且后者只适用于第一审刑事案件，但最高人民法院负责审理的第一审刑事案件除外（由审判员组成合议庭进行审理②）。

其次，刑事合议庭的人数及其构成：根据现行 2018 年《刑事诉讼法》第 183 条③，该情况可以描绘如下：

（1）第一审刑事案件一般应当由三名审判员，或者审判员与人民陪审员三人或者七人组成合议庭审理。

（2）高级人民法院的第一审刑事案件应当由审判员三至七人组成的合议庭，或者审判员与人民陪审员三人或者七人组成合议庭审理。

（3）最高人民法院的第一审刑事案件则应当由审判员三人至七人组成合议庭进行审理。

（4）刑事合议庭成员的人数总数应当为单数。

据此，我们可以作如是归纳：第一审刑事案件合议庭的组成，如果均为审判员，可以有三名、五名和七名法官组成，共计三种形式。但后两种形式只有高级人民法院、最高人民法院才可以采取的刑事合议庭形式。

---

① 参见《中华人民共和国人民法院组织法》第 29 条，《刑事诉讼法》第 183 条。
② 参见 2018 年《刑事诉讼法（2018）》第 183 条。
③ 1979 年《刑事诉讼法》第 105 条对刑事第一审的规定略有不同，因而形成了不同的组合模式，具体而言，1979 年刑事合议庭的人数和形式大致有如下几种：如果是审判员与陪审员担任审判人员，基层人民法院、中级人民法院只有一种形式，即审判员一名、陪审员两名组成合议庭；如果是高级人民法院则有 1∶2，2∶1（3 人组合），1∶4，2∶3，3∶2（5 人组合），3∶4（7 人组合）。共计有七种形式。
根据 1996 年和 2012 年《刑事诉讼法》相关规定，刑事案件第一审合议庭的组成可以简单描绘如下：第一审刑事案件一般应当由三名审判员，或者审判员与人民陪审员三人组成合议庭，但高级人民法院的第一审刑事案件应当由审判员三至七人组成的合议庭，或者审判员与人民陪审员三至七人组成合议庭，但应当为单数；最高人民法院第一审刑事案件只能由审判员三至七人组成合议庭且人数应为单数。

如果是审判员与人民陪审员组成合议庭的话,可以有如下形式:当总数为三名时,审判员一名、陪审员两名,或者审判员两名、陪审员一名。当总数为五名时,审判员与陪审员的人数分配可以有四种形式,即 1∶4、2∶3、3∶2、4∶1。当总数为七名时,法官与陪审员的人数分配可以有六种情形,即 1∶6、2∶5、3∶4、4∶3、5∶2、6∶1①,但最高人民法院的第一审刑事案件不得有人民陪审员参与,因而没有这一组合方式。

第二审案件一般由审判员三人至五人组成合议庭进行审理。根据合议庭必须为单数的限制,第二审刑事合议庭只有两种形式,即审判员三人组成的合议庭和审判员五人组成的合议庭。②

总而言之,相对于改革开放之前的合议庭组成形式而言,当下刑事合议庭的组成方式增加不少,特别是刑事案件的第一审更是多种多样,最高数可以达到 9 种。③

再次,法院审判员和陪审员之准入问题。

我们得先作一个界定,严格地说,审判员与陪审员均应为审判人员,或者更确切地说,审判员是法院内部的、正式的审判人员,即法官,或者说(员额)法官即审判员;陪审员是外部遴选的、临时的审判人员。在此框架下,我们展开对审判员和陪审员之准入问题的讨论:

就(刑事)法官而言,普通人要成为一名法官(初任法官),根据 2019 年《中华人民共和国法官法》第 12、13、14 条,应当具备如下条件:(1)一般条件。拥有中国国籍,拥护《中华人民共和国宪法》,有良好的政治业务素质和道德品性,有正常履行职责的身体条件。(2)学历条件:(A)应当具备法学本科学历并获得学士及以上学位。(B)如果不是法学本科学历,即应具备非法学本科及以上学历并获得法律硕士、法学硕士及以上学位;或者应具备非法学类本科及以上学历,获得其他相应学位,并具有法

---

① 实际上并没有这么多形式。根据笔者掌握的资料,陪审员参与审判一般在基层人民法院,中级人民法院的第一审均由审判员三人组成合议庭进行。对于人数来说,基本上都是三人组成的合议庭进行审理,五人、七人组成的合议庭很少采用。

② 第二审合议庭人员,1979 年《刑事诉讼法》与现行法律相同,如果与 1957 年到 1963 年间的六稿《刑事诉讼法》草案比较则增加一种,当时只有 3 名审判员组成的刑事合议庭。1996 年、2012 年、2018 年版《刑事诉讼法》对此规定相同。

③ 职业法官组成合议庭的组织方式有 3 种,混合式合议庭的组织方式有 6 种,共计 9 种。

律专业知识。(C)从事法律工作满五年,如果拥有法律硕士、法学硕士、法学博士学位的,从事法律工作的年限可分别放宽至 4 年、3 年。(3)职业资格考试,即参加国家统一法律职业资格考试取得法律职业资格。(4)一些除外条件,如曾因犯罪受过刑事处罚等。

简而言之,初任法官应当具备一般条件(身体素质、政治素质等)+学历(+工作经历)+考试通过(获得国家颁发的从业证书)。从该法律文本看,中国法官的职业准入条件比较高,它要求法官拥有系统的法学教育、法律训练和一定的司法经验。① 根据现行《法官法》第 2 条,法官(审判员)的范围,应当是入额法官,包括最高人民法院、地方各级人民法院和军事法院等专门法院的院长、副院长、审判委员会委员、庭长、副庭长、入额的一般审判员。②

另外,上述系列法官除了具备前述条件外,还有一定的任命程序:最高人民法院、各级法院院长由全国人民代表大会、各级人民代表大会选举产生,副院长、庭长、副庭长、审判员由院长提请最高人民代表大会常务委员会、地方各级人民代表大会常务委员会任免。③

经此,普通公民获得(员额)法官身份。

就陪审员而言,人民陪审员的准入情况如下:就基本条件而言,根据《人民陪审员制度改革试点工作实施办法》(以下简称《办法》),担任陪审员应当具备以下积极条件和消极条件:(1)积极条件,根据该《办法》第 1 条,公民担任人民陪审员应当有选举权、被选举权,拥护《中华人民共和国宪法》,年满 28 周岁、品行良好、公道正派,身体健康,具有高中以上学历。(2)消极条件,根据《办法》第 4 条,有四类人不得担任陪审员,即:因犯罪

---

① 但由于中国地域广阔,各个省、各个地区发展不均衡,如果严格执行该条件,在有些地区并不可能实行,在现行《中华人民共和国法官法》第 12 条第 2 款即对此规定了一个放宽条款:在一定期限内,可以将担任法官的学历条件放宽为高等学校本科毕业。

② 与这一轮司法改革之前不同,助理审判员在法官员额制改革之前存在,改革之后则助理审判员不再有。还有,即使原来取得审判员资格的法官,如果在这轮改革中没有取得员额资格,也仅仅是法官助理,或者转岗到行政工作岗位成为司法行政人员,进而失去法官身份。

另注:在第一轮法官员额考试中,院长、庭长和副庭长一般都能入额,只有一般的助理审判员、审判员如果没有通过考试、面试,才真正失去法官身份。

③ 在原来的系列中,助理审判员则由其所在法院院长任免。

受过刑事处罚的人、被开除公职的人、被人民法院纳入失信被执行人名单的人,因受惩戒被免除人民陪审员职务的人。

就陪审员的产生过程看,根据《办法》第8条、第10条:(1)陪审员每5年从符合条件的公民中随机抽选,其人数至少应达到本地区法院入额法官总数的5倍以上,并被确定为候选人。(2)人民法院会同同级司法行政部门从候选名单中随机抽选产生,由法院院长提交同级人大常委会任命。(3)获得任命后,通知陪审员本人,并报送同级司法行政机关和省高级人民法院。

就适用陪审员审判的范围而言,陪审员参加刑事案件审理只在第一审诉讼程序,而且还是选择性的,根据《中华人民共和国人民法院组织法》第9、11条和《办法》第12、13、15条:(1)从消极角度看,中国的法院实行两审终审制,上诉和抗诉案件由法官担任审判员审理,因而只有第一审可以由陪审员(和法官)组成合议庭审理的情况。(2)从积极角度看,现行法律文本均规定只有第一审案件容许陪审员参加,而且还是选择性的,根据《办法》第12条,除了法律明文规定由法官独任审判的案件和由职业法官组成的合议庭外,合议庭审理(刑事)案件均可以有陪审员参加。据此,我们可以说,第一审刑事案件的审理有三种组织模式(即刑事独任庭模式、职业法官合议庭模式和职业法官与陪审员组成合议庭模式),陪审员参加刑事合议庭仅仅是选项之一,而非法院组成合议庭的必须选项。

简而言之,从法律文本看,人民陪审员的准入并不严格,具备高中以上学历、身体健康、品德良好即可,而且适用范围较广。但即使根据法律文本,它也有一个深层缺陷,即因为其适用是选择性的,而非强制性的,因而法院也可以令陪审员制度虚置。①

最后,关于刑事合议庭审判长的问题。无论是审判员法官组成的刑事合议庭,还是审判员与陪审员组成的混合刑事合议庭,均需指定其中一人担任审判长,根据《最高人民法院关于人民法院合议庭工作的若干规

---

① 特别是中级人民法院的第一审案件,这一制度很容易被虚置。从当下的管辖制度看,中级人民法院审理第一审的案件是重大、疑难案件(参见蒋志如:《试论中级人民法院第一审程序的审判范围——以〈刑事诉讼法〉第20条为中心的思考》,载《河北法学》2014年第1期),法院很少(也不愿意)让陪审员参加合议庭,从来都是审判员三人组成合议庭进行审理。

定》第 1、2 条：

(1) 如果是审判员组成职业法官刑事合议庭，则由庭长或院长指定一名法官担任审判长，当庭长(副庭长)或者院长(副院长)是合议庭成员时，自己担任审判长；

(2) 如果是审判员与陪审员组成合议庭，当由三人组成合议庭时，一般由审判员担任审判长(因为由陪审员组成的合议庭，合议庭陪审员至少有两名以上①)。当刑事合议庭成员达到五名时，如果陪审员四名，则审判员有一名，由审判员担任审判长；如果陪审员为三人或两人，则审判员为两人以上，则指定其中一名审判员为审判长；当合议庭成员为七名时，合议庭成员中陪审员至多四人，因而审判员应当为两人以上，也需要指定其中一名审判员为审判长。在这里，如果院长或者庭长参加合议庭，仍然由其自己担任审判长。②

综上所述，经过改革开放后数十年发展，刑事合议庭从形式上看已经相当健全和完善，包括刑事合议庭负责审理案件的范围，也包括法官(亦包括人民陪审员)准入条件的持续提升，进而在制度设计上呈现出一种成熟的态势，也呈现出了作为一种现代组织的种种气派。

(二) 关于刑事合议庭庭审问题

根据 2012 年《刑事诉讼法》和 2018 年《刑事诉讼法》《最高人民法院关于适用〈中华人民共和国刑事诉讼法〉的解释》(2012/2021)，我们可以知晓如下事实：现行法律文本均严格区分刑事审判程序的各个阶段，包括程序准备阶段(人员到场、宣布纪律等)、法庭调查阶段、法庭辩论阶段、最后陈述阶段和评议与判决阶段。在庭审阶段主要有两个环节，即法庭调查和法庭辩论。

首先，法庭调查阶段。 审判长拥有诉讼指挥权、法庭秩序控制权等诉讼权力(如 2018 年《刑事诉讼法》第 191 条、第 194 条规定了讯问被告人

---

① 参见《人民陪审员制度改革试点工作实施办法》第 15 条，其全文为：适用人民陪审制审理第一审重大刑事、行政、民事案件的，人民陪审员在合议庭中的人数原则上应当 2 人以上。

② 根据现行法典、司法解释，特别是《最高人民法院关于完善院长、副院长、庭长、副庭长参加合议庭审理案件制度的若干意见》等法律文件，国家、立法者积极鼓励法院领导参加合议庭，引导、领导合议庭的审理。

的顺序、询问证人的顺序、违反法庭秩序的制止权等权力①),以保障控辩双方有序地在刑法、刑事诉讼法等法律框架下陈述事实、展示证据。但根据《刑事诉讼法》第 191 条、第 194 条和《最高人民法院关于适用〈中华人民共和国刑事诉讼法〉的解释》(2021)第 245、263 条,法官仍然有主动讯问被告人、询问证人的权力,亦即法律赋予了法官特别是审判长一种选择性权力,可以主动积极地展开法庭调查以获得自己需要的案件事实和证据。与 1979 年《刑事诉讼法》第 114 条的规定进行比较,其有较大进步,因为该条文要求审判人员在公诉人宣读起诉书后,应立即讯问被告人②——这是一种强制性的法庭调查权力的赋予,如果换一个角度看,也是法官应当履行的基本职责、法定义务。

其次,法庭辩论阶段。 法庭调查结束,控辩双方进入法庭辩论阶段,他们可以就事实、证据、法律适用问题展开辩论。在这一阶段,刑事合议庭的法官、审判长主要是消极听取,而非主动积极探求,法官的基本职责是主持法庭辩论的顺序,依次为公诉人发言、被害人及其法律代理人发言、被告人自行辩护、辩护人辩护,随后控辩双方辩论。③ 但是,1979 年以来的《刑事诉讼法》及其司法解释(如 2021 年《最高人民法院关于适用〈中华人民共和国刑事诉讼法〉的解释》)仍然赋予了法官一种权力,即法官可以随时将法庭辩论阶段转换为法庭调查阶段,正如《最高人民法院关于适用〈中华人民共和国刑事诉讼法〉的解释》(2021)第 286 条的规定:法庭辩论过程中,合议庭发现与定罪、量刑有关的新事实,有必要调查的,审判长可以宣布恢复法庭调查,在新的事实调查后,继续法庭辩论。第 288 条也

---

① 2018 年《刑事诉讼法》第 191 条、第 194 条全文为:
第 191 条:公诉人在法庭上宣读起诉书后,被告人、被害人可以就起诉书指控的犯罪进行陈述,公诉人可以讯问被告人。被害人、附带民事诉讼的原告人和辩护人、诉讼代理人,经审判长许可,可以向被告人发问。审判人员可以讯问被告人。
第 194 条第 1 款:证人作证,审判人员应当告知他要如实地提供证言和有意作伪证或者隐匿罪证要负的法律责任。公诉人、当事人和辩护人、诉讼代理人经审判长许可,可以对证人、鉴定人发问。审判长认为发问的内容与案件无关的时候,应当制止。
② 1979 年《刑事诉讼法》第 114 条全文如下:公诉人在审判庭上宣读起诉书后,审判人员开始审问被告人。公诉人经审判长许可,可以讯问被告人。被害人、附带民事诉讼的原告人、辩护人,在审判人员审问被告人后,经审判长许可,可以向被告人发问。
③ 对此,请参见《最高人民法院关于适用〈中华人民共和国刑事诉讼法〉的解释》(2021)第 281 条。

规定:被告人在最后陈述中提出新的事实、证据,合议庭认为可能影响正确裁判的,应当恢复法庭调查……

总而言之,根据法律文本,在法庭审理阶段,合议庭成员的基本职责是消极听取控辩双方陈述的事实和展示的证据,而非主动探求事实真相。但是,法律同时赋予了合议庭可以选择是否主动探求事实真相的权力,进而言之,即使合议庭主动探求事实真相也并不违反法律——这体现了立法者在法律文本中的矛盾心态。

(三) 关于刑事合议庭的评议与裁判问题

当被告人做最后陈述后,刑事合议庭进入合议、评议阶段。现行《中华人民共和国人民法院组织法》(2018)对此没有着墨,《刑事诉讼法》(2018)以及《最高人民法院关于适用〈中华人民共和国刑事诉讼法〉的解释》(2021)也不置一词,我们得转向其他法律文件,如《最高人民法院关于人民法院合议庭工作的若干规定》(2002)、《最高人民法院关于完善院长、副院长、庭长、副庭长参加庭审案件制度的若干意见》(2007)、《最高人民法院关于进一步加强合议庭职责的若干规定》(2010)等法律文件。当我们揆诸上述法律义本,我们可以发现如下现象,即中国立法机关、最高人民法院等司法机关设置了一个内含若干相互矛盾的刑事合议制度、法律规则,这幅图景可以初步描绘如下:

首先,充满现代气息,体现司法规律、(刑事)合议基本精神的制度、规则,申述如下:

(1) 刑事合议庭的评议由审判长主持,全体成员平等参与案件评议①,即使院长、副院长、庭长、副庭长担任审判长的案件,合议庭成员的评议也是在平等的基础上展开。当人民陪审员在人民法院履行职务期间,也与法官有同等的权利、义务。② 简而言之,无论是谁(普通公民,或者法

---

① 参见《最高人民法院关于人民法院合议庭工作的若干规定》(2002)第 4 条、《最高人民法院关于完善院长、副院长、庭长、副庭长参加庭审案件制度的若干意见》(2007)第 5 条;《最高人民法院关于进一步加强合议庭职责的若干规定》(2010)第 1 条。

② 参见《最高人民法院关于人民法院合议庭工作的若干规定》(2002)第 1 条第 2 款,其全文为:

人民陪审员在人民法院执行职务期间,除了不能担任审判长外,同法官有同等的权利义务。

但是,最高人民法院在 2015 年出台的《人民陪审员制度改革试点工作实施办法》第 22 条中的规定有所差异,它规定人民陪审员对事实、法律可以发表意见,对事实也可以表决,但对法律问题并不能参与表决,这值得进一步关注。

官、资深法官,抑或法院的院庭领导),只要他/她成为一名刑事合议庭成员,则拥有平等的法律地位,享有同等权利、履行同等义务。

(2) 独立形成关于案件的法律意见并独立投票表决。根据《最高人民法院关于人民法院合议庭工作的若干规定》(2002)第 10 条,中国语境下的合议庭成员独立原则有如下内容:每一位合议庭成员均应对事实、法律问题提出自己独立的看法(不代表必须相异的意见),并在充分合议后,独立投票,而非根据其他人的指示、暗示投票。为了达致如是目的,并防止法院领导、资深法官对其他法官的不当影响,更要求法官的发言也应当遵循一定的顺序,即承办法官先发表意见,审判长最后发表意见,如果审判长是承办法官,也是审判长发表最后意见。如果有人民陪审员参加合议庭,合议庭发言的顺序如下:首先由承办人介绍案件事实及其涉及的法律,然后由人民审判员发表意见,继之合议庭其他成员,最后为审判长。①

(3) 共同决策和少数服从多数原则。《最高人民法院关于进一步加强合议庭职责的若干规定》(2010)第 5、6 条明确要求合议庭成员共同参与法庭审理(不得缺席)。②《最高人民法院关于人民法院合议庭工作的若干规定》(2002)第 11 条确定了合议庭成员发表的意见、投票应当遵循少数服从多数的原则(如果有分歧的话,少数人意见应当记录在案,即记录在合议笔录中,虽然其并不能出现在刑事判决书中)。③

总而言之,根据上述系列法律文件,中国刑事合议庭具备作为一种组织的合议庭应当具备的若干理念和具体规则。

但是,前述法律文件同时还有另一部分内容,即其次,体现了刑事合议庭作为一种组织的另一种精神和行为方式,具体描绘如下:

(1) 案件承办人制度。根据《最高人民法院关于人民法院合议庭工作的若干规定》(2002)第 7 条,刑事合议庭审判长首先得指定,或者根据相

---

① 参见《最高人民法院关于人民陪审员参加审判活动若干问题的规定》(2010)第 7、8 条。
② 但并未规定,合议庭成员如果缺席或者更换成员的话,该诉讼行为的法律(程序性)后果。
③ 参见《最高人民法院关于人民法院合议庭工作的若干规定》(2002)第 11 条,其全文为:合议庭进行评议的时候,如果意见分歧,应当按多数人的意见作出决定,但是少数人的意见应当写入笔录。评议笔录由书记员制作,由合议庭的组成人员签名。

关法律规定确定承办法官。① 申言之：根据中国当下法院案件管理制度，当检察院提起公诉、法院立案之后，立案庭根据案件管理系统、分配案件规则（践行以自动分案为主，指定分案为辅的制度），把一件（刑事）案件分配到某一具体法官。不管以什么形式分配的案件，该法官即为承办法官。由该名承办法官负责庭审准备工作，阅卷，庭审主发问，向合议庭、庭长、主管副院长、院长、审判委员会汇报案情，并在评议后撰写法律文书等诉讼事项。据此而来的一套制度，被称为承办法官制度。②

根据《最高人民法院关于人民法院合议庭工作的若干规定》（2002）、《最高人民法院关于进一步加强合议庭职责的若干规定》（2010）等法律文件，**承办法官在合议庭审理和评议过程中可以取得更多的影响力和主导权，**申言之：(A) 根据《最高人民法院关于人民法院合议庭工作的若干规定》（2002）第10条，承办法官在合议庭评议时首先发言，(B) 当有人民陪审员参加时，首先得由承办法官介绍案情，介绍案件涉及的相关法律、证据规则，(C) 根据《最高人民法院审判委员会工作规则》（1999）第8条，案件承办法官应当向审判委员会报告，并撰写审查报告（审理报告），亦即就事实认定、法律适用等问题作详细分析（并附相关法律规范）。

简言之，承办法官通过介绍案情、首先发言、撰写审理报告等事项可以主导、影响（刑事）案件的走向，因为其他成员特别是审判委员没有亲历案件，也很少阅读第一手材料（原始卷宗），仅仅以承办法官的汇报、审理报告为判断、发言、投票的基础。

（2）审判长、院庭长领导与审判委员会对刑事合议庭的外在影响。

根据2000年颁布的《人民法院审判长选任办法（试行）》，担任审判长应当具有丰富的审判经验③，亦即审判长应当是资深法官。在司法实践

---

① 该条全文为：合议庭接受案件后，应当根据有关规定确定案件承办法官，或者由审判长指定案件承办法官。

② 参见左卫民等：《合议制度研究——兼论合议庭独立审判》，法律出版社2001年版，第78—79页。

③ 根据《人民法院审判长选任办法（试行）》第3条，担任审判长，基层法院应当具备3年以上的审判工作经验，中级人民法院应当拥有4年以上审判工作经验，高级人民法院、最高人民法院应当拥有5年以上审判工作经验。

中,一般由一名副庭长(具有一定行政级别①)带领一个合议庭(或审判组),由副庭长或者(只有当副庭长由于其他事务无法担任时)其他资深法官担任审判长。进而言之,中国法院中的审判长通常是该合议庭(审判组)中普通审判员的领导、前辈,他们不仅仅拥有自然积累的阅历权威,更有行政上的权威。除此之外,审判长还有其他法律明确规定的权力:根据《最高人民法院关于人民法院合议庭工作的若干规定》(2002)第 7 条,(A)有指定承办法官的权力,第 6 条更是确定了(B)审判长提请院长决定将案件提交审判委员会的权力,第 10 条还确定了(C)审判长拥有根据合议庭评议情况总结合议庭评议的权力(投票在此基础上进行);根据《最高人民法院关于完善院长、副院长、庭长、副庭长参加合议庭审理案件制度的若干意见》(2010)第 5 条,(D)当院长、副院长参加合议庭审理案件、担任审判长参与合议、评议时,多数人意见与院长、副院长的意见不一致的,院长、副院长有将案件提交审判委员会的权力。

当庭长、副院长、院长没有参加合议庭时,作为领导他们也拥有如下权力:根据《最高人民法院关于人民法院合议庭工作的若干规定》(2002)第 17 条,(A)庭长对合议庭的评议有审核权、异议权,如果有异议,更有权要求合议庭复议,并对复议的问题及其理由出具书面意见,如果还有异议提请院长审核(院长可以将其提交审判委员会讨论决定)。根据《最高人民法院关于进一步加强合议庭职责的若干规定》(2010)第 7 条。(B)庭长有组织合议庭之外的相关审判人员参加讨论的权力,虽然通过讨论所得出的意见、结论仅仅为合议庭提供参考。(C)院长除了具有上述权力外,还有一种权力,直接将案件提交审判委员会讨论——此为法院院长才拥有的权力。

当案件由院长提交审判委员会后,由审判委员会讨论决定,根据 2018 年《刑事诉讼法》第 185 条,其决定合议庭应当执行。

总而言之,通过对法律文本中的另一部分的审视,我们可以发现法院存在一种现象,即作为非合议庭成员的庭长、副院长、院长、审判委员会等主体在合议庭内外有诸多影响,甚至主导着合议庭的合议、评议,而且已经成为法院(刑事)合议庭的一种常规的工作思维方式。

---

① 基层人民法院的副庭长可能是副科级别干部,也可能不是,只有庭长而且是资深庭长方可晋升副科;中级人民法院副庭长通常是副科级别干部,高级人民法院副庭长一般为副处级别干部,最高人民法院副庭长一般为副厅级别干部。

三、本节小结：法律文本中的刑事合议庭

通过梳理 1949 年以来的，涉及中国刑事合议庭的法律文本、法律文件，我们可以得出如下判断：

首先，中华人民共和国成立以来，特别是改革开放以来，逐渐形成了一套系列的规范刑事合议庭的法律体系，从法院组织法到刑事诉讼法典，再到法院内部颁布的系列法律文件。这是一个从宏观到微观的过程，从抽象到具体的过程，从注重形式到注重内容的过程，是一个逐步深入的过程。申言之：

（1）立法者最初注重刑事合议庭之审案范围、成员产生方式和成员组成模式。这部分制度规范已相当健全和完善，在 1979 年前即已取得丰硕成果，在改革开放后不仅继承下来，更有重大推进，特别是合议庭成员之准入制度（相对于 1979 年前的制度而言）有质的提升，已达到非常严格和高度现代化的水准。

（2）到后来，立法者逐渐注重合议庭成员的合议、评议过程，申言之：在法律、法规和司法解释中确立（或增加）合议成员间应当共同听审、独立收集信息、合议时平等发言、独立发言，依法定次序发言、共同投票等反映现代司法决策规律的规则。

总而言之，如果从中国刑事审判组织的现代化视角看，其现代气息非常浓厚，符合现代司法的高标准要求。

其次，刑事合议庭作为一种审判组织，传统行政力量或者因素的影响依然浓烈，申言之：（1）在审理过程中，合议庭不仅通过消极听审的方式获取案件信息，更是根据自己的需要、判断以讯问被告人、询问证人等方式主动获取信息，努力将输入的信息最大化以供合议庭展开合议、评议。（2）在合议、评议阶段，法律文本中的传统因素也随之深入，即承办法官、副庭长、庭长、副院长和院长、审判委员会在承办法官制度等传统延续下来的决策方式中仍然有很大的影响甚至有时会主导合议庭的评议。

简言之，承办法官、审判长、庭长、院领导对刑事合议庭之评议有实质性的主导权、影响力。

再次，当下的法律文本中的关于刑事合议庭规范的两部分是相互矛

盾的,却也共存之:前者符合作为一种审判组织运行的基本规律,后者是传统的,是行政力量、权威力量与相对封闭的合议庭的深层纠缠。两者并存在于同一幅图景,到底哪一部分起决定作用,未来的发展趋势如何,仅仅通过前述的法律文本我们还无法作出判断。

总而言之,经过全国人大、最高人民法院的持续立法,一套关于刑事合议庭制度的系列法律文本已经形成。在诸如合议庭成员之准入、合议庭审案范围等基础性、形式性要素的问题上,相关规范已相当完善和成熟,而且规范之间内在逻辑体系一贯,即刑事合议庭负责案件的范围、刑事合议庭之组合形式、合议成员准入资格已成熟,且非常严格地遵循法律规定的程序。在将来的改革中,只需要根据社会发展需要对其作一些细节修改(如关于刑事合议庭审理案件的范围的调整)。

但在诸如合议庭成员庭审、合议、评议等具有实质性的问题上,法律文本还存在着诸多相互矛盾的法律规定,而且立法逻辑也体现出分歧、冲突,甚至矛盾:一方面新的法律文本持续确认、提升现代的合议理念、规则,而另一方面又不断强化承办法官、副庭长、庭长、副院长、院长、审判委员会对合议庭的影响、引导,甚至主导——这是对1949年以来法院组织法、刑事诉讼法草案所确定的理念、思维方式、行为方式的延续。

接下来,我们应当探讨的是,这个集两方面矛盾于一体的刑事合议庭、合议制度,一以贯之的思想、逻辑是什么?在笔者看来,仅仅通过法律文本,我们还无法做出更具体、深入判断,应当将眼光投向中国既有的、现实的司法实践以洞悉中国刑事合议庭的动态图景。

第二节 刑事合议庭的运行现状考察(一): 刑事合议庭 VS 刑事独任庭

一、审判业务庭、刑事审判庭与刑事合议庭的基本现状

根据2018年《刑事诉讼法》第186、187条之规定,人民法院应当对人民检察院提起公诉的案件进行审查,对符合立案条件的案件应当开庭审理。在决定开庭审理后,应当确定合议庭的组成人员①,亦即人民法院应当立即组建审理案件的刑事合议庭。进而言之,刑事合议庭并非实存的法院内设的部门或机构,或者说法院并没有通过固定的人员编制、领导体制将其实体化②,而是当案件起诉到法院时,由法院根据案件的需要临时组建的一个审判组织,其审判长、审判员、陪审员均不确定、也不固定。简言之,刑事合议庭应当是一个临时性组织。

但这只是根据法律条文得出的结论,如果揆诸中国当下的司法实践,法院刑事合议庭的组成和运作并不如此,申言之:

(一)就法院审判业务部门看

法院内部包括审判部门(如刑事审判庭)、业务行政部门(研究室、政治部、审管办等)和综合部门(办公室等)。审判庭(部门)是法院审判业务的基础单位,实行庭长负责制,并确定一名主管副院长对其领导,还接受上级对口审判庭的业务指导。③进而言之,审判庭在庭内实行庭长负责制的基础上,作为一个整体接受主管副院长和上级对口业务部门的指导、监督。

各个审判庭之间有严格分工,在各自范围内从事审判业务:民庭组成合议庭审理民事案件,刑庭组成合议庭审理刑事案件,行政庭组成行政合议庭审理行政诉讼案件。④也有例外,由于案件工作量的考核问题,更由

---

① 第186条全文为:人民法院对提起公诉的案件进行审查后,对于起诉书中有明确的指控犯罪事实的,应当决定开庭审判。

第187条全文为:人民法院决定开庭审判后,应当确定合议庭的组成人员,将人民检察院的起诉书副本至迟在开庭10日以前送达被告人及其辩护人。在开庭以前,审判人员可以召集公诉人、当事人和辩护人、诉讼代理人,对回避、出庭证人名单、非法证据排除等与审判相关的问题,了解情况,听取意见。人民法院确定开庭日期后,应当将开庭的时间、地点通知人民检察院,传唤当事人,通知辩护人、诉讼代理人、证人、鉴定人和翻译人员,传票和通知书至迟在开庭3日以前送达。公开审判的案件,应当在开庭3日以前先期公布案由、被告人姓名、开庭时间和地点。上述活动情形应当写入笔录,由审判人员和书记员签名。

② 还有两个非实存部门,即法院党组和法院审判委员会,它由法院其他部门领导兼任(院长、副院长或庭长等),在党组、审判委员会开会时召集。

③ 即部门负责制和对上"对口管理"(对更高级别法院和下级法院的对口业务部门,在本院由主管副院长或相关人员对口管理),参见赖波军:《司法运作与国家治理的嬗变:基于四川省级地方法院的考察》,北京大学出版社2015年版,第113—122页。

④ 发展到2017年,已不止这些分类,还有立案庭(有的地方还有两个立案庭)、知识产权庭、环境资源庭、审判监督庭等业务部门,因为中国的专门法院并不发达,大致只有军事法院、铁路运输法院。

于民事案件数量巨大的因素,部分工作量不足的法官可能审理其他庭的案件,一般为其他庭法官办理民庭的民事案件,而非相反。①

在各类审判庭内部,法院将根据可能立案案件的多寡、同一类案件的不同小类对审判庭作进一步划分。以民事审判庭为例,基层法院一般设置两个民庭,即民一庭、民二庭(案件量比较大的法院设置了两个以上的民庭,有的法院可以达到六个庭,如浦东新区人民法院截止到2013年达到六个民事审判庭②)。中级以上人民法院的民事审判庭划分更细,通常有民一庭、民二庭和知识产权庭三个庭,但有的地区不设知识产权庭,如四川省巴中市即只有民一庭、民二庭两个民事审判庭。③ 省高级人民法院、最高人民法院设置了更多的民事审判庭。

在前述具体分工语境下,每一个具体的审判庭至少设置一个合议庭。④ 该合议庭成员相对固定,一般由一名副庭长带领,一般也由其担任审判长,在特殊情况下,(1)资深法官也可以担任审判长(通常都在副庭长不便、出差等事由的情况下),(2)在院长、副院长、庭长参加的情况下,由其担任审判长或者作为承办法官而担任审判长。而且,当一个审判庭设置几个副庭长时,即有几个合议庭建制;或者相反,当设置几个合议庭时,则有几名带队的副庭长。由副庭长,即由审判长单独或者带领合议庭向该庭庭长汇报工作、报告案情。

因此,从法律文本看,合议庭之组成成员并不固定,是一个临时性审判组织。但,在中国司法实践中,合议庭成员非常固定,庭长带领副庭长、副庭长担任审判长领导合议庭,如果庭长、副院长、院长担任审判长时,合议庭成员才有一些变化。进而言之,合议庭、(业务)审判庭、法院主管副院长(包括其上的院长)形成了一个金字塔式的科层权力领导格局。

同时,法院内部,包括审判部门也并非固化,成员间有高度流动性,可

---

① 参见本书第四章第三节。
② 参见本书编纂委员会编:《浦东新区审判志》,法律出版社2013年版,第7—8页。
③ 《巴中中级人民法院内设机构》,http://www.bzfy.gov.cn/HTM/ShowArticle.asp?ArticleID=308,最后登录时间:2018年12月6日。
④ 还存在着相互"借"法官的情形,即当一个合议庭成员由于各种原因不能组成合议庭时,则由承办法官向本庭其他合议庭"借"法官组成合议庭,甚至去其他庭"借"法官,不过在"借"之前需要向领导汇报,经过领导同意方可。

分为如下几种情况：

（1）一名法院职员在取得助理审判员、审判员资格后，并不一定在原来审判业务部门工作，工作一些年后，可能根据工作需要、领导安排流动到其他审判部门（如从民庭调到刑庭工作，从刑一庭调到刑二庭工作），甚至是法院行政岗工作（如从民庭调到办公室、研究室等综合部门工作）。

（2）也有具备助理审判员、审判员资格的行政岗人员流动到业务审判部门工作（如从办公室或信访室调到刑一庭）。

（3）还有一种流动：当一名法官职务晋升时，很可能从一个审判庭流动到其他审判庭担任副庭长或者庭长，如一名民二庭的普通法官，当其竞争刑一庭副庭长领导职务成功时，即从民二庭流动到了刑一庭担任副庭长（并带领一个相对固定的合议庭）。

而且，法院内部流动已经制度化，基本上每隔2—3年可以轮岗一次。法院也积极采取措施保障人员的内部流动①，或者组织安排，或者个人申请、组织同意。虽然并非每位法院职员均需轮岗，但工作10余年的法官通常会在两个以上部门工作，在一个审判业务部门任职超过10年以上甚至终身的人员非常稀少。不过，当新一轮司法改革，特别是员额制改革实施后，员额法官组建审判团队，是一个更固定的审判团队，减少了法官在部门之间的流动，但并没有取消前述流动的可能。

总而言之，一个审判庭成员虽然有变动，甚至变动不小（到法官员额制改革后，法官之间的流动减少了）。但在一定时间内（2—3年）合议庭成员比较固定，一般由副庭长带领，并由其负责合议庭之内事项，同时他/她向庭长负责，庭长向主管副院长、院长负责，仍然没有脱离一种金字塔式的建制模式。

(二) 就刑事审判庭而言

刑事审判庭负责法院刑事案件的审理，其设置的基本情况可以作如下初步描绘：

---

① 即使法官也常常强调一定的流动性，如《最高人民法院关于进一步加强合议庭职责的若干规定》（2010）第2条有如是规定：……合议庭成员相对固定的，应当定期交流……

从一般情况看,基层人民法院通常设置刑事审判庭 1—2 个。① 中级人民法院刑庭一般设置 2—3 个,每个庭有两个合议庭。省高级人民法院一般有 4—5 个刑庭,内设若干审判组(合议庭)。最高人民法院刑事审判庭有 5 个。广东省是中国经济非常发达的省份,该省法院系统对刑庭的设置是一个典型(其他省地方法院对其设置的规模一般不会超过广东省),因而我们以广东省为例对地方法院系统的刑事审判庭设置情况做一个描绘②。

首先,南山区人民法院。作为深圳市的一个基层人民法院,有 1 个刑事审判庭(福田区人民法院有 2 个刑庭,其他基层法院对刑庭的设置都没有超过 2 个),负责审理辖区内所有刑事案件,内部再无进一步细化。

其次,深圳市中级人民法院。作为广东省高级人民法院所属的一个中级人民法院,设置了 2 个刑事审判庭,该中院对其辖区内的刑事案件做了分工:

(1)刑事第一庭负责如下案件:审判第一、二审危害国家安全罪,危害公共安全罪,侵犯公民人身权利、民主权利罪,妨害社会管理秩序罪,危害国防利益罪等案件,审判人民检察院提起抗诉的案件,办理有关大案要案的协调、指导事宜。③

(2)刑事第二庭负责以下案件:审判第一、二审破坏社会主义市场经济秩序罪,侵犯财产罪,贪污贿赂罪,渎职罪等案件,审判人民检察院提出抗诉的案件,办理有关大案要案的协调、指导事宜。未成年人案件审判庭负责审理第一、二审未成年人实施的刑事案件,审理第一、二审涉及未成年人权益的民事、行政案件,审理未成年罪犯的减刑、假释案件,负责未成

---

① 很少有基层法院设置两个刑庭的刑事审判组织,一般只有一个刑庭,当然其成员可能不少,如上海市浦东新区人民法院(参见本书编纂委员会编:《浦东新区审判志》,法律出版社 2013 年版,第 7—8 页)。不过,也有设置两个审判庭的,如北京市朝阳区人民法院,(截至 2008 年 10 月)刑事第一庭为 20 人、刑事第二庭为 19 人(对此,请参见《朝阳区刑事第一庭简介》,http://cyqfy.chinacourt.org/public/detail.php? id=298,最后登录时间:2017 年 7 月 26 日;《刑事第二庭简介》,http://cyqfy.chinacourt.org/public/detail.php? id=299,最后登录时间:2017 年 7 月 26 日)。

② 以下信息来源于广东省高级人民法院、深圳市中级人民法院和各基层人民法院网站信息,时间截至 2017 年 7 月 26 日。

③ 参见《深圳市中级人民法院刑一庭》,http://www.szcourt.gov.cn/sfgk/kgjs/jgzn/2014/11/27152129089.html,最后登录时间:2017 年 7 月 26 日。

年人案件的判后延伸帮教工作,指导、监督全市法院未成年人案件审判工作。①

再次,广东省高级人民法院有4个刑事审判庭。②

(1)刑事第一庭负责如下案件:审判部分地区第一、二审危害公共安全罪,侵犯公民人身权利民主权利罪,侵犯财产罪,妨碍社会管理秩序罪,危害国防利益罪案件,但未成年人、涉外、涉港澳台、涉侨、涉邪教犯罪案件除外。审理相关的因特殊情况在法定刑以下判处刑罚的复核案件。

(2)刑事第二庭负责的案件:审判部分地区的第一、二审危害国家安全罪,破坏社会主义市场经济秩序罪,贪污贿赂罪,渎职罪以及涉外、涉港澳台、涉侨、涉邪教犯罪案件,审理相关的因特殊情况在法定刑以下判处刑罚的复核案件。

(3)刑事第三庭审理如下案件:审判部分地区第一、二审危害公共安全罪,侵犯公民人身权利民主权利罪,侵犯财产罪,妨碍社会管理秩序罪,危害国防利益罪案件,但未成年人、涉外、涉港澳台、涉侨、涉邪教犯罪案件除外。审理相关的因特殊情况在法定刑以下判处刑罚的复核案件。

(4)刑事第四庭审理如下案件:审判部分地区第一、二审危害公共安全罪,侵犯公民人身权利民主权利罪,侵犯财产罪,妨碍社会管理秩序罪,危害国防利益罪案件,但涉外、涉港澳台、涉侨、涉邪教犯罪案件除外。审理相关的因特殊情况在法定刑以下判处刑罚的复核案件。

最后,最高人民法院。它是中国最高级的审判机关,刑事审判庭的分工情况如下③:(1)刑事第一庭、第三庭、第四庭、第五庭主要负责所辖地区普通刑事案件的复核及有关审判指导工作;(2)刑事第二庭主要负责危害国家安全、职务犯罪,涉外涉港澳台犯罪等案件的复核及有关审判指

---

① 参见《深圳市中级人民法院刑二庭》,http://www.szcourt.gov.cn/sfgk/kgjs/jgzn/2014/11/27152150598.html,最后登录时间:2017年7月26日。

② 参见《广东法院网》,http://www.gdcourts.gov.cn/web/content?action=institution,最后登录时间:2017年7月26日。
另注:云南省高级人民法院设置了五个刑事审判庭,从刑一庭到刑五庭;参见《2006年云南省高级人民法院机构设置图》,http://www.gy.yn.gov.cn/Article/fygk/jgsz/200606/7962.html,最后登录时间:2017年7月26日。

③ 参见《最高人民法院内设机构》,http://www.court.gov.cn/jigou-fayuanjigou.html,最后登录时间:2017年7月26日。

导工作;还有(3)最高人民法院设置了六所巡回法庭,作为最高人民法院的派出机构,负责各自辖区内的上诉、抗诉和再审案件,包括刑事案件。①

总而言之,法院将根据该院刑事案件数量(及相关业务数量)之多寡、地位之级别高低设置数目不等的刑事审判庭,并确定各自庭的管辖范围。甚至可能仅仅是因为管理之需要而设置更多的庭,如最高人民法院刑事第一庭、第三庭、第四庭、第五庭管辖范围大致相同,但由于业务量的增多而必须设置更多的审判庭(包括巡回法庭)以应对。

(三) 刑事审判庭与刑事合议庭

刑事审判庭负责审理刑事案件,但刑事审判庭并非只是一个负责审理刑事案件的审判组织,而且还是负责刑事审判庭的成员、案件等事项的管理和控制的组织,一个与作为整体法院类似的带有行政职能的组织。就刑事审判庭的成员而言,它包括(书记员、助理审判员)审判员、副庭长、庭长,法院、刑事审判庭通过一定的方式将庭内成员配置到具体的刑事合议庭,进而组成相对固定的审判组织。在这里,笔者将以基层、中级人民法院为例对刑事合议庭的组成情况展开分析②:

对于基层法院而言。刑事案件较少的基层法院,一般配置1—2名审判员(只有一个合议庭)。刑事案件比较多的基层法院,通常配置4—5名审判员(有两个合议庭)。刑事案件特别多的基层法院可以设置两个刑事审判庭,如北京市朝阳区人民法院的刑事审判庭即设置了两个刑事审判庭:刑事第一庭共有审判员、助理审判员8名,刑事第二庭同样配置审判员、助理审判员8人,在这8名法官中均包括副庭长与庭长。③

另外,基层法院根据相关法律规定遴选大量的人民陪审员,在需要时邀请他们参与,此时的合议庭组成方式更加多元:可以由审判员担任审判长、两名或四名审判员组成合议庭。如果仅由审判员组成专业合议庭,则

---

① 这里有一个疑问,当巡回法庭负责辖区内的上诉案件、抗诉案件和再审案件时,它们与原来的5个刑事审判庭的关系如何处置,值得追问。这涉及最高人民法院内设业务机构的功能定位、职权划分等一系列基础性问题。

② 因为高级人民法院、最高人民法院之设置类似,仅仅是机构、规模上的增加而已,并没有什么具有实质意义上的差异。

③ 参见《北京市朝阳区人民法院机构设置》,http://cyqfy.chinacourt.org/public/more.php?LocationID=1203000000,最后登录时间:2017年7月27日。

庭长、副庭长分别组成了一个相对固定的刑事合议庭。

对于中级人民法院而言。法院通常设置两个刑事审判庭,每一个审判庭配置两个合议庭,成员凡计十名左右(包括书记员),每一个合议庭成员三名,由副庭长带领两名审判员组成,一般还有书记员一名。对于刑事案件比较多的中级人民法院、刑事审判庭而言,可以设置3—4个合议庭,总成员可以达20人左右(通常一名庭长,若干副庭长,若干审判员,书记员)。① 而且,中级人民法院审理案件,无论是第一审,还是第二审,基本上由专业(员额)法官组成合议庭,陪审员基本上被排除在外。因此,中级人民法院的刑事合议庭通常也由审判长(一般由副庭长带领)与其他2名法官(包括书记员1名)组成的比较固定的刑事合议庭。每一个合议庭在副庭长或审判长的带领下对合议庭的案件负责,所有合议庭的审判长对庭长负责。

(四) 本部分小结

根据上述,我们可以作如下总结:

其一,虽然法律文件、法院均强调法官工作的流动性,但法院法官的配置方式、合议庭的建制方式决定了该流动性仅仅是一种宏观上的流动性(甚至是一种抽象性的流动性),即:法官可以从一个部门流动到另一个部门,但这一流动性从部门内部看流动不大,至少在可预期的时间内(3年)没有明显的流动性。每一名法官均被深深嵌在合议庭的某个位置,成为法院内部结构中的一颗螺丝钉。

其二,法院(入额)法官配置方式如下:

(1) 员额制法官入额之前:通过国家司法考试、法院公务员考试后成为一名法院职员,再经过培训、任命成为一名助理审判员、审判员。法院根据情况将其分配到具体的(刑事)审判庭,刑事审判庭庭长将其配置到具体的合议庭,亦即(任一)刑事审判庭任何一名审判员、助理审判员,除

---

① 以S省C市(为S省的省会城市)中级人民法院为例:到2002年,中级人民法院刑事第一审判庭(包括少审庭)有成员19人(书记员4人、程序性法官2人),其中庭长1人,副庭长2人,合议庭4个(审判长4人)。第二庭共有14人(书记员3人、程序性法官2人)、庭长1人、副庭长2人、合议庭3个(审判长3名);对此的详细分析,请参见《C法院志(1990—2005)》(内部资料),第117页。

了庭长外都分配在具体刑事合议庭之中,一般由副庭长带队,庭长则可以加入庭内任何合议庭并担任审判长。①

(2)员额制改革之后:首先,通过国家司法考试、省法院的公务员考试,成为法官助理。其次,在有员额法官之空缺时,法官助理通过省法院的法官入额考试、经过面试,方取得(员额)法官身份,取得审理案件的资格。最后,将该名入额法官分配至某一具体的审判组、合议庭之中。

简言之,从法律文本看,刑事合议庭应当是一个临时审判组织、一个"虚拟"的审判组织。但从司法实践看,刑事合议庭最终演变为一个实体性审判组织,是一个非常固定的审判组织,更是一个由普通法官与领导之间形成一个金字塔式的科层管理关系中的审判组织。这一组织由审判长(副庭长)领导,同时接受所在刑事审判庭庭长领导。

二、刑事合议庭内部的结构

根据前面的分析,刑事合议庭应当是一个临时的审判组织,但在中国司法实践中却是一个相对固定的组织、法院刑事审判庭内实存的机构。与应然层面上的、法律文本中的刑事合议庭比较,该审判组织的内部结构有如下特点,请看下面的具体分析:

在大陆法系国家,法院之内均设院长、副院长,但基本上不设置庭长、副庭长。在英美法系国家,法院虽然不设置院长、副院长,更不设置庭长、副庭长,只设立法院首席大法官。这些院长、副院长、首席大法官在法院内与其他法官并没有任何行政隶属关系,申言之:在刑事合议庭,即使是固定的刑事合议庭(如美国联邦最高法院审理刑事案件,即是一个成员相对固定的合议庭)内,他们地位平等,只有在司法行政事务或者相关事务领域,法院院长、副院长、首席大法官作为主持人和行政领导展开活动时才有职务之意义。因此,无论是大陆法系,还是英美法系,法院院长、副院长或首席大法官对于法院内部法官而言更多是荣誉性职务,只有经验、知

---

① 司法实践中的情况如下:第一阶段:刚刚入职的法院正式成员直接任书记员,符合条件时转任助理审判员、审判员(再后来可能担任副庭长、庭长等职务)。第二阶段,书记员开始临聘,同时入职的法官一般都通过了司法考试,经过培训,直接任命为助理审判员,获得审判资格,可以成为合议庭成员。第三阶段:员额制阶段,只有入额的法官有审判权,因而如果没有入额的法官、法官助理只能辅助入额法官从事一些其他工作。

识、权威上的可能影响,但绝没有上下级间的命令关系。也因此,刑事合议庭每一名法官可以平等、独立地在民主的氛围中独立决策,并在共同讨论的基础上独立投票最终形成判决。这一组织形式的内部结构呈现出了一种扁平结构模式。

具体到中国语境:从中国涉及刑事合议庭的法律文本观察,中国刑事合议庭也呈现出诸多的扁平特征。具体而言,刑事合议庭应当是一个临时组成的审判组织,合议庭成员也具有平等地位、独立判断和决策的权力的特征,即使在有院长、副院长、庭长、副庭长参加合议庭时也如是。①

但是,中国现实并非如此:(1)司法实践中的院长、副院长、庭长等与审判委员会存在复杂关系,(2)刑事合议庭是一个由副庭长带领的固定的决策组织、审判团队,(3)进而院内和庭内的审判业务、行政业务复杂地交织在一起。这些因素共同导致刑事合议庭呈现出一种金字塔式的等级机构形态。在这部分,我们拟深入探讨这一金字塔机构内部的关系图景,试看下面的详细分析:

(一)中国当下刑事合议庭中的基本问题

首先,我们可以从两个案例入手。

案例一:2008年1月3日,四川省南充市西充县人民法院正在审理一起案件。但庭审过程中,状况、问题不断:(1)审判长、审判员法庭调查中一边听案,一边接打电话;(2)而且,在审判长接他人电话时,当事人的发言不能继续,只好停下来等待法官结束通话后方才继续;还有(3)法庭书记员边抽烟边做笔录;(4)审判员不着法院制服。②

案例二:2015年7月28日,江苏省大丰人民法院正在开庭。庭审中,一名审判员打盹,并且时间持续了一个多小时。经过媒体的报道,法院副院长后来对此作出解释,该名审判员是带病工作。但是,这一现象对社会公众来说,法院领导的解释无法释疑。③

---

① 参见本节前面相关分析。
② 参见《四川西充法院:审判长边接电话边听案》,载腾讯网,http://cd.qq.com/a/20080104/000118.htm,最后登录时间:2017年7月30日。
③ 参见《法官开庭打瞌睡的背后》,载搜狐网,http://www.sohu.com/a/25175753_114351,最后登录时间:2017年7月30日。

其次，案例与现象。

实际上，上述两个个案并非法院、法官庭审过程中的偶然现象，它是一个普遍存在的现实。而且还呈现出不同发展阶段，以党的十八大为时间点，前后表现有所不同①：

在党的十八大之前：法官在庭审过程中，除了前述衣着随意、打瞌睡、接电话等现象外，还有一些其他的明显不适宜行为，如（手机）游戏、阅读杂志、喝酒后的醉醺醺等情形。②

当这些行为处于媒体不发达的年代时，我们常常将之归属为法官操行的"小节"。没有人注意，法官自己也不注意，法院也不认为这是一件严肃的、值得注意的事项。因而即使有当事人或者其他人提出，也很难得到回应，进而所有人都习惯之。这些行为在媒体发达的年代，在媒体报道后，对法院产生很大的负面影响，进而法院不得不处罚涉事法官。不过，处罚的层次不高，限于警告等行政处分层面。

党的十八大之后：随着十八大以来的正风、反腐系列整顿，对法官的类似行为的处罚明显升级：通过正式的文件作出警告、记过、记大过或开除公职的决定。基于此，前述一些明显的不适宜行为得到消除。但合议庭成员在庭审中仍然不投入，或者不能专注于审判：庭审过程中，合议庭成员均非常认真、严肃，只带案件卷宗（手机等物品也不带到庭审现场），但除了承办法官在听审外（其实他也可以不听审），其他合议庭成员均很少听审，他们在庭审中阅读自己作为承办法官的案件卷宗，进而庭审过程中一言不发、始终沉默③，相对于审理该案的事项而言，其他法官仍然是一

---

① 党的十八大以来，以习近平同志为核心的中共中央，展开了持续的反腐和整顿党、党员的思想作风运动，进而党员、党员干部在公开场合的一些言行和私下场合的某些行为得到规范，党风得到提升（对此的文献非常多，对这些年来重大事件有梳理的，可以参见姜洁：《党的十八大以来正风反腐要闻录》，载新浪财经，http://finance.sina.com.cn/roll/2016-02-02/doc-ifxnzanh0604489.shtml，最后登录时间：2017 年 7 月 31 日）。

② 其实，不仅仅法院有，其他政府工作部门也有，比如说工作人员在上班期间炒股、打游戏、看电影、网络聊天等不适宜行为。

③ 亦即，审判员、审判长在庭审中，在形式上显得非常认真，实际上仍然是各行其是，自做自事，在本质上与之前阶段并无不同。

另注：这些行为是笔者通过对 S 省 M 市中、基层人民法院所有刑庭调研获得的认识，而且这一现象绝不是孤立的，而是较为普遍存在于中、基层法院之中，以笔者对 M 市 D 县人民法院 2012 年 7 月 1 日到 2015 年 3 月间刑事案件第一审的调研，在有录像的 116 起庭审中，有 43 件存在审判员、陪审员的不规范情况。

个摆设。

其实,这一行为在前一阶段也有,但比较少,因为他们有其他事可做。只有当其他事情(如拨打手机、做其他事情)成为不可能做的事情后,这些行为逐渐普遍和流行起来。而且,这些行为很难被公众发现、认识和报道,因为有很强的隐蔽性,即使发现,法官也可以做其他(能自圆其说地)辩解。当我们只有身处其中,或者长期与之交流,或者通过调研访谈,方可洞悉其中真相。

最后,刑事合议庭内的基本问题。

上述现象可以简单总结为:不论我们采取何种高压方式要求法官在刑事合议庭庭审中认真履职,他们总能找到办法"偷懒",具体而言:在没有外在社会舆论、政治和纪律的压力时,他们的行为表现过于随意。在有压力甚或高度压力时,他们开始"偷懒",而且"偷懒"行为也变得越来越隐蔽。我们如何认识和审视这一现象呢?在笔者看来,我们可以提出以下问题来反思中国当下的刑事合议庭:(1)1979年以来的《刑事诉讼法》均赋予合议庭的审判长、审判员主动讯问被告人、询问证人、被害人、鉴定人等积极调查事实的权力,为什么他们可以在法庭审理过程中不听审、不主动探求案件事实真相?(2)这一情况是发生在合议庭成员中非承办法官身上呢,还是合议庭成员均可以如是行为?(3)如果所有合议庭成员均可以不在庭审中获取关于刑事案件的信息、证据的话,他们通过哪些途径、渠道获得该案的事实、证据,又如何展开合议庭评议?如果是部分成员呢,他们又通过什么途径、渠道获得刑事案件的事实、证据,并在合议、评议过程中发挥各自作用,扮演自己法官的基本角色?(4)合议庭成员在庭审过程中的听审情况、评议现状体现了刑事合议庭成员之间在刑事合议庭作为一种组织中的什么关系和结构?

(二)承办法官制度、请示汇报制度与刑事合议庭的运行

对上述问题的回答实际上是对刑事合议庭运行情况作深层次分析和审视,简单地说:刑事合议庭运行是以承办法官制度为基轴和主线,以请示汇报制度为依托的一种模式,详言之:

首先,作为基轴和主线的承办法官制度。

虽然承办法官制度是刑事合议庭运行的基轴和主线,但是作为正式

规范刑事诉讼程序的刑事诉讼法典、法规、规章却很少涉及,更遑论通过这些法律文本探求详尽、健全的制度安排。只有最高人民法院出台的相关法律文件提到了指涉该制度的一些概念,如案件承办人①、承办法官,如《最高人民法院关于人民法院合议庭工作的若干规定》(2002)第 7 条有如下规定:合议庭接受案件后,应当根据有关规定确定案件承办法官,或者由审判长指定案件承办法官。因此,(刑事)案件承办法官制度仅仅是一种非正式、非成文的法律制度,虽然其在司法实践中是一种真真切切、实际运行的重要制度。②

现在我们即展开对实践中的承办法官制度的考察:所谓的(刑事案件)承办法官制度大概指涉如是情况,刑事案件到合议庭后,由一名法官(即审判员或助理审判员)担任该案审理的负责人,全面承担案件的责、权、利的一种制度,可以作如下申述③:

(1)虽然法律要求审判长指定或者根据法律确定一名承办法官,但对其的确定主要与立案庭、法院分案系统、分案制度有密切关系。根据当下中国法院立案庭和案件管理系统,有两种分配(刑事)案件模式:

其一,是指定分配案件模式。在立案庭立案后,根据刑事案件的具体特点(如重大案件、疑难、复杂、新型案件)、审判员、助理审判员的特点(如法官之擅长、司法经验、性别、年龄、工作量等)进行分配。有时法院领导对分配案件也产生影响,比如说重大职务犯罪,通常都由领导指定承办法官和审判长。

其二,是随机分配案件模式。在刑事案件立案后,立案庭法官通过随机的方式将案件分配到具体法官。在计算机普及的信息社会,他们往往通过计算机系统进行随机分案。

司法实践中,法院并不单独以某一种模式分配案件,均采用以随机分配为主、指定分配为辅的模式,亦即:一般刑事案件随机分配到相对固定刑事合议庭的一名具体成员,或者根据(刚才提及的)需要指定到前述合

---

① 参见袁坚:《刑事审判合议制度研究》,法律出版社 2014 年版,第 105 页。
② 参见尹忠显主编:《合议制问题研究》,法律出版社 2002 年版,第 251 页。
③ 参见尹洪茂、丁孝君:《试论合议机制与承办人制度的冲突与协调》,载尹忠显主编:《合议制问题研究》,法律出版社 2002 年版,第 250—264 页。

议庭特定法官办理某一特定刑事案件。①

（2）当通过随机方式或者指定方式确定了承办法官后,承办法官应当承担的事项：

其一,庭前准备工作：如开庭传票、应诉通知书等法律文书的签发、庭前举证、庭前会议召集等事务性工作,均应由承办法官负责,并独立完成。②

其二,阅卷、听审、主动讯问被告人、询问证人、被害人、鉴定人等事项,主要由承办法官负责。

其三,评议时,首先由承办法官汇报,而且当合议庭对案件有疑惑时,负责答疑。

其四,需要请示汇报时,一般由承办法官向庭长、主管副院长、院长、审判委员会、上级法院同一业务庭汇报案情等事项。③

其五,撰写各种诸如合议庭评议、审理报告、刑事裁定书、刑事判决书等法律文书。

总而言之,承办法官负责该案的一切事务,而其他法官更多只是观众式参与,在需要时承担一种协助工作的职责。

（3）承办法官制度下,刑事合议庭之合议情况：当承办法官负责案件的所有事项时,其他法官包括审判长在庭审中可以听审,也可以不听审（而且常常不听审）,更不要说主动积极讯问、询问与案件相关的事实、证据。在此语境下的评议模式如下：在一般案件中,在合议庭成员为三名的

---

① 参见王智刚、黄伯青、伍天翼：《案件分配制度改革的探索与实践》,载《人民法院报》2016年3月2日第8版。

② 笔者于2014年5月对M市主要基层法院(F法院共计6名刑庭法官、Y区法院共计4名刑庭法官、S县法院共计8名刑庭法官、D县法院共计3名刑庭法官、A县法院共计3名刑庭官、B县法院刑庭共计3名法官、Y县法院刑庭法官共计3名、J市(县级市)基层法院刑庭法官5名)共计35名法官进行调研,发出35份调查问卷,就合议庭庭前准备进行调研,共收回32份有效问卷,基本情况如下：(1) 30名法官表示除了自己担任审判长或承办人和重大疑难案件外在开庭前很少阅读案卷,一般是阅读起诉书,对于简单案件根本不阅读；(2) 25名法官表示庭审前的评估、鉴定事项很少知晓、参与；(3) 32名法官均表示对于法律文书等事项,除了自己是承办人外均没有涉及,只有在承办人需要、请求时,才可能以协助方式参与,根本不会主导。(4) 有15名法官表示即使有不同的意见,也很少向承办法官表达。

③ 如果需要向上级法院同一业务庭汇报,一般由主管副院长或者庭长带队,由合议庭全体成员参加(有其他事务时,其他成员并不参加),但对案情的汇报、问题的症结等,一般由承办法官汇报,其他成员,庭长、副院长做一些补充。

情况下,不管承办法官是否为审判长,由承办法官向另外两名合议庭成员汇报案情,另外两名合议庭成员主要根据汇报进行判断,并充分尊重承办法官的意见,进而形成的这样一种评议现象,正如一名法官的描绘:

> ……承办人制度下,容易导致承办人裁判权的不合理扩张,实际上是由"主办人"或"承办人"一人审理,其他合议庭成员不直接参与,评议案件也由主审法官(即承办法官——笔者注)的意见起主导作用,其他成员多数情况下不进行实质上的合议,只表个态;个别的甚至先裁判后再分别"通气",既不"合"也不"议"……①

(4)法院对案件的考核以承办法官为基本单位,合议庭不是考察对象。中国法院制定了考核法官的一些制度(如绩效考核)。这些考核制度对法官的年终收入、未来的职务晋升产生有力影响,对刑庭法官审理的刑事案件考核即是其中一项重要内容。具体而言:其一,当承办法官制度确立后,承办的案件数成为法官的工作量,亦即案件总数即法官在审理案件方面的工作总量。其二,如果承办法官审理的案件得到上级嘉奖,则属于个人(和集体)立功行为,如果是批评、处罚,法院内部也有相应的处罚条例或办法——这些都是影响法官收入和未来职位晋升的重要因素。因而,不管是奖,还是惩,结果都由承办法官承担,其他法官没有动力,更没有必要参与"他人"的案件——虽然在理论上,刑事案件应当属于合议庭负责,而非承办法官。

其次,作为依托的请示汇报制度。

如果仅有承办法官制度的话,中国刑事合议庭的运行模式可能有迥异的运行方式,更多只是一个承办法官独立办案问题。但是,当它与法院内部的请示汇报制度相结合,即形成了具有中国特色的刑事合议庭的运行模式。现在我们来展示和分析案件请示汇报制度在刑事合议庭运行中

---

① 参见尹忠显主编:《合议制问题研究》,法律出版社2002年版,第253页。
另注:由于刑事案件较多且呈现增多趋势,合议庭成员的案件也随之增加,进而没有时间、没有精力,也没有动力阅读其他法官承办的案件。在当前的考核制度下,他们对自己的案件都自顾不暇,对其他案件能少参与则少参与。如果是重大案件、复杂案件,首先重视的不是他们,而是法院领导,甚至上级法院领导,他们另行组织刑事合议庭,不管是审判长、还是审判员均是司法经验、法律知识相当丰富的法官,在各方重视下,每一名合议庭成员必定会事前阅读卷宗、庭审认真,庭后充分交流、合议,而且还会向主管领导、上级领导充分汇报,自然而然,刚才提及的现象就无从发生。

的基本情况。

（1）请示汇报制度。这也不是一项有明文法律规定的法院工作制度。无论是国家法律，还是与刑事诉讼法有关的司法解释［如《最高人民法院关于适用〈中华人民共和国刑事诉讼法〉的解释》（2021）］均无对请示汇报制度的正式规范。该制度产生于中国之司法实践，起源于新中国成立之后，并普遍践行于所有法院的一种基本实践。①

（2）请示汇报制度的基本内容。

其一，承办法官办案时，如果发现承办的案件是疑难、复杂刑事案件、重大刑事案件和新型刑事案件，首先应当向合议庭审判长汇报，如果需要则再向庭长汇报，如果还有需要则依次向主管副院长、院长、上级法院同一业务庭，最后直至向最高法院汇报。如是而来的一套程序和规则即法院内部的请示汇报制度。

其二，对于该制度，我们还应当注意如下实践情况②：

（A）如果是下级请示汇报，一般按层级逐渐展开，从承办法官到审判长，再依次为庭长、主管副院长（院长）、上级法院同一业务庭、最后至最高法院。但如果是上级法院、最高法院主动要求汇报，则可以不依次从上而下（即依次经过最高人民法院、高级人民法院、中级人民法院、基层人民法院），而是审理案件的法院与上级法院、最高法院直接建立请示汇报的关系。

（B）而且，请示汇报一般发生在上下级法院之间，如中基层人民法院、中高级人民法院之间、高级人民法院与最高人民法院之间。

（C）更多的请示汇报发生在法院内部，汇报之内容主要包括承办法官向审判长汇报（有时为非正式的交流、讨论）、合议庭向庭长汇报、合议庭与庭长向主管副院长汇报、合议庭（由承办法官代表合议庭）向审判委员汇报。

---

① 参见陈瑞华：《为中国"案件请示"把脉》，载《法制资讯》2009年第5期。
另注：有的学者认为请示汇报制度可以溯源到清末变法改革期间（参见万毅：《底限正义论》，中国公安人民大学出版社2006年版，第338页）。

② 其实，由于很少有法律、司法解释、法律文件的正式规范，因而各地的做法、实践有差异，有时还有很大差异（参见杜豫苏：《上下级法院审判业务关系研究》，北京大学出版社2015年版，第90页）。

（3）请示汇报制度在院内的运行模式。①

当有重大、复杂、疑难、新型刑事案件出现，或者承办法官认为是重大、复杂、疑难、新型刑事案件时，他首先向审判长汇报案情和自己对案件的基本意见，如果审判长通过与承办法官讨论、沟通案情后，可以产生解决问题的方案，则由承办法官按照该讨论、沟通的方案执行。如果不能，审判长则以合议庭的名义提交庭长，庭长则集合该庭所有成员（如果都能参加的话）：由承办法官汇报案情，其他法官发言，庭长发言并总结。如果能够达成解决方案，则按照方案执行。如果不能，则由庭长提交主管副院长或院长，仍然由承办法官汇报，如果主管副院长或院长不能决，则提交审判委员会：在审判委员会，仍然由承办法官首先汇报案情，随后由审判委员会委员发言，主持人做最后发言，最后投票形成决议，合议庭（实际上是承办法官）应当执行。

本部分小结。

综上所述，当需要请示汇报时，案件承办法官是该案的主导性力量。因为根据案件能否得到解决为标准，他向审判长（一般是副庭长担任）、庭长、主管副院长（院长）、审判委员会汇报，虽然有其他人参与案件进而对结局也有影响，但这些判断和影响都是建立在承办法官汇报的基础之上，而非直接阅读卷宗、听审后获得判断和（法律）意见，即使最终发言并总结的庭长、主管副院长（院长）都是如此。还有，就刑事审判委员会而言，虽然审判委员会通过严肃地讨论、投票来确定结果，但也是建立在承办法官汇报案情、撰写的内部审理报告的基础上。

据此，我们还可以作出如下判断和一些推论：

在当下法院管理体制下的内部结构中，请示汇报制度使承办法官与审判长、庭长、主管副院长、院长（审判委员会②）在深层次形成了一种类似直接的"命令—执行"关系。在这时，刑事合议庭作为一个正式决策组织

---

① 下级人民法院向上级人民法院请示汇报首先得有主管副院长或院长的同意，由其或者刑庭庭长带队，并与合议庭成员构成一个整体向上级人民法院同一业务庭请示汇报，与院内的请示汇报已经不一样，因为除了承办法官的汇报外，还有审判长、庭长的补充汇报，再由上级法院部门发表意见，甚至形成书面建议（以指导下级法院合议庭），而且上级法院同一业务庭形成意见的周期更长。

② 对刑事审判委员会的运行情况及其对合议庭、独任庭的影响，后面会涉及，这里从略。

早已退居于九霄云外,虽然判决书仍然有合议庭成员的签名。当然,从另一个角度看,这也是中国刑事合议庭运行的基本模式,申言之:承办法官制度令刑事合议庭审案转变为承办法官办案。当请示汇报制度、法院管理而带来的内部结构渗入承办法官制度后,更是直接建立了院长、主管副院长、庭长、副庭长对承办法官的领导与命令关系,刑事合议转变为法院、刑庭、合议庭领导主持、多方参与、承办法官负责的法院式或者说司法式的民主集中制运行模式。①

(三) 从刑事独任庭角度的观察

首先,刑事独任制、刑事独任庭的基本概况。

刑事独任庭是刑事审判组织的基本形式之一,可以简单表述为,由审判员/助理审判员(法官员额制之后,则只有审判员)担任审判长且独自一人从事审理刑事案件工作的一种审判形式、组织。② 这是世界各国均普遍采用的一种审判方式、审判组织,以应对日益增加的刑事案件。③

2018年《刑事诉讼法》第216条有这样的规定,即适用简易程序的案件……可以由审判员一人独任审判;根据第222条:基层法院……可以适用速裁程序,由审判员一人独任审判。这两个条文表明刑事独任庭与刑事简易程序、速裁程序有密切关系,而且主要与基层人民法院有关,即只有在基层法院以简易程序、速裁程序审理案件时方可以独任庭这一组织审理。进而言之,在中国当下刑事案件的管辖语境下,虽然基层人民法院并不意味着独任庭法官适用刑事简易程序、刑事速裁程序,但独任庭、刑事简易程序、刑事速裁程序即意味着其展开的基本背景是基层人民法院:

(1) 审理刑事速裁程序中的刑事案件意味着独任制、独任庭。

(2) 审理简易程序的刑事案件则意味着只有其中的部分案件以独任制、独任庭方式展开:根据2018年《刑事诉讼法》第214条,基层人民法院

---

① 当然,我们也可以说,承办法官、审判长、庭长等角色功能被异化(参见王庆廷:《角色的强化、弱化与衡平——负责制视角下的合议庭成员考》,载《贵州警官职业学院学报》2008年第3期)。

② 根据2012年《刑事诉讼法》第178条、《最高人民法院关于适用〈中华人民共和国刑事诉讼法〉的解释》(2021)第212条。

③ 参见左卫民等:《合议制度研究——兼论合议庭独立审判》,法律出版社2001年版,第65页。

对下列案件可以适用简易程序：（A）案件事实清楚、证据充分的，（B）被告人承认自己所犯罪行、对指控事实没有异议的，（C）被告人对适用简易程序没有异议的。① 这些适用简易程序的案件可以以独任庭方式组织审判，但对可能判处3年以上有期徒刑的案件除外。②

因此，我们可以说对于可能判处3年以下有期徒刑的、事实清楚、证据充分、没有争议、被告人同意的案件，基层人民法院可以适用简易程序，当适用简易程序时，可以以独任庭方式进行审判。

其次，刑事独任庭的运行模式。

根据本节讨论的主旨，在这里不需要讨论独任庭审理程序相对于普通程序的事项和程序的简化问题③，我们应当将讨论重心放到独任法官如何展开审理的问题上。对此，可以简单勾勒如下：

当法院立案后，通过随机（或者指定方式④）确定承办法官。一旦确定以独任庭方式审理，承办法官负责案件所有事项：（1）负责开庭前之准备工作，承担诉讼文书的制作、庭前证据的交换等所有准备性工作；（2）当开庭时，承办法官独任审判，主持法庭审理、证据举证、法庭辩论等所有事项；（3）开庭后，承办法官独自根据事实、证据、法律情况作出决策并撰写法律判决书。

由于这类刑事案件事实清楚、证据充分，在案件审理过程中，很少有其他法官、领导参与和干预，或者更确切地说，承办法官并不需要就审理中的事项向副庭长、庭长、主管副院长、院长请示汇报，亦即在独任庭内部即可解决该案中的事实和法律问题并作出判决。

因此，我们可以作出判断：

---

① 根据2018年《刑事诉讼法》第215条，还有一些除外条件：（1）被告人盲、聋、哑人，或者是尚未完全丧失辨认或者控制自己行为能力的精神病人的；（2）有重大社会影响的；（3）共同犯罪案件中部分被告人不认罪或者对适用简易程序有异议的；（4）其他不宜适用简易程序审理的。

② 参见2012年《刑事诉讼法》第210条，其全文为：适用简易程序审理，对于可能判处3年以下有期徒刑以下刑罚的，可以组成合议庭进行审判，也可以由审判员一人独任审判；对可能判处的有期徒刑超过3年的，应当组成合议庭进行审判。适用简易程序审理的公诉案件，人民检察院应当派员出席法庭。

③ 参见左卫民等：《简易刑事程序研究》，法律出版社2005年版，第144页以下。

④ 员额制改革后，法院院长、副院长都应当办案，有些简单案件也可能被指定，有时则指定由院长等领导承办（风险最小，与要求他们办案的目的迥异）。

（1）以独任庭进行审理的刑事案件，由独任庭法官亦即承办法官一人负责，负责从头至尾的所有工作、所有事项。

（2）如果与前述合议庭运行情况进行比较的话，两者的基本区别在于：刑事合议庭有更多的主体参与刑事案件。独任庭只有控、辩、审三方，并由法官独自完成、独立判断。从这个角度看，刑事独任庭法官在事实上是独立办案，好像与合议庭运行有了本质上差异。

（3）但我们需要注意，独任庭审理的案件都是没有争议的简单案件，因而没有更多主体参与的原因不是其他主体不能参与、不能影响，而是在于他们没有必要参与、不想参与。而且如果需要的话，更多主体有能力、也有权力直接参与，并且将其从独任庭审理直接转化为合议庭审理。

因此，我们可以得出判断：中国刑事合议庭与刑事独任庭的运行模式在本质上一致，均为承办法官负责案件的绝大部分事项，当领导需要时，其即可与承办法官建立一种"命令—执行"的内在深层关系。

（四）本部分小结

现在我们可以对本部分内容进行总结，亦即通过回答在本部分提出的几个问题作结：

首先，刑事合议庭中确定的承办法官负责案件的一切事务，是刑事案件责、权、利的承担者，也是法院考核的基本对象，因而其他合议庭成员不需要介入，也不敢、更不能介入。虽然其他两名合议庭成员需要、也必须参与，但即使是审判长参与的语境下，也是承办法官主导，因而刑事合议庭中的其他两人是"闲人""陪客"。①

因此，在（刑事案件）庭审中出现审判长接电话、打瞌睡、阅读自己负责的卷宗等不合时宜的行为、现象其实是一件非常"正常"的法院现象。在既有体制下，即使有监督（如媒体、党政机关的监督）的存在，或者说更大压力、更高强度上的监督出现，能够避免的只是那些属于明显不合时宜、不可思议的行为，而合议庭成员深层次的不参与，或者"假装"参与合议、评议的现象仍然无可避免。

不仅如此，即使承办法官在庭审中也可以"偷懒"，不积极讯问被告

---

① 如果承办法官是审判长，则有两个"闲人"；如果承办法官不是审判长，则只有一名"闲人"，因为审判长不仅仅是法庭秩序的主持者，更是承办法官的"上级"，他有动力在庭审中听审。

人、询问证人、被害人等。因为他/她可以不依靠庭审获取案件的事实、证据,他们可以通过(而且是主要通过)阅读卷宗思考、审视控辩双方呈现在其面前的证据①——在这时,整个刑事合议庭的庭审处于形式化状态。②

其次,刑事合议庭中有两个"闲人",或者说至少有一个"闲人"。他们不需要阅读卷宗,也不需要在庭审中听审、讯问和询问,更不需要向庭长、副院长/院长、审判委员会汇报案情。他们只是被动的参与刑事审判程序,并在需要诸如评议书、判决书等法律文书上签名时,签下自己的大名即可完成任务。

因此,追问刑事合议庭中的"闲人"探求事实、证据的渠道、途径,要求评议时有独立的法律意见,这无疑是水中捞月、缘木求鱼,更是对合议庭中"闲人"的苛求。

再次,对于刑事合议庭中的承办法官而言。承办法官负责案件的一切事务,通过阅读卷宗、庭审中听审、主动讯问和询问获得关于案件事实、证据的所有信息。③ 而且,当所有的评议、汇报均是建立在承办法官介绍案情(甚至涉及的相关法律)、证据的基础上时,其他法官则主要根据既有司法经验而发表法律意见。因此,我们可以说承办法官成为该案结果的决定者、主导者。

承办法官制度让合议庭合议制度形同虚设,请示汇报制度则不仅仅进一步架空合议制度,更是导致院长等领导与承办法官之间浓厚的领导关系。据此,中国刑事合议庭的运行模式可以简单地总结为:承办法官→审判长(副庭长)→庭长→主管副院长(院长)→审判委员会。如果省略审判委员会这个环节④,一个具有层级的、金字塔式的等级结构得到充分呈现,高度体现了参与评议的更多主体间"命令—执行"的深层关系。

---

① 有时,在开庭时,即使是承办法官也只阅读了起诉书,甚至连起诉书都没有阅读的情况也可能出现(如果承办法官不是审判长的话)。笔者在 2014—2015 年对 M 市两级人民法院刑庭调研时,有一极端现象时有发生(每名法官一年平均有两次),如在头天晚上熬夜(因为打牌、喝酒等)第二天直接庭审。

② 这有点像中国法学教育,教师可以随意教,学生可以随意学(或不学),虽然有各种监督、各种管理,期末仍然可以及格(参见蒋志如:《中国法学教育的双输?!》,载《厦门大学法律评论》2010 年第 1 辑)。

③ 如果要比较庭审与阅卷的话,承办法官无疑更重视阅卷,庭审中的听审、主动讯问、询问主要是证实、增强既有的判断,或者说通过面对面陈述以确信告人是否有罪。

④ 这一问题,下一部分我们会涉及,在这里暂不表。

最后,通过对照、比较中国刑事独任庭、独任制度,我们还发现一个现象,即独任庭与合议庭的运行模式无论是形式,还是内容均一样,不同的只有细节,如案件适用范围不同、参与者主体不同。

因此,我们可以对本节做最后总结:中国刑事合议庭在运行方式上,与刑事独任庭相同,至少高度类似,因而讨论中国刑事合议庭合议和评议的成员,即是讨论独任庭之成员问题,而讨论独任庭成员问题,亦即讨论刑事法官的问题;或者反过来说,讨论刑事法官问题,即是讨论刑事独任庭制度、刑事合议庭制度问题。

第三节 刑事合议庭的运行现状考察(二):
审判委员会视野下的独任庭、合议庭

刑事审判委员会,在中国被视为一种正式的、法定的审判组织,与刑事合议庭、刑事独任庭并立,是为法院内审判刑事案件的三种审判组织。[①] 而且,它还是法院内的最高审判组织,其作出的判断、决定,刑事合议庭、刑事独任庭应当执行,亦即后两者对审判委员会的决定不得有异议。[②] 审判委员会全体委员都应当参加,但实践中在达到法定人数时即可召开审判委员会,由院长主持(如果院长不能参加,由院长委托主管副院长主持)。会议实行民主集中制。[③]

但是,当我们放眼全球,其他国家之审判组织形式只有(刑事)合议庭

---

① 《中华人民共和国人民法院组织法》并未明确确定审判委员会与(刑事)合议庭、(刑事)独任庭是并立的审判组织,但很多法院的《法院志》均确定这一点,正如S省C市(S省的省会城市)《C法院志》有如下描绘:审判组织,是审判机关依法设立的审判案件的组织,它分为审判委员会、合议庭和独任审判三种形式(参见《C法院志(内部资料)》,第110页);S省的《S法院志(1986—2005)》也有如是的叙述:按照《人民法院组织法》和《国家赔偿法》的规定,S省各级人民法院设置审判委员会、国家赔偿委员会、合议庭和独任审判组织。其中审判委员会、国家赔偿委员会是常设性组织,合议庭和独任审判是案件审判的具体组织形式(对此,请参见《S法院志(1986—2005)》(内部资料),第71页)。

② 参见姚莉:《反思与重构——中国法制现代化进程中的审判组织改革研究》,中国政法大学出版社2005年版,第177—189页。

③ 参见陈瑞华:《刑事诉讼中的问题与主义(第二版)》,中国人民大学出版社2013年版,第68—73页。

与(刑事)独任庭两种审判组织,并无(刑事)审判委员会。因此,在这一节,我们研究对象仍然是刑事合议庭(是上一节研究的继续),不过不再就事论事,而是将其放置到刑事审判委员会的视角中审视,或者从另一个角度看,我们是在讨论审判委员会与刑事合议庭的关系中审视刑事审判委员会。为达此目的,我们首先对审判委员会进行考察,讨论其适用范围、组成成员及其运行模式,再将其放置到司法改革的语境下考察三者间的相互关系。

一、刑事审判委员会

审判委员会作为一种机构、一种组织,起源于20世纪30年代的革命根据地时期(在裁判部内设置裁判委员会),贯穿于整个根据地历史。到20世纪50年代,随着法院建设运动在全国所有法院普遍设立审判委员会。[1] 1951年政务院(即当下的国务院)颁布《中华人民共和国人民法院暂行组织条例》,该《条例》第15条、第23条要求县人民法院、省人民法院均应设立审判委员会。到了1954年全国人民代表大会颁布《中华人民共和国人民法院组织法》,该法第10条要求全国各级人民法院均必须设立审判委员会。[2] 此后,各个时期的组织法延续了设立审判委员会的传统,但均无系统规范审判委员会的法律规范。最高人民法院于1993年出台了《最高人民法院审判委员会工作规则》,是中国第一部涉及审判委员会的专门法律文件,随后地方各级人民法院出台了相应的法律文件、内部规则。前述组织法、系列法律文件、内部规则是中国各级人民法院审判委员会运行的基本依据。在这里,我们主要以相关法律规范为中心,对审判委员会制度作一个初步分析。同时,对现实中的刑事审判委员会做一个初步考察,描绘中国刑事审判委员会的运行模式,以进一步比较、反思刑事合议庭的基本问题。

---

[1] 参见吕国凡:《审判委员会制度实证研究》,四川大学2017年博士论文,第20—22页。
[2] 《中华人民共和国人民法院组织法》(1954)第10条对此有规定,其全文为:各级人民法院设审判委员会。审判委员会的任务是总结审判经验,讨论重大的或者疑难的案件和其他有关审判工作的问题。地方各级人民法院审判委员会委员,由院长提请本级人民委员会任免;最高人民法院审判委员会委员,由最高人民法院院长提请全国人民代表大会常务委员会任免。各级人民法院审判委员会会议由院长主持,本级人民检察院检察长有权列席。

(一) 刑事审判委员会审理、讨论案件范围

首先,最高人民法院审判委员会。

最高人民法院审判委员会负责下列事项:(1) 总结审判经验;(2) 讨论、决定案件中的重大或者疑难案件;(3) 讨论、通过院长或者副院长提交的司法解释草案;(4) 决定诉讼当事人及其法定代理人请求对本院院长担任审判长的回避问题;(5) 讨论、通过助理审判员临时代行审判职务的问题;(6) 讨论、决定其他有关审判工作事项。

就这里关心的问题(即审理刑事案件)而言,与讨论、决定重大或者疑难案件最密切。同时,最高人民法院审判委员会可以讨论下列案件:(1) 本院审理的第一审、第二审案件;(2) 高级人民法院和解放军军事法院报请核准的死刑案件;(3) 依照审判监督程序决定本院再审或者提审的案件;(4) 最高人民检察院依照审判监督程序提出的抗诉案件;(5) 其他重大或者疑难的案件。

如果我们仔细审视最高人民法院审判委员会审理、讨论案件的种类,我们可以得出如下判断,即凡是最高人民法院审理的案件都应提交审判委员会讨论、决定,无论是最高人民法院审理的一审、二审,抑或再审案件、死刑核准案件,在中国均应属重大或者疑难案件,而且最高人民法院由于自身独特的审级、地位的原因,其审案本身即意味着重大、疑难刑事案件。

其次,地方各级人民法院:以中级人民法院为例。

就地方各级人民法院而言:省高级人民法院与最高人民法院的基本功能虽然有差异,但就审理刑事案件而言,相似的地方更多:根据现行管辖制度,绝大部分刑事案件第一审在基层法院,剩下不多的刑事案件第一审在中级人民法院,省高级人民法院一般不审理第一审刑事案件;这一点与最高人民法院一致。根据中国的两审终审制,能够进入省高院审理的第二审案件、死刑复核的案件,审判监督程序下的案件,都应当属于重大、疑难、复杂案件;这一点与最高人民法院也类似。进而,对地方法院审判委员会的考察,我们应当以中、基层人民法院的审判委员会为主。

中、基层法院大都制定了本级法院内部的如《审判委员会工作规程》之类的法律文件,但并非所有法院都出台相关文件。而且在制定了相关

规定的两级法院中,关于审判委员会讨论案件范围、讨论方式和决策机制的规定大同小异,因而没有必要对每一级法院审判委员会的内部规定、规程作详细描绘。在这里,我们仅就中级人民法院的刑事审判委员会的运行情况展开分析①,并以《成都市中级人民法院审判委员会工作规程》(以下简称《工作规程》)为例②:

其一,中级人民法院审判委员会审理、讨论案件之范围,根据《工作规程》第9条,主要有如下事项:(1)合议庭拟处死刑(含死缓)、免予刑事处罚、宣告无罪的刑事一审案件、拟改判无罪的二审案件;(2)本院依照审判监督程序对本院生效裁判提起再审和上级法院指令本院再审,合议庭审理后认为需要提交审判委员会讨论的案件;(3)在全国、全省和全市有特别重大影响的案件;(4)合议庭所了解的属全国、全省、全市首例并且具有典型法律问题的新型案件;(5)院长认为需要提交审判委员会讨论的其他案件。

其二,基层人民法院审判委员会审理、讨论案件之范围,根据《工作规程》第10条有如下事项:(1)合议庭或者独任庭拟判无罪、免除刑事处罚的刑事案件以及拟判处缓刑的除少年犯罪、交通肇事以外的其他刑事案件;(2)本院依照审判监督程序提起再审和上级法院指令本院再审,合议庭审理后认为需要提交审判委员会讨论的案件;(3)在全国、全省、全市、全地区有重大影响的案件;(4)政策性很强的案件;(5)合议庭所了解的属全国、全省、全市和本地区首例并且具有典型法律问题的案件;(6)院长认为需要提交审判委员会讨论的其他案件。

如果仔细审视(成都市)中、基层人民法院审判委员会审理、讨论范围的具体规定,审判委员会讨论的案件不仅仅应当包括重大或者疑难案件、再审案件,还应当关注那些可能判处无罪的案件(包括拟判无罪、改判无

---

① 根据中国当下的法院体制,共有四级法院,省高级人民法院很少审理第一审刑事案件,中级人民法院、初级人民法院负责所有刑事案件,高级人民法院一般负责第二审案件,初级人民法院的案件到中级人民法院即告终结。因而,高级人民法院审理的刑事案件与最高人民法院有更多类似的地方(而非与中级人民法院、初级人民法院有更多的相似之处),都属于重大、疑难案件,应当进入审判委员会讨论和决定(参见《S(省)法院志(1986—2005)》,第71—72页)。

② 该法律文件的特点是对成都市中级人民法院两级审判委员会均做了详细规范,其他法院的相关法律文件主要是对本院的审判委员会(制度)作出规范。该规定全文共计42条。

罪、免予刑事处罚的案件)、新型(刑事)案件等。

简言之,刑事审判委员会,作为一种审判组织、最高审判组织,均关注两类案件,(1)关注重大、疑难刑事案件,并集中于解决其中存在的法律或事实问题,最高人民法院的审判委员会对此也非常关注。还有(2)新型刑事案件、可能无罪的刑事案件,在于为这些案件做政治性把关(或者担心滥用权力,或者担心判决可能带来的负面社会影响),但最高人民法院由于审级原因而对此关注很少。

(二) 审判委员会会议运行模式

根据前述,我们可以知晓,刑事审判委员会负责的刑事案件不多,只占所有刑事案件的少数。但是,最高人民法院、高级人民法院负责的刑事案件由于其审级本身的特点①导致更多案件进入审判委员会,不过没有改变审判委员会只负责少数刑事案件的基本事实。这一现实情况决定了刑事审判委员会审理刑事案件运行程序的基本特点,请看下面的分析:

首先,程序之启动:2012年《刑事诉讼法》第180条对此有明确规定,即审判委员会审理、讨论的案件一般由合议庭提请院长,由院长提交审判委员会②,换而言之,仅有院长有启动审判委员会会议的权力。还有,该会议之启动还应具备一个条件,即审判委员会委员半数以上参加方可召开。③ 进而言之,刑事审判委员会的启动应当是院长提请并在参会人数能够达到所有审委会委员一半以上人数时方可召开。④

其次,程序之运行,主要有如下规则:

(1) 审判委员会审理、讨论案件,由院长或者院长委托的副院长主持。

---

① 根据中国当下审级、管辖制度,一般刑事案件的第一审是基层法院,只有少数案件在中级人民法院。再根据两审终审制,更可以得出结论:绝大部分案件到中级人民法院即告终结。省高级人民法院审理的第二审(基本上没有第一审的刑事案件)、通过审判监督程序审理的案件,均应为重大刑事案件。最高人民法院更是如此,主要负责死刑案件的核准。

② 2012年《刑事诉讼法》第180条全文为:合议庭开庭审理并且评议后,应当作出判决。对于疑难、复杂、重大案件,合议庭认为难以作出决定的,由合议庭提请院长决定提交审判委员会讨论决定。审判委员会的决定,合议庭应当执行。

③ 《成都市中级人民法院审判委员会工作规程》第22条对此有规定。

④ 但在司法实践中,这一权力运行有些变形:一方面,院长的该权力下放,只要主管副院长同意即可;另一方面,合议庭并不能直接提请院长,并由院长提交审判委员会,而是(1)由承办法官向审判长汇报,审判长同意,则向庭长汇报;或者承办法官直接向庭长汇报。(2)庭长如果同意,才能向主管副院长汇报,主管副院长同意方可。

院长或副院长不仅仅是主持者,更是审判委员会的当然委员,享有最后发言的权力。

(2)承办法官负责审判委员会讨论的所有事项;审判委员会一般不单独讨论一起案件(除非特别需要或者特别案件),而是将(一定时期内)若干案件集合到一起讨论。对于案件是否进入这次会议,由专门的秘书人员负责,其他事项均由承办法官负责,包括准备讨论案件的各种资料,审理报告、附相关法律规范、司法解释等参考资料。①

(3)承办法官应当列席会议:先由承办法官汇报(必要时合议庭其他法官可以补充,但这一情况非常少),再由刑庭庭长补充,正如《成都市中级人民法院审判委员会工作规程》第24条之规定:审判委员会讨论具体案件时应当由提交部门的负责人和具体承办人共同汇报,与具体案件承办人意见不一致的合议庭其他成员也应当到会共同汇报(即以一人汇报为主,其他人补充汇报)。

(4)审判委员会委员在听取汇报的基础上,可以向承办法官询问相关事实。在独立思考的基础上,委员独立发表个人意见,主持人最后发言,并以民主集中制的方式形成决议。②

再次,审判委员会会议结果之效力:

审判委员会讨论之决定,合议庭或者独任庭应当执行。如果有异议,须报院长或者副院长,由其决定是否重新提交审判委员会讨论。因而,在理论上,刑事审判委员会对具体案件的决议、决定,刑事审判庭、合议庭应

---

① 参见《成都市中级人民法院审判委员会工作规程》第15条对此有详细的规定,其全文为:审判委员会讨论具体案件,由合议庭或者独任审判员提交案件审理报告。案件审理报告原则上应当按最高人民法院对案件审理的要求制作外,还应当符合以下要求:(一)要针对具体案件和需要审委会重点研究解决的问题,体现出审理报告应当具备的个性化;(二)叙述控辩双方主张、理由以及案件事实应当层次清楚、文字简练、表意准确。对证据特别是对认定事实有争议的证据不能采用简单的列举方式列举,而应当作必要的分析和阐述;不能根据审判人员的主观认识取舍证据,而应当全面和客观地列举和分析证据;对民事案件双方无争议的证据可以简单说明而不必详细列举;(三)应当全面、客观地写明合议庭、审判庭、咨询委员会的讨论情况以及需要审判委员会重点研究的问题,同时要有倾向性的意见并详细写明理由和根据;(四)案件审理报告应当附有本案可能涉及的有关法律法规和司法解释;对新型案件和少发性案件,还应当查找并写明外地法院和本地法院是否有过相关判例以及判例的主要内容。
② 参见《成都市中级人民法院审判委员会工作规程》第23条;参见武汉市江汉区人民法院《审判委员会议事规则(试行)》第20—24条,载康均心:《法院改革研究——以一个基层法院的探索为视点》,中国政法大学出版社2004年版,第431页。

当执行,但这一决定、决议不是指一次性会议的结果,而是指审判委员会对该案件审理、讨论的最终决议、决定,刑事合议庭应当执行。①

综上所述,刑事审判委员会作为一种具有中国特色的审判组织,从法律规范(法律文本)角度看,该审判组织在审理、讨论案件过程中已有相当程序化特征:承办法官汇报、审判委员会委员(独立思考后)发言、最后主持人作总结发言,根据发言情况计算案件讨论结果。这是作为一种政治原则的民主集中制在司法领域的集中体现,与刑事合议庭合议之运行模式类似,即:由承办法官汇报案情、其他合议庭成员发言、最后审判长发言,以此作为合议庭运行结果之基础。**因此,我们可以说,刑事审判委员会仅仅是刑事合议庭之扩张版而已。**

(三)刑事审判委员会内部成员结构对审委会运行的可能影响

现行法律规范对刑事审判委员会委员身份与资格问题并没有作出明确、具体规定。我们应当揆诸当下法院审委会的实践,通过考察审判委员会成员情况观察他们之间潜在的内部关系,及这一关系是否将影响审判委员会作为一种审判组织的运行:

不同级别法院的审判委员会委员之运行方式趋同,但在规模上、组成成员成分上却有异:从数量上看,基层人民法院可达10人左右,中级人民法院可达15人左右,高级人民法院可达20余人。从组成成员看,院长、副院长、专职委员、业务庭庭长是当然的组成成员,但综合部门负责人(如政治部主任等)是否进入不同法院有所不同。我们不打算对四级人民法院的审判委员会作出全面描绘,在此,我们选择具有典型的中级人民法院进行讨论,申言之:中级人民法院承上启下,其设置的审判委员会是为典型形象,通过考察中级人民法院的审判委员会可以较好展示其内部成员情况。学人吕国凡对 A 省的中级人民法院审判委员会委员进行了详细考察,并对部分中院的详细数据进行了统计,笔者在这里将借用该数据对中

---

① 这还可以作如下解读:审判委员会审理、讨论案件可以两次以上,理论上说,其次数并无限制。

但是,根据笔者在 M 市两级法院的调研,审判委员会的讨论都是一次性的,并无同一案件两次以上的讨论,亦即一旦提交审判委员会,审判委员会通过讨论并作出决定,并无改变的可能,其决定合议庭均被执行,虽然承办法官可能有异议,但都是私下的异议。

级人民法院审判委员会进行分析①:

(A省部分)中院审判委员会委员构成情况②

来源	合计	院领导	专委	业务庭长	审判综合部门负责人	资深法官
全省中院	346	147	34	124	16	25
C中院	14	7	2	3	1	1
Y中院	17	9	2	4	0	2
M中院	15	6	1	8	0	0
G中院	11	8	2	1	0	0
T中院	13	6	1	5	1	0

根据该表格,我们可以知晓如是事实③:各个法院对于审判委员会组成之成员并不统一,成员身份也不固定,很难对所有中院情况进行全景图分析。但可以对其作进一步归类和整理,可以分为两类,(1)院领导,包括院长、副院长、专职委员等成员。(2)部分中层领导,一般由业务庭庭长和部分综合部门负责人组成,但前者占主体地位,综合业务部门负责人较少,有些法院还没有综合部门负责人的参与。另外,资深法官作为审判委员会委员成员非常少,从整个A省中院看,也处于点缀角色,具体到某一中院,往往只有1—2名成员,更多中院则是直接取消了。据此,我们可以说,(中级人民法院)审判委员会主要由法院院领导与中层正职负责人共同参与的一个(审判)组织,是一个由法院中层以上领导组成的审判组织,审判委员会委员之间不仅仅有业务讨论关系,更有上下级的领导关系。

而且,根据法院现有的管理体制,即某一具体业务庭交由一具体副院

---

① 学人吕国凡对A省三级法院的审判委员会进行了深入研究。根据该研究,高级法院、中级法院和基层法院审判委员会均来自院长、副院长、专委、业务庭长、综合部门负责人。中级人民法院审判委员会之情况最具有代表性,因而笔者在这里仅引用该研究中中级人民法院审判委员会之成员情况进行说明(参见吕国凡:《审判委员会实证研究》,四川大学2017年博士论文,第26—28页)。

② 该表格来自学人吕国凡的调研,参见吕国凡:《审判委员会实证研究》,四川大学2017年博士论文,第26—27页。

③ 四川大学法学博士吕国凡对一个省的中级人民法院的审判委员会进行了详细描绘,首先做了一个总体性描绘,又对A省重要的中级人民法院作了一个详细的数据统计,虽然仅仅是一个省的描绘,却可以反映(中级人民法院)审判委员会的基本组成情况。

长负责,副院长向法院院长负责,该组织呈现出承办法官→(所属)庭长→主管副院长→院长的模式。

因此,一个法院如果设置几个副院长,即有几套并行的作业或者工作系统。审判委员会的决策实际上是在几套并存的"庭长→主管副院长→院长的模式"下展开讨论和投票。

随着(刑事)专业审判委员会的建立,上述所呈现的决策模式只有"刑庭庭长→主管副院长→院长"的模式,几套并存的"庭长→主管副院长→院长"的决策模式的确可能消失。但,有一个事实值得注意,根据中国当下的司法实践,很少有法院建立专业的审判委员会:基层人民法院并没有任何专业的审判委员会(其只有院长主持的大审判委员会),中级人民法院也很少设置,只有那些中心城市、省会城市的法院才可能设置,高级人民法院以上的法院才考虑真正设置专业的审判委员会。

简而言之,审判委员会成员之内在深层次关系具有上下级行政关系①,而且成员都是由法院中层正职以上成员组成。对他们来说,讲政治也是其应当具备的基本素质,这必将对委员的发言、决策产生深刻影响。

本部分小结

根据上述,对刑事审判委员会的考察可以作如下总结:(1)从其负责的案件范围看,刑事审判委员会主要负责两类案件,一类是重大、复杂、疑难刑事案件,另一类则是可能判处无罪案件、缓刑案件、新型案件等。(2)正因为前述案件的特殊性,刑事审判委员会的运行模式与合议庭有很多不同:首先,启动方式的不同,前者需要院长提请启动,后者是检察院起诉启动;其次,参与的主体不同,前者有诸多主体参与,而且这些成员间具有上下级的行政领导关系,进而在审判委员会成员间形成多套并存的"承办法官→(所属)庭长→主管副院长→院长"关系的决策模式。其次,无论是"承办法官→(所属)庭长→主管副院长→院长"决策模式,还是整个审判委员会的决策模式,均按照如下方式展开工作:由承办法官汇报,审委会委员依次发言,最后主持人(院长或者院长委托的副院长)发言、总结并表决形成决策。

---

① 不仅仅他们在工作中存在上下级的行政领导关系,而且在中层正职、副院长职务晋升时,院长、副院长具有很大的影响力,进而形成深层次的权力支配关系(参见本书第四章第二节)。

因此,对照刑事合议庭的运行模式,我们可以作出如下判断:**所谓的刑事审判委员会的组成情况、决策模式决定了其仅仅为(刑事)合议庭的扩展版,亦即扩大了的刑事合议庭**。当然,两者在细节上仍然有差异,在审判委员会审理、讨论案件时,有权利发言、表决的审委会成员并不亲自审理案件,而主要基于承办法官的汇报、内部审理报告(及其相关的法律、司法解释)等资料依次发言并作出表决。

二、刑事审判委员会、合议庭、独任庭与司法改革

(一) 刑事审判委员会、合议庭、独任庭三者的内在关系

通过第二节和本节前述部分对刑事合议庭、刑事独任庭、刑事审判委员会的成员组成、组织运行模式的详细描绘和展示,三种组织间的内在关系可以作如下叙述:

首先,从成员组成看。独任庭成员应当是法院内的员额法官,刑事合议庭成员则不仅仅包括前述的法官,也包括陪审员(但并非每一个案件均由审判员与陪审员组成,很多刑事合议庭案件由审判员组成),而审判委员会之成员则由法院院领导、法院中层正职领导(同时,他们也是审判员)组成。

因此,刑事审判委员会作为一种审判组织,与刑事合议庭、独任庭在成员组成方面即有巨大差异,审判委员会委员不仅仅是法院之资深法官,还是法院的中高层领导。对作为合议庭,或者独任庭的承办法官来说,他们直接或者间接接受审判委员会成员在其他场合之领导,这一深层次关系必将对承办法官办案产生若干直接或者间接的影响。

其次,就三种审判组织的运行模式而言。

独任庭是承办法官一人负责。从头至尾、所有事项均由承办法官完成,没有人干预、影响。

刑事合议庭虽然有三名以上合议庭成员,其实仍然是一人办案:合议庭成员在合议与评议之时,由承办法官向合议庭汇报,其他成员发言并表决。但正因前述的法院管理的内部结构关系所建立的支配关系,承办法官与法院的领导(审判长/庭长/副院长等)在审案上建立了一种"命令—执行"关系,虽然承办法官可以居于主导地位,可以引导(或误导)法院领

导,因为后者一般不直接阅读卷宗。

刑事审判委员会成员间也建立了一种隐含的"命令—执行"关系,更确切地说,是这样一种关系,即委员之间有直接或者间接的上下级的关系,且该组织的运行方式仍然是通过(承办法官)汇报、委员发言、表决等程序实现决策,是扩大版的合议庭合议、决策。因此,虽然承办法官不具有发言、表决的权力,却决定了哪些案件材料(包括案件事实、相关法律资料等)可以成为审判委员会委员讨论、决策的基础,进而在很大程度上主导了刑事审判委员会的合议、决策。

比较而言,好像只有独任庭这一审判组织下的法官可以独立决策,但在中国当下司法体制下,其能独立决策的根本原因在于该审判组织负责的案件是简单案件,不需要合议庭、审判委员会、庭长、副院长、院长等领导关注、过问。而且虽然不过问,但如果要过问,他们关注的渠道仍然十分畅通,当独任庭法官遇到重要事项时仍然向副庭长、庭长、主管副院长、院长汇报,而且也可能成为刑事审判委员会审理、讨论的案件。

进而言之,刑事合议庭与刑事独任庭、刑事审判委员会,作为中国刑事案件的三种审判组织,它们虽然负责的案件范围有差异、组成成员也有差异,但在运行模式上非常一致。亦即成员间、成员与该组织之外的成员[①]具有如下关系:承办法官汇报、成员发表意见、最后表决,即使独任庭也隐含了这一模式,或者说刑事合议庭、刑事审判组织的运行模式蕴含了刑事独任庭的案件审理、处理方式。

总而言之,刑事审判委员会、刑事独任庭、刑事合议庭三者间关系密切,它们之间只有细节上的差异,没有本质上的不同,**独任庭是缩小版的刑事合议庭,刑事审判委员会是扩张版的刑事合议庭**。但通过考察刑事合议庭、刑事审判委员会方可更好地透视中国刑事审判权的运行规律和特点。

(二) 司法改革视野下的刑事审判委员会、合议庭、独任庭

刑事合议庭、刑事独任庭、刑事审判委员会,作为中国刑事案件的审判组织,在 20 世纪 50 年代即已形成,到现在这一格局仍然没有本质上变

---

① 但均是法院内部成员,均有法官身份,主要指刑事独任庭之外的成员、刑事合议庭之外的法官成员,不包括法院的非法官成员。

化,但它们间的内在关系却随着时代的变迁、司法改革的不同侧重而发生了一些变化。2012 年以来,新一轮司法改革启动,这必然会对中国刑事诉讼程序、刑事审判组织产生深刻影响。① 因而,我们有必要在新的司法改革背景下审视其对刑事合议庭、独任庭、审判委员会运行模式的可能影响,根据近年来司法改革的基本实践,对当下刑事审判组织审案有重大影响的司法改革事项有如下几项②:

首先,法官员额制改革。法官员额制改革以实现法官队伍的正规化、专业化和职业化为导向,可以追溯到 1999 年的《人民法院五年改革纲要》,到当下已有二十多年的历史。③ 法官员额制的真正展开是从 2014 年 7 月开始试点,上海市各级法院率先启动,经过两年有余的时间,到 2016 年年底全国大多数法院完成入额法官的遴选。④ 从形式上看,法官员额制得到初步确立。

但就国家、最高人民法院设立法官员额制所需要解决的问题而言,该项改革仍然充满困惑并问题重重,如入额比例问题、更加严重的"案多人少问题"、领导办案问题、待遇问题。这些问题就改革的实质而言,背离了"让优秀法官受惠"的逻辑目标。⑤ 如果就这里关注的主题而言,前述问题中有两个问题与刑事合议庭、独任庭、审判委员会之运行密切相关:

---

① 从 1949 年以来,中国已经进行了三轮司法改革,中国刑事诉讼程序、司法体制已巨变,十八大以来,党和政府启动了新一轮司法改革(第四轮司法改革)(参见蒋志如:《〈中共中央关于全面推进依法治国若干重大问题的决定〉中的司法改革》,载《内蒙古师范大学学报(哲学社会科学版)》2017 年第 4 期)。

② 党的十八届三中全会审议通过的《中共中央关于全面深化改革若干重大问题的决定》,党的十八届四中全会审议通过的《中共中央关于全面推进依法治国若干重大问题的决定》,2015 年最高人民法院公布修订版的《人民法院第四个五年改革纲要(2014—2018)》,即《最高人民法院关于全面深化人民法院改革的意见》,2015 年最高人民法院颁布《最高人民法院关于完善人民法院司法责任制的若干意见》(法发〔2015〕13 号),这些文件构成了新一轮司法改革的基本图景,其中与三大审判组织有关的重要改革有员额制改革、以审判为中心的诉讼制度改革和司法责任制等(参见《未来几年,法院将有哪些变化?——解读修订后的人民法院"四五改革纲要"》,载新华网,http://news.xinhuanet.com/legal/2015-02/26/c_1114445304.htm,最后登录时间:2017 年 8 月 24 日)。

③ 参见丰霏:《法官员额制的改革目标与策略》,载《当代法学》2015 年第 5 期。

④ 参见叶竹盛:《法官员额制:寻找可复制的经验》,载《南风窗》2015 年第 14 期;胡道才:《法官员额制改革"落地"后的思考》,载《中国社会科学网》,http://www.cssn.cn/bk/bkpd_qkyw/bkpd_bjtj/201703/t20170328_3468438_1.shtml,最后登录时间:2017 年 8 月 24 日。

⑤ 参见刘斌:《从法官"离职"现象看法官员额制改革的制度逻辑》,载《法学》2015 年第 10 期。

其一,入额比例问题。根据员额制改革方案,法院人员将被分为法院行政人员、司法辅助人员和(员额)法官三类,要求法官所占法院人数(即拥有国家正式编制的人数)的比例不得超过 39%。在各省法官实际遴选时,各省法院在整体上也的确没有超过这一比例,如上海为 33%、广东为 39%、湖北为 36%。因此,既有的拥有审判员资格的法官人数必将(急剧)减少。而且,法院领导(如院长、副院长、专职委员、庭长等)必定入额①,他们的办案数量不多,而且主要是简单案件(如院长只需要办理人均办案量的 10%)②,相当于进一步减少了第一线办案法官的数量。

这一事实加剧了中国既有"案多人少"的司法现实③,它要求入额法官办理更多(刑事)案件,以 S 省 M 市 P 县为例④:

一方面,从 2014 年 1 月到 2017 年 6 月将近 3 年半时间内,刑事案件并未有显著增加(2014 年有 81 件、2015 年有 90 件、2016 年达 100 件,2017 年 1 月到 6 月达 54 件)。

另一方面,2014 年 P 县刑事审判庭有审判员两人、助理审判员一人、书记员一人,2015 年仍然如此。因此,刑庭的法官们并未感觉到办案的压力。但在 2016 年参加遴选员额法官时,刑庭只有一名法官入额,进而该院所有刑事案件只能由该名入额的法官承办。不仅如此,该名承办法官还继续担任刑事审判庭的庭长,既有的行政事务也并未减少。进而言之,刑事审判庭所有案件的工作量和该庭行政工作的工作量,在入额之前由三名法官负责,现在却只由一名法官负责,这增加了该名法官的工作量,更加凸显了案多人少的基本事实。

其二,请示汇报制度、审判委员会审理、讨论案件机制等既有司法实践仍然存在。

法官员额制改革主要解决法官的审判资格问题,但没有对既有的独

---

① 参见陈永生、白冰:《法官、检察官员额制改革的限度》,载《比较法研究》2016 年第 2 期。
② 根据笔者对 S 省 M 市两级法院的调研,在法院领导办案事项上:法院领导在入额后开始办案(可达 100%),但主要承办简单案件,即使办理简单案件也主要限于开庭,其他事项则由入额法官或者其他人员完成(可达 90% 以上),因为法院领导的确有更多的行政事务需要承担,客观导致其没有时间办案。根据访谈,还可以发现一个事实,即有的法院领导也不想办案。
③ 关于中国当下处于"案多人少"的司法现实的详细分析,参见苏力:《审判管理与社会管理——法院如何有效回应"案多人少"》,载《中国法学》2010 年第 6 期。
④ 对 S 省 M 市法院的调研情况,可以参见笔者在第一章的详细描绘,在此不再赘述。

任庭、合议庭、审判委员会之运行制度实践作任何配套制度的修改和推进,申言之:当前的司法改革要求法院院长、庭长停止对案件的审批、减少干预。但案件的请示汇报制度没有取消,法院领导仍然关注重大、疑难案件,甚至需要主动关注、主动过问,进而要求承办法官汇报,也仍然提请审判委员会讨论案件。而且,上下级法院的案件请示汇报也没有取消,如果从数量上看,近年来的确有所减少。① 进而言之,在既有的独任庭、合议庭、审判委员会机制没有得到改变的情况下,合议庭、审委会根据汇报发表意见、表决的情况将继续存在,而且在需要高度讲政治的语境下甚至有加强趋势。

总之,法官员额制改革的前述两点所呈现的问题,实际上恶化了既有的制度(还未见改革的红利,即遇到其中隐含的缺陷):更少的(入额)法官、更多的刑事案件,它要求法官提高办案效率、提高评议效率,法官更没有时间参与合议庭其他法官的案件的庭审和评议,进而更依赖承办法官的汇报并根据汇报发表意见、表决而形成法院判决,而非亲自阅读卷宗、严格庭审、理性发表意见和表决。这实际上是在强化既有的案件审理、评议和判决模式的基本机制。

其次,构建以审判为中心的(刑事)诉讼制度。

十八届四中全会通过的《中共中央关于全面推进依法治国若干重大问题的决定》要求推进以审判为中心的诉讼制度改革,最高人民法院2015年通过修正版的《人民法院第四个五年改革纲要(2014—2018)》进一步丰富了建立以审判为中心的诉讼制度的内容。进而,构建以审判为中心的诉讼制度改革成为这一轮司法改革的核心内容之一。

以审判为中心的诉讼制度改革,至少应当包括两方面内容:其一,重新审视中国当下的侦、诉、审之间的关系,它要求确立以法院、以审判程序为中心的诉讼制度。② 其二,刑事案件在法院审判时应当以庭审为中心(以区别法庭之外的诉讼活动),它要求控辩双方、法官在法庭上举证、质

---

① 参见陈陟云、孙文波:《法官员额制问题研究》,中国民主法制出版社2016年版,第181页。

② 有的学者认为,以审判为中心的诉讼制度改革不一定是以法院为中心,而应当以司法审判标准为中心(参见沈德咏:《论以审判为中心的诉讼制度改革》,载《中国法学》2015年第3期)。

证和认证,合议庭的评议以庭审为全部信息来源,而非来自法庭之外的事实、证据的认定。① 这一制度改革主要目的,在于解决中国司法实践中审者不判、判者不审的司法窘境,在于让合议庭、合议庭成员作出的判决消除带有其他人干扰、干预的痕迹,进而提高司法公正,维护司法权威。

但揆诸 2014 年以来的司法改革实践,情况并不乐观:如果从审判程序全过程看,该项司法改革要求刑事合议庭成员花费**更多时间**在法庭庭审之上,要求法官们在庭审中获得关于案件的所有事实、证据、信息,因而审判程序的其他事项花费时间必将减少。进而言之,当时间一定时,(员额)法官花费更多时间在庭审之中,在对刑事合议庭、刑事审判委员会的运行制度作根本修正和提升之前,合议庭评议、合议的时间必将压缩,因而合议、评议必将在更草率、更匆忙中完成。合议庭成员、审判委员会成员也必将更加依赖承办法官的汇报,加剧了承办法官对案件的主导,更是破坏了刑事合议庭、刑事合议制度的基本要义。

最后,司法责任制改革。

《中共中央关于全面推进依法治国若干重大问题的决定》《人民法院第四个五年改革纲要(2014—2018)》《最高人民法院关于完善人民法院司法责任制的若干意见》等系列文件对法官的司法责任作了详细、具体的规定,也是这一轮司法体制改革的重要内容。这一因素也将是影响刑事独任庭、刑事合议庭、刑事审判委员会运行的基础性因素。

前述党出台的文件、最高人民法院颁布的司法文件——根据张文显教授的理解——的核心要义即"让审理者裁判,由裁判者负责",主要有两层内涵:

(1) 审理者不仅仅包括独任庭法官、合议庭法官,更包括审判委员会委员,甚至包括临时法庭的法官②;

---

① 关于(刑事诉讼程序)庭审实质化、以庭审为中心的重要文献,参见魏晓娜:《以审判为中心的刑事诉讼制度改革》,载《法学研究》2015 年第 4 期;左卫民:《审判如何成为中心:误区与正道》,载《法学》2016 年第 6 期。

② 在《最高人民法院关于完善人民法院司法责任制的若干意见》之前,学者们认为审理者只有独任庭、合议庭的法官,并没有审判委员会委员,其不需要承担责任(学者陈瑞华在分析中国法官责任的三种模式时,没有提及任何关于审判委员会委员的司法责任问题,只提及独任庭、合议庭法官对此的责任,参见陈瑞华:《法官责任制度的三种模式》,载《法学研究》2015 年第 4 期)。但在该意见颁布之后,审判委员会委员之责任被正式确定,进而有学者认为审理者还应当包括审判委员会委员,与中国司法实践中将审判委员会作为中国第三种审判组织的观念相契。

（2）前述审理者（主要是员额法官），应当尽职尽责做好审判工作、履行法官作为审判员的职责，对案件事实、法律适用负责，对司法公正、社会公正负责；一言以蔽之，即要求法官对案件的审判质量终身负责，对错案负有终身责任。①

因此，新确立的司法责任制最重要的一点，即要求法官对案件终身负责，要求法官保障办案质量。虽然有立法之良好意愿，但这却是一把悬在法官头上的达摩克利斯之剑，申言之：

一方面，当法官基于自身利益考量时，他们并不希望、不允许他人干扰、干预其对案件的审理和判断，进而独任庭、合议庭法官、审委会委员可以独立审视、判断和发表意见。

但另一方面，合议庭、审判委员会的运行模式并没有得到改变，既有的法院内部部门结构没有变化，合议庭成员间、审委会委员间、法官与法院领导间的关系也没有得到彻底改观，其他法官仍然有影响的可能，进而，承办法官仍然不可能独立办案。即使在没有影响的语境下，所有法官都有办案的压力（办案数量不断增加），合议庭其他法官没有时间、精力顾及不是由其承办的刑事案件，合议庭仍然依赖于承办法官汇报案情，因而合议庭之合议、讨论和决策效果更可能不彰；审判委员会讨论、决策的情况也类似。

在此情况下，追究承办法官、合议庭合议成员和审判委员会委员的法官责任，或许只有形式上的意义，因为在现有制度框架下却很难落实到具体法官特别是审判委员会委员。

最终，承办法官、合议庭合议成员和审判委员会委员仍然率由旧章。

（三）本部分小结

根据前述，我们可以简单总结如下：首先，中国刑事合议庭、刑事独任庭和刑事审判委员会在制度运行上大同小异，亦即只有制度细节上的差异，而在运行模式完全一致，进而可以说独任庭是缩小版的刑事合议庭，刑事审判委员会是扩大版的刑事合议庭。

其次，党的十八大以来，新一轮司法改革如火如荼地展开，其中的若

---

① 参见张文显：《论司法责任制》，载《中州学刊》2017年第1期。

干改革措施(如员额制改革、庭审实质化改革和司法责任制改革)必将对这里考察的刑事审判组织的运行产生诸多影响。但是,当我们仔细审视这些改革时,我们发现其带来的、可能的正面影响并未撼动当下中国刑事独任庭、刑事合议庭和刑事审判委员会审理案件的基本模式。改革之效果可能恰好相反,即在顶层设计缺失的情况下,司法改革措施的负面往往可能与既有的审判组织运行模式的负面相互配合,进而恶化了既有的司法环境,如(刑事)法官对未来职业预期的迷茫、对司法改革的迷茫、对未来收入和职位晋升的迷茫。

总而言之,通过对中国刑事合议庭运行现状考察,合议庭作为一种现代的审判组织,合议制度作为一种现代的有效决策机制,在中国目前仍然是问题重重,既有的和正在开展的司法改革还没有令其得到有效改观。

第四节 本章小结

通过描绘法律文本中的刑事合议庭,通过叙述司法实践中的刑事合议庭,并对照与之并列的刑事审判组织(刑事独任庭、刑事审判委员会)之运行模式,并将它们放置在司法改革中考察,一幅中国刑事合议庭制度的丰富图景展示在我们面前。通过这幅图景,我们可以对其基本情况作出如下总结以结束对刑事合议庭的考察:

首先,法律文本中的刑事合议庭。

1949年10月1日,中华人民共和国成立,国民政府的"六法全书"也随之失去法律效力,新中国的法制建设渐次展开,涉及刑事合议庭的相关法律文本也逐渐丰富,从1949年到2019年70年的时间里,国家确立了三种有中国特色的刑事审判组织:刑事独任庭、刑事合议庭和刑事审判委员会。

刑事合议庭作为一种组织建制,从法律本文看,其蕴有的现代法律理念和行为规则经过岁月的积累已日渐丰富,特别是关于合议庭成员之准入规则、审理之程序规范已相当成熟和完善(与西方法治国家比较也不遑多让)。即使在诸如刑事合议、评议之重要规则问题上也日趋理性。简言之,法律文本中的刑事合议庭、合议制度蕴有的具有现代理性、现代气息的决策组织、决策机制在形式上得到基本确立。

但是,作为整体的法院系统和法院内设部门间的结构性深层关系,和合议庭中的案件承办人制度、案件请示汇报制度等蕴含的行政领导关系,仍然在法律文本中占有一席之地,或者说得到直接或间接的规定。不仅如此,刑事合议庭中合议庭成员之间的(行政)隶属关系也随着时间的推移不断得到强化,虽然法律文本一再强调合议庭成员在合议、评议过程中具有平等地位。

简单地说,从法律文本看,前述两类"极端"的制度规范同时并存于系列法律文本之中,对刑事合议庭运行的现代理念、规则持续强化,法院领导等对法官的领导也没有被削弱(而且不断在系列司法解释、司法文件中得到强化),只是在形式上放松了对其的控制。

其次,司法实践中的刑事合议庭。

根据已经出台的一系列关于刑事合议庭的法律文本,我们可以知晓,刑事合议庭应当是一个临时的审判组织,而非一个实体化、固定的审判组织。但当我们揆诸司法实践,可以发现如是一个基本事实:每一名(员额)法官都被"编入"一个具体的审判业务庭、一个具体的合议庭,刑事法官同样如是。刑事法官、刑事合议庭、刑事审判庭、法院形成一个具有行政领导的、具有级别性的关系,这一关系在法院内从低级到高级依次为,刑事法官、副庭长(通常是审判长)、庭长、主管副院长、院长。因此,刑事合议庭在司法实践中,在法院内已成为一个实体的审判组织。

在正式的法律文本中,特别是在基本法律如《刑事诉讼法》中,我们很难发现上述领导(及其内在关系)的存在。他们之间的内在联系主要通过实践中的承办法官制度、案件请示汇报制度等串联起来,进而合议庭成员不可能独立办案,甚至也不需要独立办案。这一情况也让合议庭中刑事法官不需要通过庭审获得案件基本事实、相关证据、信息,只需要承办法官通过阅读案件、主动积极调查等方式实现。合议庭其他成员,主要通过承办法官的案情汇报获得,进而发言并在审判长做最后的总结陈词发言后表决。因此,在合议庭中,至少有一个"闲人",如果审判长是承办法官,则有两个"闲人"。在法院内部机构的组织体系中,在请示汇报制度中,刑事合议庭成员间,特别是承办法官与审判长间形成了一种"命令—执行"关系,或者更确切地说,审判长与承办法官在合议庭决策中占据主导地位(其实,审判长对"闲人"也有间接的领导)。在刑事审判委员会审理、讨论案件过程中,这一关系得到更充分体现,申言之:

院长、主管副院长、庭长、副庭长、承办法官间会形成一种深层次的"命令—执行"关系,而且其链条的长短与案件的性质有关,一般案件在合议庭内部得到解决,有些案件需要庭长(通过刑事审判庭)介入得到解决,有些案件需要主管副院长介入,有的案件需要审判委员会、院长等的介入,如果还有需要,上级法院(直至最高法院)将介入——这是刑事合议庭在法院系统内部组织结构运行的基本特征。

再次,与刑事独任庭、刑事审判委员会的对照。

中国刑事审判组织除了合议庭外,还有刑事独任庭和刑事审判委员会两个组织与之并立,我们还可以在刑事独任庭、刑事审判委员会的背景下对刑事合议庭作一个再审视:

就刑事独任庭而言,独任庭负责适用速裁程序和部分适用简易程序的刑事案件。亦即独任法官负责轻微、简单的刑事案件,进而无须副庭长、庭长、主管副院长、院长关注和过问。因此,对独任庭刑事案件的审理,从程序启动到程序结束均由法官一人负责,法官基本上是独立办案。但是,刑事审判庭及其所在的刑事合议庭并没有真正关闭过问该案件的大门,在需要时,承办法官仍然需要向其汇报案情,由后者决定是否提交主管副院长、是否提交审判委员会,或者说是否将其由独任庭审理转为有合议庭审理。进而言之,刑事独任庭的这一可能的"极端"运作模式即合议庭的运行模式的本质形式。因此,我们可以作出判断:刑事合议庭相当于刑事独任庭,亦即独任庭仅仅是合议庭的缩小版而已,是承办法官居于主导地位,如果需要则是承办法官与相关法院领导居于主导地位。

就刑事审判委员会而言,从成员构成看,审判委员会成员与独任庭、刑事合议庭之组织很不一样,审判委员会委员虽然也是法官,但更多是法院的院领导、业务庭正职领导(有时还包括综合部门的正职负责人)。但是,如果从运行模式看,审判委员会将经历以下程序,即承办法官汇报,委员在听取汇报的基础上发言,最后所有成员投票表决等。因此,刑事审判委员会的运行模式与刑事合议庭在本质上相同,是一个扩展版的刑事合议庭而已。最终,审委会成员与承办法官形成的"命令—执行"关系通过审判委员会的讨论、表决得到相当程度的体现,虽然承办法官并不是审判委员会成员。①

总而言之,如果将刑事合议庭与独任庭、刑事审判委员会放置到一起考察的话,我们可以发现它们有相同的运行模式,也各自有侧重:独任庭体现了刑事法官主导的一面,合议庭体现了法官与审判长共同主导的一面,审判委员会则体现了法院领导主导的一面,但"命令—执行"关系在三种审判组织均有一定程度的体现,在刑事合议庭中体现得最充分。

即使党的十八大以来的新一轮司法改革(如员额制改革、庭审实质化改革和司法责任制改革)对刑事合议庭审理案件产生相当的影响,特别是司法责任制对法官的行为方式将产生深刻影响。这或许能够推进中国法治建设,但这些改革措施并未触动当下刑事审判组织的运行模式,特别是没有触动刑事合议庭中的合议、评议模式,更没有触及合议庭与审判委员会之间深层次"领导"关系。

最后,刑事合议庭中的法官问题。

根据前述,中国当下的刑事审判组织的现状决定了如下基本事实:在大部分刑事案件的审理中,刑事合议庭成员中只有承办法官负责。在极少部分案件中,由若干领导和承办法官共同负责,他们间存在"命令—执行"的关系,但承办法官仍然承担了基础性工作,发挥着主导性作用,领导更多只是起约束性作用。

因此,从本质上说,虽然有三大刑事审判组织,其实只有一个主体,即承办法官。进而,我们讨论合议庭法官,则意味着讨论独任庭法官,亦即讨论承办法官,其他(如审判委员会委员)均是该角色的一种叠加,而非迥

---

① 实际上,审判委员会成员之间也形成一种强行政领导关系,对于日趋讲政治、讲规矩的法院领导而言,他们间的行政领导关系更加浓厚。这些关系对审判委员会委员(亦即讲政治、讲规矩的法院领导)的意见发表、投票产生影响,其间有一种若隐若现的"命令—执行"关系。但我们很难通过行为观察到,他们主要通过各自系统的隶属关系、通过默示方式进行,如(刑事)承办法官、刑庭庭长、主管副院长形成的一种隶属行政关系。而且还应当注意,主管副院长可能不仅负责一个领域,如一个副院长可能负责刑庭、民庭、法警等领域,这一关系将呈现出更加复杂的态势。

异的新内容。如果换一个角度观察,我们还可以说:讨论法官问题、承办法官问题,也就是在讨论、审视刑事独任庭、刑事合议庭这两个审判组织的问题。更确切地说讨论、分析刑事合议庭问题还可以从对刑事合议庭中的法官问题展开。进而言之,我们更可以这样表达刑事合议庭中的基本问题,即:**刑事审判组织问题其实仍然是(承办)法官问题,亦即以法官为中心的法官间关系、法官与领导间关系的处置问题。**

在这一章,我们详细描绘了刑事合议庭、刑事独任庭、刑事审判委员会的内在深层次关系,亦即描绘了中国刑事审判组织存在的种种问题。我们接下来需要考查的是合议庭中刑事法官在中国的基本现状、可能存在的内在缺陷——这是下一章将要分析的内容——进而证明刑事合议庭、承办法官如是运行其实是自然之理,虽然距离现代刑事审判制度、合议庭制度的理想图景还较遥远。

第四章　中国刑事合议庭中的法官

第一节　法官的知识积累与审判业务

一、导论

对现代社会的职业法官而言,如下观点应当为一种常识和共识:从事(刑事)审判工作时应当具备与其职业相匹配的专业知识、法律技能和职业素养,而非仅仅凭着法官之身份从事审判工作,或者更确切地说,(刑事)法官不能由外行人或者任何人随意充任。[①] 一名法官,他们首先应当接受了系统的法学理论训练和法律职业技能训练。除此之外,刑事法官还应根据审判工作的需要进行在职培训,甚或在职期间提高特定领域的法律知识、技能。或者通过继续阅读相关法学书籍,或者通过持续的培训、提高学历(学位)的方式实现。

只有当具备丰富的法律知识、司法经验,我们方可信任被赋予审理权和判断权的(刑事)法官。特别是在中国承办法官制度的语境下,亦即中国刑事审判组织

---

① 这一点,曾经引起中国法学界的热烈争论,即对"复转军人进入法院"现象的讨论(参见贺卫方:《复转军人进法院》,载《南方周末》1998年1月2日;龙宗智:《评贺卫方〈复转军人进法院〉一文》,载《法学》1998年第6期;芹夫:《〈复转军人进法院〉风波》,载《法学》2000年第7期;苏力:《送法下乡——中国基层司法制度研究》,北京大学出版社2011年版,第236—283页)。

虽然有刑事独任庭、刑事合议庭和刑事审判委员会三种，却均以承办法官制度为底色（其导致三种审判组织在运行上在本质上趋同）的语境下，对法官的信任显得特别有意义。① 本节拟通过梳理（刑事）法官知识积累情况反映中国法官司法（从事审判业务时）可能受到的限制，或者说法官在其主观范围内可以努力的限度。

法官知识积累情况是一个主观性很强的评估。对其考察很难面面俱到，我们也不追求。在这里，笔者拟通过一些形式要素，如法官的准入情况、在职法官继续学习情况（如日常读书活动和在职培训）对法官的知识积累情况作一个初步考察以部分揭示中国法官法律知识、法律技能积累的基本现状，特别是通过历史性梳理以考察这一现状的来龙去脉及其可能存在的问题。为了达到考察的目的，我们借助了以下三种资料：

首先，《法院志》。课题组收集了近 20 部公开出版的《法院志》。其中省高级人民法院《法院志》有 10 部（如四川省《法院志》、湖南省《法院志》、西藏自治区《法院志》），中级人民法院《法院志》有 6 部（如成都市《法院志》、重庆市《法院志》），基层人民法院《法院志》有 3 部（如嘉定区《法院志》）。② 除此之外，还有 M 市两级法院《法院志》12 部，并非每部《法院志》对同一主题均有详细描绘，经过斟酌，我们选择有代表性的高、中、基三级法院《法院志》作为分析的基础材料：省高级人民法院，我们主要以《四川审判志》《湖南省志（第六卷）：政法志·审判志》《河北省志（第73卷）：审判志》《西藏自治区志·审判志》为基础资料；中级人民法院以《成都法院志》《重庆法院志》《M 市法院志》等资料为中心；基层人民法院则以 M 市中级人民法院下辖基层法院《法院志》为基础资料。通过这些资料，我们可以追溯中国法院在法官队伍建设方面取得的巨大成就。

其次，访谈资料。我们对 M 市两级法院近 60 名刑事审判庭的法官作了全面调研、访谈，以获得一个地区的比较完整的关于法官知识积累情况的访谈资料。在访谈的基础上，我们对收集的资料分成三组：(1) 刑事审判庭中的领导，(2) 刑事审判庭资深法官，(3) 入职 5 年左右的法官。

---

① 参见本书第三章的相关内容。
② 必须说明的是，在本部分，并未使用公开出版的基层法院《法院志》，而是以 M 市中级人民法院下辖基层法院《法院志》为基本材料。

最后,法律文本资料。关于法官准入条件不仅仅可以通过《法院志》中的资料展开分析,更应当通过国家颁布的法律文本展开讨论,以对照法律与实践中新任法官的知识积累的应然与实然景象。

二、法官准入与知识积累

1949年10月1日,中华人民共和国成立,新人新气象。从司法体制看,不仅仅有法院系统全面重建,更有作为法院基本组成部分的法官在其准入上的巨变[首先有在政治上改造(所谓的"旧")法官]。如果从新中国成立70年的纵向历史看,中国(刑事)法官之准入(知识、学历之要求)也经历一个变迁发展历程,可以描绘如下:

(一)作为对照的民国时期

到1949年之前的民国,南京国民政府已取得巨大的法治建设成就。① 如果单从(刑事)法官准入看,从形式上已经确立了比较成熟的法官准入制度。揆诸当时的《法院组织法》,有如下两种途径②:司法官考试或者审查。

首先,司法官考试。民国以来,政府即组织国家层面的司法官考试以选拔合格法官进入法院。虽然规模不大、人数从绝对数看并不多,但一直在坚持(从最初的两三年一次,到后来的每年一次),也逐渐成为法官准入的基本途径(正途)。

其次,审查。审查的形式,包括如下具体形式:(1)在大学或者独立学院教授主要法律科目2年以上者,(2)大学毕业后有法律专门著作者,(3)曾任推检事1年以上者,(4)法律毕业曾任荐任司法行政官,办理民刑事案件2年以上者,(5)执行律师职务3年以上者。

据此,我们可以作出判断:无论哪种方式,均强调担任法官应当具有法律知识、法律经验或者法律学历。而且具有一定法律学历并经过任职

---

① 在这里,我们主要指涉南京国民政府(1928—1949),对北洋政府时期(1912—1928)并不涉及,因为从法治建设角度看,南京国民政府是这一时期的集大成者。
② 参见蒋秋明:《南京国民政府审判制度研究》,光明日报出版社2011年版,第110—112页。

考试(虽然仅要求及格)的正途越来越受到重视①,并随着时间的推移,这一法官准入制度也越来越成熟和规范化。1949年新中国成立,这一配套制度随着"六法全书"、民国政府之司法体制的废除一起消失在历史的烟雾中。

(二) 改革开放之前的法官准入情况

1949年新中国成立,法官之准入发生根本性变化。对这些变化(对照前述),我们可以从相关法院《法院志》窥探些端倪:

首先,新中国成立初期的基本情况。

(1) 根据《西藏自治区志·法院志》的记载:

> 1957年7月17日,中共西藏工委根据《宪法》和《人民法院组织法》有关规定,成立了最高人民法院西藏分院和西藏分院直属法院,任命院长、副院长、审判员,配备一定的工作人员,专门负责审判工作……审判人员的来源为国家统配干部、军转干部和正常调进人员。**条件和待遇与党政机关干部相同。**②

(2) 根据《湖南省志(第六卷)·政法志·审判》中的记载:

> 湖南解放初期,各县(市)人民政府司法科的审判员,**由县(市)人民政府就有资格人员中遴选,呈报地区专员公署审核任命。**土地改革人民法庭和荆江分洪南线工地人民法庭的审判员,除县(市)人民法院、省人民法院分院抽调的审判员外,由所在县(市)、区社会团体中产生。县(市)人民法院的审判员,由县(市)人民法院就有资格人员中遴选,呈报直接上级人民法院分院审核、加具意见,报该地区专员公署,由地区专员公署转报省人民法院核定。省人民法院分院审判员,由省人民法院分院就有资格人员中遴选,报省人民法院核定。省人民法院的审判员、助理审判员,由省人民法院就有资格人员中遴选,呈报省人民政府审核任命。**具有一定政治觉悟和一定文化程度、**

---

① 一些法院志对其有更多的记载,可以参见李其凡主编:《湖北法院志》,人民法院出版社1995年版,第400—405页;周金堂主编:《湖南省志(第六卷)·政法志·审判》,湖南出版社1995年版,第82—86页;戴瑞林主编:《河北省志(第73卷)·审判志》,河北人民出版社1994年版,第84—87页。

② 参见西藏自治区高级人民法院编撰:《西藏自治区志·审判志》,中国藏学出版社2009年版,第379页。

业务能力的革命干部,只要工作需要,都可以当审判员。①

(3) 根据四川省高级人民法院的《四川审判志》记载:

四川解放初期,各级法院主要由军队转业干部、地方各级新生政权中抽调出来的骨干和留用的旧有司法人员组成。由军队转业干部担任各级法院主要领导职务。由于当时各级新生政权刚刚建立,妄图推翻新生政权的各级反革命活动十分猖獗,**在这种特殊的历史条件下各级法院选调干部时,都特别注意干部本人的阶级立场、政治立场,以及干部本人、家庭成员、主要社会关系人员的政治历史。**在1952年"司法改革"运动中四川法院干部共有1562人,清理出法院的355人,清理出法院的主要是留用的旧有司法人员。**与此同时挑选了政治素质较好的工农干部和妇女优秀积极分子共 420 人充实各级人民法院。**②

据此,在新中国成立初期,人民法院法官之准入条件简单:首先是政治素质,要求有政治觉悟;其次,有一定文化程度,但并没有提出法律专业知识和任职考试等准入条件。

关于这一点,我们还可以从 1950—1955 年 S 省 M 市中级人民法院(在 1954 年前即为 S 省高级人民法院 M 分院)和部分基层人民法院法官的基本情况中作进一步审视,请看下面的详细分析:

表1　S省高级人民法院M分院(1954年后改为M市中级人民法院)法官的基本情况③

职务	学历					
	大学	大专	中专	高中	初中	小学
院长				1		
副院长					1	
审判员	3		2		3	3
助审员	2				5	2
书记员	2				8	
合计	7		2	1	17	5

---

① 参见周金堂主编:《湖南省志(第六卷):政法志·审判》,湖南出版社 1995 年版,第 97 页。
② 参见四川省高级人民法院院志编辑室:《四川审判志》,电子科技大学出版社 2003 年版,第 88 页。
③ 该数据来自《M 市法院志》(内部资料),第 100 页。

根据表1，我们可以看到：在1950—1955年间，法院共有成员32人①，小学文化约占15.6%，初中学历约占53.1%，高中以上学历刚刚10人，所占比重不到1/3。这表明在该时期，M市中级人民法院并没有要求成为一名法官应当具备一定的学历。

这一情况在M市部分基层人民法院的表现如何呢？笔者以M市最具有代表性的X法院为例作进一步描绘：

表2　M市X县基层人民法院1950—1955年法官的基本情况②

时间	学历				
	大专以上	中专	高中	初中以下	合计
1950	4③		1	7	12
1953	1	1	5	13	20
1955	1	2	4	16	23

据此，我们可以知晓基层人民法院法官学历在新中国成立初期呈逐步下降趋势，大专、中专以上学历的人在比例上也逐步降低（占比从33%下降到13%），高中、初中学历则占据了绝对优势。即使以高中以下学历计算，初中和小学学历占据绝对优势，具体而言，即除了在1950年刚刚占据1/2强外，在1953年、1955年时则均占据了绝对优势。④

据此，我们可以作出如下判断：M市两级法院法官之基本情况大体可以反映全国各省两级法院法官的准入情况，即法官仅有一定文化程度即可，也与前面提及的三省高级人民法院的情况吻合。

总而言之，在新中国成立初期，法院法官之准入可以总结为两点：(1)有一定文化程度（不能是文盲、不识字，至少小学），(2)有政治觉悟。因此，法官之准入并不要求法律专业知识，或者具有法律专业学位，更不需要统一（司法）考试。这是1949年新中国法官准入确定的一个基础或

---

① 根据笔者的调研，我们可以知晓，该统计表不是说法院在该段时期，一直保持32人，而是说在这段时间，共有32人参与到统计中。
② 该数据来自《X县法院志》（内部资料），第251页。
③ 通过详细梳理该法院1950—1955年法院审判员、助理审判员学历情况，四名大学学历的法官，任职时间分别为1950—1952，1950—1951，1950.10—1951.1，1951—1961，因而在1953年、1955年统计时，只剩下一名具有大学学历的法官。
④ M市其他基层法院法官学历情况分布雷同，限于篇幅，不再列表。

者说设置的初始状态,即不强调法官准入时应当具备法律知识。

其次,1955年到1979年之前。

从1955年到改革开放之前,前述情况并没有本质上的变化:从政治要求看,法官应当具备高度的政治觉悟(这一要求,到现在也没有降低);从学历角度看,要求法官具备的文化程度在这一时期也没有多大变化。在这里,我们仍然以M市中级人民法院及其所辖的X县基层人民法院的数据作一个粗略观察:

其一,M市中级人民法院。

表3 S省M市中级人民法院改革开放前法官的基本情况(1955—1976)①

表3(1) 1956—1960

职务	学历					
	大学	大专	中专	高中	初中	小学
院长				1		
副院长					1	
审判员	3	2	3	4		
助审员	3	1			7	2
书记员	3				10	
合计	9	3	3	5	18	2

表3(2) 1961—1966

职务	学历					
	大学	大专	中专	高中	初中	小学
院长					1	
副院长					2	
审判员		2	11	5		
助审员	1				9	
书记员	2			1	12	
合计	3	2	11	6	24	

---

① 该数据来自《M市法院志》(内部资料),第100页。
另注:笔者也对S省N市、C市等法院法官的学历情况等资料进行了收集,其基本情况类似,由于篇幅问题和调研的重心所在,在此不再赘述。

表3(3)　1967—1976

职务	学历					
	大学	大专	中专	高中	初中	小学
院长					1	
副院长			1	1	2	
审判员	5		1	11		
助审员					6	
书记员					11	
合计	5		2	12	20	

根据表3(1)、表3(2)、表3(3)并对照表1,我们可以看到法官在学历上的一些变化:在表1中,小学学历的法官约占1/6,到20世纪60年代后只有小学学历的人已不能进入法院。在这一时期,获得初中学历的法官一直占优势,并保持在50%左右的高比例,高中生的绝对数、比重也在持续地增加(绝对数从个位数增加到两位数,从比例看已达到30.7%)。高中以上学历(包括中专、大专和大学)的法官,如果从1950年算起,到1966年处于持续增加状态,特别是拥有中专学历的法官占据相当大的比例。但经过"文革"10年的冲刷、淘汰后,法院法官之学历情况相当于又回到新中国成立初期的基本状态,而且在人数总量上也回归到了新中国成立初期的状态。

其二,M市X县基层人民法院。

表4　M市X县基层人民法院1956—1976年法官的基本情况[①]

时间	学历				
	大专以上	中专	高中	初中以下	合计
1958	1	1	9	19	30
1961	1	1	2	21	25
1962		1	4	12	17
1973			3	21	24
1975	1	1	1	24	27

根据表4,对照表2,X县基层人民法院的法官,除了特殊时期外,从人数上看,在整体上呈现出持续增加态势,但拥有大专、中专以上学历的

---

① 该数据来自《X县法院志》(内部资料),第251页。

法官并没有增加,而且有高中学历的法官还呈现出逐渐下降的趋势,只有初中以下的学历有增加的趋势。简言之,在整体呈现增加趋势的大前提下,初中以下学历也呈上升趋势,并占据了法院法官的绝对优势。

如果与M市中级人民法院的情况比较的话,两者有差异,但更多是细节上的差异,而非本质上的改变。如果从职业主义角度审视的话,改革开放之前法官之准入主要基于两条:(1)政治上的觉悟要求(坚持党的领导、有高度的政治觉悟);(2)一定文化程度的要求,但绝无法律专业知识、专业学位的要求。

总而言之,1979年前共和国时期的法官职业准入都差不多,可以简单地总结为,高度的政治要求和并不严格的学历要求——与民国时期形成鲜明对比。

(三)改革开放以后的法官职业准入

改革开放的最初几年是法院建设的恢复时期。① 随着社会、经济发展的逐步深入和全面展开,中国法院建设也步入全面发展阶段。国家和社会对法官的准入也提出了新要求:

其一,法律文本视野下的职业准入。

对法官职业准入作出规范的法律主要有两部,《中华人民共和国人民法院组织法》和《中华人民共和国法官法》。

(1)《中华人民共和国人民法院组织法》。② 1979年的《中华人民共和国人民法院组织法》规定了担任法官的基础条件:有选举权和被选举权的23岁的公民,可以被选举为人民法院院长,或者被任命为副院长、庭长、副庭长、审判员和助理审判员,但是被剥夺政治权利的人除外。到1983年修订后的《中华人民共和国人民法院组织法》(2006年修正时并没有对其作再修改③)增加了一个条件,即人民法院的审判人员应当具有专业

---

① 其实,法院建制的逐步恢复始于1972年,到1979年改革开放后恢复与建设并举(参见何永军:《断裂与延续——人民法院建设(1978—2005)》,中国社会科学出版社2008年版)。
② 2018年10月出台的新的《中华人民共和国人民法院组织法》是法院组织法的"大修",其对法官的任职条件的规定通过委托立法的方式直接赋权于《中华人民共和国法官法》,而不再作出直接规定。因此,我们在这里的分析,只有两个版本的法院组织法。
③ 1950年、1954年《人民法院组织法》对此不置一词。

知识。①

两个版本的《中华人民共和国人民法院组织法》与改革开放之前法官之准入比较、对照,它们之间已有区别:① 从数量上看,从一个条件(年满23周岁)增加到两个条件(年满23周岁和具有专业知识);② 增加的条件(即要求法官具备法律专业知识)暗示了未来法官的职业发展方向——这是本质上的区别。

(2)《中华人民共和国法官法》。1995年《中华人民共和国法官法》第9条对担任法官的条件作出规范,必须具备下列条件:① 具有中华人民共和国国籍;② 年满23周岁;③ 拥护中华人民共和国宪法;④ 有良好的政治、业务素质和良好的品行;⑤ 身体健康;⑥ 高等院校法律专业毕业或者高等院校非法律专业毕业具有法律专业知识,工作满2年的;或者获得法律专业学士学位,工作满1年的;获得法律专业硕士学位、法律专业博士学位的,可以不受上述工作年限的限制。本法施行前的审判人员不具备前款第⑥项规定的条件的,应当接受培训,在规定的期限内达到本法规定的条件,具体办法由最高人民法院制定。

2001/2017年修订后的《中华人民共和国法官法》对该条作出修改,进一步严格法官准入条件:高等院校法律专业本科毕业或者高等院校非法律专业本科毕业具有法律专业知识,从事法律工作满2年,其中担任高级人民法院、最高人民法院法官,应当从事法律工作满3年;获得法律专业硕士学位、博士学位或者非法律专业硕士学位、博士学位具有法律专业知识,从事法律工作满1年,其中担任高级人民法院、最高人民法院法官,应当从事法律工作满2年。本法施行前的审判人员不具备前款第⑥项规定的条件的,应当接受培训,具体办法由最高人民法院制定。适用第⑥项规定的学历条件确有困难的地方,经最高人民法院审核确定,在一定期限内,可以将担任法官的学历条件放宽为高等院校法律专业专科毕业。

还有,根据2017年《中华人民共和国法官法》第12条,担任初任法

---

① 1983年修订的《中华人民共和国人民法院组织法》第34条对此作出规定:
有选举权和被选举权的年满23岁的公民,可以被选举为人民法院院长,或者被任命为副院长、庭长、副庭长、审判员和助理审判员,但是被剥夺过政治权利的人除外。
人民法院的审判人员必须具有法律专业知识。(1983年9月2日增加本款)

官,应当通过国家统一司法考试。①

《法官法》对法官准入作出更严格的规定,可以分为三方面:其一,年龄、身体、国籍等属于基本信息的基础条件。其二,政治性条件(良好的政治忠诚……良好的品行)。其三,业务条件,以学历作为进一步的补充。在 1995 年时,要求法官应当具有法律专业学历/学位(非法律专业毕业应当具有相当法律知识,并有 2 年工作经验,获得法律专业学士学位只需 1 年工作经历,获得法律专业硕士学位、法律专业博士学位的可以不需要工作经验)。到 2001 年时,则要求至少应当具有法学本科学历(在一定条件下,非法律专业学士学位也可以),而且均应当具备法律工作经验(1—3 年不等),只有在特别地区可以放宽到法律专业专科毕业。

据此,中国法官之准入条件越加严格,而且不仅仅从形式上,也从内容上都得到了充分体现。与改革开放前比较,与新中国成立初期比较,观念和实践上均有质的变化,有非常强烈的职业面向、法律专业化面向的引导倾向。

其二,法院《法院志》视野下的职业准入。

法院《法院志》对法官准入的历史发展过程的描绘比法律文本更具体、生动和形象,也更能看到其中的变迁轨迹:

(1)《西藏自治区志·法院志》的记载比较简单,却具备了这一时期法官准入的所有基础要素:

> 中共十一届三中全会后,审判工作逐步走上法制轨道。在审判干部选调配备、教育配备、任免管理等方面,体现了中国特点。**在坚持中国共产党管理干部原则的基础上,突出了审判专业特点**,法院干部队伍建设逐步走上法制轨道……②

(2)《湖南省志(第六卷)·政法志·审判》的记载则反映了其发展过程,虽然比较粗略,但有更多内容:

---

① 2017 年《法官法》第 12 条规定:初任法官采用严格考试(2017 年修改时增加——笔者注)、考核的办法,按照德才兼备的标准,从通过国家统一司法考试取得资格,并且具备法官条件的人员中择优提出人选。人民法院的院长、副院长应当从法官或者其他具备法官条件的人员中择优提出人选。

② 参见西藏自治区高级人民法院编撰:《西藏自治区志·审判志》,中国藏学出版社 2009 年版,第 379 页。

中共十一届三中全会后，**革命化、年轻化、知识化、专业化作为审判员、助理审判员的必备资格，后又强调须有大学专科毕业文凭。**1989年中国共产党十三届四中全会以后，既看文凭，又看工作实效。①

(3)《河北省志（第73卷）·审判志》记载的内容已相当丰富：

随着社会主义法制的不断加强，河北省法院系统对审判人员的政治素质和业务素质日益重视起来，**对具备专业知识也逐渐重视，要求逐步做到审判人员具备高等院校法律专业毕业的学历，非法律专业毕业的，必须经过法律专业培训。**同时，对审判工作经验也有适当要求。②

(4) 四川省《四川审判志》更侧重于学历的描绘：

1978年中共中央召开十一届三中全会以后，中国开始拨乱反正，在各个领域肃清左的流毒，法律建设也逐步走上正轨，知识开始受到重视，知识分子开始受到重用。为了适应形势的发展，从1979年起，四川各级法院编制逐步都有较大扩充。新进人员主要还是来自三个方面：其他机关企事业单位选调的干部、军队转业干部、学习法律专业的大中专毕业生。从1979年起，四川各级法院在选调军队转业干部和机关企事业干部时，**除了考察被选调人的政治、工作、现实表现外，开始强调文化程度。1979年时，没有初中毕业以上文化学历不能录用，1984年以后，没有高中以上的学历不能录用。……1990年……具有法律、党政、中文等大学专科以上学历，有5年以上工作经历，身体健康的全民所有制企业、事业单位的干部均可报考……报考从事审判业务工作的，必须具有法律大学专科及其以上学历……**③

简言之，担任法官的条件，除了仍然强调政治觉悟外，越来越强调专业知识（及其承载知识的学历，法学学历和学位）。这一逐步严格的变迁，

---

① 参见周金堂主编：《湖南省志（第六卷）：政法志·审判》，湖南出版社1995年版，第98页。
② 参见戴瑞林主编：《河北省志（第73卷）：审判志》，河北人民出版社1994年版，第93页。
③ 参见四川省高级人民法院院志编辑室：《四川审判志》，电子科技大学出版社2003年版，第88—89页。

经历了对法官的学历要求从初中学历到高中学历,再到专科学历,最后本科学历,法律专科、法律本科学历的过程。

(四) 本部分小结

根据前述,中国(刑事)法官的准入情况可以作如下总结:

首先,当下法官准入的条件主要有三:(1) 政治条件,坚定的政治信仰。(2) 学历及其背后承载的专业化条件。(3) 初任法官应当通过国家统一司法考试并具有一定的法律工作经验(1—3年)。

其次,如果与民国时期比较,与共和国改革开放之前的30年比较:通过三十余年的发展,该要求已远远超过民国时期的职业准入,也避免了新中国成立后到改革开放之前这段时期主要强调政治素质单一标准的缺陷,在基本理念上与现代社会专业、职业分工契合。

最后,这一专业、职业化取向的准入模式(通过学历、司法考试等要素作为基础准入条件),特别是以此作为标准选拔、任命初任法官时,中国法官则被假定为已具备非常丰富的法律知识,具备作为法官认定事实、适用法律的技术和能力,可以胜任中国法院负责的刑事案件司法的职责。从这一角度看,经过三十余年的发展,法官的法律专业素质、法律知识的确有相当的提升,至少在形式上实现了这一提升。

不过,在作出上述判断的基础上,我们还应当追问如下一个问题:在法官职业生涯中是否有知识技能的培养和提升以适应急剧变化的中国当下社会的大转型,这是下一部分拟分析的内容。

三、职场生涯与知识积累

根据前述,1949年以后,中国法官准入条件有一个急剧变化的过程。但不管条件有何变化,每次变化均对在职法官(即从事审判工作的法官)产生影响,法院将根据变化的要求进行系列培训以符合时代的变迁。因此,在这一部分,笔者拟对在职法官的培训问题展开讨论,以探讨处在职场生涯的法官可能的知识积累情况,分为以下几个阶段展开:

(一) 新中国成立到改革开放之前时期的法官培训

中华人民共和国成立前后,中国共产党在其治理范围内废除"六法全书"并进行司法改革,重建具有社会主义特色的司法体制。1952年,国家启动司法改革(改革旧司法,清除旧有司法人员,扩充大量的军政干部①),这是新中国历史上最重要的一次司法改革,确定了新中国法官培训强调政治觉悟的基调,或者说在职培训以政治培训为基调,申言之:

首先,《成都法院志》的记载虽然简单,却也描绘了当时在职培训的基本内容、基本形式:

> 中华人民共和国成立之后,废除了旧司法制度,审判人员的司法业务培训,改**以在职训练为主**。1950—1980年间,成都市中级人民法院为适应审判工作需要,**采取以会代训、以老带新、办轮训班或短期培训班的形式**,学习国家法律、法令和**党的方针、政策**培训审判人员。②

其次,《重庆法院志》描绘了法院法官在职培训的更多内容:

> 1950年重庆市人民法院成立以后,由于新的人民司法制度和法院干部队伍刚刚建立,培训一大批能胜任审判工作,正确执行人民司法原则、制度的法院干部,成为各级人民法院和有关部门的一项重要任务。市法院成立前夕,随着大批新干部的到来,**当时进驻法院的市军管会司法部司法组的几位同志,立即组织了临时学习委员会,将包括留用旧法院人员在内的全体人员划分为若干学习小组**,进行有关政策和法令的学习,为人民法院正式成立后开展审判工作打下了基础。市法院成立后,将干部和留用人员分别编组,**留用人员主要进行了唯物主义、马列主义、毛泽东思想学习教育**,其他干部则着重时事政治、政策和法律法令的学习。从而使刚刚走上司法工作岗位的新干部能够正确执行国家有关法律政策,保证新建立的人民司法制度得以巩固和健康发展,**使旧有司法人员改造思想意识,改变旧法观念,成为建设新中国的有用人才。**③

再次,《四川法院志》描绘了新中国法院法官的组成来源,培训的形式

---

① 参见蒋志如:《〈中共中央关于全面推进依法治国若干重大问题的决定〉中的司法改革》,载《内蒙古师范大学学报(哲学社会科学学报)》2017年第4期;黄文艺:《1952—1953年司法改革运动研究》,载《江西社会科学》2004年第4期。
② 参见成都市中级人民法院编:《成都法院志》,四川人民出版社1997年版,第95页。
③ 参见曾维林主编:《重庆法院志》,重庆市沙坪坝文化实业开发公司1995年版,第327页。

和培训需要达到的目的：

> 中华人民共和国成立初期，四川各级人民法院的干部主要来自三个方面：在军队中挑选了一批优秀干部；从地方政权组织中挑选了一批有一定文化程度的积极分子；留用了一批旧司法人员，在当时客观条件下，法院干部的文化水平和业务水平不可能达到应有的程度。**因此，各级人民法院一开始就特别注意干部培训，首先采取办时间短、速度快、收效大、结合实际多的法律专业培训班的措施。**在西南司法部、最高人民法院西南分院、川西、川东、川北、川南、西康、重庆等省一级人民法院都在 1950 年、1951 年举办了各种培训班，基本内容是培训法院干部树立为人民服务的观点，了解唯物辩证法的思想方法，学习审判业务的基本常识。①

最后，湖南省的《湖南省志（第六卷）·政法志·审判》对该时期的在职培训作了全面、深入的描绘：

> 1949 年湖南和平解放后不久，湖南省人民法院举办了留用的 105 名旧有司法人员的第一期训练班。自 10 月 4 日起，**在审判工作与学习兼顾的原则下，以改造思想为主，学习社会发展史、中国共产党党史、政策法律等。**1949 年 12 月，又举办在职老干部、旧有司法人员和新招收的青年学生参加的 333 人的第二期司法人员培训班……第三期司法人员培训班招收的 143 名学员都是土地改革中涌现出来的青年积极分子，结业后分配到各级人民法院，成为各级人民法院的骨干力量。1951 年 9 月开展第四期司法人员培训班，共训练各级人民法院报送的在职干部和招收的土改中涌现出来的积极分子 110 名，充实了法院的审判力量。省人民法院及其分院为配合土地改革运动，从 1951 年 5 月到同年 10 月，还轮训土改人民法庭干部 580 人。1952 年 9 月，湖南省人民法院举办第五期司法人员培训班，学员 120 名……**60 年代，"突出政治"，不重视业务培训。**②

---

① 参见四川省高级人民法院院志编辑室：《四川审判志》，电子科技大学出版社 2003 年版，第 119 页。

② 参见周金堂主编：《湖南省志（第六卷）：政法志·审判》，湖南出版社 1995 年版，第 107—108 页。

类似的论述,我们还可以从其他省、市公开出版的《法院志》中找到。①这表明这一培训方式不是地方性的,在当时应当是一个全国性行为,即党和政府、司法部门等通过培训方式以适应正在进行的新中国第一次重大司法改革。因此,通过有代表性的中级人民法院、高级人民法院《法院志》关于在职法官培训的一些描绘,我们已可以描绘出新中国成立初期在职培训的基本图景:

首先,从来源上看。新中国各级法院法官的主要来源有三:(1)军队干部;(2)地方政权中的有一定文化的积极分子;(3)留用一批旧有司法人员。而且三种来源随着时间的推进,也发生了重大变化,即随着旧有司法人员逐渐减少,军队干部和地方政权积极分子安置的完成,进入法院担任法官的新渠道产生,即有政治觉悟的农、工、军队等领域的人士大量涌进人民法院,并在法院法官中占据主流。

其次,从培训对象上看。先是对旧有司法人员展开培训,主要着意政治教育领域的培训。随之,对旧有司法人员与新任司法人员(在这时主要是军队干部和地方政权的积极分子)进行培训。然后是对新任法官(主要来自农、工、军队一般人员)的培训。通过如此的洗涤、淘汰方式,法院逐渐改变了法官来源的基本结构,旧有法官被彻底清除;亦即对法院法官身份作结构性改革,主要采取清除旧有司法人员、充实新的法官并通过在职培训的方式改变了法院法官的基本构成,由清一色政治可靠、来自社会底层的农、工、军队一般人员经过培训后被任命为法官。

再次,从培训内容上看。在这一时期,法院在职法官在培训内容上,更侧重于提升法官的政治素养(要求政治忠诚、坚定的为人民服务的理想信念),因而在课程设置上主要有社会发展史、中国共产党党史、中国革命史等课程。法院期望通过学习这些课程树立法官在政治上、事业上忠于党和人民的理念,因而审判业务不可能成为培训在职法官的主要内容。

最后,从培训的形式上看。虽然各个法院、各地区在培训方式上有所不同,但只是略有不同而已,更多是共同点,即采取(1)以会代训,(2)以老带新,(3)办轮训班或短期培训班等形式展开。这些方式不以获得学

---

① 笔者收集了云南、广东、广西、西藏、青海、甘肃、北京、河北、河南等省、市法院的《法院志》,它们对此的叙述基本雷同。

历为目标,是以培养适应新形势下法院法官司法应达到的政治效果为目标。因此,在当时语境下培养经历本身即取得一种资格和荣誉。

综上所述,在该时期,对法院法官进行培训在于达致树立高度政治觉悟、忠于党和人民的思想和理念的目的,不在于培训法官专业知识的积累和提升,因而在课程设置中党史、政治类课程占据了主导地位。

(二) 改革开放之后的法官在职培训

改革开放之后,中国各项事业顺利推进,作为各项事业的配套制度,法院建设也渐次开展。法官队伍建设则是中国法院建设的重要一环。法院在既有的基础上(即在20世纪50年代法院法官情况的基础上,亦即学历低、法律知识贫乏的基础上)启动了在职法官的培训。在这一时期,经济、社会发展和转型要求法院法官应当具有法律专业知识,需要具有更高学历。因此,对其的培训更侧重于专业技能的提升,进而法官在职场生涯中的知识积累与以往也有迥异的内容。在这里,我们仍然以法院《法院志》的记载为中心展开下面的分析:

首先,学历教育。

(1)《成都法院志》对学历教育有如下记载:

1982年始,鼓励在职干部报考函授大学、自修大学等法律专业学习。1985年,成都市中级人民法院根据最高人民法院和四川省高级人民法院的安排,创办了**全国法院干部业余大学成都分部,并在17个基层法院建立了教学班,**学制3年……晋升助理审判员亦须经法律知识考试合格,经法院党组审查核准。[①]

(2)《重庆法院志》对此已有更多内容:

十一届三中全会以后,法院工作逐步健全发展,面对扩编大批新干部陆续到来,专业及政治素质有待提高的新情况,法院除以各种方式认真搞好在职干部政治和业务培训外,**还积极选送一批干部到各政法院校进修学习。**1988年最高人民法院委托北京大学、人民大学开办了高级法官培训中心,培养高层次的审判人才,1988年重庆市中级人民法院推荐一名副院长经考试合格被录取到培训中心学习,一

---

① 参见成都市中级人民法院编:《成都法院志》,四川人民出版社1997年版,第97—100页。

年后毕业,此后,市、区(县)法院陆续有院庭长八人到高级法官培训中心学习,并取得了较好的成绩。**1985 年 5 月,经国家教委批准,最高法院创办了全国法院干部业余大学,最高法院设总校,省法院设分校,重庆市法院设立分部,各区、县法院设教学班**……为法院系统培养了一大批获得国家承认其学历的法律专业大专生。①

(3)《四川审判志》对在职法官的学历教育有更具体的描绘:

……中共召开十一届三中全会以后,中国共产党提出了拨乱反正,在加强法制的道路上前进。为了适应新形势的需要,四川各级人民法院更加重视对法院干部的培训工作,力争提高干部的文化、业务水平,除输送有条件的干部到政法院校、政法干校专门学习以及提供方便组织有条件的干部一边工作一边参加函授学习外,还注意因时制宜、因地制宜举办短期培训班对干部进行培训……**1985 年年初四川省高级人民法院根据最高人民法院的要求,开始筹建全国业余大学四川分校。各中级人民法院筹建分部,各基层人民法院筹建教学班**。②

(4)湖南省的《湖南省志(第六卷)·政法志·审判》对在职法官的学历教育有如下叙述:

1985 年 3 月,湖南省高级人民法院成立全国法院干部业余法律大学湖南分校,各中级人民法院设立了湖南分校 XX 分部,专门负责在职干部的政治理论、马克思列宁主义、毛泽东思想的教育和法律专业知识的培训,毕业后可领取大专毕业证书。③

上述《法院志》详细描绘了中国法院在提升学历上的持续努力,申言之:(1)在法院系统内,国家和司法机关通过函授、进修、业余大学等形式对在职法官进行法律专业教育、训练,以提升法官的法律知识、法律素养。虽然政治素养也在强调之列,但这一阶段对在职法官培训的重心放在了

---

① 参见曾维林主编:《重庆法院志》,重庆市沙坪坝文化实业开发公司 1995 年版,第 328 页。
② 参见四川省高级人民法院院志编辑室:《四川审判志》,电子科技大学出版社 2003 年版,第 119—120 页。
③ 参见周金堂主编:《湖南省志(第六卷):政法志·审判》,湖南出版社 1995 年版,第 108 页。

法律职业专业方面;(2)选派法官到高校、政法院校系统学习法律以提升在职法官的学历。

其次,岗位培训。①

(1)《重庆法院志》对在职法官岗位培训有如下描绘:

> 党的十一届三中全会以后,社会主义法制建设飞速发展,重庆两级法院更加积极地推进了以提高干部政治、业务素质为目的的培训工作。1979年《刑法》《刑事诉讼法》公布后,从8月到次年2月的半年时间内,市法院共举办刑事两法轮训班四期,每期1—2月,共培训市、区(县)法院审判干部265人。1982年,为贯彻《民事诉讼法(试行)》,市法院分三期轮训了市、区(县)法院民事审判干部322人,每期26天。②

(2)《四川法院志》对此叙述比较简略,却也完整:

> ……先后采取不同形式,分别举办了以刑法、民法、经济法、法警工作、档案工作、书记员工作、人事工作、统计工作、文书工作、教育工作为专题内容的短期培训班。③

(3)湖南省的《湖南省志(第六卷)·政法志·审判》对在职法官的岗位培训有如下叙述:

> 1980年11月21日,湖南省司法厅、湖南省人民检察院、湖南省高级人民法院联合发出《关于举办全省司法干部短期训练班的通知》,"以适应全面实施《刑法》《刑事诉讼法》的需要",法院系统抽调了100名审判人员参加训练班的学习。1981年年初,全省各级法院抽调250人参加培训,10月,又抽调138名经济审判人员参加全省第

---

① 《成都法院志》对此并没有记载,但肯定有相关培训,因为这是中国法院的一种常规在职法官的教育和培训,因而在这里笔者仅以《重庆法院志》《四川法院志》《湖南省志(第六卷)·政法志·审判》《湖南省志·审判志(1978—2002)》为材料进行这一部分的叙述。

② 参见曾维林主编:《重庆法院志》,重庆市沙坪坝文化实业开发公司1995年版,第327—328页。

③ 参见四川省高级人民法院院志编辑室:《四川审判志》,电子科技大学出版社2003年版,第119页。

四期司法干部训练班的专业学习。①

《湖南省志·审判志(1978—2002)》对在职法官的培训情况有更系统的描绘,对从1978年到2002年的培训情况作了详细描绘,并对1995—2002年的培训情况制作了一详细表格,现(仅就审判有关的培训)录之如下②:

表5 湖南省法院举办的短期培训班情况(1995—2002)

类别	短期班名称	时间	相关情况
刑事审判	全省法院刑事"新罪名"培训班	1995年7月5—14日	180余人参加。学习掌握省法院编《新罪名概述》书中的100余个新罪名。
	全省《刑事诉讼法》培训班	1996年10月11—18日	在株洲举办。246人参加,学习领会修改后的《刑事诉讼法》。
	全省法院刑事诉讼文书培训班	1999年6—7月	分3期举办。各级法院主管副院长、刑事审判庭庭长参加。
民事(经济审判)	全省法院新法律实施培训班	1997年6月20—25日	在省委党校举办。183人参加,学习掌握合同法、票据法等。
	全省法院经济审判方式改革专题探讨班	1998年6月19—24日	各级法院经济审判庭长、部分法院主管副院长等参加。
	全省法院WTO与经济审判培训班	2000年7月15—19日	各级法院经济审判人员参加。
	全省法院《担保法》司法解释培训班	2000年12月17—20日	各级法院经济审判人员参加。另有,全国省市区法院各派7人参加。共491人。
	全省民事诉讼相关司法解释研讲班	2002年3月6—8日	各中级人民法院5人、基层人民法院各1人,共200人参加。学习掌握民事证据、房地产、婚姻法和精神赔偿等司法解释。
	全省法院WTO与司法审判业务培训	2002年5月14—18日	各中级人民法院、基层人民法院计159人。另有省法院机关24人,共计183人参加。

---

① 参见周金堂主编:《湖南省志(第六卷):政法志·审判》,湖南出版社1995年版,第108页。

② 参见毛善刚主编:《湖南省志·审判志(1978—2002)》,珠海出版社2009年版,第565—570页。

(续表)

类别	短期班名称	时间	相关情况
行政审判	全省法院行政审判业务培训班	1997年8月8—15日	在南岳举办。各级法院行政审判庭庭长或副庭长,计141人参加。
	全省法院国土法培训班	1999年5月23—28日	各级法院行政审判庭庭长或副庭长,计175人参加。
	全省法院行政诉讼司法解释培训班	2002年10月9—14日	各级法院行政审判庭庭长或副庭长,计150人参加。

根据上述,中国各级法院、各个法院对在职法官的专业培训主要以最新出台的法律法规、司法解释等法律知识为培训内容,而且法律法规、司法解释也时常更新,进而该项培训已成为当下法院工作的日常内容,也成为法官职场生涯的重要组成部分,更是在职法官获得新知识的主要途径,积累知识的基本途径。

(三) 本部分小结

根据前述,我们可以对本部分内容作如下总结:

首先,通过梳理相关《法院志》,法院对在职(刑事)法官职业技能的提升和训练方式在不同历史时期有所差异:(1) 在1949年到1979年间,法院对在职法官只有培训,没有学历提升;而且培训的目的不在于司法之技能提升,而在于培训其政治素质(如政治忠诚度和为人民服务的工作立场)。这表明,在此期间,党和政府认为法官的政治素养更重要,业务素质处于次要地位。(2) 1979年以来,法院提升在职法官司法能力的方式增加,不仅仅有培训,更有学历、学位的提升。与前一阶段比较的话,这两种方式在内容上均以提升法律专业技能为目标,虽然政治要求没有降低或者减少。

其次,通过梳理《法院志》,我们还可以看到一个现象:从业务素质看,中国法院法官的业务素质自新中国成立以来一直基础差、底子薄,亦即法官职业准入门槛不高,小学、初中文化即可充任法官,而且在法院法官人员中占据绝对优势。因此,上级法院、最高人民法院必须完成一项非常重要的常规任务,即通过培训的方式提升在职法官政治素质和法律专业素质,而且改革开放以来这一需求(特别是对法律专业知识和素养的要求)越来越多,进而成为法院的日常工作事项。

为了达到该目的，法院通常采取了两种形式，一种是提升学历（此为系统的学习和训练），另一种是短期培训。通过这一培训，法院法官获得了新知识、新经验，最终适应了中国改革开放以来新法律、新的政治、经济、政策形势的发展需要。

四、法官知识积累中存在的问题——兼论法官职场中的书籍阅读、知识积累问题

从国家治理、法院管理角度审视，一方面法院对法官之职业准入和职业生涯中的职业培训仅仅从形式上作出了要求和安排；这是他们可以努力的地方。另一方面，对准法官（具备担任法官条件的潜在法官）和接受培训和学历提升的在职法官是否真正掌握了司法、判案所需要的法学理论和法律技能，法院无法作出进一步要求，亦即法院的前述努力之效果如何值得我们追问。这是本部分拟要分析的问题，具体如下：

（一）知识积累方式中的问题

首先，从法官知识积累的形式意义上看。

（1）以（各类）学历（学位）为例。

在工业社会、现代社会，学历、学位的颁发由学校、教育部门垄断，其他机构无法审查，也不能审查，也应当拒绝审查。进而，其他机构、部门只能根据学校、教育部门颁布的学历、学位证书作形式上的判断，特别在招聘新人时更是如此。现代社会的法院也只能遵守之，申言之：一方面，一名法科学生是否合格、优秀，应否获得学历、学位证书由法学院、教育部作出评判，他们根据学生学习的课程、考试、论文、学制（一般 3—4 年系统学习时间）等考核指标展开。当法学院、教育部门作出合格评价时，学生即应获得学历、学位证书。另一方面，法院应当假定如下事实的成立，即学历、学位证书的拥有者掌握了相关学历、学位所要求的法学理论和法律技能，法院即应当允许其准入或者说法官的学历进修达到了提升在职法官法律知识、专业技能的目的。简言之，法学院负责对法科学生的实质考核，并以形式的方式体现，法院仅根据形式（学历、学位证书）对准入法官、在职法官进行考核以节省考核成本。

（2）以在职法官的培训为例。

就培训的背景而言，法院在职法官缺少把握新法的知识和能力，亦即法官缺乏适用法律的法律技能，也因而法院培训之目的主要在于宣传新法、如何适用新法。① 就培训内容而言，改革开放之后的所有培训主要以法律专业的培训为基本内容，政治学习培训并不占据主流。

但是，就其培训中所采取的方式而言，法院主要采取讲课、开会等方式展开，亦即通过专家、上级法官在会议上或者培训课上讲授而被培训者以倾听为主的方式展开。而且，培训课本身并没有以考核、考试等要素作为是否合格的评价机制，对被培训者而言没有任何必须学习和掌握知识的（现场）压力。还有，该培训与法官的收入（月收入与年终奖金）和职务晋升并无多少关系，也与法官未来的审案、司法没有直接关系。因此，法官可以选择听，更可以选择不听。② 进而，我们的法院不可能对其作实质考核，只能通过培训的频率、次数、人数以展示培训的效果，并假定在职法官的法律知识、法律技能达到了与时俱进的效果。

总而言之，法院既有的对在职法官的培训、学历提升，对在职法官法律专业技能的提升主要是象征和形式意义上的。 当然在这两种方式中，在职法官的学历提升比培训更有效果，因为（1）学历（学位）的提升意味着更多的收入（晋升工资），也意味着更多可能的职位晋升，法官有动力通过努力学习提升学历（学位），达到学历（学位）要求的法律知识和法律技能。（2）学历（学位）之获得所要求的考核方式也更严格和规范，只有通过持续努力方可达致。③

其次，就法官知识积累的实质效果而言。

但是，这一象征意义是否与实质意义上的法学修养、法律技能相符？

---

① 从权力角度而言，这意味着下级法院法官没有能力理解和适用法律，只有通过课堂、会议的方式宣讲方可引导法官，但这一讲解却没有法学理论、方法的训练，仅仅是授予"鱼"而非"渔"的效果，进而这一培训成为一个不能停止的活动。

② 正是由于这里叙及的原因，也并不是每一名法官都有机会参加培训，名额由上级法院分配，但具体谁参加，由法院领导、具体审判庭领导决定；进而在职培训更多被视为一种对法官的福利，并没有被视为提升法官专业技能、法律知识的方式。

③ 但这一效果仍然不彰，在社会上也产生了不好影响，认为国家滥发文凭（参见方流芳：《中国法学教育观察》，载《比较法研究》1996年第2期；方流芳：《追问法学教育》，载《中国法学》2008年第6期）。

在中国当下的法治状态、法学教育现状和社会转型期间,这个问题值得进一步追问。但这一问题比较主观,对其的考察只能通过一些可以标识其效果的客观因素展开,进而这一问题可以转化为,国家(司法部门)、法院对法官之职业准入要求和在职期间的培训、学历提升是否有提升法官司法、审案水平的效果,或者说通过提高准入、培训和学历提升等方式培养的司法技术(实现的知识积累)对其判案是否有效。对此,我们作如下申言:

(1)就中国法学教育而言。自从新中国成立以来,法学教育更重视政治教育,专业教育、专业训练则处于次要地位,进而法学教育与法律职业之间产生断裂,形成了"两张皮"现象。虽然历经几次较大改革(如案例教学法的引入、诊所法律教育、欧洲大陆的法律实习等),但由于考试方式、教育模式、法治状态(包括法律职业对法律人的需求情况)等原因,法学教育的情况并没有多大改观[①],最终导致了高校滥发文凭现象,正如学者方流芳教授所感慨的:(高等学校)究竟颁发了多少法学文凭。[②] 进而言之,中国法学教育发展到目前为止,在培养合格的、法律职业需要的法律人才问题上,只达到形式上的效果,即法科学生取得了相应的法律文凭,但与其应当具备的法学修养与法律技能还名不副实。就在职法官通过在职方式取得学历(学位)而言,其情况与应届法科学生比较则显得更加不堪:这一教育以利用周末(或寒暑假)集中上课、集中考试、撰写毕业论文的方式展开,但无论是课堂管理、考试管理,抑或是毕业论文答辩,主办方或管理者没有进行严格管理、也无法对其严格管理,因而在各方的默契下通过"宽进宽出"的方式顺利完成了上课、考试和毕业论文(包括答辩)等必需的各个环节,进而取得各种法学学历(学位)——这与应当具备的法律技能、法学素养不匹配。

(2)就在职法官培训而言。根据前述,关于法院内部举办的在职培训可以形成如下一幅整体性的图景:其一,法官法律素养不够、法律知识缺

---

① 参见蒋志如:《法律职业与法学教育之张力问题研究——以美国为参照的思考》,法律出版社2012年版,第1—16页;对此有更深入剖析的文献,请参见蒋志如:《中国法学教育的双输?!》,载《厦门大学法律评论》2010年第0期;方流芳:《中国法学教育观察》,载《比较法研究》1996年第2期。

② 参见方流芳:《追问法学教育》,载《中国法学》2008年第6期,第16—19页。

乏，在职培训成为提升法官司法能力的重要手段。其二，培训主要以法律专家、上级法院法官讲课的方式进行，被培训的法官基本上是被动接受，形成了一种专家对法官、上级法院法官对下级法院法官针对特定问题的授课，但由于时间很短（从几天到十几天不等），在职法官不可能系统学习该培训的内容，只有对最新政策、最新条文的解读和理解。其三，在职培训没有任何考核、监督、管理与学校比较的话更松散，而且与法官的收入、职务晋升没有任何关系，与其将来的审判工作也没有直接相关性。因此，在职培训无法产生一种系统学习法律知识、掌握更多法律技能的培训效果，亦即在知识积累上，它没有达到培训应当具有的效果和目的，它更多是一场场热闹，却又是必须的培训。

简而言之，中国法院法官即使有越来越严格的职业准入和在职法官的学历提升和培训，但他们的法律技能并没有得到有效提升，仅仅起到一种形式化的提升效果而已。

（二）知识积累中问题的另一种考察方式

虽然中国法官在知识积累上有很大进步，但我们仍然可以作出判断：法官的知识积累更多地表现为学历（学位）的增加、培训的数量、人次的增加，即一种形式上的增量，但其内在的知识、法学素养的积累非常有限，就当下中国社会对法院、法官从事刑事审判需要解决的问题来说，其并不能有效应对，更不能通过刑事审判这一方式改善、提升中国法治。关于这一点，我们还可以从如是问题对其作进一步分析，即**再次，通过考察在职法官日常生活中阅读（法学）著作、文献情况进行考察**：

其一，问题的设定和限制：

即使假定在职法官的学历（学位）提升、在职培训都已达到其应当达致的效果。但也得注意到另外一个基本事实，即并不是所有法官都可以和愿意参加，因此前述考察只能反映部分法官的情况。如果要全面展示在职法官的技能积累情况，我们还得另寻他法：在笔者看来，我们可以从（所有）法官的日常活动、日常阅读（法学著作、文献）情况考察法官的知识积累情况。①

但是,这一考察亦有一个缺陷,即法官阅读法学著作、文献的基本情况是一项比较私密的行为、活动,很难对其展开全面、深入观察。因此,我们将其进行限制,对其作一个片段式考察,亦即采取访谈的方式展开并将访谈限制在一定范围内(S省M市两级法院所有的刑庭法官)。

课题组对S省M市两级法院刑事法官进行调研②,该两级法院刑事法官的基本情况如下:到2014年3月,M市中级人民法院刑事审判庭有两个,刑事法官12名,M市基层法院共有11个基层法院,刑庭法官共计46名,凡计法官58名。2015、2016年变化不大,不影响M市两级法院刑庭法官人员的基本结构。③ 该近60名刑事法官根据其从业时间、职位可以分为三类,(1)作为刑庭庭长、副庭长的资深法官(年龄大约在40岁左右)。(2)没有任何职位的资深法官(年龄一般在40岁以上,40岁以下的法官较少)。(3)年轻法官(工作经验大约3—5年),特别是年轻的优秀法官。

通过对访谈资料进行整理,我们择其有代表性的访谈内容展开描绘,具体如下:

其二,在职法官知识积累情况。

(1)作为刑庭庭长、副庭长的资深法官:

法官A(中院法官)。基本情况:女,45岁,担任中级人民法院刑一庭庭长已5年有余。对法官A访谈如下:自己负责三项事务,庭内外行政事务、庭内审判事务和个人审判业务。在员额制后,个人审判事务增加,庭内审判事务实质上没有减少,行政事务也更多……总之,作为个人而言,工作事项越来越多而非减少,而且有些事项特别是行政方面的事项常常

---

① 这里的刑事法官,不仅仅指涉已经入额的刑事法官,也指涉没有入额的刑事法官(但取得了审判员资格),还包括助理审判员,但不包括书记员。中国法院书记员的聘用方式有很大变化:在书记员没有采用临时聘用方式前,晋升法官的模式一般为:任何到法院的人员,如果进入审判部门,从书记员开始,经过一段时间或者当符合任职条件时,任命为助理审判员,再经过培训或者考试,取得审判员资格,亦即:书记员→助理审判员→审判员。当书记采用临时聘用模式后,法官准入模式为:当进入法院后,如果符合条件,则任命为助理审判员,经过培训、考试,通过后,被任命为审判员。

② 该调研分成两个阶段,其一,从2014年1月到2014年3月,其二,2016年9月到2016年12月,在调研中,附带对法官读书情况展开调研和访谈。

③ 在S省启动法官员额制后,刑庭法官人数有所减少,但并不影响M市两级法院刑事法官人员的基本结构。

延及工作外时间。再加上家里的各类事情,自己基本上没有时间看书,也没有心情看书,特别是法律之外的书。当工作遇到问题,更多依靠审判经验,即使需要求助相关资料,也主要是法律条文书、审判参考书,最多翻翻教材……刚刚工作时,有更多动力阅读教材,但也从未阅读专业的法律著作、文章,后来只翻翻与审判有关的法律条文、教材,现在只在需要时翻翻,从未系统读书……

法官 B(X 县法院法官)。基本情况:男,46 岁,担任 X 县法院刑庭庭长 3 年,在其之前任民庭副庭长 5 年,担任法官近 20 年。对法官 B 的访谈如下:X 县为 M 市人口大县,刑事案件较多,年均 600 件左右。虽然审判事务不多,除了自办案件外,主要由副庭长带领的审判组或者合议庭进行。在工作时间,个人负责的刑事案件约占 1/3 时间,与审判有关的事务占据一部分时间,主要负责行政事务(包括庭内、院内与上级法院来往的所有行政事务),约占 1/2 时间,而且行政事务常常延续到工作时间之外。喜欢法院工作,但不喜欢看书,特别是阅读法学著作、法学论文,一年到头,阅读书目不到 1 本,唯一翻的书是法律条文,审理案件主要依靠法律条文和经验……

法官 C(P 县法院法官)。基本情况:男,43 岁,担任 P 县法院副庭长 7 年。对法官 C 的访谈如下:我们法院作为民族县法院,地广人稀,刑事案件不多,一年 100 件左右。庭长办理很少的刑事案件,兼办民事案件(其实是以民事案件为主,兼办刑事案件),主持刑庭行政事务。作为刑庭副庭长,办理了大部分刑事案件,当案件量不够时,也兼办民事案件。P 县刑事案件除了常规刑事案件外,还有一些保护珍贵动植物等犯罪的案件。在审理时,除了涉及珍贵动植物类案件需要更多专业技术知识外,其他案件一般只需熟悉法律条文即可。而且,当熟悉珍贵动植物相关知识后,也只需要熟悉法律条文即可,不过理解、领会国家秉持的刑事政策更重要。因而,在工作的前两年,阅读一些涉及动、植物分类相关知识的书籍,除此以外基本上也不读书,法学专业书籍从来不接触,也没有途径接触,最近 3 年内没有读过任何正规的法学读物。

(2)没有任何职位的刑庭资深法官:

法官 D(中院刑一庭法官)。基本情况:女,53 岁,到法院工作近三十年,一直在刑庭工作。对法官 D 的访谈如下:我是在刑庭工作有 10 年以上的 3 名成员之一,很多法官要么因为升职,要么因为轮岗,都已到其他部门工作。我是 20 世纪 90 年代初通过招干进入法院,高中学历,后来函授、自考取得专科、本科学历……在工作初期,在提升学历中阅读了一些教材,法律论文、法学专著没有任何接触,由于长期从事刑事审判,而且只审理一部分刑事案件,也只熟悉与之相关的法律条文,没有阅读著作的习惯,一周、甚至一月也不接触法律之外的书本。现在智能手机、电脑普及了,资讯发达,通过它们我也阅读一些短文,通常与生活、旅游有关,与法律很少相关。要退休了,没有动力、心情阅读法律书籍,而且我也没有觉得有必要阅读……

法官 E(M 市 F 区法院)。基本情况:男,37 岁,到 F 区法院工作已有 10 年,到刑庭工作有 6 年。对法官 E 的访谈如下:获得法学本科学历,通过司法考试,在学校读书时主要阅读教材,偶尔阅读法学随笔,法学专著、论文读得少,加上毕业论文要求低,也不需要阅读艰深的法律文献……工作后,审理案件也不需要高深的学问、专业知识,只需要法律条文、司法经验和同事的指导即可胜任……逐渐不读书,包括法学教材也束之高阁。最近 3 年没有读过一本正儿八经的法学著作,有时连审判参考都很少翻,审案主要求助法律条文和经验。

法官 F(M 市 Y 区法院)。基本情况:女,32 岁,到 Y 区法院工作 6 年,刑庭工作 5 年。对法官 F 的访谈如下:获得西南政法大学法学学士学位,通过司法考试,每年办理 200 余件刑事案件,小孩 3 岁。虽然每年撰写一篇文章参加全国或者省法院学术讨论会,但平时一般不读书,只读与案件有关的法律条文、指导案例、审判参考等实务性书籍。因为专著、论文等书籍与(刑事)审判并没有直接关系,在撰写论文时才求诸学术专著、法学论文,但对其没有系统阅读,如果从量上看,一年阅读的法学文献不超过 10 篇,专著不超过 3 本……平时阅读的主要与孩子成长方面有关的畅销书。

(3) 刚刚进入刑庭不久的年轻法官(工作经验大约 3—5 年):

法官 G(M 市中院法官)。基本情况:男,30 岁,到中院工作 5 年,到刑庭工作 3 年,有资格审案 3 年。对法官 G 的访谈如下:重点大学法学硕士

(民商法),第一年有庭内指派的"师傅"指导办案,第二年、第三年独立办案。第一年阅读学术专著12本,学术论文为零;第二年阅读学术专著4本,学术论文有5篇;第三年阅读学术专著2本,学术论文有6篇……但这些专著、论文与办案本身没有直接关系,阅读的原因在于读书时养成的习惯,工作之后阅读的动力消失,阅读的数目、兴趣大大降低,如果不是每年参加学术讨论会论文的要求,可能连书都不需要阅读……现在手里、书柜里最多的书是法律条文、指导案例、刑事审判参考等实务书籍,只在需要时翻阅。

法官H(M市Z县法院):基本情况:女,28岁,到Z县工作3年,刑庭工作3年,有资格审案2年。对法官H的访谈如下:获得法学硕士学位(刑法学),通过司法考试。刚刚工作时,还阅读点法学专著、(刑事)法学方面的文章……但接触刑事审判工作后,觉得法学专著、法学论文与审案没有多少直接关系。在刑庭工作时,法院分配一个老法官作为"师傅"带领我们办案,在师傅的指导下,在法律条文、指导案例等"辅佐"下逐渐学会办案……工作以来,第一年阅读法学专著5部、论文10篇。第二年阅读法学专著3部,论文5篇左右。今年还没有读专著,论文也没有看。现在一般在撰写全国或者省法院学术讨论会论文时阅读……如果从广义的阅读看,每年翻看了一两本《刑事审判参考》(案例书),常备的书籍有《刑事办案手册》(法律条文)。

法官I(M市A县法院):基本情况,男,29岁,到A县法院工作6年,到刑庭工作5年,有审判资格4年。对法官I的访谈如下:获得法学学士学位,读书时阅读法学著作很少,工作后仍然没有兴趣阅读那些艰深的著作。从毕业到现在仍然没有阅读一本像样的法学著作,手里常用的法律条文(如《刑事办案手册》)、指导案例也只是在办案时翻翻。总的来看,每年阅读专著、其他书目不到一本,偶尔翻翻杂志。

其三,对其的评价:

根据前述对刑事法官读书情况的调研,我们可以作如下总结:

就读书基本现状而言,刑事法官的日常书籍阅读非常少,法学专著则更少,平均每月不到一本专著,即使越来越多的法科本科生、研究生进入法院也没有改变这一现状。他们最初一年都能阅读好几本著作,但随着工作年龄的增加,阅读书籍的数目持续走低,阅读兴趣也持续减弱,因为他们认为审案与此的相关性小。不过有一点值得注意,所有刑事法官均关注法律条文(及其变化)、相关案例;即使在此方面,不同法官也有不同的做法:(1)有的仅仅是听闻(日常交流中获得一些粗浅看法,但并不阅读,更不要说系统阅读);(2)至少有一半以上的法官并不阅读指导案例、刑事审判参考等资料;(3)只有负责、谨慎、爱学习的法官(但人数极少)会阅读与其审案有关的指导案例、刑事审判参考资料;(4)虽然不阅读或者说很少阅读,但随着司法经验的逐步丰富,法官们也非常熟悉条文但没有法官系统阅读法条。①

总而言之,在职的刑事法官们很少读(法律)书,到后来是越来越不读(法律)书。这一不读书的情况印证了前述结论,即通过对在职法官提升学历和培训的方式提升法官法律技能目的已然落空。

五、本部分小结

通过考察中国刑事法官的知识积累情况,我们可以作出总结以开启下一节内容:

首先,如果历史地看,新中国成立后,法官的职业准入条件很低,法官专业知识基础差、法律技能几乎可以忽略不计。因而在这时,只有一个要求,即要求政治上的忠诚、信仰的坚定。改革开放后,随着政治、经济和社会的剧烈转型,法官准入条件提高,不仅仅有政治上的要求,更有专业、职业的准入要求,但更多只是形式上的提高,如对学历要求的提高,从法院发展实践看,经历了一个从小学、初中,到高中,再到专科、本科,再到法律专科、本科的历程;如果从法律文本看,一直要求具有专科以上学历(如果非法律专业毕业,则要求具备法律实务的经验)。就在职法官而言,则主要通过提高学历和在职培训的方式来回应社会所要求的知识、专业知识。

如果从这个角度看法官知识积累问题,的确有巨大的进步,法官职业化、专业化取得诸多成绩。

---

① 在我们的调研中,获得一个有趣的信息:当我们提问,你是否阅读了审判程序的所有条文(即现行《刑事诉讼法》第三编内的所有条文)? 没有一个法官作肯定回答。进而言之M市两级法院刑事审判庭法官没有一名法官阅读了该编的所有法律条文。

其次,如果究其实质,这一成就意义有限:法官司法、审案需要的是法律专业知识和法律专业技能。它需要法官接受系统的法学教育和职业培训,而非形式意义上的文凭。当我们揆诸中国法学教育的基本现状和法院的在职培训现实,我们可以得出如是一个判断,即无论是新任法官还是在职法官均没有相应的法律知识和法律技能与之匹配,通过考察在职法官的日常生活中的读书情况更是印证了前述不匹配情况。

再次,法官只剩下了司法经验:从法官在职场生涯的知识积累看,无论是从学历观察,还是从法院法官培训效果,抑或从他们日常的阅读审视,刑事法官积累的法学理论知识不多,法律能力也没有得到提升,**如果与其准入时比较,能够积累、增加的往往不是法学理论知识、法律技能,只有司法经验**。而且,这一司法经验随着工作年龄的增加成为法官司法、审案的基本依靠。①

总而言之,中国法官知识积累的如是现状直接决定了法官司法、审案可以凭借的专业知识、专业技能水平。这一现实也决定了法院刑事审判委员会、合议庭、独任庭司法的审判业务质量,更制约着中国法治发展水平。

这是唯一对法官司法、审判业务有影响的因素吗?还有其他吗?请看下一节我们对法官的收入、可能的职务晋升情况的详细考察。

第二节 法官薪资、仕途与刑事审判业务

在分工相当细密的现代社会,作为一个常识、共识,知识与工作有直接关系。就法官从事的审判工作而言,法官的知识积累与法律技能培养情况与审判业务有直接关系。

但法官的薪资、仕途与法官的审判工作没有直接关系。因为当(刑

---

① 值得注意的是,中国法学教育本身的深层缺陷,法科学生的法学素养、理论水平堪忧(参见蒋志如:《法律职业与法学教育之张力问题研究》,法律出版社2012年版,第1—27页),进而当其为法官时,法学理论对司法经验没有多少帮助,抑或说司法经验对法学理论也没有多少助益,进而法官与法学者无法展开深层次交流。

事)法官审案时,主要根据(刑事)案件的事实,根据证据、法律作出判断和判决,而非其他。

如果我们换一个视角观察的话,法官的薪资、仕途与案件的确有若干间接关系,因为法官的收入、薪资与可能的职务晋升情况将影响法官对待工作(案件)的态度、心情,甚至工作的时间安排。这些心情、态度,甚至因其而来的偏见等将可能影响对事实的认定、对法律的适用。特别是在一个非法治国家的中国当下,法官的薪资、收入情况、职务晋升情况与案件的审理结果将产生更多我们不容易察觉的间接关系。

在这一节中,我们将通过梳理中国(刑事)法官的收入、薪金情况,考察影响法官职务晋升的基本要素,以深入洞悉它们分别与法官审判业务存在的内在联系,并论及三者间的互动关系。

一、(刑事)法官薪资与审判业务

当一个人选择到法院当法官从事审判工作时,一方面,薪资、收入是其入职前考量的基础要素;另一方面,当一名在职法官离职,欲以另谋高就,其考量的基础要素也是薪资、收入。薪资或者说收入问题,对法院来说是一个非常重要的问题,它关系到法院能否吸引优秀人才,能否留住已在法院的优秀人才,更关系到法官在法院内部的流动(是否安于作为审判法官的现状),还关系到法官审案时的考量因素(亦即当法官的收入可以从职业工作中获得时,其将影响法官的思考和行为方式)。

如果要对此做深入审视,最好的方式是从历史角度展示(中国刑事)法官收入的基本发展轨迹。从中国历史角度观察,(刑事)法官的收入,大致可以分为三个发展阶段:第一阶段,传统帝制阶段,行政长官兼任法官。在这一阶段,即使作为中央司法部门的刑部或大理寺,它们所属官吏也以政治性官员身份而非以技术性法官示人,讲究行政品级,不论其他。法官之俸禄、薪资等收入与其行政级别(亦即官居几品)密切相关,即使到晚清改革时,行政官与法官逐渐分离,薪资、俸禄虽有改革,却也没有改变以品确定其收入的既有传统。第二阶段,民国阶段,民国继承了大清帝国的各项既有改革,在司法改革中,持续推进司法与行政的分离,最终实现了两者的分离,法官的收入、薪资也与行政公务员逐步分开,实行法官系列单独的薪资、收入体系。第三阶段,即中华人民共和国阶段,分为两个时期:法官等司法官员回归到行政官员系统阶段,法官与行政官员相互分离的阶段。

(一) 传统帝制阶段

帝制中国从曹魏开始确定官员(法官)的正式俸禄,亦即现代社会的薪资、收入。曹魏政权薪资体系有一个基本规则,也是延续到清末的基本规则,即一名官员的收入、薪资高低不仅仅依据官职,更依据朝廷赋予的品位、品级(即官员制)。① 帝制中国时期,清朝是发展的最后阶段,也是最完善时期,更是中华法系、中国司法优劣势展示最充分的历史时期,因而对传统帝制中国法官(由行政长官兼任)的薪资、收入问题的考察,以清朝为例展开分析即可达致考察的目的:

首先,清帝国法官应当包括如下人员:

清朝廷(即中央政府),有三大司法机关,刑部、大理寺和都察院,其品级如下:刑部尚书享有从一品待遇,其所属衙门则有从正二品(如刑部侍郎)依次到九品的各品级官员。大理寺正卿享有正三品待遇,所属衙门分布了从正四品(如大理寺少卿即正四品)到九品的各品级官员。都察院的最高长官为左都御史,享有从一品待遇,其所属官员也分布从正三品(如都察院左右副都御史)到九品的各个品级的官员。

地方政府中的法官除了按察使司专职外,均由行政长官兼任,包括了省级一把手的督、抚,作为省级官员中排名第三的臬台,还有道台、知府(包括直隶厅、直隶州的知州)、知县,这些官员的官品依次从正二品起到七品。除此之外,还有上述官员的属员(名额不定),他们的官职品位可以到九品,甚至还有未入流的职位(如县衙之典史)。

其次,法官们薪资、收入情况。

上述官员,国家根据品位情况确定其一年的收入。它包括了两部分:

其一,基本俸禄:一品一岁之俸禄为 180 两银子,二品为 155 两,到九

---

① 参见黄惠贤、陈锋:《中国俸禄制度史》(修订版),武汉大学出版社 2012 年版,"前言",第 3—4 页。

品则减为35两,从九品、未入流的(法官)官员为31两银子。①

其二,皇家的额外恩赐,即丰厚的养廉银子:京官主要通过"恩俸"和"双俸"方式养廉。地方则有丰厚养廉银,以湖北省为例,总督15000两、巡抚10000两、布政使8000两、按察使6000两、道员2500—5000两。②

清末新政、官制改革、司法改革等对帝制传统产生深远影响,新情况出现,大清帝国的官员、法官也在功能上逐渐分为两途,但这一新情势并没有改变以品定俸禄、薪资、养廉银子的传统,申言之:

其一,从大清朝廷设立最高法院(大理院)的官职看。晚清改制后,大理院作为全国的最高法院,其院长为大理寺卿,从原来的正三品改为正二品。大理院之属官依次为:少卿为正四品,刑事推丞正四品,刑科推事正五品,都典薄从五品,典簿从六品,主簿为正七品,录事为八品、九品。帝国法官们的俸禄仍然参照行政官员的俸禄,仍由度支部照例给予。③

其二,《成都法院志》记载了晚清官制改革、司法改革后,成都地方法院法官的俸禄情况,进一步佐证以官品确定俸禄等收入的事实,也详细叙明了具体俸禄的情况:

> 清宣统二年(1910),按照清政府规定,成都地方审判厅厅长为四品官,俸银200两;庭长正五品,俸银140两;推事从五品,俸银80

---

① 参见陈茂同编:《中国历代职官沿革史》,昆仑出版社2013年版,第390—396、407、413—414页;黄惠贤、陈锋:《中国俸禄制度史》(修订版),武汉大学出版社2012年版,第516—522页。
② 参见黄惠贤、陈锋:《中国俸禄制度史》(修订版),武汉大学出版社2012年版,第522—534页。
另注:《四川审判志》对官员(兼任法官)岁俸与养廉银(包括可以支配的公费)之间一一对应关系有详细记载,如下:

表6　晚清四川主要职官、岁俸、养廉银和公费表

职官	品级	岁俸	养廉银	可支公费(实际收入)
总督	从一品	180两	13000两	12000两
按察使	正三品	130两	4000两	20000两
巡警道	正四品	105两	3000两	10000两
分巡道道员	正四品	105两	川东道3000两,其余2000两	6000—12000两
知府	从四品	105两	6000—10000两	6000—12000两
知县	正七品	60两	600—1000两	4000—10000两

③ 参见韩涛:《晚清大理院:中国最早的最高法院》,法律出版社2012年版,第184—187页。

两;初级审判厅推事为从六品,俸银亦为80两;典簿正七品,俸银60两;主簿正八品,俸银45两;承发吏、录事为从九品,俸银40两;检验吏、所官为从八品,俸银45两;衙役等佐杂人员为未入流人员,俸银均为35两。①

最后,初步结论。

虽然比较遗憾,《成都法院志》并没有养廉银的记载,但也不妨碍我们可以得出这一判断:

大清帝国,作为传统帝制中国的最后王朝,不管是晚清新政、司法改革之前,还是改革之后,帝国法官的收入情况并没有在本质上变化,一直以官品作为确定(法官)收入的基本标准。而且,该收入标准又被深深嵌在整个帝制中国以行政系统为核心的政治体制之下,虽然皇帝作为最高行政长官(亦是国家元首、军事首长、最高法官)并不领薪、论级(即官居几品)。② 进而言之,一方面,大清帝国在新政、官制改革、司法改革之前,行政官兼任法官(即使官员被赋予法官职务,从事法律事务,也主要以行政官员自居,也愿意从该职务流动到其他行政职位),因而两者的收入以同一标准发放。另一方面,在清末新政改革之初,法官的岁俸再次以行政机关官员的收入规则为参照,亦即既有的品级制仍然是确定法官的收入的基本框架。

(二) 民国阶段

首先,民国法官薪资、收入变迁的基本背景和过程。

民国以降,晚清已经兴起的三权分立、司法独立的理念和实践得到进一步发展、扩张。权力分立,特别是关于司法(权)独立在民国政治实践中逐步成为社会共识(虽然其运行还有诸多缺陷和问题)。当狭义的司法权(法院的审判权)作为独立的一个权力被确立时,法官的社会地位也随之水涨船高。在确定独立司法的进程中,作为配套制度的薪资、收入制度也应当与之同步,亦即:帝制中国以官品定薪资、收入的方法、标准也逐渐显得不合时宜,需要实行新的法官薪资、收入制度。

---

① 参见成都市中级人民法院编:《成都法院志》,四川人民出版社1997年版,第102页。
② 但皇帝却是所有权力的来源,在理论上也可以决定帝国之内的任何事项,它是行政系统的枢纽、发动机;在整个帝国,地方围绕中央转,其他机关围绕行政机关转,行政机关围绕皇帝转。

民国七年（1918）公布了《司法官官等条例》《司法官官俸条例》，民国十七年（1928）公布了《司法官官俸暂行条例》，民国二十六年（1937）3月8日颁布的《暂行法官及其他司法人员条例》。这些条例确立的法官薪资制度虽然在民国之北洋政府、南京国民政府两个时期有所损益，但都有一个共同目标，朝着保障法官独立职位的薪资、收入方向迈进，并在1949年之前在形式上至少有一个独立的法官薪资体系，与行政等其他系统比较，已有了更多优势。

其次，法官独立的薪资、收入体系的基本内容：

当我们揆诸民国时期颁布的《司法官官等条例》及其《司法官官等表》与《司法官官俸条例》及其《司法官官俸给表》等资料时，法官们的待遇、薪资情况可以描绘如下：

大理院：法官分为特任、简任和荐任三种：院长，特任，俸给（一级）1000元。庭长，简任，一至二等，俸给（一级）500—600元。推事，有两种：其一，简任，二等，俸给（一级）500元，其二，荐任，三等，俸给（一级）360元。

高等审判厅：厅长，简任，一至二等，俸给400元起，最高600元，每晋升一级为50元。庭长、推事为荐任四至五等，俸给从180元起，最高达360元，每晋升一级20元。

地方审判厅：厅长为荐任三至四等，俸给从180元起，最高达360元，每晋升一级20元。庭长、推事为荐任五至四等，俸给100元起，最高达260元，每级晋升20元。

初级审判厅：厅长为荐任五至四等，俸给从100元起，最高达260元，每级晋升20元；推事为荐任五等，俸给从100元起，最高达160元。[①]

最后，初步结论。

与帝制中国、清末新政时期法官的薪资、收入比较，既有共同点，亦有

---

① 参见四川省高级人民法院院志编辑室：《四川审判志》，电子科技大学出版社2003年版，第72—79页。
另注：民国二十六年（1937）公布《暂行法官及其他司法人员官等官俸表》，民国三十七年（1948），司法部印发《修正法官及其他司法人员官等官俸表》，形成了一种更为成熟的法官薪资体系；参见新疆维吾尔自治区地方志编纂委员会编：《新疆通志（第22卷）·审判志》，新疆人民出版社1993年版，第352—357页。

差异或进步：(1) 法官的薪资、收入与法官之等级仍然密切相关；(2) 继承了一个传统，即法官也是作为政府组成部分的雇员，拥有比较丰厚的薪资、收入；(3) 但是有差异的或者说有进步的是，法官的薪资、收入制度已经相对独立，且比其他国家权力系统的从业者收入更丰厚。

与此同时，我们还应当注意的一个基本事实：中国从 1912 年到 1949 年持续的战争、动乱（短短 30 余年间，发生诸如辛亥革命、第二次革命、北伐战争、抗日战争、国共内战等多次战争），令民国时期法官的工薪制度没有得到完全贯彻。①

因此，我们只能如是说：形式上的保障法官独立的薪资体系得到初步确立，并且在精英、特别是执政精英中也达成共识，即确立完全独立的法官薪资、收入制度。换而言之，虽然民国时期的法官之薪资、收入制度有各种缺陷，但民国政府颁布《司法官官等条例》《司法官官俸条例》以来的系列法律文件所确定的基本制度、框架随着实践的展开、社会的发展也越来越成熟和完善。

(三) 共和国时期

大清、民国给予官员、法官优渥的经济待遇（高薪以养廉），特别是民国以降，法官的官俸、薪资不仅丰厚，而且已初步建立自成体系法官薪资体系以保障法官生活在优渥的物质条件中（进而可以独立司法）。1949 年，中华人民共和国成立，旧有的薪资制度、法官薪资制度随着民国政府在大陆的垮台而一起被埋葬，取而代之的是将源自革命根据地时期的薪俸制度，并随着解放的进程推向全国。

这一法官工资制度与民国迥异，它将法官与同级党政干部同等对待，基本待遇与党政级别密切相关，具体而言：

首先，基本工资情况。

(1)《湖南省志（第六卷）·政法志·审判》对法官的工资与相应行政级别（及其变迁）情况作了详细描绘：

> 县（市）人民法院正、副院长分别为正科、副科级（区级），正、副庭

---

① 参见张仁善：《近代中、德等国法院体制与法官资格、待遇及社会地位之比较》，载《中德法学论坛》2003 年第 00 期，第 62—65 页。

长分别为副科、科员级,审判员为科员级,助理审判员为办事员级。中级人民法院正、副院长分别为正科、副科级(县级),正、副庭长为副科级(县级),审判员为副科级、科员级,助理审判员为办事员级。省高级人民法院正、副院长分别为正、副厅级,正、副庭长为正、副科级(县级)审判员为正、副科级(区级),助理审判员为科员级①……审判员的工资,解放初期享受供给制,科级以下"大灶",县级"中灶",厅级"小灶"……1952年定级改"包干制",按审判人员所定**行政级别**计发"包干"金额。1955年开始实行薪金制,以原定行政级别计发工资。1987年工资改革后,按基础工资加**职务工资**加工龄工资计发工资。

(2)《四川审判志》对改革开放以来,法官行政级别与工资的关系描绘更具体、生动、形象,请看下面的详细叙述:

> 1988年四川省工资制度改革小组、劳动人事厅、四川省高级人民法院根据1987年11月20日,国务院工资制度改革小组和劳动人事部联合下达劳人薪(1987)56号《关于地方各级人民法院工作人员工资制度改革问题的通知》的文件精神,联合下达川工(88)22号文件确定:四川省高级人民法院院长执行副省级职务工资标准;中级人民法院院长执行副专员职务工资标准;基层人民法院院长执行副县长职务工资标准。各级人民法院副院长,按照同级政府职能部门正职还是副职确定职级应当根据干部管理权限审定,并执行相应的职务工资标准。各级人民法院正副庭长按照本级法院审判员确定职级,并执行相应的工资标准。四川省高级人民法院审判员为处级;助理审判员为科级;书记员为副科级和科员级。中级人民法院的审判员为副处级和科级;助理审判员为副科级和科员级;书记员为科员级和办事员级。基层人民法院的审判员为科级和股级;助理审判员为科员级;书记员为科员级和办事员级。确定股级的审判员,其职务工资最高等级可比县(市)国家机关科员高一级,即执行57元的职务工资标

---

① 参见周金堂主编:《湖南省志(第六卷):政法志·审判》,湖南出版社1995年版,第98—99页。

另注:20世纪80年代,提高了法院的行政级别,基层人民法院整体享有副处级干部待遇,中级人民法院整体享有副厅级干部待遇,省级人民法院享有副省级干部待遇。

准,最低等级科员五级的职务工资标准执行。①

其次,除却基本工资外,还有津贴、福利作为补充。

(1)《江西省志·江西省法院志》对此有所描绘:

> 新中国成立之后,从人民法院成立之日起,就实行生活费补贴制度。从工资改革开始,生活补贴的种类又增多,有粮油、副食品、燃料、交通、书刊资料等共 40 多元,每月发放工资时一并发给。除上述个人享受的生活补贴外,对因病、丧、天灾等造成家庭生活困难者,还从集体福利中酌情补助。②

(2)《成都法院志》对此有更详细的描绘:

> 中华人民共和国成立之后,成都市人民法院的供给制人员除了按职别高低分为大、中、小灶三种灶别标准费用计发伙食费外,每人每月还享受不同标准的津贴:专员级 15.1 万元(旧币制);县级 3.8 万元;区级 2.4 万元;杂员级 1.6 万元……供给制人员确因家庭生活困难者,给予临时生活补助。1952 年补助了 12 名供给制干部生活费计 500 万元。1953 年实行了币制改革,旧币 1 万元为新币的 1 元。1955 年工改后,成都市中级人民法院对低工资干警家庭遇有特殊困难者,予以 10—20 元的生活补助。中共第十一届三中全会以来,根据成都市委指示,每年按干部工资 2% 的比例提取经费,作为干部职工的福利费,由政工部门掌握,用于干部生活困难或者天灾人祸等方面的补助费。1981 年以来,因不断调整生活物资价格,根据国家统一规定的物价补助,无论职务、在职或离退休人员,按人按月平等计发。至 1989 年年底为止,每人每月的副食、粮贴等补助额在 35 元以内。③

根据上述,我们可以作出如下判断:其一,共和国时期,从正式制度看,法官的薪资、收入,虽然各省、各地在具体金额上有差异,但均包括两

---

① 参见四川省高级人民法院院志编辑室:《四川审判志》,电子科技大学出版社 2003 年版,第 122 页。
② 参见《江西省法院志》编纂委员会编:《江西省志·江西省法院志》,方志出版社 1996 年版,第 36 页。
③ 参见成都市中级人民法院编:《成都法院志》,四川人民出版社 1997 年版,第 104—105 页。

方面内容,即基本薪资和生活补助(费)。其二,法官的收入、薪资,主要根据行政级别之高低而有差异,行政级别越高、收入越高,虽然后来增添了其他因素,如年龄作为收入差异的因素。进而,法官的收入可以具体描绘为:(1)基本薪资:基础工资+级别工资+年龄工资,以行政级别为主导因素;(2)生活补助,因各省、各地而有地方差异,更因为行政级别而有差异。

简言之,共和国时期法官的收入包括基本工资和(地方)津贴、补助两部分。

最后,除此之外,还有一部分收入很难被统计,我们可以称之为"创收收入"[①],简单描绘如下:

1949年中华人民共和国成立,迄至1979年改革开放之际,并无所谓创收收入的问题,因为这一时期的中国整体上处于贫困状态(即所谓国情是"基础差、底子薄"的状态),加上阶级斗争、各类政治运动是国家、社会的主轴,要求在精神上以奉献、献身为主旋律,而经济诉求、物质要求则处于边缘,处于被排斥的状态。[②] 创收、增加收入都属于"资本主义苗"的范围,任何单位对此不感兴趣(也不敢感兴趣)。当时间的巨轮步入改革开放后,经济得到发展,而政府公务员之工资、(国家)补助并没有随着经济的发展得到相应的提升[③],这里涉及的"创收收入"则作为对该变迁(生活、职业本身等需要)的回应出现在了公众的视野中:

其一,单位内部"小金库"。

随着经济的逐步活跃,法律、政策却没有跟进,进而各个地方、各个单位开始各显神通。他们根据本单位既有的优势创收,形成单位"小金库"、

[①] 参见孙郑:《基层法院法官境遇现状及分析》,内蒙古大学2014年硕士学位论文,第10—12页。

[②] 这一奉献精神和行为源于革命根据地、抗日根据地和解放区中国共产党人的日常实践,也是中国共产党信奉的基本理念。这一理念要求党政干部在实践中实行乐于奉献、享有较少的物质待遇等具体行为规范(参见岳谦厚:《边区的革命(1937—1949)——华北及陕甘宁根据地社会史论》,社会科学文献出版社2014年版,第53—94页)。

[③] 注意,这里的相应提升不是指没有工资改革、没有工资提升,而是没有得到相应于经济发展水平的提升,进而法官、公务员的名义工资处于相对较低的位置,而且在社会主义条件下,作为政府官员,法官更多需要奉献、献身,而非要求经济待遇,因而无法像清朝、民国保障公务员处于一个较高的收入水平状态,特别是形成的独立法官薪资体系。

甚至形成单位内部（基层）部门的"小金库"。① 作为中国国家机关重要组成部分的法院也不例外，不仅仅作为一级单位的法院有"小金库"，法院内部科、室也有自己的"小金库"。② 这些"小金库"有一部分以奖金、津贴、补贴等方式进入法官收入之中。但是，由于各个单位的创收能力有所不同：不同级别的法院（如中院与基层法院），同一级别不同地区的法院（省会城市中院与该省内经济欠发达地区的中院），同一法院的不同科室（如刑庭与经济庭或者研究室）形成了大小各异的"小金库"。正因"小金库"规模不等，法官之间的收入也互有差异。因此，法官之收入差异除了因行政级别、年龄、正式津贴等因素影响外，更有单位"小金库"因素的影响。

但不管其间有多少差异，单位"小金库"带来的收入已成为法官的重要组成部分。

其二，法官个人的创收（"牟利"）。

当法院、法院内部科室（如业务审判庭，刑庭）作为一种组织凭借自身优势、信息建立"小金库"时，业务庭的法官们，或者法院其他人员伙同业务庭法官也可能利用自身掌握信息优势、职业优势、地位优势获得额外收入。③

就该部分收入而言。一方面，如果与单位"小金库"比较而言，该收入不算高，但与法官既有收入比较的话，则是一笔丰厚的"薪资"。但在性质上，他们应当一致（单位"小金库"也不是法律、政策范围内的事项），但后者违法的可能性更高。另一方面，该部分收入非常隐蔽，与单位"小金库"比较、与正式收入比较更隐蔽，而且是法官们的私下行为，由法官、利益相关者通过"合作"以默契的方式实现。

---

① 对改革开放以来中国行政事业单位"小金库"的形成、原因及其对策的研究，参见马力：《行政事业单位防治"小金库"长效机制建设研究》，武汉理工大学 2012 年硕士论文；刘派：《行政事业单位"小金库"的审查与治理对策研究——以 A 单位为例》，吉林财经大学 2016 年硕士论文。

② 参见崔建军：《法院隐瞒收入私设"小金库"》，载《财政监督》2008 年第 9 期；《（甘肃）全省法院积极开展"小金库"专项治理工作》，载 http://www.chinagscourt.gov.cn/detail.htm? id=34935，最后登录时间：2017 年 12 月 5 日；游东华：《法院全面清理"小金库"》，载《闽东日报》2001 年 12 月 21 日第 a02 版。

③ 有些行为属于违法情况，甚至是严重的违法，但由于中国当时的法治环境、巨大的自由裁量权，上级没有能力和精力对其监督。从整体上看，法官从职业行为中获利即应当受到谴责和非难，但在中国当时语境下，其很难得到彻底消除。而且，从法院作为一种组织角度看，其也有获利，法官只是间接受益，因而法官的这些行为很难被追究。也因此，笔者并不从违法、犯罪角度审视之，主要从法官收入角度观察他们收入结构问题。

因此,该部分收入不是每一位法官都能有的收入。但又是很多法官愿意追求的收入,特别是在风险较小的情况下更可能主动追求的部分收入。

综上所述,我们可以知晓,(1)中华人民共和国时期的法官(包括刑庭法官)的收入、薪金情况有两个阶段:第一阶段,即改革开放之前,只有两部分,即国家基本工资和(地方)津贴;第二阶段,即改革开放之后,法官工作可以分为三部分,即国家基本工资、(地方)津贴和创收收入(包括法院"小金库"中的部分转化而来的收入和法官自己的"创收")。

而且,(2)法官收入中的三部分都与法院的行政级别有密切关系,级别越高,基础工资、津贴越高,也就是说,共和国时期法官的收入、薪金与行政级别成正比关系。另外,在法治未成的语境下,法官的第三部分收入,即"创收"收入远远高于其基本工资、薪金[①],进而适应了法官收入与经济发展和职业发展的内在关系,虽然其正当性还有待商榷。

但是,(3)法官们的第三部分收入有很大的负面后果[②],它不仅仅涉及国家的财经纪律问题,更是涉及因这部分收入而影响的法官行为方式,进而影响法官审判工作、法院判决等。也因而,有党和政府持续性地治理行政事业单位、法院的"小金库"行为,更有各种纪律、政策约束法官之司法行为。

(四) 中国法官既有薪资制度对法官行为的影响

通过前述对中国法官薪资制度考察,我们可以作如下总结:

其一,无论是帝制时代(特别是大清帝国)、民国时期,抑或中华人民共和国时期,中国法官的薪资与法官的行政级别(帝制时代为官品位)密切相关,而且其间差异还非常大,法官行政级别越高,收入越高,收入差异也呈递增趋势:清朝时,作为法官的总督收入在四川可达10000两银子,而按察使则只有4000两左右,其他法官更是等而次之。民国时代,同样

---

① 笔者对S省M市两级法院刑庭法官访谈时,他们对此并不讳言,特别是在私下场合,只要不涉及其本单位、本人,他们均做了详细描绘,甚至不点名说到具体的事件、案件。

② 根据笔者对法官的访谈,我们能够了解到的事实如下:利用法官自由裁量权获利(亦即仅从判决上看,没有瑕疵,比如说判处被告人3年以下有期徒刑,法官可以选择3年,也可以选择2年或者1年,甚或缓刑)。他们基本上也没有提供枉法裁判的事实,但是,肯定有法官如是行为,只不过该行为没有过度,更没有被发现。这些获利行为必然影响了当事人、社会大众对法院判决、法院权威、法官素质等事项的观感,进而影响了他们在刑事案件中所采取的策略。

是法院法官,大理院院长收入可达1000元,最低级别的法官则只有100元。而且,无论是在行政长官兼任法官时代,还是在民国时期,抑或在中华人民共和国时期,法官之地位、品级均依照当时行政机关的模式建立、展开。

进而言之,中国经过百余年积累之近现代化,法院、法官之行政化色彩仍然相当浓厚,或者说法官独立的身份、地位随着近现代化的展开还没有得到真正的确立。

其二,在民国时期,法院体系、法官制度得到初步确立,或者说社会对法院独立、法官独立有越来越多的社会共识,进而在薪资体系上得到较好体现:独立的薪资制度得到确立,优厚的薪资得到初步确立(虽然与理想状态,与西方法治国家仍然有很大差距①),而且在持续的战乱时期(1912—1949)能达到这一状态确属不易。

其三,中华人民共和国建立后,确立了一种新的法官薪资制度。但与传统中国(帝制中国)更类似,将法院与行政机关同等对待(在1954年《中华人民共和国人民法院组织法》颁布前,其隶属于政府行政机关,比如说县法院作为县政府的组成部分,而非单列),两者的收入也等而视之,法官收入的差别取决于行政级别的差异度。虽然后来加入其他因素,如年龄、补助等(亦即法官正式工资由岗位工资或基本工资+薪级工资+地方补贴等要素组成),但与因行政级别带来的差异比较而言,后两者显得有些微不足道。另外,自革命根据地以来,中国共产党即形成一种低收入的薪资制度,其与经济发展、社会变迁而来的经济实惠形成鲜明对比,为了"弥补"这一点,法院、法官自己行动起来,因而有了非正式的创收收入,即法官在从业中通过职业行为获利。

这些收入、薪资对法官的行为方式有何影响呢?在笔者看来,前述法官收入的不同组成部分对其有不同影响,简单叙述如下:

其一,在司法权裁量空间允许和政策、环境允许语境下,法官们不愿意放弃第三部分收入(即创收收入,特别是法官个人的创收)。即使党和政府进行更多监管、提出更多的要求、更严的纪律也不会消除这部分收入,他们将以更隐蔽、更有"技术"含量的手段达致。当然,随着国家财政收入的充裕,法官名义薪资得到全面提升,对单位"小金库"的治理已非常

---

① 参见张仁善:《近代中、德等国法院体制与法官资格、待遇及社会地位之比较》,载《中德法学论坛》2003年第00期,第62—65页。

有效。但是对法官个人努力创收的部分收入而言,虽然有所推进,但仍然在路上,而且还路漫漫。简而言之,法官个人"创收"收入很难根除。但这部分收入与审判工作密切相关:法官拥有太多的自由裁量权,他们可以改变对事实、法律的适用,更可以改变刑罚的执行方式,当法官自己利益渗入时,既可能通过非法手段达致(此种方式风险较高),也可能在法律范围内为之(此种风险比较小)。但法官因利益而改变的行为方式最终影响了判决结果,在当下的语境下,更多是在法律的框架内积极活动,这一深层因果关系更难发现。

一旦当前述收入不能实现,或者风险更高,法官们即有离职的可能,或者说法官中的精英会首先离职,进入到收入非常高的律师行业或者其他职业,以达至收入与能力的匹配。

其二,行政级别是影响收入的重要因素。因其而带来的收入差异将影响法官们的行为方式。他们在职业生涯中将积极追求仕途,并将其作为职业生涯的重要组成部分,不仅仅是荣誉,更是收入,甚至更多的收入——我们将在下部分作详细分析。在这里,仅仅需要提及一点:当法官积极追求更高职务、行政级别时,他们在更多时候将听从、服从上级领导或者说可以影响职务晋升的领导的建议、命令,进而影响法官在认定事实、适用法律上的判断和决定。

其三,法官的前述收入状况还有其他深层次影响:当法官们花费大量的时间追求更高的(行政)职位,欲以在从业中获得更多收入时,法官必将花费更少时间审视其从事的审判业务,更少时间读书、钻研案例、法律条文、法学理论,进而也影响法官判案。

总而言之,法官将自己的利益(特别是将第三部分利益作为薪资、收入组成部分时)渗透在所审理的(刑事)案件中,或者说法官可以从案中"牟利"时,不公正、不正义的判决必将产生,虽然仍然以形式上合法的方式出现(与谚语"任何人不得担任自己案件的法官"所描绘的理念相悖)[①],进而影响法院权威、法官威信,影响法律职业、法治的最终建成。

二、法官的"仕途"与审判业务

在刚才的叙述中,我们已看到如是情况,法官薪资、收入与其享有的行

---

① 关于这一点,请参见本书第五章第二节。

政领导职务级别有密切的正相关关系。此种关系激发了法官对职务晋升追求的热情,但是,中国法官追求"仕途"之路并不平坦,因为很多时候并不取决于个人能力,与其他行政机关一样,它受制于诸多因素,如法官个人能力、资历、政绩,甚或个人关系。① 与前述的薪资、收入比较的话,这一追求所

---

① 法官的能力、人际关系、领导赏识,甚至其他偶然因素都可能介入,况且中国距离传统社会并不遥远,帝制中国选拔人才的模式仍然影响甚深,请看下面对帝制中国官员关于职务晋升的简单描绘:
在晚清改革之前的帝制中国,初任官员的职位经过一定时间将因为业绩、需要等原因而变动,可能得到升迁,也可能原地不动,抑或受到贬斥。**对官员职务变动通常有赖于朝廷的(三年一次)考核**,以大清帝国为例:
其一,从负责考核的主体看,有三:(1)县、府之官吏由巡抚、总督考核,报吏部备案,这些官员能否升迁主要取决于督、抚的意志;(2)道以上官员由吏部(会同都察院)负责考核,吏部对这一类官员有很重要的决定权;(3)皇帝对部分重要官职的亲自考核,但不限于重要官员,因为在理论上对于所有官员皇帝都有任免、升迁的权力,并不取决于前两者的考核情况。
其二,考核的内容:对官员(法官)的守(是否遵守法律、遵守纪律)、政(政绩情况)、才(才干如何,是否有潜力)、年(是否年富力强)、德行(包括工作态度、基本品格)等领域展开,同时也考虑该官员治理下的事务繁简、地理、民情等情况(大清帝国将其境内的县、地方分为冲、繁、疲、难四等),有的县、地方四个要素具备,需要更有能力的官员赴任,有的地方只具备一个或几个要素一般能力即可胜任。
其三,考核的方式。巡抚、吏部、都察院考核官员的方式虽然多种多样,包括汇报工作、巡视、个案监督等,但最主要还是依赖于上一级官员对下级官员的书面评价,更上级的官员则根据这一书面评价作出考核是否优秀、是否合格、是否渎职的最终结论。因此,考核的方式主要是书面考核,亦即上级官员以文字材料为基础的考核(与中国当下行政机关、事业单位的考核类似:(1)个人填表(自我鉴定),(2)主要领导讨论(其鉴定是否属实),(3)领导签字,更高级别、层次单位则依据该考核表作为评价、审视这个人是否优秀的基本材料)。
据此,我们可以说,通常情况下,上级官员、吏部、皇帝根据刚才提及的考核标准对官员考核,但是以书面考核方式展开(亦即根据其直接上司的考评进行),进而这一考核最终转变为上司的书面评价,虽然从结果上看取决于督抚、吏部、皇帝的决定。而且吏部、皇帝决定了官员(法官)升迁、变动的基本标准。官员(法官)的升迁,包括职务与品级两方面;同一行政区划不同地区的县(知县)、府(知府)、道(道台)、省(巡抚或总督)的行政官员,也存在不同品级。以作为最基础单位的县为例,其包括散州(大县)和县(一般县和小县)两类。从行政区位划分看,两者相同,两者相异的地方是品位,前者一般为从五品,后者一般为正七品(参见陈茂同编:《中国历代职官沿革史》,昆仑出版社2013年版,第403页)。因此,当一名官员从一个县调任另一个县、散州,虽然都是县级行政长官,却有品级的晋升,反之则是贬黜;当一名官员从知县升任知府,则不仅仅有官职的升迁,更有官品的提升(从正七品到正五品),反之则是贬黜。
又有**例外**:在帝制中国,皇权至高无上,当皇帝需要任命或者提升、贬斥一名官员时,前述标准考核则没有任何意义,它取决于皇帝的个人爱好,即使在选择未来接班人、下一任皇帝时也如是(在唐帝国形成了皇室继承即立皇子为太子是家事的政治传统;参见雷艳红:《唐代君权与皇族地位之关系研究》,中国社会科学出版社2014年版,第226—231页)。进而,吏部、督抚、上级行政长官对其下级也有这样的偏好。因此,我们可以说上级的主观意志在官员的升迁问题上占据了主导作用,或者说至少与前述以作为升迁基础要素的考核并重;在这时,例外则可以被视为一种通行的升迁官员方式。

具有的确定性更低。但是(法官)职务晋升问题不仅仅是一个更高收入、薪资问题,更是一个集收入、荣誉、地位等为一体的复杂综合体,进而法官即使知晓其为小概率事件,却仍然让很多法官为之积极努力甚至终生奋斗。

在这部分,我们即对法官之职务晋升情况①作一个初步考察,但限于篇幅,在这里仅就1949年中华人民共和国成立后,法院(刑事)法官职务晋升情况作一个初步梳理,请看下面的分析:

(一) 基本背景

1949年,中国共产党领导革命队伍推翻了以蒋介石为首的民国政府,建立了中华人民共和国政府。但新中国体制的确立也不是突然产生的,而是将陕甘宁边区根据地政府(其实,还包括华北地区成立的华北人民政府)既有的政治实践、司法实践随着对全国的解放而逐步扩展到全中国。

这些政治实践、司法实践来自1937年处于战争状态的革命根据地下的政治、司法体制,是与群众路线、统一战线、党的领导和全心全意为人民服务等政治理念融为一体的系列政治理念、规则和实践。② 这些政治理念、规则与实践随着战争的扩展从延安走向华北,再走向全国,不管是政治、经济、文化等一般领域要求如此贯彻、践行,即使专业领域也要求如此。进而,法院司法作为一种专业领域也首先得确立党领导政法、司法的基本政治体制,亦即在中共中央委员会设立中央政法委领导司法机关(包括公安机关、检察院和法院)的体制。③

这一体制要求法院等司法机关在从事审判业务和其他机关交往时应

---

① 法官职务晋升在中国当下语境下有如下四方面内容:(1) 行政职务的晋升(由普通人晋升为副庭长、庭长、副院长、院长);(2) 行政级别的提升,从科员到副科、正科、副处、正处、副厅、正厅、副部、正部、副国级;(3) 法官级别的提升,中国现行十二级法官到一级、首席大法官;(4) 法官助理、助理审判员、审判员和审判委员会委员(参见刘忠:《格、职、级与竞争上岗——法院内部秩序的深层结构》,载《清华法学》2014年第2期,第148页)。在这里,笔者不谈法官本身级别问题(即法官等级和从法官助理到审判员的晋升过程),因为其本身对法院运行影响不大,更多是与增加法官收入有直接关系,而行政职务、行政级别与法官在法院的政治地位、职务晋升有直接关系,而且有后者,前者的晋升是一个水到渠成的事情,如中级人民法院院长至少是三级高级法官,副院长至少为四级高级法官,一定的行政职务、行政级别自然而然对应相应的法官级别。

② 参见汪世荣等:《新中国司法制度的基石:陕甘宁边区高等法院(1937—1949)》,商务印书馆2011年版,第287—305页;侯欣一:《从司法为民到人民司法:陕甘宁边区大众化司法制度研究》,中国政法大学出版社2007年版,第181—258页。

③ 参见刘忠:《"党管政法"思想的组织史生成(1949—1958)》,载《法学家》2013年第2期;钟金燕:《政法委制度研究》,中央编译出版社2016年版,第72—97页。

当服从政府和服从党的领导(1954年之前),或者服从人大和服从党的领导(1954年之后)。① 这是新中国成立以来形成的中国政制。因此,作为政制体制的组成部分,法院中法官的设置、领导的配备(数)与国家的党、政机关一般无二,但从行政级别看,却低于同级党委、政法委和同级政府,以县政府和县法院为例:在1954年之前,县法院即为县政府的一部分,县法院行政级别一般比县长、县委书记低,1954年后也是如此(在当下体制下,一般情况下的县长、县委书记为正处级领导干部,而法院院长则为副处级领导干部)。

(二) 法院内部法官、领导分布情况

共和国成立之后,中国共产党废除了国民政府的"六法全书",接管了民国政府国家机构、地方政府、各级法院,全面整顿了民国政府遗留下来的法院法官队伍(或者改行,或者进行再培训),更多"又红又专"的党的干部、政法学院培训的学生被输送到了法院,旧有的法院法官基本上被清空。在社会主义计划经济语境下,在社会纠纷不多的情况下,法院法官的人数、规模上基本上保持既有水平并略有增加的态势(只有在"文革"时期,法官人数不但没有增加、反而缩减),进而不存在当下社会需要考量的编制问题。进而言之,法院在当时并不需要更多的法官从事(刑事)案件审理,因而没有增加编制的社会需求,也因而只设置了极少的法院领导(院级领导,一般包括院长、副院长),很少有中层干部、更没有动辄10名以上的党组成员。改革开放之前,法院作为一个独立、完整的建制系统,院级领导(正、副院长)、中层干部、一般干事的配备与同级当地党委、政府的配备基本相当,法院内设机构简单、事务粗疏,科层化不严重,虽然在具体行政级别上比地方政府低一些。②

当时间进入到改革开放时代,经过30余年经济的高速发展、社会的

---

① 1954年《中华人民共和国人民法院组织法》通过之前,人民法院是同级政府的组成部分,在1954年后,则是人大领导下的一府两院;如果将其放置在党的领导框架下,则是法官等司法人员服从政府、服从党的领导(1954年之前)或者服从人大、服从党的领导(1954年之后)。

② 一般情况下,法院领导要比地方政府领导低一级,县法院院长、副院长相当于县的派出机关区公所的级别(区级);中级人民法院正、副院长相当于县级,省高院正、副院长相当于正、副厅级;后来提升了法院领导的行政级别,县法院院长为副处,副院长为正科或副科,中级人民法院院长为副厅级,副院长为正处,省高院院长为副省级(参见周金堂主编:《湖南省志(第六卷):政法志·审判》,湖南出版社1995年版,第99页)。

急剧转型,中国社会需要法院、法官解决诸多民事纠纷、行政纠纷、刑事纠纷,法院法官的增加成为一种持续性刚需,也贯穿了改革开放的全过程,进而增加编制、增加审判人员成为法院系统、党和政府非常重要的事项:就全国范围内法官的数额、编制而言,根据学者的梳理,1978年,全国各级法院干警有5.9万人,到1982年达到13.4万人,到1985年达到18万人,到1989年,全国达到24余万人,到2008年达到30余万人。①在此时,法官总数量为最初的6倍,法院系统法官人数呈急剧增加态势。

地方各级人民法院法官增加的情况与全国的总体情况基本类似:

其一,就法官人数而言:在省级层面,以江西省为例(根据《江西省法院志》,时间截止到1990年),全省1951年法官工作人员有848人,1955年达到915人,1965年增至1058人,1973年达到1097人,1990年达6482人。以贵州省为例(根据《贵州省志·审判志》时间截止到2005年),1950年,全省法院工作人员431人,1957年达到1383人,1973年有1895人,1980年达3849人,到1995年年底达7580人②;数量均有数倍、甚至10倍的增加。在中、基层人民法院层面,以成都市中级人民法院(仅统计中院人数,不计基层人民法院)为例,在1978年法官工作人员有65人,1980年达95人,1985年达213人,1989年达292人,1990年达297人,2005年达到393人③,为1978年法官数量的6倍。基层法院也从20世纪50年代的10余人,70年代发展到20余人,80年代达50人左右,再到90年代达到90余人,21世纪00年代达到100人左右④,其增幅从数倍到十倍不等,但可以说均有巨幅增加。

其二,随着法官、干警人数持续性增加,法院内部的科、室、审判机构、法院中层领导(即科、室、和审判机构之负责人)、院级领导(增加副院长、

---

① 参见刘忠:《规模与内部治理——中国法院编制变迁三十年(1978—2008)》,载《法制与社会发展》2012年第5期。

② 参见《江西省法院志》编纂委员会编:《江西省法院志》,方志出版社1996年版,第32页;贵州省地方志编纂委员会编:《贵州省志·审判志》,贵州人民出版社1999年版,第129—137页。

另注:根据笔者收集的其他省、自治区、直辖市的《法院志》,其所记录的法官增加情况,大致类似。在此,不再赘述。

③ 参见成都市中级人民法院编:《成都法院志》,四川人民出版社1997年版,第74页;《成都法院志(1990—2005)》(内部资料),第57页。

④ 笔者在M市各基层法院调研时,基层法院的人数均经历了如是发展轨迹,规模较大的法院接近200人,规模较小的有70—80人。

专职委员)也有持续增加。作为法院的重要组成部分的党组成员和审判委员会成员也持续性增加,以适应法院——作为一个能有效运行的分类管理、分级管理的、系统的现代组织——应对现代社会出现的爆炸式增长的社会纠纷的需要:

就最高人民法院而言,以院级领导为例①:第一届全国人大之前,第一任院长为沈钧儒(1949.10—1954.09),副院长有三位(吴溉之、张志让和张苏)。第一届全国人大期间,第二任院长为董必武(1954.09—1959.04),第二届全国人大期间,第三任院长为谢觉哉(1959.04—1965.01),十年间所属副院长均为三人。第三届全国人大期间,第四任院长为杨秀峰(1965.01—1975.01)②,副院长达到七人。第四届全国人大期间(1975.01—1978.03),第五任院长为江华(1975.01—1983.06),副院长有四名。第五届全国人大期间,第六任院长为郑天翔(1983.06—1988.04),副院长有七名。第七任、第八任院长为任建新(1988.04—1998.03),第七届全国人大期间(1988.04—1993.03),副院长有五名,第八届全国人大期间(1993.03—1998.03),副院长十二人。第九任、第十任院长为肖扬(1998.03—2008.03),第九届全国人大期间(1998.03—2003.03),副院长有十一名,第十届全国人大期间(2003.03—2008.03),副院长有十一人。第十一任院长为王胜俊(2008.03—2013.03),第十一届全国人大期间(2008.03—2013.03),副院长有九名。第十二任、第十三任院长为周强(2013.03—至今),第十二届全国人大期间(2013.03—2018.03),副院长有八人,因某些原因(调离或者其他),仅剩六名副院长③;第十三届全国人大期间

---

① 根据现有公开的资料,我们还无法对最高人民法院内部的庭、室作出分析和研究,因而其科室负责人、中层领导也无法进行统计和分析;但关于最高人民法院科室设置情况的文献,参见冯莹整理:《最高人民法院机构设置简史(1949—2014)》,http://www.360doc.com/content/14/1209/14/8150055_431535995.shtml,最后登录时间:2018年1月9日;庞芳:《我国最高人民法院机构设置及其变革》,中国青年政治学院2011年硕士学位论文。

② 第三届全国人民代表大会,从1964年持续到1975年,凡计11年。

③ 参见《这些年,原来最高人民法院院长和副院长不过56人》,http://mp.weixin.qq.com/s?src=3&timestamp=1515460423&ver=1&signature=1ubW0Oa8RMRelD-rxVbkly0OXaQGTWyYKbLUsA9TnZzd-*5lhSodJ6vZHmNQBI5wiobO1OWT5dpPOAt6LG**9l3MK4eSb9Qxoy9kn1p*Dk9e17kvuvcU-QqVaInFWi2Z3JRiQrChQYZEbi2aaxtvlA==,最后登录时间:2018年1月9日;《最高人民法院历任院长》,http://wenwen.sogou.com/z/q272917447.htm,最后登录时间:2018年1月9日;《中华人民共和国最高人民法院》,http://www.court.gov.cn/jigou-fayuanlingdao.html,最后登录时间:2018年1月9日。

(2018.03—至今),有六名副院长。

但是值得注意的是,这里的统计并不包括其他院级领导成员,以现任最高人民法院为例,院级领导由院长1名(周强)、副院长6名,其他专委、党组成员6名,院级领导凡计达15名[1],是20世纪50年代的最高人民法院(50年代的最高法院院级领导只有院长、副院长)的3倍多。

最高人民法院以下的省高级人民法院、中级人民法院、基层人民法院的内设机构(科室)、中层领导、院级领导也发生相当大的变迁。在这里,我们一个中级人民法院的情况为例,即以四川省成都市中级人民法院为例对该问题作详细描绘[2]:

(1) 在1955年,院级领导有3人(包括院长、副院长),中层领导5人(正副庭长3人,正副主任1人,正副科长1人),(行政)领导凡计8人。

(2) 到1960年,院级领导有4人(包括院长、副院长),中层领导7人(正副庭长3人,正副主任3人,正副科长1人),(行政)领导凡计11人。

(3) 到1965年,院级领导有2人(包括院长、副院长),中层领导5人(正副庭长4人,正副主任2人,正副科长1人),(行政)领导凡计7人。

(4) 到1978年,院级领导有5人(包括院长、副院长),中层领导9人(正副庭长6人,正副主任3人),(行政)领导凡计14人;

(5) 到1985年,院级领导有5人(包括院长、副院长),督导顾问4人,中层领导36人(正副庭长19人,正副主任8人,正副处长3人,正副科长6人),(行政)领导凡计45人;

(6) 到1989年,院级领导有5人(包括院长、副院长),督导顾问4人,中层领导41人(正副庭长6人,正副主任3人),(行政)领导凡50人;

(7) 2005年,院级领导有9人(包括院长、副院长、纪检组长、机关党委书记),中层领导73人(正副庭长、正副处长、正副主任等中层),(行政)领导凡82人。

简言之,成都市中级人民法院从1955年的8人,到2005年增加至82

---

[1] 参见《中华人民共和国最高人民法院》,http://www.court.gov.cn/jigou-fayuanlingdao.html,最后登录时间:2018年11月24日。

[2] 参见成都市中级人民法院编:《成都法院志》,四川人民出版社1997年版,第74页;《成都法院志(1990—2005)》(内部资料),第497—511页。

人,近 10 倍。

总而言之,随着中国政治、经济、社会的发展和转型,中国法院的编制、工作人员急剧增加。与此同时,法院内的领导岗位设置也随着增加。如果从数量上看,无论是院级领导增加,抑或中层干部和中层职位增加、增多均是法院——作为一个解决纠纷组织的整体——对中国社会发展过程中带来的爆炸式增长的社会纠纷、刑事案件作出的回应。①

(三)法院内部的职务晋升制度②:

各级法院之领导级别不一,初级人民法院最高为副处级,中级人民法院最高为副厅级,省高级人民法院最高为副省级,最高人民法院最高为副总理级,均由院长兼院党组书记,数额一人。③ 同时,他们均比同级地方政府领导干部低半级。

如果把各级法院作为一个独立的组织机构,从内部观察时,法院的人员、法官可以分为三个层面:院级领导、中层领导和一般工作人员。因此,就一个具体法院的(刑事)法官而言,他/她的内部职务晋升路径可以描绘为以下几个阶段,而且大致只能一级一级晋升:普通(刑事)法官→刑庭副庭长(或其他科室的副职负责人)→刑庭庭长(或其他科室正职负责人)→主管副院长(或者其他主管一定业务的院级领导)→院长。

还应当注意:在当下体制下,任何一级法院的副院长、院长候选人又并非都来自院内,他们可能来自当地其他政法部门。④ 如果是院长的话,还可能是来自同级、上级政法部门之外的符合条件的人员(如现任最高人民法院院长周强,其前一职务是湖南省委书记)。⑤

基于此,我们将通过分类的方式描绘法官晋升到更高一级职务的程

---

① 参见刘忠:《规模与内部治理——中国法院编制变迁三十年(1978—2008)》,载《法制与社会发展》2012 年第 5 期。

② 对法院内部职务晋升制度有深入描绘的文献,参见刘忠:《格、职、级与竞争上岗——法院内部秩序的深层结构》,载《清华法学》2014 年第 2 期。

③ 当然也有例外,比如说省会城市的法院院长一般高配,即:其比其他地级市、县级法院的法官高半级,以成都市为例,其法院院长一般为正厅级领导干部,而非其他地级市中级人民法院院长一般为副厅级领导干部。

④ 参见左卫民等:《中基层法院法官任用机制研究》,北京大学出版社 2014 年版,第 192 页。

⑤ 参见《周强同志简历》,http://politics.people.com.cn/n/2013/0130/c351134—20378812.html,最后登录时间:2018 年 1 月 9 日。

序和过程:

首先,就普通法官晋升副庭长或者副庭长晋升庭长而言[①]:

就其来源而言。刑庭庭长是刑事审判庭的负责人,刑庭副庭长通常是一个刑事合议庭的负责人,他们并不一定来自该刑事合议庭、刑事审判庭。这些职务在全院内部可以面向所有成员,可以是本合议庭成员,也可能是刑庭之内的人员,更可能是其他部门如政治部符合条件的人员。当然,这些职务不向法院临聘人员开放,如果没有法官任职资格的法院工作人员也通常不可能参与竞聘(该业务部门的领导职务)。

就其资格而言。在党和国家强调年轻化、知识化后,法院通常有年龄(35周岁、40周岁等年龄限制)、学历(本科学历、硕士学历)等基本条件的要求。但这并非明文规定,主要是各个法院内部的一种工作惯例,是内部规范[②],不同法院特别是不同地区的法院有不同规定。在中国当下学历得到普及的情况下,研究生学历且年龄在30—35周岁,在晋升副庭长过程中比较有优势。[③] 除此之外,还有一些其他可能的条件,如业务能力、行政管理能力、任职经历、坚持党的领导(政治素质要求)等均可能成为竞聘的前提性条件。

就其过程而言,同一行政区域不同法院、不同级别法院,法官晋升,或者说法院选拔庭长、副庭长的方式有差异[④],但均注重两个要素,民意和党组决定(综合考量),具体而言:职务的发布(任职职位、任职条件等信息)→有意的法官或者符合条件的法院工作人员报名→法院政治部根据报名情况公布符合条件的候选人名单→(业务知识考试,部分法院采用,在此阶段淘汰部分人员)→面试(在法院大会发表演说,以供法院所有人打分,

---

① 其实,其也包括普通法官晋升法院其他中层干部,如普通法官晋升为研究室副主任、信访室副主任,抑或其他部门的人员(一般具有法官身份)晋升为刑庭副庭长,有副庭长职务(或者同等级别的其他部门的副职)晋升为刑庭庭长。

② 法院内部通常也不会制定相关正式文件,因为这将妨碍法院院长等领导对某个特定人员的提拔。

③ 根据笔者调研:就法院内部而言,很多法官职务晋升在一生中只有两三个台阶:副庭长、庭长、副院长,通常情况下法院院长不再从本法院产生。因而第二个台阶的晋升非常不容易,有大量的符合条件的中层副职环绕,对年龄小的副职而言则不再是一个优势。

④ 参见左卫民等:《中基层法院法官任用机制研究》,北京大学出版社2014年版,第140—143页。

根据分数高低排名,排名靠前者进入党组讨论)→党组讨论(党组决定最后人选,一般情况下,晋升活动到此结束)→组织考察→党组提名并报地方人民代表大会常务委员会批准。

其次,就晋升副院长而言①:普通法官并不能直接竞聘(或者被提拔),副庭长级别的中层领导也不能,只有庭长级别的中层领导可以参与竞聘,同时还有其他情况:下级法院的院长可以竞聘上级法院的副院长(如基层法院院长,副处级领导,如果到中级人民法院任副院长则是上升一级,晋升为正处级副院长),或者上级法院副庭长到下级法院担任副院长(行政级别没有变,但其权力影响力增加,也是上级法院部分人员向往的地方②),或者政法部门其他符合条件的领导被提拔到法院担任副院长。之所以出现如此复杂的情况,关键在于副院长作为院级领导,是地方党委管理的干部,与作为中层的(刑庭)庭长、副庭长有很多相异之处。副院长的提拔除了需要具备通常的资格条件,如年龄、学历和业务能力条件外,还有一个组织程序和法律程序的运作。申言之③:

(1)组织程序:第一步,一般由法院党组提名(如果候选人为其他政法机关的领导,也由其所在单位的党组提名)。第二步,地方党委与上级法院政治部、党组组织考察(民主测评、个别谈话),确定最终候选人。第三步,地方党委讨论决定,由于法院的专业性特点,在副院长人选问题上,上级法院党组的意见占据了更重要位置,地方党委更多起着一个把关的作用。

(2)法律程序:院长对确定的副院长提名,报相应的人大常委会批准。整个过程可以用如下示意图表示:提名(一般由所在法院或者其他机关党组提名)→党委、组织部考察→地方党委决定→院长对决定的人选提名→法院所在地方人大常委会批准。因此,关于副院长的竞聘或者说得到提拔不是个人可以努力的,至少不能公开努力,而是由组织提名、考察和确

---

① 其实,还有其他院级领导,如政治部主任或者执行局局长,但副院长为固定的院级领导、院党组成员、审判委员会委员。
② 但也有平级调到法院,如同级政法委副书记、司法局副局长。但,基本上没有非政法单位领导平级调到法院担任副院长。
③ 参见左卫民等:《中基层法院法官任用机制研究》,北京大学出版社2014年版,第181—207页。

定(这是一个政治过程,而非法律程序)①,再经正式的法律程序对其提名和批准。

最后,就晋升院长而言:法院院长不仅仅是法院内部的最高领导,也是对外交往的代表者,兼院党组书记。同时还主持审判委员会工作,即行政工作、审判工作与党务工作集于一身。如果从基本角色观察的话,院长有政治性角色、事务性角色,而且主要是政治性角色;亦即院长负责法院内部关系,协调人大、政府、地方党委等部门的关系②,因而对该职位的选择/选拔涉及方方面面的影响和角逐。进而,该任命过程不仅仅是法院内部事务,也不仅仅是地方党委管辖之事项,更是上级党委、上级法院主动积极参与和共同互动的结果。这是一个政治运作的过程,正如学者刘忠所描绘的"条条与块块关系下的法院院长产生"过程。③

对此,我们可以简单描绘如下:

(1)从资格角度看,选拔法院院长并无明确业务素质要求,更多只是对政治素质方面提出的要求,但应当符合党的干部选拔的基本条件。首要就是候选人的行政级别,基层法院院长应当从已是正科级别的候选人中挑选,中级人民法院院长应当从有正处级别的候选人中挑选,省高院院长至少从具有正厅级领导干部中选拔。候选人具备一定的学历也是非常重要的事项,根据有的学者统计,在2008年全国法院31名高院院长均有大学本科学历,其中5人还拥有博士学位。④

(2)从选拔、晋升过程看,以中级人民法院为例:(A)一般由省委组织部酝酿人选、候选人(省政法委、省高院、市委组织部可以推荐),确定人选后,(B)由省委组织部和省高院政治部组成工作组对候选人进行组织考察,考察通过的人选,(C)交省委常委会讨论决定并公示,(D)以省委

---

① 个人能够努力的不可能公开,而只能是私下的行为,因为任何事项在这里只能以组织的形式展开,而非个人的理想、想法,中层干部则由个人申请和组织审查共同完成,当然仍然由组织决定,但个人的能动性可以得到一定程度的调动。

② 参见左卫民等:《中基层法院法官任用机制研究》,北京大学出版社2014年版,第208—210页;刘忠:《政治性与司法技术之间:法院院长选任的复合二元结构》,载《法律科学》2015年第5期。

③ 参见刘忠:《条条与块块关系下的法院院长产生》,载《环球法律评论》2012年第1期。

④ 参见刘忠:《政治性与司法技术之间:法院院长选任的复合二元结构》,载《法律科学》2015年第5期。

名义推荐到市人大主席团,人大主席团提交市人大,表决过半数通过当选。①

根据前述,我们可以总结如下:

(1) 从现象看,随着经济发展、社会转型,法官规模、数量急剧扩张、增编,法院领导(包括院级领导和中层领导)也随之增加,虽然增加更多的是中层领导,却也适应了法院的科层管理、分口管理。

(2) 如果从运行过程看,不管是普通法官晋升中层职务,还是中层正职领导晋升副院长、院长,他们的晋升过程或者说选拔过程,均取决于党(体现了党对干部的管理),或法院党组,或地方党委,或上级法院党组和上级党委(包括组织部),甚或多种因素的共同作用,但都有一个共同点,即一切均取决于上。而且,被选拔的法院领导级别越高,越取决于法院之外的诸多因素,常常还与审判业务能力无直接关系。

这一模式,如果与传统中国的职务晋升模式比较的话,在本质上一致,即一切取决于上面、上层。② 换一个角度看,通过越来越规范的职务晋升过程,法院领导的选拔更多反映了作为一个整体的领导组织(即党组)在作决策,而非领导个人。这是一个巨大的历史进步,虽然个别领导干预的情况不可能杜绝。

(四) 法官的晋升空间

在前述语境下,我们来讨论(刑事)法官职务的可能晋升空间,请看下面的分析:

法官人数、法官规模与法院领导数有一定比例,如果从历史角度审视的话,两者间还成正相关关系,但在一段时间内,作为法院内部一名具体

---

① 根据左卫民教授等人的考察:这一选拔过程中,有地方党委主导,亦有上级人民法院(党组)主导,更多时候,两者都有深度参与。不过,不同级别的法院有所侧重,基层法院更多由上级法院主导,中级人民法院主要由诸多部门共同参与,政治过程明显(参见左卫民等:《中基层法院法官任用机制研究》,北京大学出版社 2014 年版,第 237—254 页)。

② 但两者在运行模式上已有相当差异,其不再是皇帝、行政长官一人说了算,有更多的主体参与其中,可以说是一个博弈的结果,但并不能完全杜绝某些个人的影响。因为也会出现这种现象,如党委书记、党组书记、行政领导一把手有能力通过政治过程实现这一点,但与传统那种强烈的个人式决断已有相当的不同,现在的决策主要是集体决策,而非一个人的决策,即使要实现个人意志也必须通过集体的方式实现,只是当下的政治过程还有待提升(领导常常通过私下行为在决策前定调,进而集体决策有些走形式)。

法官能晋升的概率并不高,虽然不同职务有差异,从一般工作人员晋升到副庭长的概率要高些,要晋升到庭长、副院长、院长的概率则大大降低。①

在此语境下,我们对法官职务的晋升空间进行考察。从法院内部看,除了院长外②,其他院领导,特别是中层领导一般由本院内部产生,虽然有不同级别法院的差别,但根据前述,这些行政职务在产生方式、运行模式上均相似。进而,在这里,笔者以基层人民法院刑事审判庭为例,以描绘普通法官在法院内部的职务晋升空间:

首先,基本情况:在基层法院,刑事审判庭一般情况下只有一个,规模较小的2—3名法官,还有2—3名书记员等其他人员,通常只有庭长一名,副庭长非常设(有的法院设立副庭长、有的法院不设)。规模较大的有4—7名法官、1名庭长、1—2名副庭长,其他为普通法官、书记员。由于中国行政职务践行"能上不能下"的政治惯例,一旦有新人晋升到中层(或者说填满该刑事审判庭中层),其他人在一定时间内都失去了任何晋升职务的机会,而且庭长、副庭长不仅仅可能从该刑庭产生,更可能从其他科室、审判庭产生。

其次,以 S 省 M 市 X 县法院的刑庭为例③:从 2003 年到现在,X 县法院刑事审判庭有三任庭长,均从其他庭到任,现任从 2009 年到任(由民一庭副庭长升任),人均在岗 5 年以上。在近 15 余年里,刑庭先后共计 26 名法官,常规人数为 5—7 人④,每年均有部分刑庭法官调走(或者上调中院,或者升任其他庭、科室中层领导,或者考其他法院法官),进而形成中层领导固定、其他成员流动性大的现象,因为他们认为该庭升职空间小,不管是庭长,还是副庭长均比较年轻,如果他们不流动到其他庭、科室或者升职为院级领导的话,在未来 5 年里没有任何晋升到副庭长的机会,具体而言:

---

① 上级法院法官晋升更高职务的频率要高一些,因为上级法院的行政级别更高,他们容易走出本院到其他法院、下级法院担任领导,而下级法院、基层法官则很难有机会晋升。
② 这已经成为通例,或者说政治惯例,通常由上级法院产生,或者其他法院交流,或者其他法院副职院长提拔,不再可能从本院产生法院院长。
③ 根据笔者调研的访谈资料、收集的资料进行的整理,时间截至 2016 年 12 月。
④ 该县是 M 市重要农业大县、人口众多,刑事案件非常多,进而刑事法官的配备在 5—7 名的规模,再加上 3—4 名书记员等,该庭一直维持在 10 名左右的成员,由一名庭长负责刑庭事务,1—2 名副庭长负责合议庭事务。

X县法院刑事审判庭目前有法官6名,庭长1名,副庭长1名,其他法官4名,另外还有书记员3名,共有9名成员,但只有两名法官从2003年以来一直在刑事审判庭,均为普通法官,该庭成员具体情况如次:法官J(男),庭长,年龄48岁,法学本科,2009年到任。法官K(女),副庭长36岁,法学硕士研究生,2011年从行政庭升任。法官L(男),41岁,法学本科,2002年到刑庭工作。法官M(女),52岁,法学(自考)专科生,1995年到刑庭工作。法官N(女),29岁,法学硕士毕业,2014年到刑庭工作(2010年到法院立案庭工作,2012年到民庭工作,2014年到刑庭)。法官O(男),27岁,法学硕士毕业,2014年到法院,直接分到刑庭。①

最后,初步评论:根据前述,我们可以作出一个简单判断:

(1) 就S省M市X县人民法院而言,在前述领导选拔格局下,在年龄、资历等影响下,该法院刑庭四名普通法官的晋升空间已非常小。在"能上不能下"的语境下,在该庭范围内,除非庭长、副庭长到其他庭交流或者晋升更高职务,其他成员在未来可预期的时间里晋升空间非常狭窄。

(2) 除此之外,根据前述,法院的院级领导,不一定从本院产生,特别是院长,基本上不再由本院产生(至少已成为一个政治惯例)②,进一步缩小了法院中层领导的晋升空间,进而间接影响普通法官的可能晋升。

(3) 当下距离传统体制并不遥远,当下的选拔机制,还是容易受到领导个人的影响,也容易受到关系、金钱等因素的影响,进而让本来非常狭窄的空间有了更多不确定性的特性。

因此,虽然从比例上看,法院领导与法官之比并不低(以X县为例,6名成员中,有2名中层领导,达33.3%),但从实践看,却很少有晋升的可能(包括在本庭内晋升为领导,和晋升到他庭担任领导),至少在一名在职法官眼里,在一段时间内如此。进而,绝大部分法官对于职务晋升只能心向往之!③

---

① 另外三名为书记员,而且是临聘书记员。
② 根据中国的任职回避原则,院长不能从本院、本地产生,应当在异地任职(参见左卫民等:《中基层法院法官任用机制研究》,北京大学出版社2014年版,第218—216、241—242页)。
③ 参见孙郑:《基层法院法官境遇现状及分析》,内蒙古大学2014年硕士研究生学位论文。

三、本节小结——兼论收入、仕途与审判业务的互动

根据本节前两部分的描绘,我们可以作如下两点总结:

首先,中国(刑事)法官正式收入、薪资不高,特别是与他们从事的职业不相匹配。但法律职业本身决定了他们必然通过其他方法获得与其职业相匹配的收入(即前述描绘的法官个人"创收收入")。这并不是所有法官都可以做到或者说愿意去做。如是状况必将在法官之间产生苦乐不均。

其次,(刑事)法官职务晋升空间相当狭小,表现在两个方面:(1)当下法官的选拔、晋升制度,虽然相对于传统帝国比较有相当之进步。但从另一个角度看,它更表明法官个人能力不是法官晋升的最主要因素(虽然个人能力已成为重要参考因素),更多是各方力量博弈之结果("一切均取决于上")。当然,不同级别有所不同,越到基层、级别越低,个人能力因素之重要性越高,反之,政治博弈情况越明显。简而言之,从抽象层面看,法官的职务晋升不取决于法官自己的努力。(2)虽然从院级领导、法院业务审判庭之领导与法官数之比例看,领导数并不少,但由于法院内部的流动性差、领导能上不能下的既有惯例,出现了一个具体法官的晋升空间非常小的现象。

法官收入、职务晋升的现状,与法官的审判业务间产生了甚为复杂的相互影响的内在关系,请看下面的初步分析:

首先,对法官的职业规划的影响。

法官官方收入不高是众所周知的事实,他们的收入与职务高低成正比也是客观情况。这导致了更多的法官对职务晋升感兴趣,即使其本身不适合或者不倾向担任领导职务。还有,法院法官职务晋升成为领导为其所带来的不仅仅是收入增加,还可以带来个人荣誉,即对法官一种正面肯定,一种对法官能力的正式肯定;如果从另一个角度看,作为法院领导的法官拥有了影响他人收入、职务晋升的能力,这对其也有吸引力。

简言之,基于各种原因,法官对其可能的职务晋升很感兴趣,在有意无意之间将其作为职业生涯的重要组成部分。当一名法官积极追求领导职务时,他/她必将考量成为领导、担任领导应当具备的一些条件和因素。

在中国当下语境下,行政领导能力、人际关系处理能力(特别是与上级的人际关系,因为法官的职务晋升主要依赖于上级的肯定和决定)等能力和技能是担任领导的基础性要素,这些均与法官的审判业务(知识积累、经验积累)没有关系,至少没有直接关系。

因此,法官在其职业生涯中,并不将更多的时间安排在追求更优秀审判业务的问题上,因为其与职务晋升没有多少关系,而将大把时间花费在学习、模仿作为领导的种种能力和技巧(改变自己的行为方式适应之),与对自己职务晋升有影响的在位/不在位、退休的领导搞好关系。长此以往,审判业务工作和提高法律技能在他们的世界里不再重要。

其次,对法官"创收"收入的追求。

获得领导职务虽然是诸多法官一生中重要的职业规划。但是,由于这并不能公开表达,更不能公开规划(这往往遭到他人指责,认为其有个人"野心"),与西方国家不一样(可以通过公开竞选、长期规划),更由于能够晋升为法院领导的法官非常少①,很多法官只能心有余而力不足。这些在职务晋升方面没有想法或者说想法无法实现的法官,只好退而求其次,追求增加收入以过上更优越的生活。②

当一名法官对"仕途"死心之后,他/她更关注收入的增长。但是,国家的正式薪资、收入在一定时间内并无多少变化(即使单位内部奖金、津贴也如此),而且即使增加也非常有限。③ 因此,法官增加收入不能依靠政府,他们得另寻他径。而他径,则只有依靠其从事的工作。申言之:

(1)在审判业务中,他们利用信息的不对称、职业优势等与他人合作(如律师、当事人或者利害关系人)谋取的额外收入(包括不正当利益、违法利益、甚至通过犯罪方法获得的利益)以增加收入。

(2)其实,拥有领导职务的法官有更多机会利用前述优势增加其额外

---

① 虽然从比例上看,可以晋升的比例不低,但法院法官的流动性不高,一旦一名法官晋升到领导职务,其他人则需要等更多时间(一般为数年)才有机会晋升,此时早已物是人非,(新)领导的偏好、重点不一样,进而难有更多机会晋升。

② 其实,这一追求也无法规划,面临更多的不确定性,只有机会来临、条件允许的条件下,他们慢慢逐步深入、积累经验,逐渐成为一名通过这一方法增加收入的"老手"。

③ 当2016年全国法院员额制改革到位后,法官收入得到增加,但增加的收入并不诱人,进而导致有些法官不愿意入额,已是员额的退出员额,或者说法官、法官助理与司法行政人员在收入上的差距不大,引起他们对选择法院内部不同性质工作的诸多争议和不满。

收入,因为他们具有更多的信息优势、职业优势、经验优势,甚至拥有一定的权势。在这里,收入与职务仍然有正相关的关系。

(3) 甚至有的法官在洞悉了职务、收入的深层互动关系后,通过追求更高的职务谋取更多收入,更多收入(与其他因素结合)也可能增加谋取更高职务的机会。

当此,我们的法官倾向于不关注审判业务本身,他们更关注案件当事人或者利害关系人的利益。如是的法庭审判必然充满偏见,作出的判决也常常有失公允、缺少正义。也因此,法官们在其职业生涯中很难真正关注审判业务本身、(刑事)案件本身和法律专业技能,而仅仅将其作为其增加收入、体现其能力的基本工具。

最后,审判业务与职务晋升、收入增加的负面互动。

当法官追求领导职务时,他们没有时间,也没有心思钻研审判业务。即使他们不追求领导职务,或者说当其不能追求领导职务时,收入之增加当成追求目标(人生职业规划)。在这时,他们的确花费时间关注审判业务,但不在于提升专业技能和推进法治进步,而在于谋取私利,进而他们更不愿意花时间钻研审判业务了,申言之:

在中国当下的法治现状下,(刑事)法官从事审判业务,法律专业知识并不是最重要的。只要具备常识、能粗浅理解法律条文,在日积月累的司法实践熏陶下,在诸多案件的经历中,当有数年(甚或数十年)时间经过后,法官必将积累丰富的司法经验,包括负面的司法经验和正面的司法经验:

(1) 一方面,当其追求更高职务、更多收入时,法官在审理案件中获得的是更多"挣钱"或"创收"窍门。他们通过这些窍门、技巧,可以更好地挑选利益合作者,可以在更有利的环境下从事"创收"的活动(同时又能"保护"自己)。三者的这一互动是一种负面互动。

(2) 另一方面,任何法官均有能力在司法审判中观察、体悟到促进社会发展的审判经验(主要是刑事程序法规则)和法律规则,此为法官据此获得的正面司法经验。但是,既有制度不支持(如法治没有实现),法官不愿意,也不敢,最终不能使司法经验的制度化或者发展和完善既有(刑事)

法律规则。① 而且,这些零星出现的正面司法经验、法律规则如果在前述外在利益的引诱下则很容易被淹没。

简言之,在职务晋升、追求收入增加与审判业务的深层互动过程中,法官积累的负面司法经验常常得到保留,而正面的司法经验则只能像流星一样偶然出现,随后即消失在我们的视野里——此为司法中的"劣币驱逐良币"现象。

第三节 其他因素与审判业务:法官尊严问题考

法官的尊严是一个主观性相当强的问题,学者们很少注意。但该问题的确对法官的审判工作产生了间接影响②:当没有享受到应有的职业尊严时,或者从另一个角度说当他们受到轻蔑、侮辱时,他们必将消极地对待自己的审判工作,积极努力工作或者进行创造性的工作是不可能之事,进而对其从事的具体刑事审判业务产生可能的影响——当然,这影响比收入、职务晋升带来的负面影响更轻微、更间接。③ 即使如此,我们仍然可以采用一些可以量化的常见因素去衡量、评估,譬如说,法官的工作压力情况(单位时间工作量越大、强度越高,其职业尊严感越低);又譬如,法官的休闲时间、休闲质量也可以体现法官的职业尊严问题。还有,法院本身赋予的法官的压力问题,如对法官的各种考核,其可能又与法官的收入、薪资和职务晋升情况复杂的交织在一起,进而成为影响法官司法的因素。

因此,在这里,笔者将选择三项要素(法官的工作量、法官的休闲情况和法院对法官的考核情况)对法官的职业尊严作一个初步考察。还有应

---

① 参见蒋志如:《刑事特别程序研究》,法律出版社2016年版,第411—414页。
② 法官从事(刑事)审判工作时,其法律知识的积累对审判有直接正相关的影响,其收入、职务晋升虽然没有直接影响,却与审判事务有间接的相关关系,事关基本生存问题,当然也事关法官的基本尊严。进而言之,当法官收入增加、职务晋升时,法官不仅仅可以改变其生存状态更可以增加部分尊严。但这部分增加的尊严很难量化,或者说这一改变与增加的尊严的因果关系很难确定。
③ 对收入、职务晋升对审判业务的可能影响的分析,请参见本章第二节。

当注意的是,仅以前述列举的因素进行考察,很容易挂一漏万,当我们可以证明作为法官职业尊严重要组成部分的几个要素与法官审判业务有负面的,甚至很大的负面干系即可展示其内在复杂的相互影响关系——这应当引起顶层设计者的注意,虽然其不影响法官的基本生存。

为了达到考察的目的,我们拟采用社会实证研究方法展开,申言之:课题组到 M 市两级法院进行调研。M 市是 S 省的第二大城市、科技城,位于该省北部,经济位列全省第二名(该城市在中国位居四线到三线城市之间的水平),不仅仅在 S 省是一个典型的地级市,在整个西部地区都属于典型的地级市,不仅有经济较为发达的城区,也有农业大县,更有资源丰富的民族县。课题组在两级法院的调研欲达致两个目的:(1)一方面,通过统计两级(刑事)法院法官(2012—2016 年 5 年间)的工作量情况考察一种抽象的法官工作压力状态;(2)另一方面,通过访谈方式获得法官关于休闲、工作压力情况的经验资料,以描绘 M 市两级法院刑事法官职业尊严的享有情况。

一、法官审理案件的案件量与法官尊严

法官在单位时间(通常以一年计)办案数量的多少,决定了法官的工作方式,也影响着法官工作时间与工作之余时间的安排,甚至影响法官的休闲时间(这里指休假、年假等)、职业能力的积累,进而不可避免地影响了法官的工作状态,必将增加或者减少法官的尊严。对此的考察,笔者将以 S 省 M 市两级法院刑事法官一年内的案件审理量、休闲情况、职业能力积累情况为基础展开考察[①]:

首先,就基层法院而言: M 市有三区[②]、五县和一个县级市(代管),共有 11 个基层法院,可以分为三类:第一类,市区法院、农业大县(包括县级市)法院,其辖区内刑事案件众多,以 F 区、Y 区、X 县、J 县为代表。这些

---

① M 市有一个中级人民法院及其所属的十一所基层人民法院。对于基层人民法院的考察,没有必要一一列举,而是选择了具有代表性的三所基层法院,既有发达的城区法院,亦有农业大县法院,也有地广人稀的民族县、山区县法院,以此展示刑事法官的单位时间内的工作量情况。

② 其中两区下辖两个法院,其中一区(Y 区)有一个特殊的行政区域,自设一个法院(但服从 M 市中级人民法院管辖);另一区(F 区)有一个高新区,独立设置一个小法院,进而有 11 个基层法院。

法院每年审理刑事案件 400—700 件,刑庭法官有 3—6 名。第二类,一般县法院,刑事案件不多,以 Z 县、Y 县为其代表,刑事案件每年 100—200 件之间,刑庭法官只有 1—2 名。第三类,民族县、山区县法院,刑事案件不多,以 B 民族自治县、P 县为代表,只有 100 件左右,刑庭法官通常只有 1 名。对于 M 市所有基层法院的每名刑庭的法官而言,他们应当每年独立办理刑事案件 130 件,如果不能达到法院这一规定的最低数,刑事法官还应当办理其他类型案件(一般为民事案件)。现将基层法院的具体情况初步描绘如下:

(1) 市区法院、重要县(即农业大县、县级市)法院的基本情况,在这里,以 Y 区、Y 市(县级市)和 X 县为例,请看表 1:

表 1(1)　Y 区法院刑事案件数、法官数情况

年份	2012	2013	2014	2015	2016
案件数 (法官数)	202 (2.5)	285 (2.5)	271 (2)	289 (2.5)	304 (2.5)
法官平均案件数 (件/人)	80.8	114	135.5	115.6	121.6

注:(1) 庭长等领导只有一半的工作量(如果院领导是刑庭法官,其办案数量要求更少),因而一般算半个法官;(2) 根据 S 省法院要求,普通法官一年至少应当办理 130 件案件。

表 1(2)　J 市法院刑事案件数、法官数情况

年份	2012	2013	2014	2015	2016
案件数 (法官数)	364 (4.5)	412 (4.5)	511 (5.5)	606 (5.5)	551 (4.5)
法官平均案件数 (件/人)	80.9	91.5	92.9	110.1	122.4

注:(1) 庭长等领导只有一半的工作量(如果院领导是刑庭法官,其办案数量要求更少),因而一般算半个法官;(2) 根据 S 省法院要求,普通法官一年至少应当办理 130 件案件。

表 1(3)　　X 县法院刑事案件数、法官数情况

年份	2012	2013	2014	2015	2016
案件数 (法官数)	478 (5)	430 (5)	419 (5)	355 (5)	435 (5)
法官平均案件数 (件/人)	95.6	86	83.8	71	87

注:(1)庭长等领导只有一半的工作量(如果院领导是刑庭法官,其办案数量要求更少),因而一般算半个法官;(2)X 法院共有 6 名刑庭法官,庭长、副庭长两人算一个法官办案,进而法官数为 5;(3)根据 S 省法院要求,普通法官一年至少应当办理 130 件案件。

（2）一般县刑事案件的基本情况,以 Z 县、Y 县为例,请看表 2:

表 2(1)　　Z 县法院刑事案件数、法官数情况

年份	2012	2013	2014	2015	2016
案件数 (法官数)	175 (2)	181 (2)	187 (2)	201 (2)	176 (1.5)
法官平均案件数 (件/人)	87.5	90.5	93.5	100.5	117.3

注:(1)庭长等领导只有一半的工作量(如果院领导是刑庭法官,其办案数量要求更少),因而一般算半个法官,Z 县法院刑庭有副院长(1 人)、庭长(1 人)、审判员(1 人)共 3 人;在 2012—2015 年间只有 2 人,到 2016 年时,副院长不再办理刑事案件,因而只有 1.5 人。(2)根据 S 省法院要求,普通法官一年至少应当办理 130 件案件。

表 2(2)　　Y 县法院刑事案件数、法官数情况

年份	2012	2013	2014	2015	2016
案件数 (法官数)	98 (1.5)	112 (1.5)	122 (1.5)	151 (1.5)	130 (1.5)
法官平均案件数 (件/人)	65.3	74.6	81.3	100.6	86.6

注:(1)庭长等领导只有一半的工作量(如果院领导是刑庭法官,其办案数量要求更少),因而一般算半个法官;(2)根据 S 省法院要求,普通法官一年至少应当办理 130 件案件。

（3）民族县、山区县的基本情况，以 B 民族自治县、P 县（山区县）为例，请看表 3：

表 3(1)　B 民族自治县法院刑事案件数、法官数情况

年份	2012	2013	2014	2015	2016
案件数（法官数）	84（1.5）	74（1.5）	70（1.5）	68（1.5）	79（1.5）
法官平均案件数（件/人）	56	49.3	46.6	45.3	52.6

注：(1) 庭长等领导只有一半的工作量（如果院领导是刑庭法官，其办案数量要求更少），因而一般算半个法官；(2) 根据 S 省法院要求，普通法官一年至少应当办理 130 件案件。

表 3(2)　P 县法院刑事案件数、法官数情况

年份	2012	2013	2014	2015	2016
案件数（法官数）	131（1.5）	89（1.5）	81（1.5）	90（1.5）	100（1.5）
法官平均案件数（件/人）	87.3	59.3	54	60	66.7

注：(1) 庭长等领导只有一半的工作量（如果院领导是刑庭法官，其办案数量要求更少），因而一般算半个法官；(2) 根据 S 省法院要求，普通法官一年至少应当办理 130 件案件。

根据上述 7 个基层法院的法官配备与刑事案件数情况，我们可以作出以下判断：

（1）在山区县、民族县法院，一般县法院和市辖区法院三类法院间，刑事案件审理量有很大差异（5 年时间里，有平均每年审理 70—80 件刑事案件的法院，亦有审理 400 件案件以上的法院），刑庭法官平均办案量也有较大差异（5 年时间里，有平均每年办案量达 100 件以上的法院，亦有刚刚超过 50 件的法院）；

（2）如果根据刑庭法官办理的刑事案件量，并不能达到 S 省法院对普通法官的基本要求，他们只能诉诸其他方式，如通过办理民事案件达到法院要求的基本工作量。进而言之，基层法院刑事审判庭的部分法官不仅仅需要办理刑事案件，还需要办理民事等案件，而且有的法官办理民事案

件的数量不一定比刑事案件少。

（3）但是，从整体上看，（刑事）法官刑事案件办案数在最近5年里呈持续增加状态。不过，也有例外，民族自治县、山区县法官刑事案件办案量除了个别年份外，在整体上处于递减趋势，但在案件最低量的要求下，法官们仍然需要办理民事案件。

简言之，(1)除了山区县、民族自治县法院外，基层法院刑事法官刑事案件办案量有一种持续增加的发展趋势；(2)不少法官除了办理刑事案件外，还需要办理一些民事案件以达到法院对基层法院法官办案量的最低要求，即使山区县、民族自治县法院也如此。

对此，我们还可以从另一个角度审视以佐证前述观点，即就M市基层法院案件总数做一个考察，以2016年为例（因为这一年S省内所有法院全面入额）：

表4　M市法院刑事案件数、法官数情况

	Y区法院	J市法院	X县法院	Z县法院	Y县法院	B民族自治县法院	P县法院（山区法院）
基层法院总案件数	4526	9125	6183	3251	5290	2665	2478
（入额）法官总数	26	50	46	19	22	17	15
法官平均每年办案数	174.1	182.5	134.4	171.1	240.5	156.8	165.2

与前面对照，我们可以作出如下判断或推论：根据S省对基层法院法官办案工作量的基本要求（130件），所有基层法院法官的平均办案量均超过其规定，而且城区法院、重要县的法院法官办案量会远远超过要求。我们还可以案件非常少的山区县法院P(县)人民法院为例做详细分析：

（1）P县法院2016年共有2478件案件，入额法官只有15名，平均每名法官一年办案达165.2件，超过省法院的基本要求。

（2）如果进一步审视的话，法院领导、中层干部均入额，院长办案数一般底线为普通法官的5%,副院长为30%,庭长为50%。① 根据P县法院领导设置情况,院长1人,副院长2人,三人共计应当办理84.5件。② 其他12人办理剩下2393.5件,平均每人达199.5件,如果再仔细考察各个庭长的具体办案数,普通法官的办案数至少达200件。

（3）如此一来,刑庭法官不可能"置身事外",因为刑庭法官只办理60余件刑事案件的情况与法院的整体格局"格格不入"。在收入、职务晋升大致相同的语境下,刑庭法官办理非刑事的案件是不可避免的事情,甚至在数量上应当办理的案件与民庭法官差不多。

在这里,我们是以案件比较少的山区法院为例展开的分析,其他法院,特别是城区法院、重要县法院,其所属的法官办理的案件量肯定比该数字(200件)高得多,刑事审判庭法官的办案量也水涨船高,必定办理更多的案件。

因此,即使以200件为基数,基层法院法官一年内平均1.8天办理一件案件,我们也可以作出判断,即基层法院法官的工作量大,工作压力绝对不低。

其次,就M市中级人民法院而言。刑事审判庭法官的办案情况可以初步描绘如下:

表5　M市中级人民法院刑事案件数、法官数情况(2012—2016)

年份	2012		2013		2014		2015		2016	
案件数	337		304		369		506		593	
	127(一审)	250(二审)	71(一审)	233(二审)	74(一审)	295(二审)	82(一审)	424(二审)	63(一审)	530(二审)
法官数	12		12		12		14		14	

---

① 该数据为2017年最高人民法院出台的《关于加强各级人民法院院庭长办理案件工作的意见(试行)》(法发〔2017〕10号)。

另注:虽然该规定发布于2017年,但我们一定要注意其颁布该规定的基本背景,即法院领导很少办理案件,甚至不办理案件,因而最高人民法院制定了一个强制性法律文件,院长、副院长、中层干部等均应当办案,因而无可规避。这一点,笔者对M市基层法院的调研也证实了这一点,如X县法院副院长,其作了如下陈述:在以前很少办,最近几年开始办案(院长一般为几件,副院长10余件而已),入额后,也办理不多。

因此,当该规定出台后,法院领导在必定入额的情况下也就必定办案(但一般按照最低标准执行,如5%—10%,办理5%即可),在数量上必然在超过入额前,以该规定为依据不会高估普通法官实际的办理案件的数量。

② 该数字应当作如下计算:130×1×5%+130×2×30%=84.5(件)。

(续表)

年份	2012		2013		2014		2015		2016	
案件数	337		304		369		506		593	
	127（一审）	250（二审）	71（一审）	233（二审）	74（一审）	295（二审）	82（一审）	424（二审）	63（一审）	530（二审）
法官平均案件数（件/人）	28		25.3		30.75		36.1		42.3	
折算后，法官平均案件数（件/人）	73.4		56.6		67.7		78.1		89.2	

注：(1) M市中院院长、主管副院长不办理案件，到2016年方开始办案，庭长一年办理不到5件案件。刑事案件在副庭长带领的合议庭展开，共有4个合议庭，到2015年设置未成年人审判庭时，增加两名法官，其负责未成年人刑事案件。(2) 根据M市中院对该院工作量的要求，普通(刑事)法官基本工作量为80件/年，其基本计算方法为：一审案件数×3＋二审案件数×2。

根据上表，我们可以作出如下判断：

(1) 在中级人民法院所属的刑事案件中，最近5年里，一审刑事案件每年虽有变化，却没有实质性地大量增加，占据次要地位(且比重不断降低)。二审案件占据主导地位，且在整体上呈现上升趋势。

(2) 中级人民法院在整体上的刑事案件没有基层人民法院多，仅就案件数量而言，刑事法官办案量远远低于基层法院，即使比民族自治县法院、山区法院刑事法官的办案量都低得多。当以一定的计算方法计量时(M市的计算方式，一审案件乘以三，二审案件乘以二)，法官的办案量才勉强达到其所辖法院一般法院的办案量——与其所辖的重要区、县法官负责的案件量相差很大。

(3) 虽然从办案数量看，中级人民法院刑庭法官办案量并不大，但除却个别年份外(2012)，他们刑事案件的办案量在整体上也呈现递增趋势，亦即他们的工作量越来越大。

对中级人民法院刑事法官的工作量情况虽然有前述三个判断，我们也应当注意如下情况：

(1) 中级人民法院的一审案件均为危害国家安全犯罪、恐怖活动犯罪案件和无期徒刑、死刑案件①,是为重罪案件,通常都是有广泛社会影响性的刑事案件,每起案件都将大大增加法官的工作量。

(2)另外,中级人民法院审理的基层人民法院的上诉(刑事)案件。不管是被告人上诉,抑或检察院抗诉,均表明该案的事实认定或者法律适用存在争议,因而通常都是复杂、疑难案件,此类案件也会增加法官工作量。

法官们在审理这两类案件时,不仅仅需要考量案件事实和证据的充分性和法律适用的准确性,更需要考量国家的刑事政策、政治判断,以达到通常所说的"法律效果、社会效果和政治效果的统一"。他们要做到这一点,必然花费更多的时间、更多的精力。

因此,我们可以作如是判断,中级人民法院的刑事案件从工作量看并不低,而且不比基层法院工作量低,而且最重要的是,他们的工作量也呈现出持续增长的趋势。

综上所述,通过考察 M 市两级法院刑事审判庭法官工作量情况,有一个基本事实得到证实,**即刑事法官办理的案件量越来越多,工作量越来越大**。虽然还不能具体描绘其准确的工作强度,但我们至少可以作如下推论:日益增加的案件量、工作量破坏了法官既有的工作时间与日常生活时间的安排,或者说该情况必然挤占(刑事)法官日常生活时间。工作时间与日常生活时间的紧张关系必将影响法官日常生活的心情,进而影响法官办案的心情、态度,更影响法官作为社会精英人士从事审判工作的从容与优雅。

这必将减少法官作为一份职业的尊严感。

二、法官的休假制度(休闲)、职业能力积累与法官尊严

正如前述,刑事审判庭法官审理的案件数量、审判工作量呈现出不断增加的发展态势。这一情势一方面让法官疲于奔命,同时也间接影响法官的工作状态,即影响法官工作时间与日常生活时间的既有安排,进而产生更多的日常焦虑和不适应感。另一方面,也导致了如下一个后果:法官利用本可以利用的部分业余生活时间进行再学习以积累法律职业能力、

---

① 参见蒋志如:《试论中级人民法院第一审程序的审判范围——以〈刑事诉讼法〉第 20 条为中心的思考》,载《河北法学》2014 年第 1 期。

提高审判质量的时间减少了。法官在不断增加的工作强度、时间处置的"紧张"感中顾此失彼，进而降低了法官从审判工作的职业获得感、尊严感。

但这对法官尊严感的影响主要是一种对法官日常休闲时间利用的消减。其实，还有其他形式休闲时间（如法官休假制度，即"双休"之外的假期）的利用情况，可以提升法官的职业能力，进而增加法官的职业尊严；反之，则削减了法官的职业尊严。在这两种法官休闲时间中，法官的年休已经有相关制度保障。而前文提及的时间则更多在既有时间内（亦即单位时间内）当工作时间增加时，生活时间、利用生活时间再学习的时间自然而然被削减。同时两者之间又有内在联系，休假与休闲情况的另一面即工作情况、工作压力。进而言之，当我们讨论法官之休闲、休假问题亦即讨论他们的工作情况、工作压力问题。因而，在这里，我们仅仅以国家有保障的休假制度、休闲情况展开分析和讨论，请看下面的具体分析：

首先，从法官既有休假制度看。[①] 民国时期，北洋政府与南京国民政府均颁布了法官休假规则，主要有两部《职员给假条例》和《高等法院以下各级法院职员给假规则》。根据这两部规定，民国时期（刑事）法官享有充分的假期，大致可以描绘为：在俸给照发的基础上，工作满1年，可以休假1月；服务2年，准假2至3月；连续服务3年，准一次性休假3月；满5年以上准休假6个月；满10年以上，准休假12个月。1949年新中国成立：休假时间逐步缩短，1952年缩短为最多30天。1955年国家公职人员则被禁止休假。改革开放之后，休假制度重新起步，但必须满10年方可申请，且只有10天，工作每多一年，休假时间多1天，但总天数不得超过25天。

2007年国务院颁布《职工带薪年休假条例》，2008年人力资源和社会保障部颁布《企业职工带薪年休假实施办法》。根据这两部法律文件的规定[②]，它们的适用对象不仅仅包括企业职工，也包括机关、事业单位和与其

---

① 参见成都市中级人民法院编：《成都法院志》，四川人民出版社1997年版，第105—107页。

② 《职工带薪年休假条例》第2条：机关、团体、企业、事业单位、民办非企业单位、有雇工的个体工商户等单位的职工连续工作1年以上的，享受带薪年休假……
《企业职工带薪年休假实施办法》第17条第1款：除法律、行政法规或者国务院另有规定外，机关、事业单位、社会团体和与其建立劳动关系的职工，依照本办法执行。

建立劳动关系的职工;如此的适用范围,即相当于该法律适用于所有劳动者。因而,这一休假规范、规则包括了在这里的分析对象法院(刑事审判庭)法官。因此,我们可以说,《职工带薪年休假条例》和《企业职工带薪年休假实施办法》是关于规范(刑事)法官的现行年休假制度的基本制度、基本法律文件。根据 2007 年出台的《职工带薪年休假条例》第 3 条:1 年以上不满 10 年,年休假 5 天;已满 10 年不满 20 年,年休假 10 天;已满 20 年的,年休假 15 天。

因此,(刑事)法官休假时间最长为 15 天,远远低于民国时期法官的休假时间,后者工作满 1 年,即有年休假 1 个月,满 10 年最高可以休 12 个月(1 年时间)。

其次,从法官的休假、休闲看。

假设法官的年休假能得到充分保障[①],我们还应考察一下如是一个问题,即法官度过一个短暂年休假(最多 15 天)的方式。我们将以 2016 年为基准,并假设初次参加工作即进入法院,法官实际上可以享受到的年休假有如下几种形式:

(1) 如果法官工作 20 年以上,他/她至少应当于 1996 年参加工作,也即 1996 年之前进入法院工作,有休年假 15 天。在 20 世纪 90 年代,初次工作能够进入法院的法官,通常应具有大学专科以上学历,亦即参加工作的时间应当 21(或 22)周岁[②],当工作至 2016 年,其至少应当是 41(或 42)周岁。属于 41 岁以上这一群体的法官通常都是"上有老、下有小",但内部差异很大:如果年龄在 50 周岁以上的法官,他们一般不会有对未来(不到 5—10 年)的职业规划[③],15 天的时间一般都花费在休闲领域,而非其

---

① 中国年休假制度存在严重缺陷,很难得到保障和实现(参见吴雨虹:《我国带年薪休假制度的分析与研究》,载《科技创业月刊》2014 年第 5 期)。但十八大以来,在法院的法官和其他工作人员申请的人越来越多,但都有一个前提,工作任务没有任何减少,进而言之,在休假之后,或者休假之前得高强度完成休假期间需要完成分配给自己的工作任务。

② 在这里,我们一般不考虑研究生进入法院的情况,因为在这个时期,研究生进入法院的比例不高。当然,如果考虑到研究生进入法院的话,他们一般应当有 25 周岁,如果工作 20 年以上,其至少应当在 45 周岁,亦在范围之内。

③ 根据现行的退休政策,男性 60 周岁退休,只有 10 年的法官职业生涯,女性 55 周岁退休,只有 5 年的法官职业生涯。根据我们对法官的访谈,他们对此说得最多的一句话,即坐等退休、从现在到退休工作状态即混日子。

他。当年龄在 41—50 周岁的法官,他们的孩子正处于接受高中、大学本科教育阶段,如果孩子在高中就学,法官们更多会利用这些时间陪同孩子;如果孩子攻读大学(学位),孩子们已经成人,他们更多地将时间花费在纯粹的休闲上。

(2)如果是 1997—2006 年进入法院,法官的工作年限在 10—20 年之间,年休假则只有 10 天,更不好安排时间。如果以 21 周岁(或 22 周岁)为基准①,法官的年龄一般在 32—40 岁之间,他们是法院当前的中坚力量。这些处于中坚力量的法官的孩子一般在接受小学、中学教育,在中国当下的教育体制下,孩子们的功课紧张,平时与孩子在一起的时间不多,他们一般会在寒暑假休假(根据调研,更多是暑假休假②),以期利用这短期时间(10 天)陪同孩子(游玩或者以其他方式在一起),法官在自己身上花费的时间非常有限。

(3)如果 2006 年以后进入法院,法官的工作年限不到 10 年,年休假则只有 5 天,比国庆黄金周的时间都短促。不管这些法官的年龄在哪个阶段(在这里,如果以 21 或 22 岁为基准,法官年龄一般在 32 周岁以下,如果是研究生则 35 周岁左右),也不管其子女接受何种教育(一般是小学、初中教育),他们一般将时间花费在与孩子一起,或者陪同他们旅游或者陪同他们一起学习。即使在这一阶段没有孩子(一般为刚刚毕业的学生),短短的 5 天时间也不会让法官们将时间投入到玩耍之外的事项上。

简言之,在 5 天、10 天、15 天三种年休假中,无论哪一种,时间都非常短,法官们很难对其作一个严肃、认真的规划,加上当下中国中学教育体制(学生补课、学习各种技艺)对法官孩子们的约束,他们除了陪同孩子外,的确很难对其做一个理性的打算。即使那些不需要关注孩子,或者没有孩子的法官,让他们对假期作一个周密、严肃的假期计划是一件要求极高或者说没有必要的事情。

我们对 M 市中级人民法院和该中院所辖 X 县的刑庭法官的调研佐

---

① 如果是研究生的话,其开始工作年龄一般为 25 周岁,工作 10—20 年间的话,其应当在 35—45 周岁间,他们的孩子一般在接受中学教育,不影响在这里的观察和思考结果,因而不将其纳入分析。

② 接下来的访谈会涉及,在这里暂不表。

证了前述内容,请看下面的详细描绘①:在 M 市中级人民法院刑事审判庭。在 2016 年,共有两个刑事审判庭,四个合议庭,共计 14 名法官,每一个年龄阶段的法官都有,但没有刚刚毕业的本科大学生、硕士研究生进入到刑事审判庭的情况。X 县人民法院共有 6 名刑事法官,有两个合议庭,每个年龄阶段的法官都有,更确切地说,40 周岁以上的法官 3 名,40 岁以下的法官 3 名。对这 20 名法官(约占整个 M 市两级法院刑事法官的 1/3),我们将作如下分组:

(1) 50 岁以上的法官。基本情况:M 市中级人民法院(亦即前文的 D 法官)、X 县法院(亦即前文的 M 法官)各一个,两人其他情况差不多。我们以中院法官 D 为例展示其对年休假的态度和行为方式:女,53 岁,孩子已经工作,到法院工作近 30 年,在她眼里的年休假:工作前 20 年都不知道有年休假,也不关心年休假,最近五六年才有这一说法。院里也不支持休假,因为不休假的话,法院年终奖金、绩效要多一点。最近两年,年休假与年终奖没有关联后,法院不再反对法官休假,但分配到个人的任务也应当按时按量完成。在此前提下,我偶尔也间歇性的请假,但一般没有休满 15 天,因为请假休 15 天,而其他人在工作,孩子自己也有工作,一天都不知道怎么安排,还不如回到单位继续工作惬意。

(2) 41—50 岁间的法官。基本情况:M 市中级人民法院刑事法官有 6 名法官(男性占 1 名,女性 5 名),X 法院有 2 名法官(2 名男性)。工作 20 年以上的法官有 6 名,有 2 名工作 10 年以上,其子女读大学或者刚工作的一般年龄都在 45 周岁以上,子女在中学接受教育的一般为 40—45 周岁。因此,我们选择 2 名法官对年休假的态度与行为方式作了访谈:

法官 A(中院法官,即前文访谈的法官 A)。女,45 周岁,刑庭庭长,专科学历,其儿子正在攻读大学本科学位(国内东南沿海著名大学的金融学专业),到法院工作刚刚 21 年,在她眼里的年休假:我个人比较期待年休假,即使法院不支持,也可能影响部分奖金,只要可能就坚持休。从孩子

---

① 在这里,限于篇幅,基层法院我们只选择一所法院,即刑事案件大县法院 X 县法院,其法官的休假情况有代表性:在 M 市两级法院凡计近 60 名刑事审判庭法官的前提下我们访谈了 80%的刑庭法官,很多法院只有 1—2 名刑庭法官,对其考察不具有代表性,而 X 县法院是农业大县,也是 M 市的重要县,刑庭法官的数额也相对较多,对其考察有代表性。

攻读大学以来,期待着孩子回家或者到他读书的大学去看望之,因而15天的年休假一般分为两次:一次放到暑假(可以多陪同孩子),一次安排在国庆节(可以到学校看望孩子)。当在孩子还在中学念书时,假期更少(10天),一般选择在暑假,可以与孩子一起旅游,陪同孩子一起成长。

法官L(X县法院刑庭法官):男,41岁,大学(法学)本科毕业,其儿子正在高中学习,到法院工作15年,可以休假10天。在他眼里的年休假:我个人觉得无所谓,在单位有事做,有同事一起闲聊、聚餐,很不错。当然,休假也不错,常常与妻子一起休假(更确切地说,是妻子要求一起休假,以安排些事情),可以好好陪陪儿子。一般都在暑假休假,暑假休假的话,一家人都有时间,可以到处旅游旅游,或者串串亲戚。对于我自己而言,休假从来没有我自己的个人时间,一直处于"忙"的状态。

(3) 40岁以下的法官。基本情况:年龄在30—40周岁间的法官,M市中级人民法院有7名(其中女性5名,男性2名),X县法院只有1名(女性)。年龄在30岁以下的法官,M市中级人民法院1名,X县法院有2名。他们的工作年限一般在10年以下,只有部分36—40岁的法官可能工作在10年以上。对于工作10年以上的法官,其与刚才分析的法官L相类,毋庸赘述。因此,我们仅对工作在10年以下且在前述两个年龄阶段中的法官对待年休假态度和行为方式进行描绘,以中院法官G和X县法院法官O为例:

法官G(M市中级人民法院法官,亦即前文访谈的法官G):男,30周岁,(民商法)法学硕士,到法院工作5年,可以休假5天。在他眼里,休假5天没有太大意义,还没有国庆节假期长,其更多的时间与妻子或者家人外出旅游。因为孩子还不到3周岁,有父母帮助照顾,有假期后通常都与妻子出去旅游,如果没有特别需要完成的事情,一般不做其他安排。

法官O(X县人民法院法官,亦即前文访谈法官O):男,27周岁,法学硕士毕业,工作两年,年休假有5天。在法官O眼里,休假5天是一件很有意义的事,他一般选择与女朋友呆在一起。

据此,我们可以作出判断:法官在年休假问题上,不分年龄,也无论休假时间长短(最长15天),对待假期通常只有一种态度和行为方式,或者(与家人一起)旅游,或者玩耍,换句话来说,没有法官认真、严肃对待其年休假,进而有另一种"极端者",他们不愿意申请年休假(其实,这也正是法院、政府一直倡导和鼓励的选择方式,只是在最近几年才有些变化)。

再次,休闲、职业能力积累与法官尊严。

根据前述,我们还可以推论:年休假对于法官来说,还不是一个习以为常,每年都实际享有了的作为一名劳动者应当享有的权利。当然,从另一个角度看,申请年休假已成为很多法官每年愿意作出的选项,逐渐成为其假期的组成部分,并且随着休息权理念的深入、普及,必将成为每一位法官的当然选项。

这一年休假的确增加了法官职业的尊严感。但是,当法官的年休假只与休息、休闲联系在一起,该年休假制度之设计则显得有些庸俗、单调。而且由于中国法官的年休假时间实在太短,法官们无法对其假期作严肃、认真的安排,更确切地说,除了休息、休闲外,他们无法作一些与法官个人有关的,与职业发展、职业规划有关的安排和计划。在这里,如果对照前面提及的民国时期法官年休假制度(最长达 12 个月,最短也是 1 个月),我们还可以作两方面的延伸:

(1) 收入与年休假。

正如我们在法官收入部分的分析,法官年收入不高,也限制了法官休闲的方式与质量:根据目前中国社会的基本现状,法官首先作为一名社会成员,需要面对房子、车子等消费品刚性需求(已成为结婚、生活的基本组成部分),还需要考虑子女教育、医疗和养老问题。因此,即使当其有年休假,他们休假的方式往往是以经济的、便宜的方式进行,更确切地说,他们往往以耗费(MONEY)最少的方式进行,或者在家休息(陪同家人①),或者随意旅游以完成所谓的年休假。如果以一个月、几个月、甚至 12 个月为计量基础,法官除去短暂的旅游外,大部分时间可能只能陪同家人,只有有经济基础作后盾的旅游才是有质量、有规划的旅游和休闲。进而言之,如是的休闲方式是一种质量不高的休闲方式,一种受到了经济条件、收入制约和限制的一种休闲方式。

---

① 陪同家人本身是一件幸福的事情,但主要在家陪同家人,则显得有些"无奈"。

(2) 职业规划与年休假。

当只有短短 5 天、10 天、15 天的年休假时,(刑事)法官们或许对其假期的安排只有休闲一途,如果是一个月、几个月、甚至一年,(刑事)法官必将对其年休假做一个严肃、认真对待。在这段不短的年休假期间,法官可以作很多其他安排:如,整理其既有审判经验,将其经验知识、成果升华为理论成果,以惠泽社会,进而增加职业荣誉感。或者,法官们还可以在此期间持续"充电",以更胜任其所从事的工作和适应审判新型刑事案件的需要,进而增加法官职业归属感、荣誉感。

进而言之,法官们可以利用年休假作一些与个人有关、也与工作有关的职业规划,不仅仅可以在休闲中获得作为法官的尊严,也可以从年休假中的职业规划获得更多的职业归属感,间接增加了法官尊严。

综上所述,中国当下的法官年休假制度主要与纯粹的休息、休闲有关,而且即使休息、休闲,其质量也不高,进而在促进、增加法官尊严感的贡献上非常有限。

三、法院对(刑事)法官的考核与法官尊严

刑事案件量决定了刑事审判庭法官的工作强度,年休假制度则是对前者的一种缓解(包括休息、休闲、职业能力的积累)。或者我们还可以如是描绘前述几个要素之间的内在深层次关系,即刑事法官的工作强度与休闲、职业能力积累、法官尊严存在一种深层互动关系,它们相辅相成,是一个主题的不同侧面。除此之外,还有其他因素对法官尊严产生重要影响,如(年终之时)法院对法官的考核。在这部分,我们拟考察法院考核对(刑事)法官职业尊严的影响情况,请看下面的具体分析:

如果从制度建设角度看,法院对法官的考察已经非常完善,每一基层法院都制定针对(刑事)法官的诸如《法官审判业绩考评管理实施办法》的考察规则,更有最高人民法院出台的《关于完善人民法院司法责任制的若干意见》《人民法院工作人员处分条例》等规范性法律文件。不过,在这里,我们并不打算深入讨论法院内部考核办法、规范性法律文件的得与失,而是主要讨论法院内部考核的基本内容、基本范围及其对法官工作态度、行为方式的可能负面影响:

首先,关于政治素质的考察:该项考察主要涉及法官对党和人民的政治忠诚度问题,如是否坚持四项基本原则。考察的具体内容主要包括(刑事)法官的思想(如是否信教等类似活动)、政治素质(如参加政治学习、参加组织活动)、职业道德素养(如是否热爱本职工作)、审判作风(如行为是否得体、是否平等对待当事人)、工作作风(如法官对待当事人是否热情、耐心)、勤政(如是否请假、请假的次数,是否旷工、旷工的次数等)等方面的表现,通过年终填写《XX省XX市XX县人民法院考核表》完成。

如果对这类考核进行归类的话,可以分为两类,有"虚"(亦即主观性色彩比较浓)的部分,如法官的思想、政治素质;也有可以客观衡量的"实"的部分,如对法官考勤的情况,法院可以通过(上下班)打卡的方式实现。①

(1)就"虚"的部分而言。所有事项常常以形式化要素得到体现,即主要通过一些数量化的方式实现,如参加多少次政治学习、专家讲座、参加日常普法活动等。当其达标、合格时,均被视为政治上无限忠诚于党和人民。

(2)就"实"的部分而言。法院对法官考核"实"的部分,其效果要明显得多,但也是形式上的考察,在于约束法官的工作时间,更确切地说达到了"控制"法官的效果。但是否达到考察的真实目的却不好说,以对(刑事)法官考勤问题为例:法官司法过程中因为调查、收集证据、讯问被告人等事项都需要离开法院(这一点可以确定),但什么时间回到法院很难确定,因为有的证据、事项需要更多时间,有的证据、事项却很容易完成,从而可以在强短时间内回到法院。进而言之,法官在审案过程中很多事项的完成时间具有不确定性,而且还需要在法院办公场所之外展开和完成,因而在确定时间打卡上班、下班对他们来说是一件不可能的事情。因而,法院内部创造性发明了诸如"公务条"的变通方法:当一名法官需要外出时,他们通过"申请—批准"的方式,并以"条子"(即"公务条")作为书面文书证明。这样做一方面可以达到既遵守了法院的规章制度,又适应了法官工作的特点(法官在外工作,即为勤政)。但另一方面,当"条子"成为经

---

① 但仍然容易被规避:法官可以借口调查证据、讯问被告人等申请"假条",通常由(刑事)审判庭统一申请,法官可以事前申请,也可以事后补,不仅法院对此采取默认态度,即使庭领导对此也是"睁一只眼闭一只眼"。

常性事项或者工作的组成部分时,或者说当"公务条"被滥用时,对法官的考勤又形同虚设,因为他们可以通过"条子"在法院之外做其他事情。①

因此,对(刑事)法官的政治素质的考察,常常是一种形式上的考察,对其并没有多少实际作用,因而法官通常也不在意这一方面的考察。

其次,关于廉洁纪律的考核:法官也是掌(国家司法)权之官,在行使审判权时关乎被告人、被害人切身利益,关乎社会公众利益,也关乎国家公权力的权威,因而对其的廉洁纪律的考核实属必要。当下法院对(刑事)法官的廉洁纪律的考核主要有以下两方面的内容:

(1) 遵守党纪、政纪方面的纪律。中国政治的一个基本特征即中国共产党对各项事业的绝对领导,包括党对司法机关、法院的绝对领导(主要通过地方党委、上级党委和政法委实现)。党纪、政纪是所有国家机关行为的基本准则,因而作为国家机关组成部分的法院,其所属法官在从事司法审判时也必当遵守,亦即任何法官(特别是党员法官)从事刑事审判时都应当首先遵守党纪、政纪以体现党领导下的法院为人民服务的基本宗旨。

(2)《中华人民共和国法官法》对(刑事)法官的要求。根据《中华人民共和国法官法》第 46 条的规定:法官有下列行为之一的,应当给予处分,构成犯罪的,依法追究刑事责任:贪污受贿、徇私舞弊、枉法裁判的;隐瞒、伪造、变造、故意损毁证据案件材料的;泄露国家秘密、审判工作秘密、商业秘密或者个人隐私的;故意违反法律法规办理案件的;因重大过失导致裁判结果错误并造成严重后果的;拖延办案,贻误工作的;利用职权为自己或者他人谋取私利的;私自接受当事人及其代理人利益输送,或者违反有关规定会见当事人及其代理人的;违反有关规定从事或者参与营利性活动,在企业或者其他营利性组织中兼任职务的;有其他违法乱纪的行为的。

与政治素质考察的内容比较,该事项的考核比较具体,亦即有更多可

---

① 在笔者调研期间,M 市中级人民法院即发生一件事情,即一名法官工作时间在外打网球被他人举报;在举报之前,对其在考勤这一事项上的考核是全勤(包括按时打卡上下班的情况和所谓的"公务条");被举报后,法院进行核查,该事实属实,被该法院通报批评,在年终克扣部分奖金。但这种事情非常少,利用"公务条"做其他事情是法官生活的组成部分。

以实际操作的方法,但也只是列举了对法官应当遵守的大致范围。因此,对法官的这类考核,最低要求是现行《法官法》的要求,最高要求是党纪、政纪的要求。现行《法官法》对法官的要求处于两个极端,一端是严重的且明显的政治行为(反对政府、国家),但因为没有任何法官从事反政府、反国家的政治行为,进而在日常考核中这些考核内容"形同虚设"。另一端是违反日常工作纪律的行为(如拖延办案、从事营利性活动等)也很难认定(因为对法官的惩戒、惩罚是剥夺权利,需要严格的程序,需要确凿的证据,更需要达到非常严重的程度)。进而,这些最低的要求也形同虚设。①

简言之,作为一种制度建设,前述考察实属必要,但对法官而言,影响并不大或者说当属形式主义的考核事项。

再次,关于业务素质的考核。无论是对(刑事)法官政治素质的考核,还是廉洁纪律素质的考核,均涉及能否合适继续担任(刑事)法官的基本问题。法院对之慎之又慎,因为一旦认定,对法官的人生、职业产生深远影响。而对法官业务素质的考察,通常不涉及是否合适继续担任法官的基本问题,只对法官评定等次、兑现奖惩、评先授奖、晋职晋级以及接受上级法院遴选法官等问题产生影响,申言之:

(1)关于审判质效问题(审判质量)。审判质效主要包括以下内容:对正常审限结案率、延长审限结案比、超审限未结比、简易程序适用率、案件改判和发回重审率、服判息诉率、上诉率、结案均衡比、当庭裁判率、法官人均结案数、生效案件进入再审率、案件陪审率、收结案录入差错率、主要指标误差度、重要信息误报数、裁判文书录入率、庭审笔录录入率、刑事案件生效差错率、上诉案件信息上传率等事项的考察。② 在这些考核内容

---

① 在笔者调研期间,基本上没有该方面事件的正式记载,但2014年在X县法院发生了一件事情,法院作出了如下"私下"处理:一名法官接受了当事人宴请并接受部分礼金(30000元),当事人用录音录下来,当没有达到当事人预期效果时,当事人到法院举报,法院要求其退还当事人礼金,并且应当离职,否则将作出正式处理。该法官最后辞职,改行从事律师工作。

② 上述内容在不同地区有不同的侧重,但基本上能囊括法院对法官考核的范围,而且即使范围有不一致的地方,但其运行模式一样,即或者加分或者减分,总分不超过100分,如果低于60分,即为考核不合格。同时也规定,如果连续两年考核不合格,即认为该法官不适合担任法官,或者清除或者调离岗位;当然,在实际运行中,一般情况下都能及格,关键在于合格之上的分数差异。

中,既有注重形式方面的,如法律文书、庭审笔录的录入率,也有注重内容的部分,如案件错误率。既有强调数量的方面,如法官人均结案数、上诉率等,也有注重质量的内容如服判息诉率、案件改判率等。这里考核基本上囊括了刑事案件从法院立案到审结的全过程。

（2）刑事案件的涉诉信访问题。对于法官来说,只要涉及刑事案件的涉诉信访问题,即是对法官的负面评价。而且这一评价将随着信访的层次而得到不同的评价,如果到京上访、越级上访、重大刑事案件上访,则更是对承办法官的负面评价,虽然十八大之后,这一情况有所改善。

（3）参与活动加分。按照要求参加上级法院和本级法院开展一些重要活动（比如说庭审直播、模拟法庭大赛等）得满分或者得奖;审理重大刑事案件被上级法院嘉奖或者获得立功等奖项;参加法院内部的征文比赛,获得全国、省级奖励等。

总而言之,此类考核主要围绕刑事案件的审判展开,法院考量的不是（刑事）法官主观从事工作时的状态、行为方式,而是其工作效果（审判质量）及其间接效果（是否引起上访）。这些效果用客观上可以标记的量化要素衡量（或者增加或者减少分数,满分 100 分）,并以数量的形式在法院内部排序。法院则根据以该排序表确定年终奖金的等级,也是将来确定法官等级晋升和法官获得行政职务的重要基础性因素之一。

本部分小结

法院内部对（刑事）法官的绩效管理以积分（分数）为基础,分数越高、绩效等级越高,亦即年终收入比较而言越高,反之则越低。因而,（刑事）法官将会花费更多时间、精力在增加分数的事项、诉讼行为上,而对于可能减分的事项、诉讼行为则竭力避免或者将其降到最低度,申言之:

首先,关于政治素质的考核。虽然关于政治素质考核的可操作性不高,增分的可能性不大,只需达到基本要求即可。只有那些可以通过一定标准衡量的方面值得注意,如政治上不忠诚不应当有、也不可能有,政治学习也应当按时参加,即使（关于政治学习的）请假也不能超过规定次数（否则得扣分）,更不能在旷工、事假、迟到等事项上超过规定的上限。

其次,关于廉洁纪律的考核。关于廉洁纪律的考核主要是一些禁止性规定,如果违反之,一般是减分,而非增分,因而法官不能有该方面的行为,否则面临年度考核不合格的情况,或者被扣很多分。这将可能严重影响(刑事)法官年终收入、奖金。

再次,关于业务素质的考核。该考核是法院内部考察中最主要的考核,不仅仅有减分,如法律文书的文字瑕疵、判决内容有误、所审刑事案件上访、上诉、发回重审等。但更有加分,比如说法律文书上网率、法官(刑事案件)审案数、上级法院或最高人民法院(因为审理重大刑事案件而立功)的嘉奖。正因为此,(刑事)法官在此表现出不同的行为方式:(1)在增加分数的方面,尽量积累:如以审理更多的刑事案件达到该方面分数的最高值。又如,适用简易程序可以增分,法官通常尽量采取简易程序审理有些刑事案件(有时还积极建议当事人同意以简易程序开庭)。(2)对于将遭到减分的事项,法官则想方设法避免之:对可能涉诉信访的案件,(刑事)法官在审理案件时,在确定被告人犯罪、刑罚、刑事责任时,尽量调解或和解,以让该案件成为"铁案",最终避免信访。[①]

据此,我们还可以作出如下推论:

当(刑事)法官面临必然失分的事项时,他们内心充满焦虑,会灰心失望。

对可能失分的事项,其必将通过"努力"尽量不失分,而非持平、中立从事诉讼行为、工作事项(违背了法官应当理性、中立作出判断的基本立场)。

即使在可以增分的事项上,也不是每一名刑事法官都可以努力,如审理重大刑事案件而得到上级嘉奖[②],参加法院内部重大活动获得奖项等(如最高人民法院每年一次组织的学术论坛征文活动)。以审理重大刑事案件而得到上级嘉奖为例,其存在如下问题:

(1)法院是否能够获得审理重大刑事案件的资格并不由法院自身决定,一般由上级人民法院指定管辖;

(2)即使指定到该法院,法院院领导和上级法院领导均相当重视,一般由刑事审判庭的领导和经验丰富、资历深的法官承办。

据此,我们可以作结,对这类案件的审理只能是法院少数人可以从事

---

① 参见蒋志如:《刑事特别程序研究》,法律出版社2016年版,第368—369页。
② 对此,请参见本书第五章。

的事项,其他人很难参与,进而只有少数人可以在此增分。

简言之,对法官的考核,无论是政治素质、廉洁纪律的考核,还是业务素质的考核,虽然实属必要,却在客观上增加了(刑事)法官的某些(不必要的)焦虑,他们反而不能心平气和、理性地审理案件和作出判断;甚至,有时为了达到所谓的考核目标,法官们在一些形式事项上花费了更多时间,而非将其投入到真正研究案情、思考案件这一基础事项上。

四、本节小结

通过描绘(刑事)法官的(单位时间的)工作量、年休闲情况和法院内部对(刑事)法官的考核情况,我们对法官的工作态度、法官职业尊严有了更丰富、更深刻的认识,现简单总结如下:

首先,刑事法官的工作量不是法官自己可以决定的,而是由当时的社会情势、经济发展、文化背景而引发的犯罪数量决定。因此,当一名刑事法官进入刑事审判庭时,他面对的审理刑事案件工作量即已大致确定,并非可以选择只审理一定数量的刑事案件(因为法院、法官没有拒绝审判的权力)。在此背景下,通过考察 M 市两级法院刑事法官的工作量,发现 M 市基层法院、中级人民法院刑事法官审理的刑事案件越来越多、工作量越来越大,在整体上呈现出一种持续增长的趋势,进而对法官的行为方式产生负面影响。法官花费将更多时间、精力投入到了在审理案件上,但并非钻研业务,而是疲于奔命。还有,在时间相对固定的情况下[①],此种状态还将导致法官或者在工作时间不能兼顾其他(如花费更多时间审视其承办的案件),或者导致占据更多的下班后的生活时间,进而增加法官焦虑,降低了法官职业荣誉感,减少了法官的职业尊严。

其次,(刑事)法官的年休假制度对增加法官职业尊严感有限:法官享受的年休假并不是法官作为一种职业所独有的或者根据法官职业特点而单独规范的一种休假制度,而是与中国其他企业、国家机关人员共享统一的年休假,而且近年来才成为法官可以选择的一种休假模式。但由于年休假时间太短(最长 15 天,最短 5 天),更由于(刑事)法官工作压力大(且

[①] 一天 24 小时,早上九点到下午五点,一周只有 5 天;这是固定工作时间。

越来越大,而非越来越悠闲、从容),即使休假的法官,他们选择的也不是休息,而是利用该时间处理家事(及其相关事务),即使通过年休假旅游,在工资、收入不高的情况下,其旅游也是低质量的旅游、休闲①,基本上没有(刑事)法官利用年休假规划其未来的法官生涯,或者总结其丰富的司法经验。

因此,我们可以说,刑事法官工作时间与日常休闲时间应当相辅相成,但持续增长的工作量与低质量的休闲之间却将其转变为一种内在矛盾,即法官的年休假没有缓解工作积累的压力、焦虑,进而也没有提升法官的职业尊严感。

最后,法院事无巨细的内部考核(即绩效管理制度)更是增加了(刑事)法官职业的焦虑感。中国法院内部考核方式主要是以数量、积分为中心的绩效考核,(刑事)法官为了获取更高分、更高等级或者达到考核目标,将更多时间花费到了相对"无用"的事项上(如法律文书的瑕疵率、上网率、上诉率等),而非投入到真正思考、审视所审理的刑事案件等真正能提升审判能力、积累司法经验的事项上。进而言之,这些数字化、形式化导向的法院内部考核方式,很难让(刑事)法官有更多的职业尊严感,只会给(刑事)法官带来考核的焦虑。

总而言之,法官的工作量在一定时间内很难得到改变,工作时间、休假时间的安排亦大致可以确定(工作规律,从另一个角度看,即休息、休闲规律),法院对法官的内部考核更将引起既有工作节奏或者休息时间的改变,特别是以年终奖金、未来职务晋升为目标的考核更是如此。进而,法官持续增长的(刑事)案件量基本上决定了法官的工作节奏的紧张或者说休闲、休息(甚至休闲质量)减少,增加了法官的内在焦虑,法院内部考核则是加剧了法官工作的焦虑感,最终削减了法官的职业尊严感。

第四节 本 章 小 结

(刑事)法官审理刑事案件的过程,即刑事司法的过程。这一过程不

---

① 还没有结婚的法官,可能在此时间里(不超过5天)谈恋爱,或者与对象旅游,或者处理家务;结婚的法官,不管是10天,还是15天,或者陪同家人,或者旅游,或者处理家务。

是一个机械的单纯以司法"三段论"作出判断的过程,更是法官主动根据司法"三段论"涵摄事实、解释法律的过程,它需要法官以司法逻辑、凭借司法经验和良心作出判断和推理以达到保障人权和惩罚犯罪的有效平衡。

但是,一名法官的司法过程要达到这一点,不仅仅是主观努力即可以实现,它将会受到各种各样因素的制约,首先需要法官有长期的法律专业知识(特别是法律技能)的系统积累,更需要法官在一个良好的司法环境中展开。换言之,在司法过程中,法官的心态、观点、知识积累、经验与收入、(可能)职务晋升、法院内部考核等要素直接或间接影响着他们对刑事案件的事实(包括基础事实和细节事实)、法律规范的解读,进而可能影响案件结果(法院判决)及其相关事项的进展或结果。因为一名(刑事)法官不仅仅是一个职业法官,更是一个现代社会的公民。作为一名个体、社会公民,他向往美好的、优渥的生活方式,更有家庭需要照顾,亦即有个体的经济利益追求。同时,作为一名(法律)职业者也渴望(法律)职业的成就感,更想"鱼和熊掌兼得"。在此语境下,我们对前述内容作如下扩展或总结:

一、法官作为现代社会个体的成长:家庭、教育与工作

刑事审判庭的法官首先是一个社会个体,有一个从出生到死亡的自然演变过程。这一过程随着时代的变迁而呈现不同的形态,但在同一个时代则大致类似、相同。就这里的刑事法官而言,他们作为当下的一代人必将首先要受到这一时代一般人成长经历中所共同面对的问题,申言之:

在古代社会,在"天不变道亦不变"的静止社会,作为个体的社会成员,他们通常都生于斯,长于斯,死于斯。因此,家庭、家族对个体的成长和发展是最基础性的影响因素。个体所从事的工作主要是农业和手工业,其展开的空间也主要与家庭有关。进而言之,在古代社会,一切均围绕家庭运转,国家的治理也以家庭为依托,因而被称为"家—国"体制[①],或者说作为社会个体生活在"家—国"体制之下,申言之:家庭不仅仅是一个

---

① 参见蒋志如:《人之发展与法的规制》,载《贵州警官职业学院学报》2012年第1期。

伦理单位,更是一个工作单位,也是一个经济单位,集经济、情感与工作于一体,而且由于家庭成员间血缘关系,个人之利益、得失并不是最重要的事情,最重要的事情是家庭、家族的发展、成长与兴旺发达。

近、现代以来,随着科学技术的迅猛发展,交通工具的迅速提升,资金、技术、人员、信息的全球化流动,个人的力量得到全面体现和充分尊重,自由主义、个人主义逐渐成为近现代社会的基础思想,国家的组成也不再是一个中心(即只以"家"为中心),而是以多中心为基本框架。① 就现代社会公民个人生活的重要性而言,主要经历两个中心,家庭的组织与工作单位的组织;家不再作为重要的经济生产单位,其基本职能早已被单位、公司等现代组织取代,个人利益、个人主义得到全面强调,强调诸如自由权、财产权等个人权利。或者说家、家族不再是一个集所有职能于一体的组织,它主要是以亲情、伦理为中心的组织,或者说家、家族的部分重要功能已经被公司、单位等组织取代。进而言之,作为现代社会的公民,当其经过一定时间,达到一定年龄,通过家庭、学校进行学习,积累基础知识和专业知识后,应当离开家庭、学校,到某个公司、企业或者单位等组织参加工作,并以此获得财产、个人利益,获得个人职业成就。

简言之,一个现代社会的公民,他通过(职业性)工作获得收入、职务与职业成就。

作为一名(刑事)法官而言,他首先是一个社会公民,通过接受系统教育(中、小学教育)、法律职业教育,经过资格考试、国家选拔,成为一名职业法官,开始其法官的职业生涯。

首先,一名(刑事)法官首先得接受系统的初等教育、中学教育,进而取得获得接受高等教育的资格②,亦即学习专业知识的资格。在此阶段,作为一名学生,他获得知识、技能与其他普通人没有多少区别,但作为将来的法官他必须获得作为一名普通人的常识和经验。

---

① 对个人而言,有家、单位(公司)、国家(选举权与被选举权)、宗教场所、个人结社的组织等活动中心,只要在法律的范围内,他可以从事任何活动。

② 当然并非所有人都需要接受高等教育,一方面,虽然现代社会的分工越加细密,但有些职业仍然不需要更多的专业知识,只要具备健康的体魄、普通人的常识即可;而另一方面,有些专业则不仅仅需要本科高等教育,它还需要更精细的专业教育(研究生教育),如医学、法学等以实践为导向的专业。

其次,通过高等教育(通识教育和专业教育)、更精细的法律专业教育、资格准入考试,一名普通人取得从事法律职业的资格,取得审理案件的资格。① 在此阶段,作为一名普通人获得与其他普通人不一样的知识与技艺,正是柯克所言的"习得的技艺",亦即出现了自然理性与技艺理性的分野②,即为成为一名法官的过程。

因此,通过系统的法律职业训练、资格考试,普通人转变为一名职业(刑事)法官。法官在职业生涯中,通过专业的技术从事刑事审判工作,获得优厚的收入、从事优雅和有"闲"的工作、职业尊严感,亦即法官通过刑事审判工作将收入、(可能的)职务晋升与职业成就融合到一起。更确切地说,专业知识积累成为其职业成就的内在约束条件,收入、职务晋升成为其职业成就的外在激励的重要条件。而且,这一平衡在审理案件的工作中(另一方面说,即刑事法官的日常休假、年休假安排情况)得到充分体现。

二、法官作为合议庭成员的工作规律或者司法特点

(刑事)法官通过审判工作获得收入、可能的职务晋升、职业尊严,而这一工作或者说法官所从事工作的特点如何呢?现代社会职业审判工作将对法官提出哪些具体要求?如果根据现代刑事审判的基本原理、基本特点和司法实践的基本常识、共有观念、理念和一般思维方式,我们可以将法官作为刑事合议庭的成员审理刑事案件的特点简单归纳如下:

首先,法官审判工作的技术性特征。

在刑事合议庭,法官审理刑事案件时有两项基本事项需要处理,认定事实与适用法律。法官处理这两项事项的过程可以作如是简单地描绘:法官先要对既有的刑事证据作出审视,判断是否有资格成为证据法上的证据,然后在具有证据能力的证据中,诸多论据能否形成一个完整的证据

---

① 当然,由于法律传统、司法体制的不同,不同国家的法官准入有所不同:在英美法系国家,特别是美国,一般情况为:法学教育是研究生教育,随后通过资格考试,从事律师若干年,从律师中选拔法官。大陆法系,大致情况为:法学教育是本科教育,通过第一次资格考试,随后两年的专业训练,第二次考试,均合格,即可以从事法律职业,或者担任法官或者担任律师、检察官。

② 参见于明:《司法治国 英国法庭的政治史(1154—1701)》,法律出版社 2015 年版,第 330—333 页。

链,是否有内心确信或者排除合理怀疑并作出被告人是否有罪的判断①,随之对其量刑。这一过程亦即法官通过逻辑、通过证明的方式证成。还有,这一过程更是刑事法官独立完成的过程,在刑事诉讼程序、刑事合议程序中实现,亦即这也是一个展示法官司法过程的技术操作过程。

总而言之,无论是司法的过程,还是程序的展开过程,法官的刑事审判工作是一个技术性非常强的工作,他们的判断或选择,也是一种专业的判断,不同于与社会大众对刑事案件作出的判断——普通大众可以越过证据的缝隙直接作出被告人有罪的结论,但法官不能在证据链存在缝隙的情况下作出这一判断。

其次,法官思考、判断的独立性。

还有,刑事法官的工作不仅是一项技术性非常强的工作,其思考、审视和判断还应是一个独立行为的过程,而非与他人讨论的结果;当法官在庭审听审时,法官独立地获取信息,独立地通过控辩双方提交的证据、事实获取信息;在适用法律时,独立的寻找法律、解释法律,并在合议时独立地发表见解。不过,有一种情况允许出现,在合议过程中,基于他人的"说服"而发自法官之内心自愿改变自己的观点的情况仍然属于法官独立判断、独立司法的范围。因为在这里,并没有侵犯法官独立判断和独立司法,而是法官是基于信息改变、甚至信息并没有改变时但独立地改变了(或者策略性地改变)自己态度、立场。②

再次,合议庭成员间(及其"隐藏"在后面的其他人员间)不存在行政命令关系或者依附关系:正如前述,(刑事)法官审理的刑事案件或者说其从事的工作具有高强度的技术性特征,他们还应当独立从事诉讼行为、独立判断。换句话来说,在刑事合议庭中,法官间(包括其背后"隐藏"的其他人员)不应存在依附关系,行政职务高的法官不能命令其他法官接受自己的观点,或者在合议投票时要求他人与自己保持一致。抑或者,一方面合议庭法官也不能利用自己的影响力或者行政职务改变他人在合议庭中

---

① 在英美法系,在有陪审团的案件中,由陪审团对被告人是否有罪进行判断,但法官的作用仍然很大,即其有权对控辩双方提交的证据的证明能力作出判断,有证明能力的证据方可进入庭审,亦即法官对程序性问题作出自己独立的判断。

② 参见本书第二章第三节、第四节。

的观点、立场;另一方面,经验少、年龄小,职务低的合议庭法官作出的认定事实、适用法律的判断不是在经验丰富、年长和职务高法官的影响下甚至强制下的决定,而应当是如是景象:虽然司法经验不丰富,却也是法官作出的一个独立的判断、决定,并在判断和决定中获得职业成就感、职业尊严感。

总而言之,(刑事)法官,无论是年长、年轻,资历丰富与否,行政职务高低,只要同属一个合议庭并作为合议成员,他们应当在刑事审判事务中展示出所从事工作的技术性、独立性,并在审判工作中表现出很高的职业尊严。

三、中国当下法官的基本现状与问题:基于前述三节的总结

如果对照中国语境,(刑事)法官的基本情况,可以根据前三节的叙述总结或者推论如下:

首先,从普通公民转化为职业法官的人生经历看。(刑事)法官的学历、知识不断提升,但阅读专业知识、专业文献并不多,理论知识积累也非常少。只是随着时间的推移、工作年限的积累,法官们积累了更多的刑事司法审判经验,申言之:

改革开放初期,有相当之中学生进入法院,虽然后来有大专生进入法院但也没有强调法科学历,再有该时期有大量复转军人进入法院。这样的职业准入让刑事法官与其他普通社会成员在人生经历上并无本质区别,或者并没有让他们有从社会普通成员到刑事职业法官的转变,虽然当时法院、法学院(包括教育部)采取了很多措施、办法(如培训、成人本科、专科、函授本科、专科等)提升他们的学历、学位。①

当进入刑事审判庭工作之后,刑事法官们很少有人继续积累法学理论知识和法律专业技能:(1)20 世纪七八十年代进入法院的主要是具有中学学历的法官,他们读书不多,从事刑事审判仅仅获得司法经验是自然而然的结果。(2)即使有大专、本科学历的大学生加入,根据中国当时法

---

① 参考方流芳教授对此的评述:方流芳:《中国法学教育观察》,载《比较法研究》1996 年第 2 期。

学教育的现状①，他们从事工作后，也逐渐不读书，或者说读书越来越少，到最后不读书，最终只有司法审判经验与之相伴。当时间发展到现在，这一现象并没有得到多大的进展，他们只是获得少量知识，在专业技能上则是一无所进。② 这种状态有点像武侠小说《天龙八部》中的虚竹：在少林寺学习的少林武学（无论是内功心法还是武术）非常少，在逍遥派掌门无崖子、天山童姥等人的强势影响、干预下，虚竹既有的武学消失得干干净净，最终成为一名纯粹的逍遥门、天山缥缈峰灵鹫宫的精神、行为的正宗传人。

简言之，一方面，中国（刑事）法官法学理论知识积累少，无论是求学期间，还是在职期间，另一方面，他们在日积月累的审判中的确积累了丰富的司法经验。因此，我们可以说，中国刑事法官所从事的刑事审判工作不是一项技术性非常强的工作。

其次，对于法官而言，收入、薪资情况与可能的职务晋升是影响他们行为的重要因素。根据我们在前面的考察，中国（刑事）法官从名义上看收入并不高，在可能的职务晋升中可以预期的发展空间也非常有限。换言之，刑事法官无论是收入、职务晋升均在可以预期的时间内很难有所提升，更难进行长期的安排和计划。因此，既有的职务、收入情况并不能让法官获得一种有尊严、有质量的生活方式，虽然在内心他们对（未来）职务的追求充满期冀（而且对职务的追求在某种程度上也是对收入可能增加的追求③）。

因此，刑事法官通过审理刑事案件这一工作获得作为从事法官职业的成就感大大降低，更无法实现收入、可能的职务晋升与职业工作的良好平衡。

最后，法官职业尊严问题。如果说法官的收入、可能的职务晋升决定

---

① 参见蒋志如：《中国法学教育何处去》，载《安徽大学法律评论》2012年第2期；蒋志如：《中国法学教育的双输？！》，载《厦门大学法律评论》总第十八辑，厦门大学出版社2010年版。

② 参见蒋志如：《法律职业与法学教育之张力问题研究》，法律出版社2012年版，第159—161页；另外，还请参见本章第一节对法官读书情况的调研；还有，笔者还将以专文讨论这一问题（笔者将之称为"新复转军人入法院"现象）。

③ 根据学者梁治平的考察，中国的基本传统是"以贵统富"（参见梁治平：《寻求自然秩序的和谐》，中国政法大学出版社2002年版，第143—145页），亦即追求"富"还不如追求"贵"，追求到"贵"自然而然获得"富"。因此，法官对职务晋升更在意，在法院内当作为公务员的一分子，其收入在形式上确定，通过追求职务可以更容易达到追求"富"的目的。

了法官职业尊严的基本状态,那么其他因素则决定了刑事法官职业尊严的上限与下限或者说程度的高低,申言之:当我们考察刑事法官审理案件的数量亦即法官的工作量、工作强度时(问题的另一面,即法官的休闲状态、休假状态),他们可以增加或者减少法官职业尊严、荣誉感情况。但这不是法官可以努力选择或决定的。不仅如此,法院的内部绩效考核制度对其也有影响:虽然这不能直接增加(特别是大幅增加)法官的收入、职务晋升,却通过可能的影响间接影响了法官的年终收入、法官未来职务的晋升,进而增加了法官内心焦虑,改变了法官审理刑事案件时的内心态度和可能的行为方式。

因此,我们可以说这三项因素减少了法官的职业尊严,也强化了法院内部的行政命令关系或者说法官间的人身依附关系。

总而言之,中国(刑事)法官的知识积累情况(甚至包括其成长的历程)、从事刑事审判工作的状态与其收入、可能的职务晋升和司法尊严是一体的,与前述工业社会法官作为社会的个体和作为刑事审判庭合议庭成员应当具备的状态形成鲜明对照:收入不高、职务晋升空间不大、职业尊严不高与刑事法官所从事的非技术性工作相一致。

四、本节、本章结语

通过前述三节、本节前述的描绘、分析,我们可以对中国刑事审判庭法官的情况得出两个基本判断:

首先,中国(刑事)法官从事刑事审判的工作状态,与一名现代工业社会工厂、公司里产生产品、商品的工人的工作状态很类似,他们仅仅是一个熟练工,绝不是一种处于社会精英状态的工作、生活状态,申言之:

其一,从成长状态看,刑事法官接受的基础教育、高等教育和专业的法学教育均没有达到将其作为精英培养的目的和效果。他们没有让自己与其他职业区别开来的基本标志。

其二,从刑事法官工作状态看,他们的工作强度、法院内部的考核压力均让他们没有时间,也没有能力或者也没有需要将其积累的司法经验上升为社会知识、法律规则的层次。他们没有以社会精英的角色从事作为实现正义、公平的刑事审判工作,更没有机会或能力享受判案及在其过程中理性思考法律及对其作丰富解读的愉悦。

因此，中国的刑事法官们仅仅是熟练的技术工人。他们之中很少有法官能将其经历的司法经验升华，更没有（能力）运用法学理论知识、现代法治、司法理念重新组装通过审案获得的司法经验，因而很难产生优秀的法官，更不可能从法官队伍中产生对国家、民族有益的法学家。①

其次，如果结合前述两章（第二章、第三章）的内容，我们还可以作如下一个判断，中国刑事法官的审判工作已经"异化"②，申言之：虽然刑事法官在技术上表现为熟练的技术工人，但在收入导向、可能的行政职务晋升导向等因素的影响下，加上司法权本身具有裁量权的基本特点和中国行政主导的传统影响，他们仍然有能力在非司法场域甚至在司法场域扭曲其表现形式（如通过司法追求收入，如花费更多的时间追求可能的职务晋升，而非司法职业的业务提升）。即使在媒体发达的当下和将来，其也不可能消失，只会以更隐蔽的方式呈现出来，虽然在形式上仍然表现优良，而且这些缺点只有到中国法治建设实现的那一天方可克服。

总而言之，前述对刑事合议庭、刑事法官、司法过程与审级制度、判决制度内在关系的描绘仅仅是中国刑事审判一体多面的集中体现，而这一点，只有通过对具体案件的深度描绘方可能有更好呈现。这是下一章（第五章）拟要分析的内容。

---

① 虽然当下法学家一般从法学院、高等院校产生，但也容易从法院产生，因为在现代社会之前，法学家与伟大的法官往往一身两任（参见蒋志如：《试论法官与法学家的关系——以美国为语境的思考》，载《安徽大学法律评论》2011年第2期）。

② 更确切地说，不是异化，而是中国当下的法官司法与理想的法官司法仍然有差距。这一差距与制度的顶层设计有关，也于配套制度相关（我们将在第六章对此作出更详细分析）。

第五章　中国刑事合议庭中的诉讼程序与司法过程

——基于 S 省 M 市两级法院部分案例的分析

第一节　问题、材料与研究进路

根据前面的叙述,我们知道中国的刑事合议庭运行具有行政权力运行的逻辑性质,即:刑事案件承办法官→刑事合议庭→刑庭庭长→主管副院长→院长主持的审判委员会→上级法院(直到最高法院)。刑事独任庭,简单地说,即仅有一名法官组成审判庭的审判组织形式,如果结合前述内容,我们还可以说,中国刑事合议庭与刑事独任庭没有本质差异。因而,研究刑事合议庭(包括刑事独任庭),可以围绕刑事法官的基本情况展开。根据前一章,我们还知晓如下情况:中国刑事法官在刑事案件审理中,根据其收入、职位晋升的空间和法院的内部考核制度,法官们相当于现代企业中商品生产中的一名熟练的技术工人,而非现代社会的精英人士。当然,我们更应当注意:一方面,刑事法官在承办具体刑事案件中的心态、行为方式与法院的内部考核方式、收入增加和职务晋升模式有更多的直接关系,但与职业荣誉感、职业成就感、职业尊严感有间接关系。从另一方面看,这些影响因素的表现在本质上是(政治/行政)权力运行逻辑与司法审判权力运行逻辑博弈情况的充分展现。

关于上述命题和判断,我们需要描绘刑事合议庭的司法过程以进一步佐证之,并在具体描绘中探求中国刑事合议庭未来之路。在这里,我们仍然以在 S 省 M 市两级法院调研中收集到的材料为分析的基础材料,但需要对其作如下说明:

首先,以(刑事)案例为中心。在这里,我们需要分析、展示刑事合议庭法官的司法过程是一个具体的思考、行为展示过程,而非一种宏观描绘。申言之:一方面,宏观数据(一个法院的数年数据),特别是大数据(跨省、全国的关于某一问题的数据)是对问题的宏观展示,是对刑事法律领域里某事物、某事件或者某一行为在若干年里跨地区、全国,甚至跨国的宏观的描绘。这种方式不可能呈现刑事司法诉讼程序的具体展开过程。另一方面,如果以刑事个案为中心展开论述:我们可以通过系列刑事案例本身、访谈等手段探求法官司法过程、法官与当事人(包括律师)、检察官的互动状态以展示刑事合议庭成员互动的模式。这种模式——更确切地说是通过深度的(系列)个案描绘以挖掘法官审理案件考量的因素、作出判断的基础——是一种微观考察。

其次,对刑事案例的选择问题。

其一,我们收集案例的范围是 S 省 M 市两级法院的案例。根据中国的审级制度(两审终审制),一般刑事案件,如交通肇事罪,在初级人民法院第一审,中级人民法院即为第二审(终审)。特殊案件(现行《刑事诉讼法》第 21 条所规定的案件),如故意杀人罪,由中级人民法院第一审、高级人民法院第二审。[①] 进而言之,一般案件(其实也包括了大部分刑事案件)在中级人民法院这一层级即可终结[②],通过考察 S 省 M 市两级法院的典型案例以考察法官之司法过程可以达到目的。

其二,刑事案件众多,需要对案件类型作出选择。根据现行《刑法》有

[①] 虽然现行《刑事诉讼法》第 22、23 条规定了高级人民法院、最高人民法院审理刑事案件的范围,但根据既有司法实践,除了最高人民法院审理了"林彪、江青反革命集团"一案外,高级人民法院、最高人民法院没有审理过第一审刑事案件。

[②] 参见蒋志如:《试论中级人民法院第一审程序的审判范围——以〈刑事诉讼法〉第 20 条为中心的思考》,载《河北法学》2014 年第 1 期。

十个大类，共计468个罪名（截止到《刑法修正案（九）》），虽然M市两级法院所辖之区域没有产生触犯现行《刑法》（包括修正案和单行刑法）所有罪名的情况，但常规犯罪（如盗窃、抢劫、交通肇事、危险驾驶、贪污罪、渎职罪、玩忽职守罪等）均有涉及，不影响我们对法官司法过程的考察。即使这样，我们也不能对M市两级法院所有案件进行分析，需要在诸多案件中作出选择，可以达到考察的目的即可；在这里我们选择如下三类案件：

（1）传统文化中经典刑事案例的选择。这不是现行《刑法》所规定的案件类型，而是借助传统中国的一些经典案例，特别是经典文学中的刑事案例以考察传统中国社会刑事法官（行政长官兼任），诸如知县、知府作为一名法官审理刑事案件时所考量的基本因素。通过如是考察以探索中国既有的（行政）权力运行逻辑（或模式）在法官审理刑事案件时所具有之地位。在本研究中，我们仅选取两个案例，《红楼梦》中薛蟠打死冯渊、抢走甄英莲一案和《水浒传》武松杀嫂、西门庆为兄报仇一案；在这两个案件中，我们可以看到知县、知府作为一名法官如何剪裁事实以适应既有之（习惯）法律，及其背后的行政逻辑如何嵌入到法官审案的司法逻辑中。

（2）贪污罪、渎职罪和玩忽职守罪等职务类犯罪。该类犯罪是国家公职人员（或者准公职人员，或者其他人员与公职人员共同犯罪）利用国家权力或者影响力的便利获取利益的一种犯罪，它是对职务行为的廉洁性和不可收买性的一种侵犯。[①] 根据中国当下的政治、司法生态，职务犯罪涉及官员的贪污、渎职、滥用职权、玩忽职守等事项，往往涉及的人员较多、利益复杂、时间持续长。因此当该类犯罪发生或者说官员涉及职务犯罪，一般都有其他权力机关（或者所属官员）的介入或者影响。在此语境下，法官在司法过程中考量的因素有哪些。

（3）交通肇事罪案件（包括危险驾驶罪）。交通肇事罪（包括危险驾驶罪）是中国现行《刑法》危害公共安全罪（类罪）中的一个具体罪名，它的基本特点是犯罪主体为一般主体、主观上表现为过失状态，其涉及的犯罪对象也具有偶然性、随机性和不确定性的特征。[②] 换言之，该类犯罪的发生，

[①] 参见张明楷：《刑法学（第五版）》（下），法律出版社2016年版，第1181页。
[②] 同上书，第718页。

一般来说,犯罪行为的实施主体(犯罪嫌疑人、被告人)与犯罪对象(被害人)均不愿意该结果的发生,当交通肇事(罪)发生后,除却司法机关追究犯罪行为人刑事责任之外,还有附带民事诉讼,同时亦有第三方介入(保险公司),进而呈现出不同的特点。进而言之,交通肇事案件作为一类非常常见的犯罪案件,其涉及的主体、因素众多,却很少有(其他)权力介入。[①] 如果对其进行深入观察,对于洞悉法官的司法过程具有相当典型的意义。

通过考察(刑事合议庭)法官审理三类有鲜明特色案件的司法过程,我们可以更深入地探求法官司法过程中的考量因素或者说受到影响的因素,并且从这三类案件所蕴含行政权力逻辑、司法权力逻辑不同比重中窥视到中国司法权运行逻辑的内在变化。

再次,对刑事案件的访谈和跟踪。在这里涉及的刑事案件(交通肇事罪、贪污罪、渎职罪和玩忽职守罪等),我们不仅仅收集其呈现的载体,即卷宗资料(限于法院卷宗,不包括侦查机关、检察机关的内部卷宗),更在于访谈法官或者全程观察案件的审理过程。通过法院案件的卷宗资料,我们可以"阅读"到法院法官的庭审情况、合议情况,甚或审判委员会的讨论过程、结果,并从这些显性内容探求法官们内心思考的进路和判断过程;通过访谈、跟踪,我们可以将案件隐而不显的内容揭示出来以窥探影响法官决策的背后因素,或者说当下中国刑事合议庭合议遇到的深层次困境。

最后,相关术语的界定。在本章中,我们应当对两个概念、术语作一个简单界定以方便行文:

(1)司法逻辑。所谓司法逻辑,简单地说,以司法方式解决问题、解决纠纷的方式,具体而言,掌握司法权的权力者(在这里主要指涉法院法官)以司法"三段论"的方式解决纠纷,更确切地说:通过逻辑论证方式的方式认定事实(以证据论证事实间的因果关系,以确定小前提),选择相关法律即以法学方法解释、适用相关法律(以确定大前提),并通过论证之方式作

[①] 该类案件非常常见,亦有保险公司参与,主要涉及赔偿问题,当赔偿问题解决好,被告人之刑事责任(包括如果定罪的话,还有量刑、刑罚执行方式)则相对容易处理(一般不会产生上诉、上访等问题,即使产生也主要是刑罚及其执行方式问题),相关权力机关不需要介入,也不屑于介入。

出结论(即作出案件之判决结果)。

(2)中国(传统)行政逻辑,或者说行政权力(运行逻辑)。所谓行政逻辑,大致可以作如下描绘:行使行政权(广义之行政权)之权力者可以单方作出决策之行为,但并非现代社会中行政法意义上的行政逻辑(在该意义上,行政主体之行政行为应当在法律框架下根据法律、遵循行政程序的前提下作出单方或者双方行政行为的过程),其具有单方性、随意性的特点。在这里,主要指涉如下情况:行为者以金钱、关系、亲属等方式影响权力者,权力者以自己的意志、行为在具体行政行为(在传统社会该行为还包括司法行为)过程中可以随意歪曲事实、曲解法律等的意见和行为总和。

第二节　帝制中国刑事法官的司法过程——以经典文学中的刑事案件为中心的考察

一、基本问题、研究方法、材料与说明

(一) 问题的提出

帝制中国是一个农业社会,除了正式体制(帝国政制)对社会生活发挥治理功能外,还有社会道德(儒家道德)、民间信仰、既有传统、习惯发挥着重要影响,正如庞德在《法律与道德》一书中所描绘的景象,法律、道德和宗教对(初民、中世纪)社会同等地承担着治理的功能;或者说是治理者同等重要的控制社会的基本方式和手段。[①] 如果以国家对刑事案件的控制为例,前述可以申言如下:

首先,从正式政制看。帝制中国的地方政府中,知县、知府,甚至道台、按察使、总督、巡抚(明清之时)均负责刑事案件之审理,中央部门则由刑部等专职司法审判部门、内阁(或者首辅、军机大臣参与)、皇帝负责(死刑案件由皇帝最后负责,由其朱批确定)。从角色功能看,他们首先是作

---

① 参见〔美〕罗斯科·庞德:《法律与道德》,陈林林译,中国政法大学出版社2003年版,第37—40页。

为行政长官,同时又是各自权限内的唯一法官,负责诉讼程序中的所有事项。就帝国的管辖制度而言,不同刑罚的刑事案件,由不同层级行政部门兼司法的行政长官审结,如笞杖案件由知县即可审结,徒刑案件到督抚层级审结,流刑案件终于中央朝廷之刑部,死刑案件则到皇帝阶段审结。① 进而言之,如果不属于该审级终结的案件应当得到上级(不一定是直接上级,而是逐次到可以终审的司法机关)的追认方产生法律效力。这一制度内在地规定了知县、知府等与其上级间的控制、制约关系,这与当下法院内部的法官案件承办制度在精神理念和行为方式上神似。它要求审理刑事案件的法官除了考量案件本身外,还应当考量上级的因素(上级法院法官可能如何判决)。在知县、知府等行政职务兼任司法(职务)的语境下(还包括下级的升迁命运掌握在上级手中的实践情况),上级对下级产生直接的行政领导关系必将在刑事案件的审理中得到相应体现。

其次,金钱的影响。帝国的官员(兼任法官)一直被一种道德约束,即为官应当是清官、清贫之官。进而他们的正式收入一直很低。但作为实践(或者说也是帝国另一种习惯和传统),他们的收入不仅仅有正式的俸禄,还有部分(甚至主要)收入来自其对所辖区域的治理情况,并得到帝国默许。

再次,近亲属或者密切关系者的影响,帝国首先是一个人情社会,皇帝也以"礼"治国,根据关系之亲密度为不同的行为,承担不同的义务、享有不同的权利,正如著名学者费孝通所描绘的差序格局社会。②

因此,帝国官员、也作为帝国之法官,其司法行为(也是治理行为)也必将受到前述三者的影响,或者说在这一节,我们拟将展示前述三因素在帝制中国法官司法过程中的具体表现。简单地说,行政权力逻辑对帝国法官司法过程有巨大影响,或者说帝制中国法官司法内在浓厚的行政权力逻辑。

(二) 研究方法、材料与说明

在本节,笔者拟描绘和展示帝制中国时代法官司法过程中内在浓厚的行政权力逻辑。如果考察帝制中国出台的法律规范(如《唐六典》《大明

---

① 参见郑秦:《清代地方司法管辖制度考析》,载《西北政法学院学报》1987年第1期。
② 参见费孝通:《乡土中国 生育制度》,北京大学出版社1998年版,第24—30页。

会典》《大清会典》),我们只能描绘帝国时代的宏观司法体制。如果考察帝国时代流传下来的刑事案件,却发现这些案例的判决书非常简单,而且不管是事实陈述还是判决结果都带有高度的文学修辞性;进而言之,从这些判决书中我们看不到准确的事实描绘、证据证明,法官的司法过程被文学修辞掩盖了,同时又没有机会通过访谈了解裁判者的内心司法过程。

基于此,笔者放弃了通过官方文献考察帝国官员(兼任法官)的司法过程,拟另寻他径:

正如孔子所言,"礼失而求诸野",我们对帝制中国法官司法过程的探求也可以从当时不能登大雅之堂的小说文学中寻找。在帝制中国能够登大雅之堂的文学一直是诗和词①,小说只能是普罗大众在茶余饭后破愁解闷的消遣玩意。在诸多小说中能流传下来并称得上文学经典的小说并不多,经过几百年时间的洗涤,《西游记》《红楼梦》《三国演义》和《水浒传》成为中国人皆知的"四大名著",可以说是对帝制中国"野"的充分描绘,虽然不可能绝对准确,却也是对当时政治、经济、社会、信仰与思维方式、行为方式的高度反映,或者说普罗大众能接受小说中描绘的故事和政治、经济、社会和文化状况。因而,我们以这四部小说,特别是《水浒传》《红楼梦》中的刑事案例描绘帝制中国的法官及其司法景象。这些叙述和描绘应当与当时真实的司法体制、司法过程并无太大差异。其实,根据前述,当我们阅读这些故事及其裁判者的司法过程时,我们将发现其与中国当下的司法现状,特别是1996年之前的中国司法情况比较,也不是完全异质。

因此,在本节的研究中,笔者主要以四大名著中的个案剖析解读帝制中国法官的司法过程。虽然个案剖析的研究方法有很多缺陷,却也有很多优势②,特别是名著小说中的法律案例更是如此,申言之:(1)小说的中心在于描绘、展示故事的前因后果,特别是当我们以读者身份审视时,可以上帝眼光审视发生的所有事实、信息,在认定事实事项上较之法官有优

---

① 不同时代有不同的表现形式:从赋到诗,再到词,再到曲,虽然明清有小说的文学形式,却从未登大雅之堂。

② 关于个案研究方法的优缺点(及其发展前景)的详细分析,可以参见卢晖临、李雪:《如何走出个案——从个案研究到扩展个案研究》,载《中国社会科学》2007年第1期。

势,可以更好地探求法官认定事实的基本过程;(2)名著小说都有一个特点,能深刻地刻画各个人物角色形象和内心心理的变化过程。这些特点远超现代社会流行的对当事人、法官的访谈效果,对探求法官的司法过程很有帮助。

当然,以名著小说法律案件(个案)考察法官的司法过程有一个很大的缺陷,即不注重法律的详细叙述。如果仅仅以个案进行考察,的确很难窥视法官司法的全过程。进而我们拟以系列案例(相当于扩展的个案)展开。在这里,笔者选择了四个案例(其实不仅仅四个,其中还有其他案例,凡计有10个案件牵涉其中):

从《水浒传》中选择了三个案例,都与武松有关。从《红楼梦》选择了一个案例,即薛蟠打死冯渊一案。这些案件是中国传统社会中的经典案例:从法官的角度看,这里涉及的法官有四人,三个知府(东平府知府、孟州知府、应天府知府)和一个知县(郓城县知县),相当于我们这里的案件涉及了当下的初、中级人民法院的法官,代表了中国基层法院、基层政府中的司法审判情况。从当事人的角度看,这四个案例涉及的被告人有两人——武松与薛蟠;他们均是该部小说中典型且描绘丰富的人物形象,通过描绘在刑事司法程序中的境遇可以观察到当事人的法律地位。从案件发生时间看,《水浒传》《红楼梦》两书均是明清之际的小说,涉及的故事是宋、(明)清时期的人物、事件、案例,换言之,该案涉及的时间背景是中国传统社会晚期,是中华法系发展成熟之后的法制阶段,也是中国刑事司法程序成熟、定型的阶段。

因此,这四个案例可以充分呈现帝制中国社会法官的司法过程。

最后,对两个系列案例还需要做一点说明:

从时间看,武松杀嫂一案发生在北宋年间,而贾雨村审理的薛蟠打死冯渊一案则发生在清朝,两者相差几百年的时间,中国地方政府发生了很大变化,申言之:成熟的省级行政单位主要是在元期之时才出现,在此之前比较成熟的是县和府(或者县与州,或者郡与县)。因而,元之前刑事案件的审理在地方则只有县或府一级,而元之后、特别是明清之后,刑事案件的审理主体中的县、府两级只是最低的,其上面还有道(道台)、按察使和督抚等审判主体。① 因此,该两案虽然主要出现了地方政府的知县、知府审案,但意义有些差异,涉及武松杀嫂一案涉及地方政府的最高级别②,而后案只是中间的一级,且没有知县的审理。不过,就在这里的分析意旨而言,这并不重要,我们在这里主要讨论刑事法官在审理刑事案件中考量的诸多因素及其内在关系。

二、《水浒传》武松杀嫂一案的司法过程

《水浒传》是中国四大名著之一。该书有一个明显特征,涉及诸多刑事案件,如林冲开封府受审案、鲁达打死郑屠案、杨志杀死泼皮牛二案和武松杀嫂案。该书中的刑事案件如果从认定事实的角度观察,其间人物关系、事件前因后果均非常详细。我们在这里可以以一个全能上帝的视角,获悉关于案件发生的所有信息,而非像现代法官一样在一种信息不充分的语境下认定事实。但是,从知县、知府等(兼任法官)审案或者说行使司法审判权角度观察,小说文本中蕴含的在诉讼程序中认定事实和适用法律的展示则详略不一,有不少缺陷。当我们纵观全书,武松杀嫂一案,无论是事实的发生、铺陈、结局,抑或文本中案件运行的诉讼程序均有详细描绘或者说该案比较详细地展示了帝制中国的诉讼程序与司法过程。该案(及其前后涉及的相关案例)可以成为我们研究传统中国刑事审判权的运行模式的典型案例。

因此,在这里,我们将以小说文本为范围③,重点突出武松杀嫂一案(及其前后相继的、武松经历的刑事案件)以详细考察帝制中国刑事诉讼程序运行的基本框架和刑事案件的司法过程。

(一)武松杀嫂"前因"案

首先,基本事实:武松作为阳谷县都头因公出差,其兄武大郎之妻潘金莲(在王婆和西门庆的算计下)与西门庆通奸。武大郎与郓哥一起到王

---

① 参见华林甫等:《中国省制演进与未来》,东南大学出版社2016年版,第2—3页;陈茂同编:《中国历代职官沿革史》,昆仑出版社2013年版,第255—263页。
② 在宋代,作为地方政府的"府"之上还有"路",但不是成熟的一级地方政府,只有元明清之时,作为"路"的发展,"省"成为非常成熟的地方政府,而且是最高的一级地方政府。
③ 这里笔者使用的《水浒传》是金圣叹批评版,施耐庵:《水浒传》,金圣叹批评版,齐鲁书社1991年版。

婆处捉奸,结果却是武大郎负伤躺病床。武大郎为了活命,与潘金莲商量,如果能断绝与西门庆的关系,并好好服侍他养伤,可以对其通奸既往不咎,如果不从,等武松归家,则找他们算账。潘金莲、西门庆、王婆担心武松过问此事,更为了做长久夫妻,三人共谋以毒药害死武大郎。

证据收集过程:武松出差回到武大郎家,家里正为武大郎办丧事。武松怀疑其兄不是自然死亡应当是他杀①,因而展开侦查:(1)始于何九叔(该县之仵作,即当今社会的法医)。何九叔(仵作)提供了两项证据:武大郎的两块尸骨和西门庆贿赂的十两银子(并请他为武大郎的死遮掩)。同时,何九叔详细叙说了尸检过程,正如小说文本的叙述,其基本症状,"……只见七窍内有淤血,唇口上有齿痕……",基本结论为"……系生前中毒的尸首……"。②(2)结束于郓哥。郓哥提供了如下间接证据:叙述了郓哥与王婆争执的原因,描绘了与武大郎商量到王婆处捉奸的前因后果。

其次,案件事实之认定:一方面,根据法医何九叔提供的证据,武大郎死于他杀,且与潘金莲、西门庆有很大关系的事实属实。西门庆与潘金莲通奸,王婆在其中穿线,则更增加了两人合谋杀死武大郎的可能性,且王婆也应当牵涉其中。另一方面,仅仅根据这两个证据,我们仍然不能直接得出如是结论,即潘金莲、西门庆,特别是王婆即为毒杀武大郎一案的杀人凶手。还需要更多证据对其证明,如犯罪嫌疑人的口供、毒药来源等重要证据。

再次,初步评价:当我们从侦查立案角度审视时,即使在法制、法治水平大幅提高的当下也应当立案③,而在大宋年间的中世纪,知县衙门更应当立案,因为当时并不要求有如此高和严格的证明标准。但是,当武松将证人、证物呈现到知县面前时,知县直接不准。这是应当立案而不立案的情形。由于没有其他权力的约束,被害人家属要么接受这一事实,要么越

---

① 从小说文本看,武松最终确信其兄死于他杀源于武大郎托梦,虽然在今天这不是启动侦查的条件,但对于传统中国社会而言,这可以作为侦查的线索;如果从个人角度看,即使在今天,私人展开侦查,梦也可以成为其行动的基础。
② 参见施耐庵:《水浒传》,金圣叹批评版,齐鲁书社1991年版,第500页。
③ 古代中国并没有现代社会独立的侦查部门,而是将其放置在衙门知县、知府等下面的一个部门(如知县下辖的六科中的刑科),由其下属的捕快等侦查,甚至知县等主动侦查,原告人或者被害人家属主要是起诉,也提供证据。

级起诉、告诉,甚至进京鸣冤、告御状。与《红楼梦》中的薛蟠打死冯渊一案如出一辙,在薛蟠打死冯渊、抢走英莲(即后来的"香菱")一案发生后,苦主(冯渊的家属)到处告状一年,却无人理会①,亦即知县、知府等不立案。

前述事实与初步评论更揭示了知县司法中的如下逻辑:

从司法逻辑看:根据何九叔、郓哥提供的物证、人证,武大郎死于他杀,且王婆、西门庆、潘金莲有重大嫌疑可以得到确证。知县,作为地方行政首长,集各种权力于一身,进而也集侦查权、公诉权和审判权于一身;知县亦为法官,应当立案,通过开堂审案的形式获得更多证据以作进一步判断。

但是,在知县眼里,武大郎被毒杀一案的证人证言、物证并不是他考量的最重要因素,因而其决定不予立案。根据小说文本,知县作出决定不予立案的司法过程反映了如下因素在起作用:

(1)当武松仅提供言词证据时,知县没有立即立案,而是与属吏计较,在知县及其属吏与西门庆均有深厚的利益关系的语境下,知县最终决定不立案。②当然这一信息、关系很难被他人知晓且被他人明确提出并得到证明,但我们作为读者以全能上帝视角观察时,可以肯定一个事实,即西门庆给付的贿赂、密切交往形成的利益关系发挥了重要作用。

(2)随后武松进一步提供证据,即提供了两个充分的物证。知县表示,这需要从长计议。这反映了知县对启动诉讼程序充满犹豫,但代表着可能,相对于仅提供言词证据时已有所进步。这一犹豫更表明一方面,知县已经认可了武松作为原告提出的诉讼主张和主要证据,另一方面,其与西门庆的既有的深层利益仍然是作出司法判断时的重要考量。

(3)当西门庆提供贿赂时,知县正式拒绝立案。③当西门庆听说该事

---

① 直到贾雨村补授应天府知府,方才受理,而且是贾雨村在不知详情的情况下的受理,他刚刚到任、不知该案的利害关系,在想树立政绩的思维下立的案。

② 给出的理由非常正式,根据小说文本:武松,你也是个本县都头,不省得法度?自古道:"捉奸捉双,捉贼捉赃,杀人见伤。"你那哥哥的尸首没了,你又不曾捉得他奸,如今只凭这两个言语,便问他杀人公事,莫非忒偏向么?你不可造次,需要自己寻思,当行即行。

③ 正式理由:(1)知县之理由:武松,你休听外人挑拨你和西门庆做对头。这件事不明白,难以对理。圣人云:"经目之事,犹恐未真,背后之言,岂能全信?"不可一时造次。(2)狱吏:都头,但凡人命之事,需要尸、伤、病、物、踪,五件事全,方可推问得。

后,连夜送礼贿赂知县,知县方正式告知武松,其不会启动该案的诉讼程序,并拒绝了武松的诉讼请求。在此时,法官作出决定只有一个考量,即法官自己的私人利益,即使他已知悉案件的主要真相,西门庆的贿赂行为虽然不能直接证明其是杀死武大郎的行为人,却也增加了武松证明其为犯罪行为人的可能性,更应当作出立案的决定。

如果从司法过程看,我们可以作出如是一个判断:知县在这里拒绝考虑该案证据与事实的因果关系,即忽略该案的司法逻辑关系,即使其已经知晓案件事实,其决定、判断体现了浓厚的行政权力逻辑:根据自己的利益(西门庆的贿赂)、与他人的密切关系(西门庆既有的与知县、官吏的关系,即有"首尾")而非以事实为基础作出决定、判断,即法官以行政权力逻辑(单方决定、任意决定)对该起诉事项作出了拒绝立案的司法判断,虽然其决定、判断体现不了背后潜藏的物质、精神利益。

对此,可以以一句话作结:知县在该案中行使司法权时只有行政考量,并没有司法考量(案件事实本身并不是其决定的基础)。

(二)武松杀嫂一案

武松作为县衙都头,是知县衙门本身的组成部分,即使有比较充分的证据,与知县、衙役有较好关系,但在特殊人物涉及刑事案件时(西门庆与县衙知县及其属吏均有密切的利益关系)也不能对其更有利。如果是普通人,当遇到知县不作为时,被害人家属真有一种"喊天天不应、呼地地不灵"的绝望心情。但武松不是普通人,在农业社会,他是英雄、拥有力量,可以通过暴力、复仇的方式救济自己的权利,亦即当武松寻求公力救济方式保障自己的权利无效时,以私力救济方式实现了惩罚犯罪的目标。但是,国家已经不再像初民社会一样容忍、接受复仇,而是禁止之并将其纳入刑法的规制范围,因而我们可以说,武松启动了一个新的案件,武松杀潘金莲、西门庆的案件。《水浒传》对此有非常详细的描绘,即知县、知府对该案的审理更充分地反映了他们在认定事实、适用法律中的行政权力逻辑:

首先,基本事实。

武松已经收集到若干关于潘金莲、西门庆毒杀武大郎的证据(在北宋年代,甚至在传统社会,这些证据已足以让知县、法官作出被告人有罪的刑事判决),但知县对其起诉不准。武松继续收集证据,通过召集四邻收集到潘金莲、王婆两人口供(将所有人集聚到武大郎家,并锁上门,令士兵把守),直接证明了王婆、潘金莲、西门庆毒杀武大郎的事实。① 如果结合前面何九叔、郓哥提供的物证、证人证言,关于王婆、潘金莲、西门庆毒杀武大郎的所有证据形成一个完整的证据链,证明了三人共同犯罪、毒杀武大郎罪名应当成立。但武松并没有将其呈到知县面前,而是在确定事实后直接(残忍)杀死潘金莲和西门庆,亦即以复仇的方式实现了武松眼里的正义。但是,武松亦知其杀害两人的行为是一种犯罪,因而当即与众高邻并将收集到的涉及武大郎被毒杀一案的物证、言词证据送到县衙并自首。

因此,武松的口供、众高邻的证人证言、相关物证(潘金莲、西门庆之人头等)足以证明武松故意杀人罪名成立。这对知县兼任法官来说,是一件简单案件,其很容易对案件事实和应当判处的罪名作出判断。

其次,修正的事实与法律判决。

西门庆死后,知县(包括其属吏)之利益关系被截断。知县才想起武松的好处,当下与其属吏商议,修改了前述基本事实:

> 武松因祭献亡兄武大,有嫂不容祭祀,因而相争,妇人将灵床推倒。救护亡兄神主,与嫂斗殴,一时杀死。次后西门庆因与本妇通奸,前来强护,因而斗殴。互相不伏,扭打至狮子桥边,以致斗杀身死。②

当案件移送至东平府,府尹陈文昭早已听说该案,十分同情武松,不仅仅照顾武松,而且派了一个心腹到中央司法机关(即到京师找到刑部与陈文昭相好的官员)寻求帮助,最终该案之事实(应该是陈文昭呈上的事实)和该案的刑事判决(也包括对毒杀武大郎一案的判决)如下:

> 据王婆生情造意,哄诱通奸,唆使本妇下药,毒死亲夫,又令本妇赶逐武松,不容祭祀亲兄,以致杀死人命,唆令男女,故失人伦,拟合

---

① 当然,不可否认,武松在收集证据中,采用的方法(以暴力方式相威胁)在当下看来有很多瑕疵,但在传统中国的司法语境下,这一取证方法无可非议。
② 参见施耐庵:《水浒传》,金圣叹批评版,齐鲁书社1991年版,第516页。

凌迟处死。据武松虽系报兄之仇，斗杀西门庆奸夫人命，亦则自首，难以释免，脊杖四十，刺配二千里外。奸夫淫妇虽该重罪，已死勿论。其余一干人犯释放宁家。文书到日，即便施行。①

如果对这一修正事实和判决作一些总结和推论的话，可以描绘如下：

（1）王婆、西门庆、潘金莲毒杀武大郎事实确凿、证据充分，故意杀人罪名成立，西门庆、潘金莲已死勿论，王婆则判处凌迟处死。这一结论反衬出阳谷县知县作为一名法官的失职，因为其不受理武松之起诉行为导致了武松制造的第二起刑事案件，进而造成两人死亡的凶杀案，但上级衙门（或者说上级法院）对其不置一词。还有，知县的收益（贿赂）也没有任何损失，更不可能受到上级的审视和审查、追究责任。

（2）武松杀西门庆、潘金莲不是为武大郎报仇，而是因为在祭祀亲兄时遭到潘金莲、西门庆的强行阻拦、强行驱逐而产生的斗杀；进而言之，武松斗杀西门庆、潘金莲是为了祭祀亲兄、严守礼仪，遵守中国既有的儒家礼法，与报仇无关。斗杀西门庆、潘金莲后，武松有自首行为。

根据该修正事实，武松被判处的刑罚如下：脊杖四十，刺配两千里外。

最后，初步评价：法律判决中的（行政）权力逻辑。

虽然有自首和特殊原因（为兄报仇），但武松杀西门庆、潘金莲两条人命，且手段残忍，理应判处死刑（即使武松也这样认为，正如他在自首前对其邻居所言："……小人此一去，存亡未保，死活不知……②"）。但经过知县、府尹等的"努力"、裁剪事实，武松被极度轻判，即"脊杖四十，刺配两千里外"。简言之，从死刑直接降到了流刑（再加无足轻重的脊杖四十——后面还有进一步分析）。

根据前述，我们可以知晓：知县、府尹没有修改既有法律（应当基于《宋刑统》作出判决），包括没有通过解释扩张或缩限法律适用的范围，但他们修改了案件部分事实以适应其所需要适用的法律，亦即发生从基本事实到修正事实的变化，申言之：（1）没有改变的事实，即武大郎被王婆、西门庆、潘金莲毒杀，西门庆、潘金莲死亡之结果；（2）被知县、府尹等改

---

① 参见施耐庵：《水浒传》，金圣叹批评版，齐鲁书社1991年版，第518页。
② 同上书，第515页。

变的事实：西门庆与潘金莲的死亡原因，由武松为兄报仇故意以血腥方式杀死改为斗杀而死，而斗杀的原因则是潘金莲不允许武松祭祀其兄，并将其驱逐，而西门庆则是强护潘金莲时与武松斗杀而亡。

在这里，知县、府尹等在审理该案时，没有任何外来力量（金钱、关系与权力）的干预，只有法官们对被告人武松的同情、被其行为感动，进而主动改变案件事实。这是法官们内心偏好、心理倾向的产物，但的确改变了事实，这是对司法权运行逻辑的扭曲。但是，在法治社会，任何法官均没有改变事实的权力，只有发现真相、尊重事实的义务，并以此为基础作出判决，此为司法逻辑运行的过程。而改变事实的权力，则不应归属到司法审判权的范畴，而应将其纳入立法权、行政权、政治权力的范围，即当知县、府尹等随意改变该案的事实时，行政权、治理权运行之模式得到充分体现。这与知县最初拒绝受理武松起诉一案在运行模式上相同，虽然表现形式迥异：前者体现了维护社会治理秩序而行使行政权改变案件事实（修改了部分因果关系），而后者则是知县为了谋自己的私利（西门庆的贿赂）而以行政逻辑的方式拒绝接受案件事实间的逻辑关系，以不作为的方式作出了不予受理的决定。

据此，如下判断应当可以成立：知县、府尹等在该两案中，适用法律非常简单，在认定事实上却以行政（权力）逻辑取代司法逻辑。或者说，在审理案件中，行政逻辑占据了主导地位，司法逻辑处于次要地位，甚至边缘地位，法官可以随意修改案件事实，亦即部分或者全部修改了事实间的因果关系，最终改变了对被告人的定罪和量刑，进而可以随意出入人罪。

(三) 武松被张都监等陷害（武松盗窃案）一案：武松杀嫂一案的"后续"

首先，基本事实。

根据《水浒传》小说文本，如下事实无论是知府，抑或知府之属吏（康节级、叶孔目）均相当清楚，亦有共识：武松刺配孟州，与施恩出头醉打蒋门神，令其交出快活林（交与施恩经营）。蒋门神怀恨在心，勾结张团练、张都监（军方背景），并由张都监（施恩父亲的直接上司）出面提拔武松为亲随体己人。作为一名囚犯，能够成为张都监的体己人、并能利用张都监的职务为他人帮忙、办事，正如原文所言，"武松自从在张都监宅里，相公见爱，但是人有些公事来央浼他的，武松对都监相公说了，无有不依"；此事让武松心满意得。在八月中秋这一天,张都监对武松的照顾、恩宠达到顶点(与张家一起过中秋节,并将心爱的养娘玉兰配之,将其作为家人对待)。然,待到半夜三更,张都监故意安排了一起正在发生的盗窃事件,感恩于张都监的恩情,武松积极参与捉贼,而众人却将武松当成贼捉,并在武松之房内搜出赃物(价值一二百两的银酒器皿,在当时可谓一笔巨款①,以今天的标准看,该盗窃案是一起重大盗窃案件)。

其次,诉讼程序中展示的事实。

张都监(当夜)作为原告亲自使人告诉知府,相当于启动了起诉武松盗窃其财物的诉讼程序。但是,另一个不可思议的事情同时出现,他作为原告却贿赂知府及其属吏。第二天知府坐厅审案,在没有听取武松任何辩解的情况下当即喝道,"这厮原是远流配军,如何不做贼?一定是一时见财起意。既是赃证明白,休听这厮胡说,只顾与我加力打",那牢子狱卒,拿起批头竹片,雨点般地打下来。武松屈打成招,作出如下口供(即被告人的供述与辩解):"本月十五日,一时见本官衙内许多银酒器皿,因而起意,至夜乘势取入己。"②

后来知府并非通过庭审而是通过康节级、叶孔目的告知而知晓了该案真相:起初,张都监(后面还有蒋门神、张团练)通过上下贿赂,知府也打算结果武松性命。只有一人(叶孔目)不肯,但叶孔目只是不肯害武松性命,而非说服知府判其无罪。在施恩的努力下,康节级、叶孔目知晓了该案的事实真相,当其告知知府时,知府方知道真相,不再坚持判处武松死刑,也不再理会这件事。③

再次,判决结果。

判决结果比较简单,即"脊杖二十、刺配恩州牢城":当"拖"到期限届满(60日),以律判武松盗窃罪名成立,脊杖二十、刺配恩州牢城。但这一诉讼程序中的事实认定值得挖掘:

---

① 根据当时的生活水平,一个家庭年收入20两银子即属不错的收入,一二百两银子相当于5到10个收入不错家庭的年收入总和。

② 参见施耐庵:《水浒传》,金圣叹批评版,齐鲁书社1991年版,第566—567页。

③ 知府的心思是这样的(这比当下访谈法官所得到的信息更深刻、直白,而且直接对法官进行访谈很难有这样的内心袒露):"你倒赚了银两教我与你害人。"从另一个角度看,如果知府赚了更多的银两,他们是可以、也有能力判处武松死刑的。

（1）知府在开堂审案前，只有张都监及其仆人告知的事实，这并非大堂之上的公开起诉，而是私下听取了原告的诉讼主张。在开堂审案时并不听取被告人武松的辩解，而是直接通过刑讯逼供的方式获得了武松的口供。此乃明显的有罪推定，亦即在审理该案时即有的偏见，申言之：从张都监角度看，张都监不需要栽赃陷害，武松本来即为一名囚犯、犯罪分子，张都监却将其作为体己人，并给予诸多恩赐；从武松角度看，武松作为一名罪犯，见财起意也是自然之事；而且还有武松盗窃金银器皿时被抓现行的情节，有所谓"捉贼捉赃"的证明作用。基于此，知府的确有充分的理由对武松刑讯逼供——这与前述的武松杀嫂一案判脊杖四十大板截然不同①——进而取得判决的最重要证据，即武松的口供（被告人的供述与辩解）。

（2）当知府知道真相后，他没有改变口供而来的事实认定，进而言之，知府仍然以既有的、通过刑讯逼供方式取得的口供为基础作出判决，即武松盗窃罪名成立，并"脊杖二十、刺配恩州牢城"，亦即**在前述诉讼程序中呈现的事实即为知府（法官）判决的基础事实**。

最后，判决结果中的（行政）权力逻辑。

知府前述判决的基础即为武松实施了盗窃张都监之财产（价值一二百两银子的银酒器皿）的行为。当知府及其属吏均查明武松没有盗窃（而是蒋门神、张团练与张都监勾结欲害死武松）的事实时，此判决失去了存在的基础，武松应当被判处无罪。但知府仍然判其有罪，其中隐藏的逻辑是什么呢？在笔者看来，知府以浓浓的（行政）权力逻辑方式处置该案，目的不在于作出公正的判决，而是让各方相对满意。这是一个既有几方力量博弈的结果，体现了浓厚的"政治"色彩，申言之：

（1）从司法场域中人物的基本关系看。在知府眼里，与张都监的关系（维持）问题和武松个人的有罪无罪的问题比较而言，其更看着前者，兼有贿赂，这一关系的维持显得更自然。在比较了其与张都监获得的贿赂后，知府内心产生很大落差。这导致如下后果，即：不愿意通过主观努力判处

---

① 在《水浒传》第二十六回，我们可以看到如下描绘：牢中取出武松，读了朝廷明降，开了长枷，脊杖四十。上下公人，都看觑他，**止有五七下着肉**。

进而言之，当牢子、公人基于同情或者关系或者贿赂等作假时，该笞杖之刑形同虚设。

武松死刑。当判武松仍然有罪以对张都监一方有交代①,当武松没有被判处死刑时,亦是对康节级、叶孔目、施恩一方有所交代,而且在知府眼里,这已是对武松最大的照顾,因为他的死活对于知府来说并不重要。

(2)从实际效果看,后者(武松)本来即因犯,知府对其盗窃罪的判刑并没有增加实质性内容,只是武松服刑的场所变化了,即将其从这个牢城(孟州牢城)转移到另一个牢城(恩州牢城)服刑(还有一个刑罚,即脊杖二十,在知府眼里,这似乎无足轻重)。

(3)根据前述两点,作出如是判决更是最大化了知府的个人利益,张都监等人的贿赂也被他心安理得接受了。在此心理下,只以在法庭上刑讯逼供而来的武松口供为基础,对武松作出有罪判决牺牲了武松的利益(是否有罪的根本问题),即使获悉案件事实真相也不愿意将其作为判决考量的基础。因此,这是知府理性的、利益最大化的选择。

(4)从知府之外的衙役、包括武松的结义兄弟施恩的角度看,通过施恩康节级、叶孔目等人行为可以看出,他们也并没有期望知府判武松无罪。

总而言之,知府对武松盗窃案的判处至少在形式上满足了各方的基本要求,解决了由张督监起诉带来的法律问题。

但这一解决方式是以"莫须有"方式认定事实,即知府不关注事实、证据的因果逻辑关系,不关注案件本身的司法逻辑。他主要关注该案纠纷的"圆满"解决(大致令各方都能接受)。该案的判决主要是案外因素影响的结果,但案外因素却很难在判决中得到体现,而是将案外因素转化为法律内部的因素,通过改变事实认定的方式实现。**更确切地说,知府主要通过裁剪事实(随意处理事实)的方式,亦即以(行政)权力逻辑运行方式认定所谓的事实(真相)以适应国家颁布的刑事法律,以形式上完全合法的方式掩盖了其中的各种利益博弈和不合法的司法过程。**

(四)武松经历系列刑事案件的基本逻辑

以武松杀嫂为中心的三起刑事案件,只有一起是武松自己实施的犯

---

① 从张都监方面看,他虽然希望判处武松死刑,但也"无可奈何"了(其实,他与张团练、蒋门神另有计划,派人杀死武松以彻底达到他们的目的),从法律上看,知府满足了其基本需求,即惩罚武松的"盗窃"行为。

罪,其他两起与他有关,却也前后相继。一方面,在该系列案件中,武松作为故事主人公的确经历了所有事件,如果从诉讼程序角度看要么作为被害人家属原告,要么作为刑事诉讼程序中的被告经历了宋朝之基本诉讼程序。另一方面,知县、知府虽然是配角,但从诉讼程序角度观察的话,《水浒传》文本也将知县、知府等法官审案的司法逻辑展示得比较充分,而且不仅仅有知县的审理,也有知府参与审理,有知县审理的一审,也有知府审理的一审。如果从刑事诉讼程序角度审视的话,我们可以对其作如下申述:

首先,从武松在诉讼程序中的表现情况观察:

(1) 在潘金莲、西门庆、王婆谋杀武大郎一案中,武松为被害人家属,亦是原告(同时也是知县之属吏①)。在该案中,知县作为法官拒绝立案(告状不准),武松是知县枉法裁判不利后果的承担者,是诉讼程序中诉讼结果的被动承担者,换言之,武松不能通过相关救济手段(如上诉)的方式对知县之决定进行审查、再审理。

(2) 在武松杀西门庆、潘金莲一案中,他是犯罪嫌疑人、被告人,知县仍然是第一审法官,府尹为第二审法官。在该案的审理中,知县、知府(府尹)积极主动裁剪事实(以斗杀代替谋杀)以期适用量刑更轻的罪名,武松是法官枉法裁判的受益者。

(3) 在盗窃张都监家银酒器皿一案中,武松同样充任犯罪嫌疑人、被告人角色。在该案中,知府作为案件的第一审,他对武松进行直接刑讯逼供获得裁判的"口供",即使在获知真相时仍然坚持作出有罪的裁判。武松是知府枉法裁判的受害者。

总之,不管武松处于原告地位,抑或被告地位,或者说作为案件结果的受害者,抑或受益者,他均被动接受结果,无力改变知县、府尹(知府)立案、审理的权力运行格局。进而言之,对于武松而言,他在法官审理中处于完全的被动者角色,对法官的审理没有多少影响,甚至完全没有影响,即使其在第一个案件中拥有都头的身份。

因此,在刑事诉讼程序中,在法官审理案件过程中,武松无论作为原

---

① 在传统中国社会,基本上没有所谓的回避制度,当下刑事诉讼程序中的回避制度是移植欧美法律后的产物。

告,抑或是作为被告,其本身对法官认定事实没有影响,也对诉讼程序的启动、展开和运行结果没有多少影响(有时可以忽略不计),或者更确切地说,当事人自身提供的事实不是作为案件事实裁判者的知县、知府考量的最主要因素。

其次,从知县、知府等法官在刑事诉讼程序中的表现看:武松经历的前后三个刑事案件,虽然具体裁判者不同,但均为知县、知府层面的裁判者,属于帝国中、下层的案件裁判者。根据《水浒传》文本,我们可以发现:

(1) 法官并没有纠缠于选择哪个罪名,而是根据自己的需求、拟判的罪名①裁剪事实以匹配之。

(2) 在司法过程中,知县、知府的单方思考、观点决定了判决结果;更确切地说,虽然其间有属吏的参与或者说知县或知府向其属吏咨询、商量,但适用法律、认定事实的事项由裁判者一人掌控,亦即知县、知府等为司法权独立的判断者、决定者。

这一裁剪事实、适用法律的过程,虽然也体现了知县、知府的司法决策过程,但有诸多非司法的因素、逻辑体现在其中,进而令该司法过程有非常浓厚的行政决策色彩,甚至可以说运行过程的行政色彩超过了司法色彩。该决策的行政性、政治性色彩有如下表现:其一,影响的因素至少有三个,即关系(武松与知县的私人关系)、金钱(西门庆的贿赂、张都监的贿赂)和(其他)权力(张团练、张都监与知府的关系)成为影响法官司法审判权运行的重要因素。其二,这三个因素影响了(帝制中国)法官的行为方式、司法方式,具体体现在:知县、知府可以单方地、也可以随意地裁剪事实,进而改变所适用的法律,最终改变了罪名和可能判处的刑罚。因此,出入人罪在他们的世界中成为一件容易的事情,是学者吴思所说的官府"合法伤害权"在司法领域的具体表现。②

总而言之,中国传统帝国政治体制下,在当时刑事诉讼程序的框架下,法官的司法过程既有治理的需要、纠纷解决的需要,更有私人利益的

---

① 在武大郎被杀一案,阳谷县知县一心为西门庆开脱,拒绝认定事实,直接不准。在武松杀嫂一案中,知县、知府两级官员均有心为武松开脱,尽量将可以定重罪名的事实改为轻罪名的事实。在盗窃张都监金银器皿一案中,知府为了重判,则直接刑讯逼供以获得口供,但根据口供却没有判处武松死刑——这表明宋朝知府们在量刑上的裁量权非常大。

② 参见吴思:《潜规则:中国历史中的真实游戏》,复旦大学出版社2009年版,第3—15页。

考量,而且常常将自己的私益凌驾于前者,进而造成如是结局,即武松经历的三个案件都是错案,最后一个还是冤案。无论是哪个,即使我们认为结果是好的、我们更愿意接受的(如武松杀嫂的裁判结果),但如果从诉讼程序看,它们均遵循一个共同的运行逻辑,行政权力运行逻辑成为司法的基本内核,而司法逻辑则处于边缘位置。

三、《红楼梦》中贾雨村审理薛蟠打死冯渊一案

《红楼梦》是传统中国的古典名著,位列古典四大名著之首。该书主要描绘贾宝玉、林黛玉与薛宝钗之间的爱情故事,亦即该书大旨谈情、叙及贾府内、大观园内的闺阁琐事,不论及朝廷治国理政之大事。但在言语之间、故事展开过程中,仍然有一些涉及社会、国家之事件。不过,作者不是通过知县、知府等官员对其境内管辖的移风易俗、收税等事项体现,而是通过他们审理案件的方式呈现,其中最经典的(刑事)案件即为贾雨村充任应天府知府审理薛蟠打死冯渊一案[①]:

(一)薛蟠打死冯渊一案的基本情况、诉讼程序与司法过程

首先,案件基本事实。

(1)案件中的人物关系。

被告人:薛蟠,乃金陵一带的名门望族,薛蟠所属家族为当时四大家族之一,为皇商,其姨父(贾政)一家乃世袭荣国公、宁国公一族,舅父王氏亦为朝廷重臣,与贾府之地位不相上下,三大家族(再加上贾政之母所代表的史家)亦为亲戚关系(纵横交错的亲上加亲的亲戚关系)。

被告人:拐子,职业拐子(用今天的话语来说,即职业惯犯,由于其在小说中的地位,其确切姓名、家庭情况并无交代),单拐5—6岁之孩子,待养至11—12岁再转卖他乡。

被害人:冯渊,系小乡绅之子,虽然家道中落,却也有些薄产,虽然与

---

① 其他案件比较简略,从诉讼程序、审判程序角度审视不容易,比如说《红楼梦》第四十八回叙及贾雨村弄权将石呆子的古扇充公,并以此送贾赦讨好之。
另注:贾雨村审理薛蟠打死冯渊一案的故事,在《红楼梦》诸多版本中并无多少差异,只有些微字句差异;但为了讨论方便,笔者以曹雪芹著,程伟元、高鹗整理、启功等注评版本为基础,其他版本并未涉及(关于该故事,请参见曹雪芹:《红楼梦》,程伟元、高鹗整理(俗称"程乙本校注版")、启功等注评,广西师范大学出版社2017年版,第80—84页)。

贵族比较相差太远,如果与普通百姓比较却也算得上殷实。

被害人:甄英莲(香菱),系乡绅、乡宦甄士隐之弱女,亦为审理薛蟠打死冯渊一案知府贾雨村之恩人甄士隐(资助其上京考试)之女;后来成为薛蟠之丫鬟,再后来成为其妾。

(2)案件基本事实:甄英莲本系乡宦甄士隐的独女,仆人霍启抱着小女孩观看社火花灯,不留神被拐子拐走。拐子拐走甄英莲后,将其养至十一二岁时,带到金陵地界(租房住在知府衙门一个门子即衙役的家里)转卖。拐子先将甄英莲卖于冯渊,乘着没有交付(甄英莲)之前,又卖于薛蟠,并想着拿着两家给付的价款跑人。未曾想,还没有来得及逃跑,两家同时找拐子交人,当他们发现拐子一"物"两卖时,双方"不约而同"地一起把拐子打个半死。但双方都不放弃甄英莲(目的都是获得对其的所有权),在将拐子打得半死之后,薛蟠及其仆人又将冯渊打个半死,并将英莲生拖死拽带走(到了京城)。

其次,薛蟠打死冯渊一案涉及的法律关系。

贾雨村审理的薛蟠打死冯渊一案所涉及的不仅仅是一起单纯案件,而是五起案件(是系列案件)的混合:两起民事案件,冯渊与拐子的买卖合同纠纷,拐子与薛蟠的买卖合同纠纷。① 三起刑事案件,拐卖儿童案件(如果以现行《刑法》评价的话,是为拐卖妇女儿童罪)、两起故意伤害案件(薛蟠与冯渊故意伤害拐子案和薛蟠故意伤害冯渊案)。

就民事法律关系而言:冯渊作为一个小乡宦之家的公子,欲购买一妾而与一个拐子订立一买卖合同。该买卖合同涉及的标的物即甄英莲(后来的香菱)——其父为贾雨村之恩人——冯渊将其买来做妾。他们约定三天后履行合同,届时冯渊将隆重迎娶。但是,在冯渊与拐子签订合同并支付价款的情况下,拐子在第二天与另外一人薛蟠(系金陵一霸,俗称"呆霸王")订立了一个将甄英莲卖给薛蟠做丫头的买卖合同。这是典型的一"物"两卖,而且在交涉中,两方均欲以自力救济方式实现债权,亦即作为

---

① 在帝制中国,纯粹的人口之买卖合法,比如说父母出卖自己的孩子,丈夫出卖自己的妻子等。但以拐、骗、抢的方式获得孩子、妇女,如果以现行民法评价的话,亦是非法占有,并没有所有权,如果将其出卖是不具有处分权;但交易的第三方无法获知该消息(特别是小说中提及的情形更无可能,即拐子将其拐到的儿童养至十一二岁后转到他乡再卖,拐子也一再交代英莲,她与拐子是亲父女关系),可以对其适用善意取得的规则。

买方的冯渊、薛蟠均只要人,不要已经交付的"货"款,进而出现拐子合同履行不能的情况。

就刑事法律关系而言:对前述民事纠纷,他们均没有求助县衙等公力救济机关解决,而是通过私力救济方式、通过暴力,冯、薛两家先把拐子打得半死,侵犯了拐子的身体权和健康权。据此,这里的薛蟠与冯渊均触犯刑法,他们实施的故意伤害行为侵犯了拐子的身体法益,如果以当下《刑法》评价之,是为故意伤害罪(致人重伤)。但后来冯渊也被打成重伤,不治而亡,因而应当免予刑事追究(以现行制度度之,或者作出侦查中止或者不予起诉,或者中止审理的决定),薛蟠是该案唯一的被告人。

在将拐子打成半死的基础上,薛蟠、冯渊双方展开争夺,为了争得对甄英莲的所有权,薛蟠及其下人将冯渊狠揍一顿,然后带着她扬长而去。三天后,冯渊因医治无效而去世。此为一件新的刑事案件,而且还是一件导致一人死亡的重罪刑事案件(即我们常说的"人命官司"),侵犯了冯渊之身体健康权、生命权。以当下《刑法》评价之,公诉机关应当以故意伤害(致人死亡)罪对犯罪嫌疑人薛蟠提起公诉。

就帝制中国的法制传统而言,民刑一体、民刑合一[①],或者更确切地说,民事案件也常常以刑事方式处理(包括在立法上也如是处置)。[②] 因此,前述的分类并不重要,特别是当刑事案件中"混有"民事纠纷时,法官们则主要处理刑事纠纷而民事纠纷被掩盖。这里涉及的五个案件也被贾雨村合并审理,而且以某一个刑事案件为主,以解决薛蟠打死冯渊一案为中心,其他案件完全被混合,进而即将描绘、分析的该系列案件的诉讼程序、司法过程均以薛蟠打死冯渊一案为中心展开,请看下面的分析。

再次,刑事诉讼程序的展开。

如果以现代刑事诉讼程序重新组织贾雨村审理的案件,该系列案可以作如下几个层面的描绘:

(1)起诉与受理:当冯渊死亡后,其家属作为原告到处起诉,这里的知县、知府无人敢受理。直到该案发生一年多以后,贾雨村到此出任应天府

---

① 参见王立民:《也论中华法系》,载《华东政法学院学报》2001年第5期。
② 对中国法系特点及其民事案件常常以刑事方式解决的详细分析,可以参见黄宗智:《中国古今的民、刑事正义体系——全球视野下的中华法系》,载《法学家》2016年第1期。

知府,他当即受理该案。①

（2）开庭（开堂）审理:受理后,贾雨村立即开堂审案(其实,该案并不仅仅是对薛蟠打死冯渊一案的审理,也有对拐子之拐卖犯罪行为的审理)。主要证据:其一,原告(冯渊家属)提出的诉讼请求、事实、理由、证据,继而他命令门子、衙役逮捕被告人薛蟠及其下人。其二,次日,贾雨村继续审理:将被告人一方(但没有最主要被告人薛蟠)带到衙门,详细拷问、讯问原、被告人。其三,还有在该案中作为证人的拐子的口供。其四,被告人薛蟠(及其参与殴打冯渊的仆人)暴病死亡的事实,并有地方上出具保呈(一份证明),更有贾雨村通过迷信(即扶鸾请仙)的方式增强其证明力。

（3）贾雨村与门子在审理程序中对此的调解:告知薛蟠已死(虽然实际未死,但冯渊家属无法证伪此事),并许被害人冯渊家属诸多烧埋银子,由薛蟠家负担。

（4）在此基础上,贾雨村作出如下判决:其一,薛蟠与冯渊系前世冤孽,被告人薛蟠已被冯渊鬼魂追索,已暴病死亡,勿论;薛蟠打死冯渊一案从刑事责任看得到解决。其二,薛蟠赔偿冯渊家属烧埋银(赔偿范围500—1000两银子)。其三,另案的被告人拐子得到依法处置。②

通过如是描绘,该案作为一件刑事纠纷,从程序看,其得到充分解决。如果对照当下司法体制,诉讼程序在形式上也表现不差,申言之:在帝制中国,侦查、公诉与审判集于一身,而非分别赋权于不同的司法机关(警察、检察官和法官)。如果我们忽略一些表象(形式上的公、检、法的外部分权),从实质上,从中国(刑事案件)诉讼流程看,公、检、法机关一直以"流水线"方式展开各自的作业,虽然随着时间的推进有些变化(但更主要是形式上的变化)③,但到当下该流程(或者说侦查、公诉与审判程序)并无

---

① 在笔者看来,贾雨村受理薛蟠打死冯渊一案有如下原因:其一,刚刚官复原职(出任知府)急于出政绩以树立官声、升官;其二,不知该案涉及的被告人是谁,不知被告人薛蟠乃是四大家族成员,也不知其属金陵地界的名门望族。

② 小说《红楼梦》文本中并无对此的详细交代,只是一个大概的叙述,重点在于叙述薛蟠在该案中的判处结果。

③ 参见左卫民、周长军:《刑事诉讼的理念》,法律出版社1999年版,第75—78页。

实质上或者说彻底的改变。① 如果将贾雨村审理薛蟠打死冯渊一案之程序与当下刑事诉讼审判程序比较，或者说将该案放到当下刑事诉讼程序中审视，该案的运行程序至少在普通大众心里并没有很大的违和感。② 当然，唯一有违和感的是贾雨村的"扶鸾请仙"行为。

最后，贾雨村审理薛蟠打死冯渊一案的司法过程。

正如法言，"正义不仅仅要实现，更要以看得见的方式实现"。（刑事）诉讼程序即是一种所有人都能看得见的正义，诉讼各方提供事实、证据，法官认定事实、适用法律以解决（刑事）纠纷。但法官对刑事案件的审理过程、司法过程，特别是内心决策过程并不是所有人都能看见，或者更确切地说，绝大部分人"看不见"，它需要专业知识、实践经验的积累，进而只有法律专业人士方可窥探出其中的"秘密"。如果能够将之充分展示、揭示，则是另一种看得见的正义，或者说更高程度的"看得见的正义"。在没有专业知识、技术、经验指引的情况下，通过（刑事诉讼）程序看见的正义未必是正义，因而有法官借着正式的、公开的诉讼程序遮掩其私人目的（包括违法、犯罪利益）。在传统帝国这一点更明显，因为没有正式的诉讼程序约束法官。这一点在贾雨村审理薛蟠打死冯渊一案的司法过程中得到充分体现，请看下面的详细分析：

其一，薛蟠打死冯渊一案的司法过程是一个先定后审的过程：案件事实之认定比较简单，拐子拐卖儿童甄英莲（拐骗幼儿，养至十一二岁，以父

---

① 当然，不可否认，法院法官、检察官对证据的审查的确比传统社会严格，法官可以宣告警察、检察官行为的不合法性，甚至判决被告人无罪。但在整体上，这一诉讼行为的比例非常低，他们之间更多是合作，甚至是法院法官为检察官、警察之瑕疵行为、不合法行为"遮掩"。2018 年 4 月笔者到 M 市各个基层法院调研，一名法官提及一个案例，其基本概况如下：五名被告人聚众赌博，共有三次（逮捕时即已获得三次犯罪活动的证据、事实），虽然每一次参与人数不一样，但这五名被告三次均有参加。但是，警察为了做案子（有目标考核的任务），将这五名被告做成两起案件，起诉到法院时，法院感到为难，这对被告人不公平。根据案件事实、收集的证据，对五名被告人来说，即使合并起诉所判之刑与第一起案件所判也没有区别，但分开判，由于起点刑的缘故，被告人需要服刑更多（长达半年），而且还不能缓判。当法官与检察官、警察交流该问题时，警察解释说他们也没有办法（要完成考核任务），而且（对于警察而言）这是去年的案件，奖金都已经领了。面对如是情况，法官只好为其"遮掩"，装作什么事都没有发生，仍然作出了不利于被告人的判决。

② 也就是说，中国当下刑事审判程序的运行仍然缺少实质上的司法化，因此四川大学左卫民教授提出一个观点，中国司法改革、刑事诉讼法的未来方向仍然是刑事诉讼制度、规则的司法化（参见左卫民：《司法化：中国刑事诉讼修改的当下与未来走向》，载《四川大学学报（哲学社会科学版）》2012 年第 1 期）。

母之名义卖掉),并将其一物两卖,导致合同不能履行;进而出现冯渊、薛蟠因争夺甄英莲的所有权而斗殴,导致冯渊被打成重伤、三天后死亡。根据既有法律(主要是《清律例》),作为法官的贾雨村很容易根据事实、证据形成心证,并形成薛蟠应当有罪的内心确信并作出判决。

但是,根据当时的情势,门子提供的信息,特别是"护官符",贾雨村在事实上已不可能逮捕薛蟠,或者说将其带到法庭接受审判。但是,该案案件事实已无从改变,因为(在当地社会)已众所周知。而这两者都要通过刑事诉讼程序、公开审判程序实现,既要实现放纵薛蟠的结果,又要实现纠纷解决的效果(说服被告人和社区居民接受该判决结果),贾雨村则只有通过变通的方式解决该案判决基础的事实问题,亦即通过令薛蟠暴病死亡的方式解决之。如果我们先忽略贾雨村解决方案对错的问题(亦即是否为错案、冤案的问题),就这里的问题而言,我们可以作出一个判断,即贾雨村在第二天审案之前即已确定该案的司法过程和裁判结果。《红楼梦》小说之文本有言,"此事皆由葫芦庙内沙弥新门子所为……"①,据此,贾雨村完全采纳了新门子提供的具体建议,或者更确切地说在第二天第二次开堂审案前贾雨村已经接受新门子的建议、形成了内心确信。在第二天开堂审案时,贾雨村与其说在查明案件真相,还不如说他通过审案以确信门子提供建议的可行性问题。

此为一种先定后审的司法模式,与苏力提及的"先定后审"迥异,即先作出判断,再寻求法律、证据、事实,在该过程中不断形成对事实的内心确信,或者证成既有判断,或者修正既有判断(在实质上形成了一个新判断)。② 就法官的司法模式而言,后者是一个纯粹的司法过程,而前者则是一个政治的审视(行政权力运行)过程,请看下面的进一步分析:

其二,贾雨村解决事实(冲突)问题的模式:作为法官的知府贾雨村,如果严格依法,首先应当命令门子、衙役逮捕薛蟠及其参与殴打的仆人到庭。在大堂之上开庭审理,知府应当根据控辩双方的陈词、证据作出判决。虽然涉案的薛蟠是贾府、王府之至亲,但他们并未(或者说还没有来

---

① 参见曹雪芹:《红楼梦》,程伟元、高鹗整理(俗称"程乙本校注版")、启功等注评,广西师范大学出版社2017年版,第84页。
② 参见苏力:《批评与自恋(增订版)》,北京大学出版社2018年版,第19—22页。

得及,亦或者说还没有到时候)对其施加外在的压力和影响,贾雨村主要在私人利益理性考量下,主动探求该案的处理方式。在审案过程中,贾雨村注意到了如下因素:

(1) 探求到了被害人家属的基本诉求(有门子汇报的信息,还有第二天的升堂审案,通过庭审知悉的被害人基本诉求)是获得若干烧埋银子,当然还有惩治凶手(追究被告人之刑事责任)。

(2) 从法律适用角度看:通过收集证据确定的法律事实,薛蟠(及其下人、仆役)构成犯罪,应当判处适当的刑罚(与故意伤害致人死亡罪相应的刑罚)。但在司法实践操作层面,薛蟠无法被羁押到庭,知府更不可能判处其实际刑罚,进而原告人的部分诉讼请求(即追究被告人之刑事责任)不能实现。

(3) 但作为知府的贾雨村欲以升官的话,他除了讨好巴结权贵(因而,贾雨村甚至也不想实际追究薛蟠之刑事责任)外,还得树立官声,得注意该案如果处理不好可能带来的负面影响,正如贾雨村在《红楼梦》文本所言,"(还得)……再斟酌斟酌,压服得口声才好"[①]。

在理性思考、盘算之下,贾雨村采纳了新门子的意见,其间的基本逻辑可以描绘如下:

一方面,令薛家合族及地方呈上一份证明,证明薛蟠及其仆役均暴病身亡,进而无从追究、毋庸追究薛蟠之刑事责任[②];并通过迷信(扶鸾请仙)的方式重新叙述案件事实,正如原文所述:"乩仙批了,死者冯渊与薛蟠原因夙孽相逢,今狭路既遇,原应了结。今薛蟠已得了无名之病,被冯渊的魂魄追索而死。其祸皆因拐子而起,除将拐子按法处治外,余不累及……"[③]通过这一迷信的方式,增加了一个虚构的案件,相当于整个系列案件不仅仅包括前述五个案件,更应包括这一新案件(冯渊的鬼魂向薛蟠索命),系列案件之(刑罚)因果关系得到充分展示,也实现了因果报应。

[①] 参见曹雪芹:《红楼梦》,程伟元、高鹗整理(俗称"程乙本校注版")、启功等注评,广西师范大学出版社2017年版,第84页。

[②] 根据现行《刑事诉讼法》,一旦被告人死亡,刑事诉讼程序应当宣告终止,在侦查阶段,则侦查终结,在公诉阶段,则作出不起诉的决定,在审判阶段,则终结审理。

[③] 参见曹雪芹:《红楼梦》,程伟元、高鹗整理(俗称"程乙本校注版")、启功等注评,广西师范大学出版社2017年版,第84页。

原告、被告和社会大众在法律上、形式上可以接受贾雨村的判决：冯渊、薛蟠均已死勿论；拐子罪大恶极，以律处置，其余不累及。

另一方面，命令衙役、门子逮捕薛家族人和仆役来拷问，并暗中调停，使其愿意（甚至主动）赔偿冯渊家若干烧埋银。该烧埋银对作为被害人冯渊家属的其他处理结果产生重要作用，并在迷信重新改写的事实中获得更多的心理安慰，增强了贾雨村判决的可接受性。

因此，我们可以说，原告、被告和社会大众不仅仅在法律上接受了贾雨村的判决，而且在心理上也彻底接受了，贾雨村树立官声的目的也得以实现。

简言之，贾雨村以迷信方式重塑因果关系、减少了薛蟠带来的社会危害性，并通过虚假证据的方式证明，再者以赔偿"烧埋银"的方式抚慰了被害人家属，解决了该刑事纠纷。

因此，我们可以作出判断，知府/知县以行政权方式解决刑事纠纷的运行过程得到充分揭示。

（二）对作为法官的贾雨村审理该案的初步评价

根据前述对该案基本事实、诉讼程序的详细描绘，我们可以从三方面对其展开评价：

首先，从案件基本事实看：薛蟠打死冯渊一案，从探求事实真相、认定事实角度看，该案是简单案件。作为裁判者的知府，收集到的证据（主要是证人证言）已经充分，法官可以在内心上有充分确信，即该案已达到事实清楚、证据确凿的刑事案件证明标准。这对于贾雨村而言，一点都不复杂。

但贾雨村作为一名法官、更重要的是作为一名治理者，该案却成为他心目中的复杂案件（被害人冯渊之家属到处告状，一年有余的时间里竟没有人敢受理即可证明该案的复杂性，但并非案件事实本身复杂、不容易认定）。它考验着贾雨村庭审和判决中所体现的法律技术和作为治理者的基本形象，因为该案需要斟酌和平衡法律、人情、关系与案件事实的复合关系。

一言蔽之，如果从纯粹的法律技术而言，该案是简单案件，如果从帝制中国司法与行政的制度关系看，该案属于重大、复杂案件。

其次,贾雨村作为一名法官(亦是一名治理者)在该案中的表现。

正因为案件的如上特点,我们对贾雨村作为一名治理者兼法官对该案审理中表现的评价也呈现出复杂的景象。当然,如果要简单化的话,我们可以直接以《红楼梦》该章回之回目评价,即"葫芦僧乱判葫芦案"。这一评价相当负面,而且也一直是我们对其的固有评价。当放宽观察视野时,我们对该案及作为法官的贾雨村及其所在刑事诉讼程序的认识将有更丰富的理解,请看下面的分析:

从国家设立知县、知府一级的地方国家机构观察,它要求地方官员在治理地方(包括审理案件)时应当有治理地方(良好的民风民俗、社会秩序)和上报朝廷的双重任务。换言之,作为地方行政长官兼任法官,即使在审理刑事案件时,不仅仅得有解决纠纷的效果,更应有通过解决纠纷达到治理地方、报效皇恩、朝廷的目的。如果以当下流行口号来说,法官判案应当达到法律效果、社会效果和政治效果的统一,如果能做到这一点,即为优秀的官员、法官。但是,就帝制官员职业发展角度看,他们升职(加官晋爵)不仅仅依靠德、能、勤、绩,也需要上级的赏识、大家族的支持,进而在司法、治理地方过程中,也有个人私人因素的考量,法官如果能将其私益与前述公共利益有较好平衡,则属于非常优秀的法官或地方官员。①

贾雨村作为一名地方官员(兼任法官)②,审理其治下的刑事案件是基本职责之一,应当通过解决刑事纠纷实现治理地方、报皇恩的目的。贾雨村也意识到这一点,正如他所言:……事关人命,蒙皇上隆恩起复委用,实是重生再造,正当殚精竭虑图报之时,岂可因私而废法?但是,帝制中国官场生存的基本现实却是另一种景象,正如门子所言:老爷说的何尝不是大道,但只是如今世上是行不去的……依老爷这一说,不但不能报效朝廷,亦且自身不保,还要三思为妥!③ 这里产生了贾雨村的"私"与治理地

---

① 即使在当下,这一点也避免不了,只不过现有法律制度比较成熟和完善,法官的私人利益(特别是不合法利益)很难放置到一个公共平台上权衡。

② 贾雨村依靠科举从知县到知府,但由于恃才侮上,被上级参革。经过几年的游历,社会阅历的积累,依靠贾府、王府的努力,其补任知府,更熟稔人情世故、官场生态,知晓权衡各方利益是其关键点,通过努力,从知县到知府,再到后来的大司马、协理军机大臣。

③ 参见曹雪芹:《红楼梦》,程伟元、高鹗整理(俗称"程乙本校注版")、启功等注评,广西师范大学出版社 2017 年版,第 83 页。

方(良好的民风民俗、社会秩序)、报效朝廷之"公"的冲突。而且这一冲突非常大,因为皇恩很抽象、距离他也非常远,以他的行政级别,与皇帝互动的机会并不多,因此,他的加官晋爵与其说是皇帝赐予,还不如说是与他熟悉的贵族、上级领导推荐、支持的结果,因而贾雨村心里的"私"在该案中将得到几何级的放大。

当薛蟠打死冯渊一案呈现到贾雨村面前时,在事实已经查清的基础上,他可以有的选择如下:

(1) 严格依据法律判决,即使有贾府、王府的干预也如此。此种方案导致的后果,对他而言,肯定会像第一次做官一样,至少是被解职的结果,是最糟糕的结果、选择。对薛蟠而言,也"损失"最大,对冯渊一家而言,正义得到实现,于国、于皇帝是治理效果最大化。

(2) 枉法裁判,牺牲被害人冯渊及其家属一方的利益。在此项选择之下,贾雨村还有如是选择:其一,完全牺牲冯渊家属一方的利益,不考虑其任何诉讼请求,胡乱判案。此种方案中,冯渊一家没有获得任何赔偿,也没有交代(追究薛蟠刑事责任问题),其必然继续到处告状,甚至上京鸣冤,影响贾雨村在地方的官望,也影响上级领导,甚至皇帝对其的评价。而另一方薛蟠则"大获全胜",于国、于皇帝均是治理效果非常糟糕。

(3) 其二,枉法裁判,一方面向被告人一方主动索要好处,另一方面也向原告索要好处,正如俗语,"吃了原告、吃被告"①。此种方案除了对贾雨村有利外,对所有人来说都比较糟糕,于国、于皇帝则是最糟糕的治理方式。

(4) 其三,枉法裁判,一如《红楼梦》文本描绘的情况,亦即前述展示的事实、诉讼程序和判决结果。

贾雨村没有选择对其个人而言最糟糕的方案(第一种方案),更没有选择对国家、朝廷、地方治理来说最糟糕的方案(第三种方案),也没有选择对朝廷、皇帝比较糟糕的方案(第二种方案)。他选择的是第四种方案,这一方案对各方来说,均是相当不错的选择。

但很多法官都做不到这一点,特别是在行政与司法不分、法律与道德混淆的时代要做到这一点更不容易。它要求法官有较高的法律技能、丰

---

① 这一点在《水浒传》体现得非常明显,而且比比皆是。

富的司法(行政)的经验和对社区民情的深层观察以达到法律、道德与人情的真正平衡。[①] 作为知府和法官的贾雨村,为什么能做到这一点呢?在笔者看来,他具备了如下的能力和经验,申言之:(1)能力。贾雨村通过科举获得官职,虽然在刚刚为官之时,恃才侮上,不为同僚、上级所喜,被罢官,但这已表明他能力充足,而唯一的缺陷即是为官和司法的经验不足。(2)人生阅历和经验。后又游历数年、经验见长,在林如海、贾政等人的推荐下,再次为官,补授应天府之知府,此为积累丰富的社会常识和经验。(3)掌握案件的所有信息。在门子的"辅导下"、建议下(门子洞悉该案的所有信息),贾雨村迅速获得该案的所有信息,包括被害人家属的基本情况、基本诉求,被告人的基本情况、家庭背景、拐子和甄英莲。此为判断的基础信息。

当贾雨村具备前述三点时,贾雨村审理薛蟠打死冯渊一案才能游刃有余,并通过增加一案(即通过迷信的方式宣告薛蟠已经死亡,且被冯渊之鬼魂索命,已不需要在现实世界追究)的方式重新叙述该系列案件的因果关系,并据此作出判决。这一判决达到了人情(报答贾府、王府)、道德(报效朝廷)、法律(在形式上符合当时法律、刑法的规定)的有效统一。

从这个角度看,贾雨村是一位能吏,也是一名判案时追求良好社会影响力(目的在于树立官声)、司法效率和个案效果的"优秀"法官。而且,即使以现行《刑事诉讼法》关于刑事和解制度(程序)的规范评价,贾雨村审理的薛蟠打死冯渊一案也可以说处理得相当不错:(1)从被害人家属角度看,冯渊家属的基本诉求获得满足:贾雨村判决被告人一方赔偿至少500两以上的"烧埋银",而且被告人薛蟠及其打人的仆役均死亡,虽然是贾雨村通过迷信的方式且地方及薛家出具证明的方式重述了该案的因果

[①] 其他一般法官或者庸官更可能出现如下糟糕情况之一种情况:(1)或者只顾讨好贾府和王府两大家族、贵族(这种情况极有可能出现,因为:就贾雨村的经历而言,依靠科举考试入仕,有能力和才干,却遭到上级的弹劾,进而被解职。幸而得到贾府、王府的鼎力推荐、支持,他才有机会重新补授官职、出任应天知府。贾府、王府对他而言是恩同再造,更是加官晋爵的强大后盾,与后者保持一致或为其服务是其最佳选择),而忘却法律、忘却朝廷、皇帝,或许能让贾府(王府)高兴,但根据贾政之秉性、为人,除了在薛蟠打死冯渊一案的判决上高兴外,则只有鄙视和不屑,进而不可能有后来作为朝廷重臣大司马的贾雨村。(2)或者严格依法,以海瑞的形象出现,但其判决无法实现法律效果、社会效果和政治效果的统一,甚至还可能让其丢官去职,当其被其他人取代时,更糟糕的判决可能出现。(3)或者出现一个纯粹自私自利的法官,只有自己的私利,不管他人损失和利益。

关系,但在当时社会语境下(有信仰的基础)已经实现惩罚薛蟠的目的,因为即使在今天如果被告人死亡,也不需要继续追究其刑事责任。(2)从被告人一方看,虽然没有当下《刑事诉讼法》规定的当事人双方的谅解(包括达成谅解书),但薛蟠及其仆役通过赔偿足额的烧埋银让被害人家属对该判决没有任何异议,而且事后对贾雨村的判决也没有"上诉"①,让薛蟠及其仆役摆脱了司法讼累。更重要的是,通过赔偿,薛蟠及其仆役一方提供的虚假证明摆脱了刑罚的惩罚。因此,该案的被告人对这一结果也非常满意。当然,如果以当下标准评价的话,该案是一个错案,而且不可能出现如此方式的修改事实,但在传统中国,普通大众相信通过迷信的方式重述冯渊、薛蟠之间恩仇的因果关系。(3)从作为一名法官的贾雨村角度看,贾雨村首先解决了该刑事案件,而该案在其受理之前,被害人家属到处告状却无人敢受理;同时也兼顾了贾府、王府的利益(虽然不怎么合法),更是让地方秩序得到恢复(系列案件打包处理,修正其间的因果关系,或许不能让每一个人、特别是被害人满意,却能被社会大众接受)。进而言之,从宏观上看,贾雨村通过审理该案达到了该案的法律效果、社会效果、政治效果的统一。从贾雨村个人角度看,讨好了贾府、尽量顾及了冯渊一家的实际利益,更是解决了纠纷、树立了良好的官声。

总而言之,贾雨村通过审理薛蟠打死冯渊一案达到了案件解决的最佳效果,实现了政治效果、法律效果和社会效果的统一,亦即实现了既有损害基础上各方"共赢"。②

---

① 这至少暗示他们秉持如下观点:贾雨村的判决结果虽然不能让冯渊一家完全满意,却也是可以接受的结果,已经毋庸上诉或者上访,特别是进京鸣冤。

② 关于通过刑事和解程序实现共赢的详细分析,可以参见蒋志如:《刑事特别程序研究》,法律出版社 2016 年版,第 420 页。

另注:如果将该案与宋江杀阎婆惜一案比较,该案则显得贾雨村作为一名法官的优秀与能力,而审理宋江杀阎婆惜一案的知县时文彬则真正是一名枉法裁判的法官(他没有任何外在压力,仅仅是私人情感的表达,始终一心周全宋江)。后案的基本情况如下:宋江私通梁山之晁盖,根据法律,是为大罪,可以抄家灭族,而故意杀人罪则等而次之。当阎婆惜获知宋江私通梁山之贼,并以此威胁宋江。宋江怒而杀之。当宋江、阎婆到县衙,阎婆告状时(唐牛儿也因为宋江的原因与阎婆有恩怨而牵连其中),知县、衙役们均袒护宋江,知县时文彬甚至有意以唐牛儿为杀阎婆惜的正凶,由于阎婆惜的姘头张三的坚持,时文彬只好继续追捕宋江,但唐牛儿也被定罪,被脊杖二十、刺配 500 里外(而唐牛儿是一个纯粹无辜之人);后来宋江被捕,也仅脊杖二十、刺配江州牢城(参见施耐庵:《水浒传》,金圣叹批评版,齐鲁书社 1991 年版,第 384—410、665—672 页;吴闲云:《黑水浒》,民主与建设出版社 2014 年版,第 103—112 页)。

最后,贾雨村怎么做到的?

在笔者看来,贾雨村之所以能够做到这一点关键在于其以行政逻辑取代司法逻辑,或者说司法逻辑只是知县、知府司法决策中的次要因素,申言之:

(1)司法逻辑:薛蟠打死冯渊的本末、前因后果,通过门子的调查、第二天的审案,作为法官的贾雨村获得了作出判决需要的充分信息(虽然不可能、也不需要是全部信息)。从信息输入角度看,法官掌握充分的判决该案所需要的事实、证据。这表明帝制中国的法官非常重视案件事实的内在因果关系,这是裁判者判断的基础。

(2)行政逻辑:但,贾雨村并没有直接以此作为该案的判决基础,而是通过其他因素架空了该案的基本事实。申言之:一方面,贾雨村强势地在该案中介入迷信、宗教等与案件无关的因素,而且介入的目的不在于查明事实,不在于诉讼程序更顺畅展开、运行①,他的目的主要在于嫁接事实、减损既有事实、修正既有案件事实的因果关系,亦即冯渊与薛蟠系前世冤孽,并被冯渊之鬼魂索命。另一方面,他要求地方、薛蟠家族提供虚假证据,证明被告人(及其仆役)已经死亡(增强了前述的可信性),进而改变了该案的焦点,同时将拐子拐卖儿童的案件、"一物两卖"的案件与薛蟠打死冯渊的案件合并判决,进一步模糊了薛蟠打死冯渊一案的焦点。

综上所述,我们可以说,贾雨村有能力、也有经验、充分的信息让其他因素介入案件,进而达到树立官声(其他人不敢受理的案件其受理了,而且做了较好处置)、案结事了(报效朝廷)和讨好贾府、王府的所有目的。在此过程中,司法逻辑仅是参考,而行政逻辑、行政权运行模式处于中心位置。还有,贾雨村是一名优秀的官员,在传统帝制的语境下他也是一名优秀的"法官",虽然该案在事实上是一个错案。

四、帝制中国法官司法的内在逻辑:行政逻辑主导的司法过程

我们以武松杀嫂一案、薛蟠打死冯渊一案为中心对帝制中国的诉讼

---

① 在传统社会,宗教、迷信、巫术介入刑事诉讼程序是一种常态,在欧洲还出现一个这么时代,即神示证据制度(参见何家弘:《短缺证据与模糊事实》,法律出版社2012年版,第46—48页)。

程序与法官司法过程展开了详细分析。虽然只是两起个案,却不仅仅是个案,而是以其为中心的系列案件,以武松为中心的案件至少有三起,而薛蟠打死冯渊一案涉及五起(其实是六起,贾雨村人为增加一起,即冯渊之鬼魂向薛蟠索命),两者共计有 10 起案件。还有,如果以《水浒传》《红楼梦》文本观察,他们涉及的案件从纵向看有 500 年(从宋到清),即使从写作时间看也跨越明清两代,这些案件也跨有近 400 年的时间。① 基于上述两点,这里展示的帝制中国时代的刑事诉讼程序、司法过程虽然不能说已得到充分、全面展示,却也可以呈现基本面貌。据此,我们可以进一步揭示帝制中国法官之司法过程,更确切地说进一步揭示刑事案例及其背后的一般司法逻辑(包括其背后蕴含的行政逻辑),特作如下描绘:

首先,帝制中国的司法程序(刑事诉讼程序)。

根据前述系列案例,帝制中国刑事司法程序呈现出如下特点:

(1)刑事案件的裁判主体,一般由行政官员兼任,在基层由知县、知府承担审案的基本职责。由于前述案例并未直接由中央国家机关审理,因而无法探求中央司法机关的基本情况和运行过程。而这一点,早有学者对此有系统研究,简单地说,中央有专职的审判机关、专职法官,不再由行政长官兼任,省级的专职机关、专职法官明清之际才得到确立和发展。②

(2)从案件管辖看,知县负责审理其辖区内所有刑事案件,但这没有被严格遵循:

其一,一般情况看。不同刑期的刑事案件到不同的层级审结,比如说武松杀嫂的案件,需要到刑部、审刑院一级(武松的流刑需要刑部审结);如果结合其他文献,我们还可以知晓,死刑案件则需要到达权力顶端、皇帝面前方可审结,亦即死刑案件应当经历如下审级,第一审应当为知县审理,第二审应当为知府审理,第三审为道台或者臬司审理,第四审为督抚审理,第五审为刑部审理,第六审为皇帝朱批。③ 但这些案件理应首先由

---

① 《水浒传》的作者施耐庵乃是元末明初之人,而《红楼梦》的作者曹雪芹则为康熙至乾隆间的人物,两者跨度有近 400 年。
② 参见那思陆:《明代中央司法审判制度》,北京大学出版社 2004 年版,第 99—100 页;那思陆:《清代重要司法审判制度》,北京大学出版社 2004 年版,第 107—110 页。
③ 参见李交发:《中国诉讼法史》,中国检察出版社 2002 年版,第 184—192 页;参见那思陆:《中国审判制度史》,上海三联书店 2013 年版,第 232—258 页。

知县审理。

其二,作为例外:部分案件由于一些特殊原因而直接由上级衙门审理,如薛蟠打死冯渊一案,由于被害人苦告无门(一年有余无人敢受理),当贾雨村补授应天府知府时由其直接审理。还有,武松盗窃张都监一案(一件普通的刑事案件)也由知府直接审理。除此以外还有,个别案件的当事人在实践中要求"越级"审理,甚或到更高上级或者到京师控告或者喊冤。在这时,知县一级则直接略过,可以由这些部门直接一审。

(3)帝制中国刑事诉讼的基本模式或者说诉讼结构:帝制中国的诉讼程序虽然在形式上有三方,原告、被告与裁判者,但无论是原告、抑或被告均处于被处置地位,以武松系列案件为例,无论是作为原告的武松,还是作为被告的武松,在裁判者知县面前均是被处置的对象,而非作为诉讼程序主体的真正参与者。一方面,这一被处置对象地位其实还包括其他辅助人如证人、邻居等,他们一旦卷入某一诉讼,也常常遭受讼累。① 另一方面,法官(由行政长官兼任)则在司法程序中处于绝对主导地位,有充分的自由裁量权,而且这一自由裁量权不仅仅在法律的范围之内,而且还可能"超越法律"作有些随意(或者任意)裁量,除了上级的监督外,没有任何监督;以贾雨村审理薛蟠打死冯渊一案为例,他虽然不能改变薛蟠打死冯渊的基本事实,却主动通过虚假证据(伪造薛蟠及其仆人暴病死亡的证明文书)并经由"扶鸾请仙"的迷信方式改变事实的因果关系。

据此,我们可以说帝制中国(至少可以说晚期)的诉讼模式是有一种纠问式诉讼模式,或者说中国刑事诉讼程序的运行表现浓厚的西方中世纪纠问式诉讼模式的诸多特点,虽然在具体制度上(如管辖制度)有很多差异。

其次,帝制中国行政长官兼任法官时的司法过程。

前述两个系列案件的司法过程均呈现出如下共同的规律:(1)作为法官的知县、知府在查明事实真相上均不困难,或者均比较容易探求到据以判决的事实真相。无论是知县或知府亲自调查,抑或他们属吏的调查,前述系列案件的事实真相均全部被呈现在作为判断者的法官面前,而且事

---

① 比如说《水浒传》中涉及宋江杀人一案中的唐牛儿;唐牛儿与宋江阎婆惜一案并未有任何直接关系、连刑事诉讼程序中的辅助人都算不上,知县也知晓此事,却仍然对其作出有罪判决,即脊杖二十、刺配500里。

实间的因果关系清晰、明了:比如说,在武松杀潘金莲、西门庆一案中,众邻居作为证人证言、武松自首等证据对杀害潘金莲、西门庆事实的证明形成了一个清晰的、完整的证据链;薛蟠打死冯渊一案的证据也能形成一个清晰、完整的证据链。对此,法官有完全的内心确信。

(2)作为法官的知县、知府在审理案件中有"私心":潘金莲、西门庆、王婆谋杀、毒杀武大郎一案中,西门庆的行贿(成为知县收入的一部分)成为知县的私心;在武松杀潘金莲、西门庆一案,知县的同情心、偏好是其私心;在武松盗窃张都监家财产一案中,知府贪图张都监送的贿赂是其私心;薛蟠打死冯渊一案,则是知府贾雨村欲以讨好、感恩贾府、王府的提携、帮助而有私心。

(3)在"私心"下,法官通过修正、改变案件事实的方式最终改变了判决结果:在西门庆、潘金莲毒杀武大郎一案中,知县要求武松提供更多的证据、更充分的证据,而非根据既有证据(有充分的怀疑、亦有相当的证明,虽还未形成完整的证据链)对该案展开进一步侦查,特别是提取潘金莲、西门庆的口供。知县对武松提供的证据做了一个简单粗暴地对待,并直接作出不受理的决定。在武松杀潘金莲、西门庆一案中,知县明知武松故意,甚至预谋故意杀死两人,却直接将案件事实改为潘金莲、西门庆不允许武松祭祀武大郎而斗杀两名被害人。在武松盗窃张都监家财产一案中,知府明知武松被冤枉,却仍然根据(由知府刑讯逼供而来的)武松口供作出盗窃罪成立的判决。贾雨村并未改变薛蟠打死冯渊的案件事实,却通过迷信改变了冯渊与薛蟠之间发生的事实的因果关系,并将拐子拐卖儿童的案件与薛蟠打死冯渊一案合并审理;这模糊了该案之焦点,或者更确切地说,贾雨村引入更多其他因素模糊了该案的焦点。

(4)在整个司法过程中,法官没有根据既有的案件真相作出判断,也没有解释任何既有法律(文本),也因而法官的事实认定和法律适用均不是在法律、司法框架内自由裁量,而是在法律之外,主要通过"裁剪"事实并就着既有法律作出了错误的判决。

最终,这四个案件都是错案。

再次,知县、知府司法过程中蕴含的行政(权力)逻辑。

根据前述描绘的司法过程,我们知晓这一情况:作为法官的知县、知

府改变事实以就法律改变了既有事实的因果关系,这一司法三段论逻辑中蕴含了浓厚的行政(权力)运行逻辑,申言之:

所谓的司法逻辑,简单地说,即:法官只能根据事实(小前提)、根据法律(大前提)通过推理作出判决(结论)。进而言之,根据证据确定的事实不能遭到改变,而法律则根据法律方法(论)作出解释,只有在法律文本有两种以上释义或者说法律本身赋予法官一定范围的裁量权时,法官方有裁量的可能和空间,换而言之,法官可以在法律的框架内或者说法律文本可以辐射的范围内自由裁量,但绝非对事实进行裁剪。

但作为法官的知府、知县改变的就是事实,或者部分修正,或者完全改变。而且主要是根据裁判者自己的"需要"对事实作出改变,也即法官单方对此作出改变。因此,该司法模式呈现出的是行政逻辑的运行模式,更确切地说是司法逻辑中蕴含着浓厚的行政逻辑。因此我们可以说,由于裁判者对法律本身并"不作为"、主要依靠"削足适履"的方式,亦即通过改变事实以就既有法律的方式展开司法,进而行政逻辑在裁判者司法的整个过程中占据了主导地位,司法三段论则沦为了次要的、边缘的地位,仅形式上需要而已。

这一点也非常符合帝制中国的政制、司法体制,或者说帝制中国的政制、司法体制必然导致前述的司法过程中浓厚的行政逻辑。

最后,作为法官的知县、知府等以行政逻辑取代司法逻辑的原因剖析:根据前述,作为法官的知县、知府等均由于"私心"而单方改变案件事实。或者因为亲近而产生偏好(近亲、下属等"自然"形成的关系,如《水浒传》里知县对武松杀嫂一案的偏袒、知县时文彬对宋江的偏袒),或者因为金钱(西门庆通过钱财贿赂知县),或者因为职务晋升(不仅仅是升职,还可能是为了保持现有职务)。

因此,知县、知府等作为一名法官可以以行政逻辑审理刑事案件的原因也有三:

(1)纯粹的私人利益牵涉,或者自己即与案件结果有利害关系。帝制中国并没有现代刑事诉讼程序中的回避规则保障法官居中裁判,因而只能期望包青天这样的法官、清官出现方可能产生中立、公正的判决。当一件刑事案件涉及法官的亲戚、亲近之人或者其他有私人关系的人时,如果不是像传说中的清官包拯一样,知县、知府们必将有强大动力"歪曲事实",以作出有利于有私人关系、利益一方的判决。

(2)收入问题。中国古代官员历朝历代的正式俸禄都不高,特别是明朝,其俸禄最薄①,仅凭俸禄收入并不能保证自己及家人过上优渥的生活。他们大部分收入得依赖于其在治理地方的活动中获得,包括在审理刑事案件中的获利。因而,各种陋规(每年过节的孝敬、收税时层层加码、办任何事需要贿赂②)应运而生,正如一句谚语"三年清知府,十万雪花银",各种贿赂钱也自然而然成为其收入的重要组成部分。在没有监督或者说没有有效监督的情况下,在审理刑事案件中,作为法官的知府、知县必然将贿赂等作为自己重要收入,他们很有动力在权力范围内改变案件事实以作出有利于行贿人一方的判决。而且即使清雍正之后有"养廉银",但没有现代法治的支持,他们仍然克制不住前述诱惑,因为这部分收入会成为其整个收入的重要组成部分,愿意滥用权力以达成自己的私人利益。

(3)职务晋升问题:中国官吏的准入(主要通过科举考试)和晋升主要由吏部负责,根据官员的德、能、勤、绩作出考核并以此作为职务升迁的基础。但在现实世界中,官员上级、贵族对官员的升迁更有影响(比如说,贾雨村出任官员后的第一次丢官去职,则是同事、上级参革的结果,而后补授知府皆是贾府、王府努力的结果)。进而,官员对上级的绝对服从、对贵族的依赖(投靠)、对最大的贵族皇帝(个人)更需要绝对效忠(即使要实现自己的政治抱负也得讨好皇帝,亦即"得君行道")是其升职的最快途径。

这一现实要求一名下级官员,如果要升职,甚至保持既有职务,也需要与上级、地方显达、贵族保持良好关系。当刑事案件与他们有利害关系时,知县、知府等下级官员们也正好利用对案件的审理权讨好贵族、上级以为将来的职务晋升提供机会。比如说,贾雨村就以薛蟠打死冯渊一案讨好贾府、王府,后来贾雨村得到更多升迁多是借助贾府等人的势力。而且,当有上级领导、贵族主动干预或者影响时,作为法官的行政官员更是

---

① 黄惠贤、陈锋主编:《中国俸禄制度史》,武汉大学出版社1996年版,第388、503页;苏力:《法律与文学——以中国传统戏剧为材料》,生活·读书·新知三联书店2006年版,第122页。

② 这一点在《水浒传》中诸多案例中比比皆是,特别是宋江到江州牢城时,戴宗还主动向宋江索要费用的情况表明,不支付即为违规,支付陋规可保无虞。

无法拒绝。

总而言之：中国古代法官一般由行政长官兼任，其收入与职务晋升并没有一个制度性保障。他们常常将其治理行为、审理刑事案件的司法行为与其收入、可能的职务晋升密切关联。他们因而愿意通过扭曲刑事诉讼程序中事实的方式实现其私人利益，甚至违法利益；但是，这一私人利益，甚或违法利益主要通过形式上的司法三段论合法化，即以扭曲的事实认定、简单化的法律适用掩盖或者说以司法三段论方式实现形式上的合法化。

五、本节结语

通过描绘以武松为中心的系列刑事案件，以薛蟠打死冯渊为中心的系列案件（两者凡计有10来件）的刑事诉讼程序和（知县、知府）司法过程的整体图景，我们可以对帝制中国的诉讼程序，特别是法官的司法过程作一个最后的总结，以为审视中国当下刑事合议庭、法官之司法过程提供助益，具体描绘如下：

首先，帝制中国，法官司法的基本背景：(1) 从官员、法官的准入看，唐宋之后，科举考试成为基本的入职方式，亦即普通人要成为一名法官、官员应当通过科举考试。但当其进入仕途之后，官员、法官的上级领导、地方显达和长老、贵族等仍然成为一名官员、法官升迁的重要影响因素。(2) 帝制中国官员、法官的收入并不丰厚，帝国皇帝、政府只能默许他们收入中的部分（甚至主要部分）来自其对辖区内的治理行为（包括审理刑事案件的司法行为）。(3) 从帝制控制条件看，在帝制中国，上级领导、上级的上级领导、皇帝对下级的控制方法并不多，主要通过书面文件展开和实现，进而这一监督的实际效果有限，如下说法可以印证，有知县一级的地方官员是当地"土皇帝"的说法，更有"天高皇帝远"的谚语。

其次，在此背景下，当关系、权力、金钱介入刑事案件时，作为法官的知县、知府们的私心很容易渗入到他们审理的刑事案件中。这非常容易导致错案、冤案。如果法官、官员们铸成错案、冤案，他们的司法过程（司法模式）可以简单描绘如下：(1) 从认定事实看，一方面法官们通过各种方式竭力收集关于案件的各种证据或者简单粗暴地收集证据，并以"裁剪"事实的方式认定判决需要的事实。而且认定事实的过程通常由法官一个人单方完成,虽然可能有其他参与者、帮助者(如衙役、属吏),但最终决定权在法官。另一方面,作为刑事案件的当事人(包括证人等辅助人)则完全处于被处置的位置,换言之,他们不可能以诉讼主体的身份参与到案件的诉讼程序中并影响程序运行结果。

(2)从适用法律看。纵观知县、知府们的司法过程,他们没有花多少时间审视和思考既有法律,当他们裁剪事实时,其内心已选择所需的法律条文。裁判者们根据选择的法律条文(这是第一步)、根据修正的法律事实,并以三段论的形式作出了符合其"私心"的判决。在该司法过程中,知县、知府们作为法官并不需要解释法律、更不需要根据经济、社会发展的需要而发展法律。

简言之,法官们主要在事实上下功夫,从来没有在法律适用上努力,更确切地说,他们通过行政逻辑的方式修正部分事实,甚至全部事实以就既有法律。或许,此即中华法系(主要是刑法典)呈现出极度稳定性的根本原因。

再次,当没有任何关系、权力、金钱介入案件时,法官、官员(知县、知府等)在职业伦理的支配下也应当会秉持客观、中立立场认定事实、适用法律以作出判决。但是,即使在这一语境下,也有可能有问题:在前述司法模式下,知县、知府们即使在没有自己"私心"渗入的情况下,当他们以带有偏见的心态对待当事人时,或者说当其简单、粗暴的对待当事人提供的案件事实时,也可能制造错案、冤案;苏力对中国传统名剧《窦娥冤》的考察反映了这一情况:(1)从法官个人情况看,太守梼杌并无受贿情况,也自认为是一名清官;(2)从该案判决的基础看,梼杌是根据既有证据、证据规则判决窦娥有罪(更可能首先对窦娥刑讯逼供),虽然对证据的处置有些简单和粗暴;(3)虽然从客观真相看,该案是一个冤案、错案,但根据当时的科技条件、司法体制,梼杌作出该判决的确很难避免。[①]

最后,不管是哪种类型的案件,帝制中国的法官们之司法过程均以形式上的"三段论"作出判决。但是,就其实质,我们可以发现,在他们的世

---

① 参见苏力:《法律与文学——以中国传统戏剧为材料》,生活·读书·新知三联书店 2006 年版,第 117—227 页。

界里,作为法律的大前提从来不变,小前提(法律事实)却时常变化,这是法官可以改变的;并据此作出有"三段论"逻辑的判决。此即帝制中国法官们(知府、知县们)司法的司法逻辑。

而且,这一司法逻辑的背后同时隐藏着另一种逻辑:在有"私心"的案件中,法官有权力单方改变案件事实,甚至是故意增加事实以陷害他人(如《水浒传》里知县时文彬为了开脱宋江,故意将杀害阎婆惜的事实栽赃到唐牛儿身上)。在没有"私心"的案件中,法官即使没有使用权力改变或修正事实,因为他们没有必要改变事实,但常常以另一种形式表现了法官的行政逻辑:他们常常简单、粗暴地对待当事人和案件事实,对事实认定来说同样是一种伤害,而且也没有在法律适用事项上花费时间。

因此,在法官司法过程的这两种逻辑中,行政逻辑占据主导地位,司法逻辑则占据次要、边缘地位,合法化着行政逻辑所确定的事实。

总而言之,帝制中国时代,作为法官的知县(知府)、法官们在各种利害关系考量下,根据理性计算,他们的司法过程呈现出如下特点:他们可以单方面(或者说有权力,虽然不是正式赋权,而是形成的一种事实的权力)改变事实以就当时的既有刑法典(如《宋刑统》《大明律》《大清律例》)条文,且行政逻辑处于主导地位、司法逻辑处于次要地位。

第三节 刑事法官在职务犯罪案件中的司法过程
——以贪污贿赂犯罪为中心的考察

上一节,我们以帝制中国文学名著(《水浒传》《红楼梦》)中的系列案例展示了帝制时代法官(由知县、知府等行政长官兼任)的司法过程。通过展示帝制中国法官的司法过程,有如下判断或结论:司法过程中,法官的政治/行政逻辑占据主导地位,司法逻辑占据次要、边缘地位,并且在以政治/行政逻辑从事司法时花费更多时间在认定事实上,适用法律事项则很少着墨。而且司法逻辑("三段论"逻辑)承担着合法化前述政治/行政逻辑下认定事实事项的功能。

在这一节(包括下一节),我们将关注当下语境下法官在刑事案件中的司法过程,以此作为对照,探求中国当下法官司法过程中是否仍然呈现前述状态,具体而言:在当下刑事案件中,法官之司法过程是否还有政治/行政逻辑介入,如果有行政逻辑介入,其与司法逻辑的比例关系,与传统帝制中国比较是否有(实质上)进步。

在这里,我们仍然以系列真实案例为例展示法官的司法过程。但是,我们应当注意真实的案例与文学中案例的不同特点:通过文学名著中的系列案例分析有突出优势,即我们可以上帝眼光观察、审视事实、事件、故事的发生全过程。进而言之,我们不仅仅可以充分洞悉案件中当事人的内心动机、行为过程,还可以充分展示事实真相、证据收集情况和法官判决情况,并像上帝最后的审判一样,以全能的眼光和视角评价该案刑事诉讼程序的运行情况和法官判决是否正确等问题。但是,在真实的刑事案件中,在实际的刑事卷宗中,我们无法收集到如此丰富、充分的信息,只有部分事实、部分人员涉及诉讼程序是一种常态,或者说法院内的刑事诉讼卷宗、案例均是在信息不充分的情况下各种诉讼主体在刑事诉讼程序中进行博弈的书面记载。基于此,在分析当下中国刑事法官的司法过程,我们将在研究方法上作出改进以更好地展示之,具体而言:在收集的卷宗、典型案例时,我们将对承办案件的法官(包括合议庭、庭长,甚至主管副院长)作详细访谈以弥补刚才提及的材料、资料的缺陷。简言之,在这里的分析,我们不仅仅有对案例的个案分析以描绘诉讼程序的展开和形式上的司法过程,更有对法官的访谈以探求法官的内心司法过程。

一、问题、研究方法与材料

(一) 问题之界定

在这一部分,我们主要考察刑事法官在职务犯罪案件中的司法过程。欲达到这一目的,我们首先得界定我们的考察对象,即职务犯罪;更确切地说,对这里职务犯罪所涉及的罪名及其范围作一个简单、初步的介绍,并选择重要罪名进行详细考察:

所谓的职务犯罪,简单地说,即职务者实施了职务犯罪行为,一般是指国家工作人员,利用职务之优势、便利、影响力等所从事的各类犯罪行为的总称。① 根据中国现行 1997 年《刑法》[包括《刑法典》、系列（到目前为止共有 11 个）修正案]，主要包括如是两类，即贪污贿赂类犯罪和渎职类刑事犯罪②，请看下面的具体描绘：

就贪污贿赂类犯罪而言③：现行《刑法》第八章对此作出全面规定，共计 14 个罪名，包括贪污罪、挪用公款罪、受贿罪、单位受贿罪、利用影响力受贿罪、行贿罪、对单位行贿罪、介绍贿赂罪、单位行贿罪、向特定关系人行贿罪、巨额财产来源不明罪、隐瞒境外存款罪、私分国有资产罪、私分罚没财物罪。从 14 个罪名可能判处的刑期看，贪污罪、受贿罪的最高刑期为死刑，挪用公款罪、行贿罪的最高刑期为无期徒刑，其他罪名均为有期徒刑：利用影响力受贿罪最高刑为 15 年有期徒刑，向特定关系人行贿罪、巨额财产来源不明罪最高刑为 10 年有期徒刑，私分国有资产罪、私分罚没财物罪最高刑为 7 年有期徒刑，对单位行贿罪、介绍贿赂罪、单位行贿罪、单位受贿罪最高刑期为 5 年，隐瞒境外存款罪的最高刑为 2 年有期徒刑。

就渎职类犯罪而言④：现行《刑法》第九章对此作出全面规定，包括一般国家工作人员的渎职罪、司法工作人员的渎职罪和特定机关工作人员的渎职罪，凡计 37 个罪名，包括滥用职权罪，玩忽职守罪，故意泄露国家秘密罪，过失泄露国家秘密罪，徇私枉法罪，民事、行政枉法裁判罪，执行判决、裁定失职罪，执行判决、裁定滥用职权罪，枉法仲裁罪，私放在押人员罪，失职致使在押人员脱逃罪，徇私舞弊减刑、假释、暂予监外执行罪，

---

① 参见孙谦、尹伊君：《国家工作人员职务犯罪论》，载《法学研究》1998 年第 4 期。
② 参见兰志伟、郑东：《职务犯罪轻刑化问题研究》，载《河北法学》2011 年第 12 期，第 189 页；毕文利：《国家工作人员职务犯罪研究》，黑龙江大学 2004 年硕士论文，第 13 页。
另注：职务犯罪如果从广义的角度看，还应当包括其他类型的犯罪，如军人违反职责的犯罪，因为军人肯定属于国家机关的组成部分，其所属的军人从事的犯罪行为即为职务犯罪（参见王楠：《论国家工作人员职务犯罪的法律规制——基于反腐败的视角》，山东大学 2012 年硕士学位论文，第 7—8 页；董鑫主编：《国家公务员犯罪及其防治》，法律出版社 2016 年版，第 116—121 页）。
③ 参见陈兴良：《规范刑法学（第三版）》（下），中国人民大学出版社 2013 年版，第 1110—1152 页；《刑事办案手册（第 14 版）》，法律出版社 2015 年版，第 284—296 页。
④ 参见张明楷：《刑法学（第五版）》（下），法律出版社 2016 年版，第 1245—1272 页；陈兴良：《规范刑法学（第三版）》（下），中国人民大学出版社 2013 年版，第 1153—1212 页；《刑事办案手册（第 14 版）》，法律出版社 2015 年版，第 297—317 页。

徇私舞弊不移交刑事案件罪，滥用管理公司、证券职权罪，徇私舞弊不征、少征税款罪，徇私舞弊发售发票、抵扣税款、出口退税罪，违法提供出口退税凭证罪，国家工作人员签订、履行合同失职被骗罪，违法发放林木采伐许可证罪，环境监管失职罪，食品监管渎职罪，传染病防治失职罪，非法批准征收、征用、占用土地罪，非法低价出让国有土地使用权罪，放纵走私罪，商检徇私舞弊罪，商检失职罪，动植物检疫徇私舞弊罪，动植物检疫失职罪，放纵制售伪劣商品犯罪行为罪，办理偷越国(边)境人员出入境证件罪，放行偷越国(边)境人员罪，不解救被拐卖、绑架妇女、儿童罪，阻碍解救被拐卖、绑架妇女、儿童罪，帮助犯罪分子逃避处罚罪，招收公务员、学生徇私舞弊罪，失职造成珍贵文物损毁、流失罪。

从渎职类犯罪的 37 个罪名可能判处的刑期看：渎职罪，作为类罪，最高刑为 15 年有期徒刑，最低刑为拘役。如果我们再仔细审视的话，可以分为以下几类：(1)最高刑可以判处 15 年有期徒刑，以徇私枉法罪、私放在押人员罪、徇私舞弊发售发票、抵扣税款、出口退税罪等罪为代表。(2)最高刑可以判处 10 年有期徒刑的渎职犯罪，以民事、行政枉法裁判罪、失职致使在押人员脱逃罪、动植物检疫徇私舞弊罪等为代表。(3)最高刑可以判处 7 年有期徒刑的渎职犯罪，这一类比较多，以滥用职权罪、玩忽职守罪、故意泄露国家秘密罪、过失泄露国家秘密罪等罪为代表。(4)最高刑可以判处五年有期徒刑的渎职犯罪，以滥用管理公司、证券职权罪、放纵制造伪劣商品犯罪行为罪等为代表。(5)最高刑可以判处三年的渎职犯罪，以失职造成珍贵文物损毁、流失罪、招收公务员、学生徇私舞弊罪等罪为代表。

如果将渎职罪与贪污贿赂罪进行比较的话，有如下特点：

首先，渎职罪的罪名非常丰富(达 37 个)，但在整体上的量刑幅度并不高，可以判到 15 年有期徒刑的罪名只有 5 个，而罪名最高刑达 10 年的也只有 8 个，两者刚刚超过总数 1/3。罪名最高刑 7 年的占据了 1/3(有 13 个罪名)，最高刑 5 年的有 5 个、最高刑 3 年的也有 6 个，亦即 10 年以下有期徒刑的罪名占据了近 2/3，五年以下有期徒刑的罪名则占据了近 1/3。而，贪污贿赂类犯罪中仅 14 个罪名即有两个罪名可以判处死刑、4 个罪名(包括可以判处死刑的罪行)可以判到无期徒刑的刑罚，可以判处 10 年以上有期徒刑的罪名则有 7 个(包括前面四个可以判处无期徒刑和死刑的罪名),占据了贪污贿赂类总罪名的半壁江山,可见贪污贿赂类犯罪的社会危害性非常高,其所涉及的事项更复杂,社会大众也有更高的关注度。

其次,在渎职罪的诸多罪名中,有很多罪名也很少适用。原因在于有些犯罪很少发生或被追诉,如招收公务员、学生徇私舞弊罪。或者渎职罪的危害行为与危害结果间的因果关系不容易得到确定,因为该类犯罪中有很多犯罪为过失犯罪,如玩忽职守罪,其玩忽职守的行为与该行为所造成的危害结果间因果关系的确定即是一件难事,将玩忽职守罪与一般玩忽职守行为进行区别也非常困难。① 就贪污贿赂犯罪而言,该类犯罪在总体上有一个基本特征,即在定罪和量刑上主要以计赃的方式展开(被称为"计赃论罪"),在《刑法修正案(九)》、2016 年出台的《关于办理贪污贿赂刑事案件适用法律若干问题的解释》虽然有所改变,开始以"数额+情节"方式展开,但并没有改变"计赃论罪"这一基础性评价要素。② 而且,贪污贿赂犯罪涉及的赃物数额也比较容易确定,贪污贿赂行为与危害结果之因果关系更容易确定,进而成为腐败犯罪、职务犯罪中的基础罪名。在司法实践中,该类罪名的适用率也非常高,我们也容易找到更多典型案例以实现我们考察的目的。

综上所述,当考察刑事法官在职务犯罪中的司法过程时,我们考察的对象职务犯罪,在其所涉及的诸多罪名中,贪污贿赂犯罪与渎职犯罪为其大宗。而且,贪污贿赂犯罪由于其社会危害性和认定标准"简单"(数量+情节)进而比渎职类更具有代表性、典型性。因此,我们将以贪污贿赂类罪为中心进行考察,特别是对可能涉及死刑、无期徒刑等重罪的一些罪名进行考察,因为这些罪名所涉及的官员级别、涉及的犯罪金额、社会因素复杂地交合在一起。更准确地说,我们将以贪污罪、受贿罪两个罪名展开分析,间或涉及相关的挪用公款罪、利用影响力受贿罪、向特定关系人行贿罪等罪名。其他罪名,诸如巨额财产来源不明罪、隐瞒境外存款罪、私分国有资产罪、私分罚没财物罪等罪名则不予涉及。简单地说,在这里,

---

① 参见张明楷:《刑法学(第五版)》(下),法律出版社 2016 年版,第 1248 页。
② 参见姜涛:《贪污贿赂犯罪之量刑标准的再界定》,载《比较法研究》2017 年第 1 期;刘宪权:《贪污贿赂罪最新定罪量刑标准体系化评析》,载《法学》2016 年第 5 期。

我们将主要以贪污罪、受贿罪及其相关罪名展开刑事法官在职务犯罪案件中的司法过程。

(二)文献梳理、研究方法与材料的说明

中国现行学术界对贪污贿赂犯罪研究的文献比较丰富,根据笔者收集的资料,可以作以下几个方面的勾勒:

首先,从刑法规范(主要从刑法释义学或教义学)的角度展开研究,从内容上看可以分为以下四方面:其一,关于犯罪主体的研究,涉及国家机关工作人员范围的问题。相关教材、专著对此有充分研究,大致可以分为一般公务员和准公务员两类,但对准公务员之范围存在分歧。① 其二,对贪污贿赂共同犯罪形态中的疑难问题展开讨论。② 其三,对贪污贿赂犯罪的量刑问题展开研究和讨论,比如说贪污贿赂的数额与量刑问题、犯罪情节与量刑问题、贪污贿赂犯罪与死刑控制问题(包括终身监禁问题)的考察。③ 其四,从历史角度研究中国的贪污贿赂犯罪,作者们通常从立法沿革和制度沿革的角度展开研究。④

其次,从刑事政策、犯罪学角度研究贪污贿赂犯罪:学者们从犯罪控制角度观察中国的贪污渎职犯罪。以黄鑫主持的国家社科项目《国家公务员犯罪及其防治》及其成果专著《国家公务员犯罪及其防治》为例:作者在该书中不仅仅关注具体的贪污贿赂罪的具体知识,更是从犯罪学、历史学角度观察官吏、官员犯罪的犯罪防控问题(即犯罪预防)。⑤ 还有,学者韩起祥等则从刑事政策、刑罚等视角观察中国腐败渎职犯罪的重刑控制

---

① 参见董鑫主编:《国家公务员犯罪及其防治》,法律出版社2016年版,第150—182、327—332页;陈洪兵:《贪污贿赂渎职罪解释论与判例研究》,中国政法大学出版社2015年版,第1—22页。
② 参见陈洪兵:《共犯论的分则思考——以贪污贿赂及渎职罪为例》,载《法学家》2015年第2期;张明楷:《受贿罪的共犯》,载《法学研究》2002年第1期;刘明祥:《从单一正犯视角看贿赂罪中的共同犯罪疑难问题》,载《法学家》2017年第2期。
③ 参见姜涛:《贪污贿赂犯罪之量刑标准的再界定》,载《比较法研究》2017年第1期;刘宪权:《贪污贿赂罪最新定罪量刑标准体系化评析》,载《法学》2016年第5期;吴雨豪:《论作为死刑替代措施的终身监禁》,载《环球法律评论》2017年第1期;赵秉志:《论中国贪污受贿罪死刑的立法控制及其废止》,载《现代法学》2016年第1期。
④ 参见张明楷:《贪污贿赂罪的司法与立法发展方向》,载《政法论坛》2017年第1期;戴玉忠:《我国贿赂犯罪刑法制度的演变与发展完善》,载《法学杂志》2016年第4期。
⑤ 参见董鑫主编:《国家公务员犯罪及其防治》,法律出版社2016年版;曹康、刘凡主编:《贿赂犯罪侦查与预防》,中国检察出版社2017年版。

策略问题。①

再次,从刑事诉讼程序或者刑事司法程序的角度研究贪污贿赂犯罪,表现在以下几个方面:其一,以卞建林教授主持的国家社科基金项目《检察机关反贪污受贿赂案件办案程序》之成果《腐败犯罪诉讼程序专题研究》为主要代表。该研究团队主要从侦查程序、强制措施、管辖、审判程序、证据等程序视角展示中国贪污贿赂犯罪(腐败犯罪)的刑事程序运行情况(及其应当改革的进路)。② 其二,部分学者仅从侦查程序角度考察中国贪污贿赂犯罪的理论及其实务运行情况。以最高人民检察院的詹复亮为代表,他从程序、侦查措施、方法、侦查终结等方面详细描绘了司法实践中的贪污贿赂犯罪的侦查运行程序。③ 其三,有的学者从国家司法合作的角度描绘了中国贪污贿赂犯罪的另类景象,他们深入分析了贪污贿赂罪主体的逃亡、引渡、资产追回、司法合作等事项。④

这些研究无疑深刻揭示了中国贪污贿赂犯罪的基本图景、刑法规制的基本情况,但是从刑事审判程序中的法官角度研究和考察贪污渎职案件的相关文献非常少,特别是考察法官在刑事审判程序中的司法过程以探求职务犯罪的内在复杂性的文献更是稀少,具体而言:在贪污贿赂案件中,刑事法官如何认定事实、如何适用法律,在定罪、量刑时,法官将会考量哪些因素,亦即刑事法官在贪污贿赂案件的司法过程。还有,这些因素与前述传统社会中法官考量的因素有何不同。

为了达到前述考察目的,笔者将从以下方面着手:其一,我们将以 M 市两级法院已经审结的典型(系列)贪污贿赂案例描绘贪污贿赂案件在刑事审判程序中的司法过程。不过,根据中国当下法律文书(包括卷宗、判决书、内部审理报告等)的表现形式,其有一个缺陷,即虽然也有对案件的翔实描绘,却只能揭示显在的、静态的法官司法过程,而对法官司法的内

---

① 参见韩起祥主编:《腐败渎职犯罪的刑法控制策略》,人民出版社 2017 年版;刘仁文主编:《贪污贿赂犯罪的刑法规制》,社会科学文献出版社 2015 年版。
② 参见卞建林主编:《腐败犯罪诉讼程序专题研究》,中国人民公安大学出版社 2014 年版。
③ 参见詹复亮:《贪污贿赂犯罪及其侦查实务(第二版)》,人民出版社 2013 年版;还可以参见徐进辉主编:《贪污贿赂犯罪案件侦查实务》,中国检察出版社 2013 年版。
④ 参见朱立恒:《腐败犯罪的司法控制》,中国检察出版社 2010 年版,第六章;卞建林主编:《腐败犯罪诉讼程序专题研究》,中国人民公安大学出版社 2014 年版,第 198—235 页。

在动态过程则无能为力。如果要进一步窥视法官内心的基本考量，或者说如果要清楚地描绘刑事法官在贪污贿赂案件中的司法过程的话，我们还需要对收集的案件作进一步考察，在这里，我们通过访谈的形式收集具体承办法官办案时的一些想法和经验（以期接近本章第二节文学中的案件情况——在此，我们以上帝的眼光洞悉案件发生的前因后果和案件深层细节）；此为其二，即访谈：贪污贿赂案件一般由法官组成的合议庭审理（特别是中级人民法院审理的贪污贿赂案件，在我们的调研中从来就没有陪审员参与），由于其案件本身的重要性，不仅仅承办法官、其他合议庭成员均会积极参与案件的审理。因此，我们将对收集的贪污贿赂案件涉及的合议庭（包括庭长和主管副院长等）展开调研、访谈，以考察案件的基本运行过程及法官在决策时所考量的因素。

（三）本节基本结构

根据上述确定的研究对象和研究方法，本节之内容拟作如下安排：

首先，刑事卷宗中贪污贿赂案件的司法过程。我们通过系列贪污贿赂案件展示、描绘该类案件的一般运行情况，法官认定事实、适用法律的基本情况，特别是在刑事审判程序中的基本情况；

其次，访谈 M 市两级法院审理刑事职务犯罪案件的刑庭法官，特别是贪污贿赂案件的承办法官。通过整理访谈资料，以描绘法官在该类案件中司法考量的各种因素。

再次，对刑事法官在该类案件中的司法过程作一个初步评价，进而离析出影响该类案件的其他因素。

最后，与前述第二节所描绘的情况比较，我们还应当审视，在有决定性影响的因素中，哪些因素是可以接受的，哪些因素是不能接受的，进而为最后深入考察中国刑事合议庭问题及对其的改革提供助益。

二、刑事法官在职务犯罪中的司法过程：基于系列贪污贿赂案卷宗的描绘

（一）基本事实

案例一：M 市 P 县任××（某某乡乡长）贪污案

被告人基本情况：被告人任××，男，生于 1966 年 5 月 29 日，汉族，S

省 S 县人,大学本科文化,中共党员,P 县第十七届人民代表大会及××藏族乡人民代表大会代表(2014 年 7 月 31 日被暂时停止代表职务),2011 年 11 月至案发,任中共 P 县××藏族乡委员会委员、书记,住 P 县 L 镇祥辉金色家园 2 栋 204 室。

案件基本事实:(1)被告人任××在担任 P 县××藏族乡党委书记期间,于 2012 年上半年决定改建维修××藏族乡政府基础设施,并将乡政府改建维修工程交由土城村书记张××承包,后张××邀约村民陈某某、陈某林共同施工。为争取维修乡政府的资金,被告人任××以××藏族乡人民政府请求解决土城村土城社道路建设及环境整治补助资金的名义,向 P 县慈善总会争取补助资金人民币 40 万元,并授意张××等人制作了土城村道路建设及环境整治方案、承包人为陈某林的施工合同、工程量清单、一事一议会议记录、验收记录等虚假的报账资料。P 县慈善总会分别于 2013 年 1 月 14 日、5 月 27 日将项目补助资金共计 40 万元转入陈某林开设的 S 省农村信用(社账号为 88××01100××727030)的账户。××藏族乡政府基础设施改建维修工程实际工程款为人民币 16 万元,被告人任××以××藏族乡政府另有安排为由,让张××将节余补助资金人民币 24 万元交与其个人,张××、陈××、陈某林三人将人民币 24 万元分两次取现后给予任××。

(2)2013 年"7.9"洪灾致 P 县××藏族乡境内平水路 K58+900 米处路基塌方。7 月 14 日,P 县交通运输局现场核定该处塌方抢通费用为人民币 2 万元,由张××负责抢修。此后,任××又以该项目的名义向县交通运输局另行争取应急保通资金人民币 2 万元,并授意张××将此款交由其处理。2013 年 12 月 5 日,P 县交通运输局向××藏族乡政府一次性拨付"7.9"洪灾应急保通资金人民币 4 万元,同年 12 月 24 日,××藏族乡财政所将此款转入张××开设的 S 省农村信用社(账号为 88xx0110051xx8493)的账户。随后,张××将人民币 2 万元取现后给予任××。

刑事诉讼程序的展开:

(1)2014 年 7 月,P 县纪委在调查任××违纪问题期间,任××主动交代了组织上尚未掌握的贪污慈善总会下拨的用于××村土城社道路建设及环境整治项目工程款及交通局下拨的水毁道路维修工程款问题。

（2）P县纪委于2014年7月30日将该线索移交P县人民检察院立案侦查。在侦查期间，犯罪嫌疑人任××对上述犯罪事实供认不讳。P县人民检察院以贪污罪于2014年7月30日决定对其刑事拘留，并经报请M市人民检察院，决定同年8月15日由P县公安局依法执行逮捕，现羁押于P县看守所。

（3）P县人民检察院以P检诉刑诉[2015]×号起诉书指控被告人任××犯贪污罪，于2015年1月20日向P县人民法院提起公诉。

（4）P县人民法院受理后，依法由审判员李法官担任审判长，与代理审判员蔡法官、人民陪审员张某某组成合议庭，于2015年2月3日公开开庭进行了审理：

P县人民法院认为，被告任××身为国家机关工作人员，利用职务上的便利，授意他人编制虚假报账资料骗取慈善总会补助资金24万元及P县交通局下拨的水毁抢通资金2万元（共计26万元），并据为己有的行为，已构成贪污罪，特判决如下：A.被告人任××犯贪污罪，判处有期徒刑7年（刑期从判决执行之日起计算。判决执行以前先行羁押的，羁押一日折抵刑期一日，即自2014年7月30日起至2021年7月29日止）；B.对被告人任××的违法所得26万元依法予以没收，上缴国库。

案例二：赵某双（M市国土资源局原局长Y某的专职驾驶员）利用影响力受贿案

被告人基本情况：被告人赵某双，男，生于1960年6月6日，汉族，小学文化，M市国土资源局执法监察支队工勤人员，S省S县人，住M市G区卢卡美郡35—1号。

案件基本事实：

2006—2014年期间，被告人赵某双是M市国土资源局原局长Y某的专职驾驶员，他们间形成了特定密切关系和影响力。在此期间，被告人赵某双受他人请托，在帮助办理国有土地使用证、他项权证、土地变性（即土地使用、所有性质的转变事项）以及职务升迁等事项中收受人民币349.5万元，为他人谋取不正当利益，具体犯罪事实如下：

（1）被告人赵某双分别于 2006 年下半年、2009 年下半年、2012 年年初，接受陈××请托，帮助 Y 县山江丝绸有限责任公司、M 金泰实业有限公司、M 市宇航数码科技有限公司三企业，优先办理国有土地使用证和他项权证，收受人民币 82 万元后予以耗用：A. 2006 年下半年，被告人赵某双在 M 市国土资源局楼下收受陈××所送现金人民币 8 万元。B. 2009 年下半年，被告人赵某双在 M 市 HJ 大厦附近收受陈××所送现金人民币 40 万元。C. 2012 年年初，被告人赵某双在陈××办公室收受陈××所送现金人民币 34 万元。

（2）被告人赵某双于 2008 年年底至 2009 年年底期间，受 Y 县国土资源局原副局长敬××的请托，帮助敬××升任 Y 县国土资源局局长，收受敬××所送现金人民币 80 万元：A. 2008 年至 2009 下半年，被告人赵某双先后四次收受敬××所送现金共计人民币 20 万元。B. 2009 年年底，被告人赵某双在 M 市 H×路附近收受敬××所送现金人民币 60 万元。

（3）2010 年 2 月，被告人赵某双受 M 市 GG 塑胶有限公司法人代表张×福的请托，帮助提高该公司位于 G×区 YY 镇兴业南路地块的容积率，收受张×福之妻唐××所送的现金人民币 60 万元。

（4）被告人赵某双分别于 2011 年 4 月、2011 年下半年，受 M 市葡露实业有限公司白××的请托，帮助办理该公司位于 M 市 JK 区 N 湖北街一块工业用地变更为商住用地事宜和他项权证，收受白××所送现金人民币 112 万元：A. 2011 年 4 月，被告人赵某双在 M 市 N 河索桥下收受白××所送现金人民币 100 万元。B. 2011 年下半年，被告人赵某双在 M 市×Y 大厦附近收受白××所送现金人民币 12 万元。

（5）被告人赵某双于 2010 年下半年，受叶××的请托，帮助优先办理 S 省 M 市 FF 工贸集团有限公司的国有土地使用证，在 M 市顺河街收受叶××所送现金人民币 2 万元。

（6）被告人赵某双于 2012 年 5 月期间，受张×羖的请托，在 M 市国土资源局监察支队未出具合法性审查意见的情况下，帮忙办理了 M 市创能科技有限公司位于 JK 区板桥村十二社两宗土地的他项权证，在 M 市 C×街收受张×羖所送现金人民币 3 万元。

(7) 被告人赵某双于 2012 年 6 月期间,受王×雄的请托,帮助优先办理王×雄位于 JK 区晶蓝湖街门面的国有土地使用证,在 M 市 N 河体育中心附近收受王×雄所送现金人民币 8 万元。

(8) 被告人赵某双于 2014 年 5 月期间,受鲁××的请托,帮助优先办理国有土地使用证,在 M 市 CH 酒店附近收受鲁××所送价值 2.5 万元的购物卡。

刑事诉讼程序的展开:

(1) 赵某双因涉嫌利用影响力实施受贿犯罪。2015 年 1 月 17 日 P 县人民检察院决定对赵某双指定居所监视居住,同年 1 月 19 日该院决定对其刑事拘留,并经报请 M 市人民检察院决定批捕,于同年 2 月 2 日由 P 县公安局依法执行逮捕,羁押于 P 县看守所。

(2) 被告人赵某双利用影响力受贿一案,2015 年 1 月 16 日由 M 市人民检察院指定 P 县人民检察院立案侦查,并在 P 县人民检察院侦查终结后建议 M 市中级人民法院指定管辖。同年 4 月 28 日,M 市中级人民法院根据建议指定本案由 P 县人民法院审理。P 县人民检察院遂以 P 检诉刑诉[2015]××号起诉书指控被告人赵某双犯利用影响力受贿罪,于 2015 年 8 月 12 日提起公诉。

(3) P 县人民法院受理后,依法由审判员谢法官担任审判长,并与审判员李法官、审判员杨法官依法组成合议庭,于 2015 年 8 月 27 日、10 月 13 日、11 月 25 日三次公开开庭对本案进行了审理。P 县人民检察院指派副检察长江××、代理检察员李×佳出庭支持公诉,被告人赵某双及其辩护人唐××到庭参加法庭审理。本案经过合议庭审理、经合议庭评议,并报经审判委员会讨论决定,作出如下判决:

A. 被告人赵某双犯利用影响力受贿罪,判处有期徒刑 5 年,并处罚金 5 万元;犯介绍贿赂罪,判处有期徒刑 1 年,并处罚金 1 万元;总和刑期 6 年,并处罚金 6 万元,数罪并罚,决定执行有期徒刑五年六个月,并处罚金 6 万元;

B. 对被告人赵某双冻结、扣押在案的违法所得 66 万元存款及赃物奔驰 G500、丰田普拉多、宝马×3 各一辆依法予以没收,上缴国库。

案例三：谢某金(S市D县县委书记)受贿案

被告人基本情况：谢某金，男，1963年10月19日出生于S省S市，汉族，博士研究生，原系中共D县县委书记、D县规划委员会主任，S市第六届人民代表大会代表、D县第四届人民代表大会代表(2015年1月26日、1月30日先后辞去代表职务)，住S市F区×水Y景小区A栋20楼1号。被告人谢某金2004年3月任中共SH县委副书记、县长，2007年12月任S市民政局局长，2008年7月任S市发改委主任，2011年9月至案发任中共D县县委委员、常委、书记，兼任D县规划委员会主任。2014年12月15日被免去中共D县县委书记职务。2015年1月26日和1月30日，S市A区人大常委会、D县人大常委会接受谢某金辞去S市第六届人民代表大会代表、D县第四届人民代表大会代表职务。

案件基本事实：

2006年至2014年，被告人谢某金利用先后担任SH县县长、S市民政局局长、S市发改委主任、中共D县县委书记、D县规划委员会主任的职务便利，在招商引资、项目出让、规划建设、企业发展等方面为他人谋取利益，收受、索要汪某某等16人所送现金、银行卡、代付购房款、小轿车等财物，共计折合人民币4083.56万元(其中，未遂234.28万元)，具体事实如下：

(1) 2006年至2013年，被告人谢某金利用担任SH县县长、S市发改委主任、D县委书记的职务便利，在企业发展、招商引资、调整规划等方面为SH县洪达家鑫化工有限责任公司谋取利益，先后5次共计非法收受、索要该公司董事长汪某某人民币1001万元，价值21.48万元的大众帕萨特小轿车一辆。

(2) 2009年至2011年，被告人谢某金利用担任S市发改委主任的职务便利，关照张文某担任法定代表人的S省盈益农业发展股份有限公司和S省可士可果业股份有限公司，并提供土地竞拍信息，先后两次共计收受张文某所送人民币40万元。其中2009年，谢某金以其妻弟聂×辉的名义收受张文某所送可士可果业公司5%的干股，2010年8月又送给谢某金人民币20万元收回了该干股。2011年6月一天，谢某金在其车上收受张文某所送人民币20万元。

（3）2010年10月一天，S省某燃气投资有限公司董事长罗某某为感谢谢某金在任SH县县长期间，对其企业在SH县给S省某工业园区提供燃气供应等方面的关照，并希望时任S市发改委主任的谢某金能继续给予帮助，在S市一酒店吃完饭后，罗某某送给谢某金人民币5万元。

（4）2012年至2014年，被告人谢某金利用担任D县县委书记、D县规委会主任的职务便利，给住所地在D县的S省达盛源化纤有限公司给予关照，主持规委会审查同意了该公司的厂区建筑设计方案，先后三次共计收受该公司法定代表人刘××所送的"感谢费"人民币30万元。

（5）2012年春节一天，S省某房地产开发有限公司法定代表人张某元为得到时任D县委书记、D县规委会主任的被告人谢某金对其公司联系开发的"某某国际"地产项目调整规划的支持，在海南三亚一宾馆谢某金所住房间里送给谢人民币30万元。

（6）2011年年底至2012年年初，被告人谢某金利用担任D县县委书记的职务便利，帮助D县农村信用联社争取新农保代理业务。2012年1月，谢某金通过其妻弟聂×辉收受该信用联社所送人民币50万元。

（7）2011年至2013年，被告人谢某金利用担任D县县委书记的职务便利，接受S省某酒业销售公司D县直销部负责人陈某某的请托，为其销售系列酒提供帮助，先后两次共计收受陈某某所送人民币20万元。

（8）2012年至2013年，被告人谢某金利用担任D县县委书记、D县规委会主任的职务便利，在招商引资、项目规划、企业发展方面为S市某实业公司谋取利益，先后两次共计收受该公司董事长吴某某送好处费人民币505万元。

（9）2012年至2013年，被告人谢某金利用担任D县县委书记、D县规委会主任的职务便利，接受S省某金房地产开发有限公司董事长叶某某的请托，在规划建设、政府专项资金划拨等方面为其谋取利益，先后三次通过妻弟聂×辉收受叶某某所送人民币共计250万元。

（10）2012年至2014年，被告人谢某金利用担任D县县委书记、D县规委会主任的职务便利，在招商引资、规划建设、企业发展等方面为S省某丰地产集团有限公司谋取利益，先后收受该公司董事长赵某所送现金、代付购房款、车位款共计折合人民币1201.08万元。

（11）2013年11月，被告人谢某金利用担任D县县委书记、D县规委会主任的职务便利，接受某投资集团公司董事长熊×平的请托，在招商引资D县"中国慢谷"项目及调整优惠条件方面为其谋取利益。熊×平安排公司副总经理刘某与聂×辉联系给谢某金送钱的事宜，刘某从熊×平处收到人民币1200万元后，将其中的800万元交由聂×辉转交谢某金，聂×辉从该800万中返给了刘某40万元。后聂×辉告诉谢某金收到熊×平、刘某"好处费"人民币600万元，谢某金叫聂×辉代其保管此款。

（12）被告人谢某金利用担任D县县委书记、D县规委会主任的职务便利，接受S省某学院执行院长潘×贞的请托，在该学院建设用地及土地指标调整方面为其谋取利益。2013年10月的一天，谢某金在D县某饭店收受潘×贞所送人民币80万元。

（13）2013年下半年一天，时任D县县委书记的谢某金向唐×建议在D县做戒毒医院项目，唐×请求谢某金在立项、土地出让等方面给予关照，提出愿意送给谢某金人民币100万元。

（14）2014年1月的一天，被告人谢某金利用担任D县县委书记、D县规委会主任的职务便利，为S省元腾实业有限责任公司的"D县健康养老公园城"项目提供帮助，收受该公司法定代表人陈×元所送存有100万元人民币的银行卡一张。

（15）2014年年初，时任D县县委书记的被告人谢某金接受S市民进中等专业学校董事长孟×红请托，帮孟×红在大英县教育系统推广建设校园网络项目。同年1月29日，谢某金收受孟×红所送"好处费"人民币20万元。

（16）2014年春节后一天，被告人谢某金利用担任D县县委书记、D县规委会主任的职务便利，给S省某某建发房地产开发有限公司在D县开发的"D县印象"等项目提供帮助、支持，收受该公司董事长但×军给予的"好处费"人民币30万元。

刑事诉讼程序的展开：

（1）谢某金因涉嫌犯受贿罪，于2015年2月6日被S省省会城市市公安局J区分局指定居所监视居住，2015年2月10日被M市公安局刑事拘留,同年2月17日被批准逮捕。

(2) S省M市人民检察院以M市检公刑诉(2015)××号起诉书指控被告人谢某金犯受贿罪,向M市中级人民法院提起公诉。M市人民检察院指派检察员罗检察官、刘检察官出庭支持公诉。

(3) M市人民法院遵照S省高级人民法院指定管辖的决定受理该案,并依法组成合议庭,于2016年1月11日召开庭前会议,1月27日公开开庭审理了本案。被告人谢某金及辩护人邹某到庭参加诉讼。本案现已审理终结,作出了如下判决:

被告人谢某金身为国家工作人员,利用职务上的便利,为相关单位或个人在招商引资、项目出让、规划建设、企业发展等事项上提供帮助,索取或非法收受相关人员所送的财物共计折合人民币4083.56万元,数额特别巨大,其行为构成受贿罪。公诉机关指控谢某金犯受贿罪的事实和罪名,本院予以确认。鉴于被告人谢某金到案后,能够如实供述自己罪行,主动交代办案机关尚未掌握的大部分受贿犯罪事实;提供他人犯罪线索,经查证属实;在劝说他人归国投案上有积极表现;已退缴部分赃款等,具有法定、酌定从轻、减轻处罚情节,依法可以对其从轻处罚,对扣押在案的受贿赃款,依法予以没收,对尚未退清的受贿赃款依法继续追缴。

依照《中华人民共和国刑法》第385条第1款、第386条、第383条第1款第(3)项、第67条第3款、第68条、第61条、第64条,最高人民法院、最高人民检察院《关于办理贪污贿赂刑事案件适用法律若干问题的解释》第3条,最高人民法院、最高人民检察院《关于办理受贿刑事案件适用法律若干问题的意见》第9条第2款,最高人民法院、最高人民检察院《关于办理职务犯罪案件认定自首、立功等量刑情节若干问题的意见》第1条、第3条第2款(1)项之规定,判决如下:

A. 被告人谢某金犯受贿罪,判处有期徒刑15年,并处没收个人财产人民币200万元;

B. 对扣押在案的受贿赃款予以没收,上缴国库。对尚未退清的受贿赃款依法继续追缴。

案例四:蒲某辛(S省Y市常务副市长)受贿案

被告人基本信息:被告人蒲某辛,男,生于1969年10月6日,汉族,S

省 TJ 县人,研究生文化,曾任 S 省 Y 市 Y 区人民政府区长,中共 Y 市 Y 区区委书记,Y 市人民政府副市长、中共 Y 市市委常委兼 HY 县县委书记,原系中共 Y 市市委常委、Y 市人民政府常务副市长、Y 市第三届人民代表大会代表(2014 年 2 月 25 日被依法终止代表资格),住 S 省 C 市 J 区 J 路 1 号"万科.某某花园"46 栋 4 单元 4 楼 2 号。

案件基本事实:2004 年至 2013 年,被告人蒲某辛利用先后担任 Y 市 Y 区人民政府区长、中共 Y 市 Y 区区委书记,Y 市人民政府副市长、中共 Y 市市委常委兼 HY 县县委书记,中共 Y 市市委常委、市人民政府常务副市长等职务便利,在工程招投标、土地使用权出让、土地性质变更、矿产承包、职务升迁、企业发展等方面为他人谋取利益,收受何某伦等 21 人所送的人民币、美元、购物卡、别墅等财物,折合人民币共计 595.7253 万元,具体事实可以描绘如下:

(1) 2005 年至 2012 年,蒲某辛利用担任 Y 市 Y 区人民政府区长、中共 Y 市 Y 区区委书记、Y 市人民政府副市长等职务上的便利,给分管教育的下属主管人员打招呼,帮助其学生向某某在 Y 市承揽了多起建筑设计项目,先后五次收受向送给的人民币共计 7 万元。

(2) 2007 年 1 月至 2010 年 4 月,蒲某辛利用担任中共 Y 市 Y 区区委书记的职务便利,给分管农业的下属主管人员打招呼,为 S 省某老茶客茶业有限公司入驻 Y 市农业生态园区给予关照,先后五次收受该公司法定代表人戴×鸿送给的人民币共计 4.2 万元。

(3) 2007 年至 2013 年,蒲某辛利用担任中共 Y 市 Y 区区委书记、Y 市人民政府常务副市长等职务便利,给 Y 市国土资源局局长打招呼,为 S 省某冠峰气体有限公司提供帮助,先后五次收受该公司董事长陈发×送给的人民币共计 12 万元和购物卡 4 万元。

(4) 2005 年至 2012 年,蒲某辛利用担任 Y 市 Y 区人民政府区长、中共 Y 市 Y 区区委书记、HY 县委书记等职务便利,为 S 省某房地产开发有限公司在 Y 市 Y 区的"金色家园"工程项目提供帮助,并应该公司法定代表人张建×要求为张承揽 HY 县中央公园 BT 项目给 HY 县分管副县长打招呼,先后六次收受张建×送给的人民币共计 13 万元。

(5) 2007 年、2011 年,蒲某辛利用职务便利为同学刘×华提供 Y 市

GY 江陆家坝防洪堤项目工程等方面的帮助,先后两次收受刘×华所送人民币共计 2 万元。

(6) 2008 年至 2011 年,蒲某辛利用担任中共 Y 市 Y 区区委书记等职务便利,给 Y 区人民政府副区长林×勇等人打招呼,为 Y 市津雅巴南硅业有限公司在丰枯期差额电价调整等方面提供了帮助,先后五次收受该公司执行董事贺×文所送人民币共计 15 万元。

(7) 2008 年至 2012 年,蒲某辛在担任中共 Y 市 Y 区区委书记、市委常委兼 HY 县县委书记期间,利用职务便利,为某家具有限公司参与 Y 市 Y 区 F 乡土地整理项目、成功采购 HY 县民政局办公家具等方面提供了帮助,先后七次收受该公司总经理贺×红送给的人民币共计 18 万元。

(8) 2009 年至 2011 年,蒲某辛利用担任中共 Y 市 Y 区区委书记的职务便利,给 Y 区国土资源局局长黄×打招呼,为 S 省某食品有限公司取得绿色蔬菜生产基地项目提供了帮助,先后四次在 C 市"四季御庭"酒店收受该公司执行董事喻×利送给的人民币共计 14 万元。

(9) 2010 年至 2012 年,蒲某辛利用担任中共 Y 市市委常委兼 HY 县县委书记等职务便利,给时任 HY 县县委副书记的余某某、时任 HY 县工业园区管委会主任的曹××打招呼,为建筑商楚××修建的 HY 县新县城单位职工建房 F 组团工程、HY 县 GJ 坝工业园区农贸市场工程的审计、验收等方面提供了帮助,先后三次收受楚××送给的人民币共计 13 万元。

(10) 2011 年下半年,蒲某辛利用其担任 Y 市人民政府副市长、中共 HY 县县委书记等职务便利,给 Y 市住建局局长曹××等人打招呼,对 C 市大陆建筑设计有限公司取得 Y 市旧城改造方案设计、HY 县高速路口至 HY 县城区以及 HY 县白鹤新村风貌改造及景观设计工程上给予了关照,在 C 市"悟园酒楼"收受该公司总经理冯××送给的人民币 3 万元。

(11) 2011 年,蒲某辛利用担任 Y 市副市长的职务便利,为 Y 市职业高级中学学校围墙改建、督促退还学校保证金等手续方面提供帮助,先后两次收受该校校长吴×富送给的人民币共计 2 万元。

(12) 2011 年,蒲某辛利用担任 Y 市副市长的职务便利,给时任 Y 市国土资源局局长肖××等人打招呼,为 S 省恒信实业有限公司在 Y 市 Y

区房地产项目推进过程方面提供了帮助,在C市"安顺廊桥"饭店收受该公司总经理李×君送给的2万元购物卡。

(13) 2011年,蒲某辛利用担任Y市副市长的职务便利,为S省某正黄集团公司在Y市项目的总体平面规划方案及工程推进方面提供了帮助,2011年年初在C市一酒店收受该公司独立董事涂××送给的2万元购物卡。

(14) 2012年,蒲某辛利用担任Y市副市长兼Y区区委书记等职务便利,为S省众信投资实业有限公司法人代表、执行董事张×忠在Y市的LC沟旅游开发项目和大兴大桥工程项目提供了帮助,收受张建×送给的2万元购物卡。

(15) 2005年至2009年,蒲某辛利用担任Y市Y区区委书记、Y市副市长等职务便利,给Y区国土资源局局长黄×、时任雨城区分管工业副区长林×打招呼,为Y市杰森电力有限公司在征地补偿、水电站转让等方面提供了帮助,先后四次收受该公司董事长陈××送给的人民币共计66万元和美金5000元。

(16) 2011年至2013年,蒲某辛利用担任Y市副市长、HY县县委书记、常务副市长等职务便利,给HY县副县长陈×伟等人打招呼,为S省某实业集团有限公司在土地性质变更、取得HY县电影院"影视文化综合体"项目等方面提供了帮助,先后四次收受该公司董事长张×春送给的人民币共计38万元。

(17) 2012年11月至2013年6月,蒲某辛利用担任Y市委常委、常务副市长、HY县县委书记职务便利,给时任HY县常务副县长杨×勇等人打招呼,为C市某理工职业学校校长王××在工程招投标、政府项目咨询服务、移民培训项目等方面提供了帮助,对王××先后四次表示送给其共计100万元的好处费。

(18) 2013年年初,蒲某辛利用担任Y市市委常委、HY县县委书记的职务便利,给时任Y市国土资源局局长肖×春打招呼,为L县鼎盛矿业有限公司在L县矿产资源买卖方面提供了帮助,收受该公司法定代表人王×盛送给的人民币10万元。

(19) 2013年年初,蒲某辛利用担任Y市市委常委、HY县县委书记等职务便利，给时任 HY 县常务副县长杨×勇打招呼，为董××承揽到 HY 县行政办公楼装修和办公用品采购工程提供帮助，在董的车上收受董送给的人民币 3 万元。

（20）2010 年至 2013 年，蒲某辛利用担任 Y 市市委常委、HY 县县委书记等职务便利，给时任 HY 常务副县长杨×勇、副县长陈×伟打招呼，为 C 市某伟业广告公司在 Y×高速公路 HY 段广告位的设立、经营和四季阳光实业有限公司取得 HY 县环湖路土地使用权出让等方面提供了帮助，先后收受该公司股东何×伦送给的价值 251.5253 万元的别墅一套和 3 万元购物卡。

（21）2006 年至 2010 年，蒲某辛利用担任 Y 市 Y 区区委书记的职务便利，为在 Y 区交通局的冯×春在职务晋升方面提供了帮助，先后三次收受冯×春送给的人民币共计 7 万元。

刑事诉讼程序的展开：

（1）因涉嫌犯受贿罪，蒲某辛于 2014 年 3 月 28 日被 C 市公安局指定居所监视居住，2014 年 4 月 1 日被 M 市公安局刑事拘留，同年 4 月 18 日被逮捕。

（2）S 省 M 市人民检察院以 M 市检公刑诉（2014）××号起诉书指控被告人蒲某辛犯受贿罪，向 M 市中级人民法院提起公诉。

（3）M 市中级人民法院遵照 S 省高级人民法院指定管辖决定受理本案后，依法组成合议庭，于 2015 年 2 月 6 日召开庭前会议，4 月 15 日公开开庭审理了本案。M 市人民检察院指派检察员刘检察官、罗检察官出庭支持公诉。被告人蒲某辛及其辩护人曾某某到庭参加诉讼。在法庭审理过程中，检察人员发现本案需要补充侦查，于 3 月 2 日、6 月 1 日先后两次建议延期审理，补充侦查完毕后移送本院。其间，经 S 省高级人民法院批准延长审限 3 个月。现已审理终结，已作出如下判决：

M 市中级人民法院认为，被告人蒲某辛身为国家工作人员，利用职务上的便利，多次收受他人钱物折合人民币 595.7253 万元，为他人谋取利益，其行为构成受贿罪。公诉机关指控蒲某辛犯受贿罪的事实和罪名成立。对扣押在案的受贿赃款，依法予以没收。蒲某辛认罪态度好，如实供述犯罪事实，积极退清赃款，且在羁押期间提供重要线索，协助司法机关抓捕其他犯罪嫌疑人,有立功表现,可以从轻处罚。根据蒲某辛犯罪的事实、犯罪的性质、情节及对于社会的危害程度,依照《中华人民共和国刑法》第 385 条第 1 款、第 386 条、第 383 条第 1 款第(1)项、第 2 款、第 67 条第 3 款、第 68 条、第 64 条之规定,判决如下:

A. 被告人蒲某辛犯受贿罪,判处有期徒刑 12 年,并处没收个人财产人民币 15 万元;

B. 对扣押在案的受贿赃款予以没收,上缴国库。

(二) 对法官司法过程的初步探求:基于卷宗的初步分析

上述案例只是我们收集的诸多涉及贪污贿赂案件中的四例。四起案例很有代表性,也有顺序性,如果结合我们对 M 市两级法院涉及职务犯罪案件的调研①,对此可以作如下一个初步梳理:

首先,所选贪污受贿案的基本情况。

(1) 被告人的基本情况如下:

我们选择了两起由基层法院审理的案例,其中一例的被告人为 P 县民族乡乡长(副科级),由 P 县纪委查处、移交 P 县检察院,经过侦查,起诉到 P 县法院。另一例被告人是一名司机,一名副厅级官员的司机(案发时为副厅级干部,当其为正处级领导干部时亦为其司机),由副厅级领导涉嫌贪污案件牵连,由 S 省纪委查处,移交 M 市检察院,M 市检察院指定 P 县检察院侦查,经过侦查、公诉,由 M 市中级人民法院指定 P 县人民法院审理。

中级人民法院也选择了两起:其中一例为 D 县县委书记(正处级领导干部),由省纪委查处,移交 M 市检察院立案侦查,侦查终结后,由 S 省高级人民法院指定 M 市中级人民法院审理。另一例为 Y 市常务副市长(副厅级领导干部),经由省纪委查处,也移交 M 市检察院立案侦查,并由 S 省高级人民法院指定 M 市中级人民法院审理。

(2) 职务犯罪案件的管辖情况:根据现行《刑事诉讼法》,人民法院分为四级,初级人民法院、中级人民法院、高级人民法院和最高人民法院,它们对第一审刑事案件均有一定范围内的管辖权。但在司法实践中,根据

---

① 这里的调研,主要是针对刑事诉讼制度在贪污渎职案件中的运行展开调研,包括侦查的启动、展开和管辖、审理等一般事项,不涉及具体案件的调研和访谈。

我们的调研,最高人民法院、高级人民法院一般不审理刑事案件的第一审,包括职务犯罪案件。进而言之,主要由基层人民法院、中级人民法院负责所有刑事案件的第一审。就职务犯罪案件而言,具体如下:

(A)副处级包括以下的领导干部一般由基层人民法院审理:如果案情简单、涉及被告人案情事项不多,一般由所在辖区法院管辖(由县纪委查处、移交县检察院,向所在法院提起公诉);案情重大、涉及面宽的案件一般由中级人民法院指定其他基层人民法院管辖。①

(B)正处以上级别领导干部由中级人民法院审理,一般由省高级人民法院指定管辖该案的中级人民法院。如果是省、部级以上领导干部是职务犯罪案件的被告人,主要由他省省会城市的中级人民法院管辖。② 因此,任何刑事案件(包括职务犯罪案件),根据现行的两审终审制,经过高级人民法院这一层级即告审结。③

(3)合议庭组成情况:根据收集的 M 市两级人民法院的卷宗,我们可以看到,基层法院对辖区内的职务犯罪案件一般以审判员、人民陪审员的方式组成合议庭(根据案件复杂情况,分为一名审判员和两名陪审员组成合议庭,或两名审判员和一名陪审员组成合议庭两种形式),占据案件总数的 90% 以上,其余案件则由法官组成刑事合议庭④,而且对上级法院指定管辖的职务犯罪案件,一般由审判员(包括代理审判员)三名组成合议庭。中级人民法院的刑事合议庭组成,通常只有一种形式,即均由审判员(包括代理审判员)组成,已没有人民陪审员组成的刑事合议庭的情况。

不仅如是,根据判决书、内部审理报告还可知晓如下事实:中级人民法院的案件均提交了审判委员会,基层人民法院的案件大部分也提交了

---

① 以 M 市 P 县法院为例:2015—2017 年三年间,共审理 12 件职务犯罪案件,只有两件由上级人民法院指定管辖(一件因副厅级领导干部受贿案而牵涉的其司机利用影响力受贿一案,由 M 市中级人民法院指定该县法院审理,一件是非国家工作人员受贿案,由省高级人民法院指定该县法院审理),其他均为 P 县辖区内发生的职务犯罪案件。
② 也有省部级领导干部受贿案在非省会城市的中级人民法院审理。
③ 根据笔者收集的 M 市两级法院的该类案件,没有任何案例显示有判处死刑立即执行的被告人,即使死刑缓期两年执行的都没有。
④ 根据我们对基层人民法院 2015—2017 年职务犯罪案件的调研:P 县法院只有 1 例由审判员独任审判,其他 11 例均为合议庭审判;Y 区法院也只有 1 例为独任庭审理,其他 21 件案件均为合议庭审理;F 区法院也仅有 2 例,其他 33 例均为合议庭审理。

审判委员会,即使无罪的案件也提交了(但对该类案件作无罪判决的判决书非常稀少,在 M 市 2015—2017 年三年间只有一个案件被判处无罪)。进而言之,审判委员会是职务犯罪、受贿案件的重要参与者。

另外,在贪污贿赂类犯罪中,基层法院涉及比较多的有贪污罪、受贿罪、挪用公款罪等罪名,而且被告人涉及的犯罪事项不多,因而在案件涉及的犯罪金额相对较小;在中级人民法院,被告人涉嫌的罪名主要是受贿罪,单纯涉嫌贪污罪的被告人非常少,而且被告人涉及的事项比较多(往往涉及数量众多的行贿者、主要涉及房地产、工程等事项),也相当复杂,因而涉及金额非常巨大,动辄数百万以上。

其次,卷宗中的证据与事实认定。

从法院收集的贪污受贿案件卷宗内容上看,刑事判决书仅是其中最重要组成部分,除此之外还有——如果从法院角度看——案件内部审理报告、合议庭(合议)纪要、庭审笔录、诉讼文书(如立案审批表、登记表)等。还有,检察院制作的起诉书,侦查机关制作从侦查启动到侦查终结的各类法律文书、证据、情况说明等书面卷宗(而且,卷宗的多少由案件的复杂情况决定)。现在我们拟根据前述四个案件的卷宗对法官(合议庭)的司法过程作一个初步梳理:

众所周知合议庭、法官在司法过程中关注两项事务:认定事实与适用法律。让我们先关注适用法律的问题:根据卷宗,适用法律的场域只有(承办法官)撰写的内部审理报告和判决书。根据卷宗中这两项法律文书,法官们并未在此解释法律,也没有公开法律适用过程,所有判决书(不仅仅是我们收集的贪污贿赂犯罪案件的判决书)均有类似表达:

> 根据犯罪的事实、犯罪的性质、情节及对于社会的危害程度,依照《中华人民共和国刑法》第三百八十五条第一款,第三百八十六条,第三百八十三条第一款第(一)项、第二款,第六十七条第三款,第六十八条,第六十四条之规定,判决如下……

根据该表述,我们可以知道:法官没有对判决书中涉及的法律条文进行解释,仅仅是将涉及的法律条文简单罗列(并将涉及的条文全文以附录方式附在判决书后),并未对条文的字、词、句,甚或段作出释义(其实还包括其在法律文本框架下可能有的释义),更确切地说,合议庭作出的判决书没有法官运用法律方法或者说法学方法（论）对条文作出释义、适用过程的展示，仅仅是罗列条文而已。

因此，我们可以说，刑事合议庭及其法官并不打算公开内心司法的过程，更没有通过适用法律这一诉讼活动推进法律发展的想法，更没有推动法治进步的想法。因此，他们在判决书中对此均着墨不多，进而将更多的精力（判决书的篇幅情况与其相应）投入到了对（受贿案）案件事实的认定事项上，即使合议庭合议笔录、内部审理报告也没有对此有所着墨，同样把更多的精力、篇幅投入到了认定事实上。

现在我们将目光聚焦于（贪污贿赂案）事实认定的事项上：

（1）从形式上看，对于认定事实，控、辩、审三方均有参与，根据卷宗、特别是判决书可以描绘如下：控方对认定事实的参与主要通过起诉书、参加庭审等事项表现，虽然在判决书中显得非常简略，但也有对定罪事实和量刑事实参与的显示度。辩方参与事实认定的方式主要是通过参加庭审的方式实现，但在参与庭审时很少有对定罪的质疑，主要是对部分量刑事实进行质疑（如被告人对某笔款项是否应当计入受贿的总额之中）。法院则主导着对事实（定罪事实和量刑事实）的认定。

（2）从内容上看，卷宗中最主要的组成部分即证据，从表现形式看，涵盖了所有证据种类。但我们应当更注意其中的言词证据，因为案件卷宗收录（亦即卷宗归档时，卷宗里有的书面材料、资料）了大量的言词证据，在所有证据中占据绝对主导地位：

（A）犯罪嫌疑人的供述、辩解。该类证据通常都有三份（有 10 份以上也不足为奇）以上。这些证据间有矛盾、有分歧，甚至相冲突。当然，从另一角度看，证据间也可能呈现出相互补充的关系。

（B）证人证言，涉及受贿各个环节下的证人（如行贿人、参加行贿、受贿相关环节的其他人的证言），每一名证人通常都有三份以上的证据，证据间也可能相互矛盾、有分歧，甚至相冲突。从另一角度看，它们也可能呈现出相互补充、印证的特点。

但是，当揆诸（贪污受贿案的）庭审笔录，我们并未发现法庭有针对言词证据中的矛盾、分歧、冲突展开辩论，对其他证据的辩论也常常一笔而过，亦即根据庭审笔录的话，控方常常一组一组的出示证据、辩方却很少质疑,合议庭法官更是对证据本身一言不发。进而言之,庭审中的证据并不比侦查机关提供的证据有更多的信息和内容,而且控方(检察官)与辩方在举证、质证过程中也无真正交集,更多只是"你(控方)说你的,我(辩方)说我的,你我之间更多是平行线"的局面。

(3)从逻辑上看,(刑事)合议庭的司法过程,应首先思考每个具体证据的证明能力(即证据资格问题),其次考量所有具有证明资格的证据证明力问题(是否形成一个完整的证据链),并通过证明得出结论,即被告人是否有罪。但根据前述对卷宗的描绘,刑事合议庭的司法过程与之不符:刑事合议庭并没有从庭审得出他们的判断或结论,无论是事实认定事项,还是法律适用事项均如此。他们主要通过其他场合"重新"阅读(侦查、公诉提供的)卷宗、庭审获得"新"信息①,以此对全部证据作出的综合判断。进而言之,刑事合议庭并不需要对每个证据作出判断,而是通过罗列事实的方式在最后作了一个综合判断,而且其中还掺杂模糊处理的事项,申言之:合议庭并没有明确哪些事实证明被告人有罪、哪些事实明确证明被告人无罪、哪些事实处于模糊状态而应当根据有利于被告人原则,最终推定证明被告人无罪;而且,即使根据合议庭合议笔录,我们仍然看不到参与合议的法官对此有明确认定。他们是在"阅读"所有证据后得出一个综合判断,并根据这一综合判断罗列判决需要的事实(认定事实的过程)。

根据上述,刑事合议庭,在职务犯罪案件(贪污、受贿案)审理中,作为一个审判组织的司法过程,可以简单总结如下:

仅仅根据卷宗,(1)合议庭在法律适用上投入的时间、精力有限(进而在判决书中,法律条文主要以罗列的方式展示,这是一种草草略过的司法态度),绝大部分时间、精力均投入到事实认定这一事项上。

(2)虽然控、辩、审均参与认定事实的活动,但控方、辩方的参与度不够(而且其诉讼行为的法律效果很难得到体现),合议庭处于绝对主导地位。即使如此,合议庭也主要是罗列事实,而非真正地以逻辑的方式证明被告人犯罪事实的成立或者不成立,因而在本质上与适用法律事项雷同,亦即虽然投入大量时间、精力,判决书却没有真正体现出司法逻辑的证明

---

① 这不是必然,更多只是可能。

过程。

（3）通过卷宗，除了在刑事合议时可以看到合议法官的身影、法律意见外，在其他场域我们只看到作为一个整体的合议庭（及其成员情况）。但即使在合议的场域，他们在事实认定、法律适用上的行为方式与判决书、内部审理报告中的体现方式也别无二致。

（4）若隐若现的审判委员会：从刑事判决书中，我们基本上看不到审判委员会对贪污渎职类案件的参与，只有通过刑事合议庭合议纪要、内部审理报告等法院内部法律文书，可以发现该审判组织参与案件的身影。但这一身影从卷宗看比较模糊，参与情况也需要更多资料方可有深入审视。

总之，根据卷宗探求合议庭、法官司法过程的效果有限，更多只是对其的一种静态考察。

三、刑事法官在职务犯罪中的司法过程：基于访谈的描绘

为什么会出现前述刑事合议庭对法律适用和事实认定均采取模糊策略的情况呢？如何对其作进一步探索，以洞悉合议庭法官的动态司法过程（包括合议庭的博弈情况），而非仅仅作为一个整体出现的合议庭司法过程？我们可以借助对合议庭法官的访谈资料以期对其有所推进，请看下面具体的分析：

首先，被访谈法官及其所在法院的基本情况。

正如前述，我们选择的四起典型案例来自两个法院，M市中级人民法院及其所属的一个基层人民法院（P县人民法院）。首先，通过初步描绘法官及其所属法院的基本情况以为合议庭组成、合议庭决策的分析和再审视提供一些背景性资料：

M市中级人民法院是S省第二大城市所在地的中级人民法院，是该省北部地区最重要的中级人民法院[1]，也是该省高级人民法院确定（指定）

---

[1] 根据该市从1950年到1980年的行政区划，M市不仅下辖现有的M市，亦包括临近的D市、S市和G市（当时被称为M专区，M市仍然是其专区政府所在地），到80年代后，地区改市后，陆续成立D市、S市和G市，原有M专区仅保留现有的M市所辖范围；相应的当时M（专区）中级人民法院所辖的案件亦包括了现有的D市、S市和G市所辖范围。

的六所审理全省重大职务犯罪案件的中级人民法院之一,特别是十八大以来,每年都承担审理省高级人民法院指定的正厅、副厅级干部的职务犯罪案件。M中级人民法院共有两个刑事审判庭,刑事法官12名;其中,第二刑事审判庭专职负责审理贪污贿赂、渎职犯罪案件(包括上级人民法院指定的第一审刑事案件、部分辖区内的第一审刑事案件和基层法院该类案件的上诉案件),共有刑事法官6名。① 该6名法官的基本情况可以简单描绘如下:三名资深老法官,分别担任庭长、副庭长职务,另外三名均为研究生学历,至少都有五年以上审判经验,而且六名法官均有其他多个业务部门工作的经验。我们对六名法官,特别是负责前文提及两个案件合议庭法官及其审理的案件情况作了详细访谈。

P县人民法院是M市中级人民法院下辖的基层人民法院,是一个民族县人民法院,每年刑事案件100件左右,职务犯罪案件每年4—5件(我们收集了2015—2017年三年间所有的职务犯罪,共计12件),部分职务犯罪案件由上级人民法院(甚至更高法院)指定管辖。② P县人民法院只有一个刑事审判庭,实行员额制之前,共有两名刑事法官(审判员两人C和P),员额制后,则只有一名(入额的)刑事法官(也是刑庭庭长)C③,该县的所有刑事案件均由其负责审理(特别是职务犯罪案件,基本上都由该法官负责)。④ 法官C,年龄45岁(截至2017年12月),在P县法院工作近20年,担任刑庭庭长7年有余,最近五年所有的职务犯罪案件均由其担任承办法官,共承办职务犯罪案件30余件,承办P县法院刑事案件1000余件。

其次,法官眼中的刑事诉讼程序。

(1)就基层法院审理的贪污贿赂案而言,我们访谈了两名法官,即P

---

① 职务犯罪只是该庭案件的一部分,该庭还审理毒品犯罪、经济犯罪案件,被誉为专门审理中国社会精英犯罪的审判庭。

② 根据调研,绝大部分法官都表示,职务犯罪案件,特别是上级人民法院指定管辖的案件,一般与该法院院长的个人能力有很大关系,因为这类案件的指定需要下级人民法院、特别是院长的争取。进而,由于指定管辖案件更带有M市的普遍性,而非P县法院本身的特色;同时我们也选择了该县一个民族乡的职务犯罪案件,以体现该县的基本特色(值得注意,通过考察,其实我们发现,在职务犯罪案件中,民族特色在刑事诉讼程序中并不明显)。

③ 即前文第四章访谈的法官C。

④ 其实,并非完全如此,该县法院院长由M市B县副院长升任,其原来也是一名刑事法官,到P县后,其审理案件数仅达到最低要求,但从来没有审理过职务犯罪的案件。

法官和 C 法官。根据访谈记录，根据他们发言的不同侧重点，整理如下：

P 法官（一般审判员）①：……我们审理的大部分职务犯罪案件是副科级以下干部的犯罪案件，一般是县内官员的职务犯罪。从正科到副处干部的职务犯罪案件比较少，而且通常都是由上级法院指定管辖（也包括一些没有职务、利用影响力受贿的案件）。在县内，副科级的干部比较多，正科级干部、副处级干部并不多，任何涉及这一级别领导干部的犯罪在县内都是有影响力的案件，通常都指定到其他县法院……但不管是副科以下的犯罪案件，抑或上级法院指定的职务犯罪案件，一旦到了我们法院则成为一件普通刑事案件……

……但在我们法官心目中，职务犯罪案件在刑事案件中属于非常重要的案件类型，一般以合议庭的方式审理，副科级领导干部的案件会有陪审员的参与，如果是指定的案件或正科以上的案件则没有陪审员参与，均由审判员组成的合议庭进行审理……另外，立案庭首先将一个案件分配给承办法官，由承办法官负责案件的所有事项，合议庭成员只参与如下两项：(A) 在开庭时，陪审员或者其他法官正式参与，(B) 在庭审后，在合议时，合议庭成员正式讨论案情。

C 法官（现任刑庭庭长）：……在我工作的 20 年时间里，大部分时间都在刑庭工作，每年大部分职务犯罪案件都由我承办，员额制后，所有刑事案件也都由我承办。经过开庭，合议时我向合议庭汇报，其他成员发表被告人是否有罪的意见。经过合议，仍然需要将其提交刑事审判委员会的话也由我汇报，审判委员会委员通过讨论、表决决定。但我们基本上不向上级人民法院汇报，即使上级人民法院指定管辖的案件也如此，但会就量刑问题向上级法院报备，因为上级人民法院需要协调、平衡全市法院类似案件的量刑……

就你们收集的两个案例来说，均由我承办：

（A）任××贪污案，案情比较简单，涉及事项也非常少（仅两项）。基层法院审理的大部分职务犯罪案件与之类似，其为典型案件，事实清楚、证据确凿。如果不是因为是职务犯罪案件，我们一般以独任庭方式审理，

---

① 员额制改革之后，该法官调到其他审判庭，刑庭目前只有一名入额法官。

但正因为是贪污案,由我组建合议庭,自己担任审判长,经过合议庭合议、经过审判委员会讨论最后定案。但不管是合议庭合议,还是审判委员会讨论,其他人参与度低,甚至只有形式上的参与,基本上是自己负责所有事项……

(B)赵某双利用影响力受贿案,案情比较复杂,涉及诸多人、事、事件,在基层法院审理的职务犯罪案件中是大案、要案(该案被告人由于其他案件牵连,即其作为另一名官员(副厅级)的司机)。但由于该副厅级官员被"双规",而且被指定到P县法院,该案的外来影响已非常小了……不过,我们法院仍然非常重视,最终确定由我担任审判长、承办法官,与另外两名审判员组成合议庭审理该案。在审理过程中,其他合议庭成员参与度不高,在审判委员会讨论时,也没有引起委员的热烈讨论,仅仅是简单讨论后即表决……

总之,两案均由我一个人负责,相当于独任审判,虽然经历了合议庭、审判委员会两个审判组织的合议、讨论。

(2)就M市中级人民法院审理的贪污贿赂案而言,我们访谈了M市刑事审判庭第二庭的六名法官(包括一名庭长、两名副庭长),特别是承办前文提及的受贿案的法官,可以简单描绘如下:

Q法官:……我们审理的职务犯罪案件主要与受贿案有关,一般都是正处级以上领导干部涉案的职务犯罪案件,由上级人民法院指定管辖。如果是涉及县长、县委书记、副市长、市长等主政一方或者某一领域的领导干部的职务犯罪案件,通常都来自S省M市之外、由省纪委查处的案件。审理职务犯罪案件,从来都以审判员组成的合议庭进行……如果是大案、要案,通常由庭长担任审判长,如果是省部级领导干部一般由副院长担任审判长(当然,我到目前为止还没有审理过省部级领导干部的贪污贿赂案件)……与基层法院的职务犯罪案件比较而言,不可同日而语,院领导、庭领导均比较重视。

R法官:……也有少数例外,部分职务犯罪的领导干部级别很高,如高校领导(一般为副厅、正厅级领导干部),一般也由所在辖区的中级人民法院审理,比如说M市辖区内的S省幼儿师范高等专科学校党委原副书记、校长贪污一案,即由本院审理,该案涉及的事项、人不多(主要是基建),有贪污事项、也有受贿事项,还有挪用公款事项,但总金额不大、仅100多万,与同一级别的其他官员比较(即使与县长、县委书记等正处级别领导干部比较),该金额偏小……由于行业特点,社会关注点、领导关注点也不高。

S法官:……我们的案件一般来自立案庭的随机分配。但如果是上级人民法院等省上部门关注的案件,一般由法院直接分配给庭内(更有能力的)法官承办,如果涉及省部级领导干部的案件,一般由副院长挂帅,涉及正厅、副厅的重大案件一般由副庭长或庭长担任承办法官……

T法官(副庭长):……承办法官负责所有事项,其他法官的参与度也不高,在合议庭合议时一般由承办法官汇报,其他法官与参与其他刑事案件一样,根据汇报作出判断,经过表决形成合议庭的判断。在刑事审判委员会,也由承办法官汇报案情、制作内部审理报告,委员根据汇报、内部审理报告作出判断、经过表决形成判决结果。如果该案是省级领导、中央领导关注的案件,还应当向上级法院相应刑事审判庭汇报……

U法官(副庭长):……如果是社会高度关注、上级党委非常关注的案件,法院领导则非常关心合议庭成员的组成,一般由庭长,甚至副院长亲自担任承办法官和审判长,合议庭成员均仔细阅读卷宗,认真庭审、讨论(合议庭讨论,院领导等院内人士有很高的参与度),因而合议庭成员在审判程序中均有高度的参与性。当合议庭将案件提交审判委员会时,一般是院长主持,委员的参与度也比较高……但是,讨论的焦点都是案件事实问题,当他们向上级法院汇报时,一般由主管副院长带队,承办法官汇报、副院长补充汇报,也主要是呈现事实、陈述事实……

就我承办的D县县委书记一案而言:由我(副庭长)担任审判长,庭内另外两名审判员担任合议庭成员,该案涉及的受贿事项、数额在这一领导级别中比较典型,即涉及人员多、金额大,但毕竟只是正处级领导,受到的关注有限,上级领导也关注不多。开庭后的合议,有庭长、主管副院长参与……当提交审判委员会时,该案也仅仅是一种简单讨论即一致同意了合议庭的合议结果(有期徒刑15年,没收个人财产人民币200万)。

V法官(庭长):……这些案件由于是异地审理,来自同级其他力量的影响很小,法官可以比较独立的认定事实、适用法律,但当案件重大、复杂时仍然有来自上级法院等力量的一些影响……

就我承办的 S 省 Y 市常务副市长一案而言:由于该案被告人蒲某辛作为常务副市长,还牵涉他案(被告人为 Y 市市委书记,两人在同一年先后被"双规")①,涉及受贿事项非常多、金额巨大,上级法院等领导非常关注该案的审理。因此,法院内也非常重视该案的审理,决定由我担任审判长,合议庭其他两名成员包括一名副庭长(即法官 U)和另一名经验丰富的审理职务犯罪案件的法官(即法官 R)。虽然绝大部分事项仍然由承办法官负责,但合议庭成员均在开庭前仔细阅读案例、认真撰写案情摘要,经过开庭、召开专门的合议庭合议会议、主管副院长也列席②;承办法官根据合议结果向全体审判委员会会议汇报,审委会委员就该案的事实问题展开了热烈讨论,并将合议庭、审委会的讨论情况向上级人民法院对口业务庭汇报……上级人民法院的建议成为我们(定罪)量刑的考量要素之一。

再次,法官的司法过程。

在(通过访谈资料)描绘贪污贿赂犯罪案件所经刑事诉讼程序的基础上,我们还将进一步揭示法官在刑事诉讼程序中的司法过程,请看下面课题组对法官访谈记录的整理情况:

(1) 就基层法院刑事法官的司法过程而言:

P 法官:……在职务犯罪案件中,我们的所有精力、心思均在事实认定上,但除了涉及的犯罪金额有争议外,在整体上并不复杂。法律条文并不是我们关注的重点,因为法律本身就在那里,一清二楚,即使有些分歧,我们更多是通过与同事交流的方式形成自己对法律条文的解读和选择,但当下法律文书撰写方式并不要求展示出来……

C 法官:……对事实认定而言,我们并不对每一份证据作出具体判断,而是根据证据种类作出判断,比如说犯罪嫌疑人、被告人的供述与辩解在整体上提供了哪些信息,而不是每一份口供提供了哪些信息,而且对

---

① 该案也是由 M 市中级人民法院审理,由副院长担任审判长、法官 V(刑二庭庭长)、法官 U(刑庭副庭长)组成合议庭。

② 其他案件一般是合议庭成员在方便时即可进行合议,只要有三人参与即可,换而言之,很少召开特别的合议会议,院领导也很少参与。

其的判断,更多是从证成(被告人有罪)的角度展开,而对其有不确定、分歧的地方,甚至对其有利的地方,我们一般模糊处理。当然,在私下场合、内部场合,我们可能对此开诚布公地谈论,却很少将其在内部审理报告、判决书中体现,其实也不想将其公开……因此,在判决书、内部审理报告中,我们陈述事实的方式是以内心已有的综合判断罗列事实……并根据这一综合判断适用法律,因而上级法院也很少关心我们审理的案件。

(2) 就中级人民法院刑事法官的司法过程而言:

在这里,限于篇幅,我们没有展示 M 市刑事审判庭第二庭六名法官的访谈情况,仅仅对该庭的庭长、两名副庭长的访谈情况进行描绘①,与基层法院有雷同的地方,我们略过:

法官 T(副庭长):……我们审理的案件绝大部分都是受贿罪(当然,有的被告人同时也涉嫌其他犯罪,最常见的是滥用职权罪),很少有罪名的争议,争议最多的涉及的犯罪金额问题,涉及相关的法律比较少。因而,对我们法官来说,理解、解释法律本身不成问题……

法官 U(副庭长):我们在事实方面还是有发言权的,不管是合议庭讨论,抑或是审委会讨论,抑或向上级法院对口业务部门汇报,我们对事实有绝对独立信息提供权……合议庭、审判委员会根据我们提供的信息、事实作出集体决策,如果有需要,则向上级法院汇报合议庭、审判委员会对事实的合议、讨论情况……

法官 V(刑二庭庭长):……凡是起诉到中级人民法院的职务犯罪都是有罪判决。从事实认定看,在定罪问题上,被告人的犯罪事实确凿、充分(符合犯罪构成四要件的规定),因而合议庭成员、审判委员会成员很少有异议,或者说他们从来没有对此有所质疑。但在量刑上,对于"一般"的职务犯罪,承办法官即可确定,其他人(合议庭成员、审判委员会委员)根据汇报作出判断,他们的参与度不高。对于重要的职务犯罪,承办法官仍然发挥着基础性作用,其他人(合议庭成员、审判委员会委员,甚至上级法院法官等)的参与度随着案件的重要性而变化,涉及被告人级别越高、其他人的参与度越高,共同决策的特性也越高……也因而有其他因素可能

---

① 虽然只以三名法官的访谈资料展示,但由于前述两个由中级人民法院审理的案件均由副庭长、庭长担任承办法官,因而对承办法官司法过程的考察得到展示,不会受到影响。

影响案件结果。

四、职务犯罪中法官司法过程的全景图:基于前述卷宗和访谈的总结

根据前述对四起贪污贿赂罪案件卷宗的考察,对 M 市负责职务犯罪的刑事审判庭第二庭六名法官和 M 市 P 县人民法院刑事审判庭两名法官深度访谈的描绘,我们可以对刑事法官的司法过程及其影响法官司法的审判组织情况作进一步总结和挖掘,请看下面的详细分析:

首先,就基层人民法院而言。

根据前述贪污、受贿案的刑事卷宗、对该庭所有法官的访谈,我们能确定如是基本事实:基层人民法院的职务犯罪案件一般由两个组织共同完成,即由刑事合议庭审理和审判委员会讨论决定,但却是形"合"实"独",申言之:

这一"形"主要指职务犯罪案件分配到刑事审判庭某一具体法官后(该法官为承办法官),或者由承办法官根据确定的陪审员名单邀请两名陪审员组成三名成员的刑事合议庭①;或者由其邀请一名法官、一名陪审员组成三名成员的合议庭(前文提及的案例一属于这一模式);抑或是邀请另外两名审判员组成刑事合议庭(前文提及的案例二属于这一模式)。此种审判组织形式也根据该类案件涉及的犯罪金额和被告人担任党政领导的级别而又有不同的表现,前两种形式比较常见,最后一种形式比较少见,通常都是上级法院指定该院审理的职务犯罪案件。

在这一"形"之下,合议庭审判模式却与法律文本规范的制度、规则有异:承办法官负责所有审判程序中需要完成的事项,其中重要事项有组成合议庭、确定开庭日期、开庭中主动、积极讯问(询问)以调查事实、撰写内部审理报告、向合议庭或审判委员会汇报、撰写法律判决书等。如果就其本质,此为独任制的审判方式,合议庭审判的组织形式最终变化为独任法官的审判形式。在该模式下,虽然其他人有参与,但参与度非常低——我

---

① 这一组织模式在 P 县人民法院(2015—2017 年间)占据 1/3,可以 P 县人民法院 2017 年的一个案例为例:P 县公共资源交易服务中心主任、P 县人民政府政务服务中心管理委员会党组成员受贿一案(金额涉及 36 万);该案由法官 C(该庭庭长)任审判长、邀请人民陪审员 L 和人民陪审员 X 参与组成合议庭。

们可以将其称为刑事合议庭的"闲人"。① 这些合议成员的出现主要是为了满足刑事合议庭作为一种审判组织形式在形式上的需要,其反映了法院非常重视该类犯罪,也被法院列入了"重大、疑难"案件的范围。

因而,在认定事实和适用法律的问题上,在基层法院,完全由承办法官一人负责,对此可以简单叙述如下:基层法院承办法官通常比照(刑法)犯罪构成四要件②罗列犯罪事实、证据,而非通过考察每一份证据的证明能力和所有证据的证明力情况以证明的方式证成犯罪事实(此为确定小前提)。随后,简单罗列涉及的贪污贿赂、渎职类罪及相关的法律条文,但绝不解释法律条文(此为大前提。但在此,即确定大前提的语境下,我们看不到法律条文的不周延,也看不到法律条文之间的积极冲突,还看不到法官在此的积极努力)。

因此,我们可以说,法官根据罗列的事实、就着没有任何生气的法律条文直接推理出判决结果。此为基层法院法官在职务犯罪案件审理中的中国式的司法过程、中国式司法的"三段论"。

其次,就中级人民法院而言。

中级人民法院的职务犯罪案件一般也由两个组织共同完成,即由本院的刑事合议庭审理和审判委员会讨论决定,但也有上级人民法院等组织参与的情况,后者相对于前者在决策中更具有主导性,申言之:

如果从组织形式上看,中级人民法院审理职务犯罪案件的刑事合议庭只有一种形式,即均由审判员三名组成合议庭,陪审员通常都缺席该类案件的审判。即使如此,我们仍然可以从中分辨出两种形式:形"合"实"独"的刑事合议庭及具有中国特色的实质上合议的刑事庭审判。

(1) 形"合"实"独"的刑事合议庭:对于上级人民法院等组织不关注的职务犯罪案件,或者说一定级别以下的职务犯罪案件,其运行模式与基层法院的形"合"实"独"仍然没有多少差异,亦即由立案庭随机分配,也仍然由承办法官负责绝大部分事项,合议庭其他成员、审判委员会委员根据承办法官的汇报情况发表意见、作出判断。但如果将其与基层人民法院对照的话,前者成员的参与度较高,因为涉及的犯罪金额、事项、复杂性、

---

① 对此的详细分析,请参见本书第三章。
② 在司法实践中,我们的法官一般以"四要件"认定事实,很少以犯罪构成三阶层认定事实,甚至很多法官对后者还不熟悉,虽然其在法学界已经相当流行。

社会影响力后者难以望其项背,虽然合议庭其他成员、审判委员会委员也不会深度参与。以 M 市中级人民法院刑二庭审理的 D 县县委书记的案件为例,该案被告人涉及的犯罪金额(4000 万元)、事项、影响力非常大,虽然省高院等组织、部门对此关注不多,但在合议庭合议、审判委员会讨论时,其他成员均认真对待承办法官的汇报、内部审理报告、不断提问,甚至召集专门的会议以形成自己的判断。

(2) 具有中国特色的有实质合议的刑事合议庭:对于上级人民法院等组织关注的职务犯罪案件,法院(及其院领导)也相当关心,因为审理重大案件、特别重大案件①有更多的切身利益掺杂其中,即审理这类案件有(重大)立功的机会,无论是对承办法官、合议庭成员,抑或该院领导(特别是院长)均是相当重要的经历、政绩,进而对未来的职务晋升也有助益。因此,法院常常通过成立"专案组"审理这类案件:通过指定(而不再是随机分配)一名法官担任审判长(无论是能力,还是司法经验在法院都应当是优秀的且具有一定领导职务的庭长或副院长),并指定另外经验丰富、能力卓著的法官(至少有一名副庭长)担任合议庭成员,审理案件的刑事合议庭即告成立。②

在这时,合议庭成员一般会暂时放下手上所有其他工作(其他案件),专门投入到专案组的工作中,具体而言:合议庭成员一起阅卷,一起做案情摘要,一起讨论案情,开庭共同参与,合议时共同讨论(而且通常都有主管副院长或院长参与其中),共同讨论内部审理报告的撰写。虽然仍然由承办法官负责主要事项,并向合议庭汇报案情,但合议庭成员发表意见、作出判断并不仅仅根据汇报情况,更多则根据于阅读卷宗、庭审和讨论得到的信息,与前述的形"合"实"独"有迥异的风格。在审判委员会,仍然是承办法官汇报(有时也有合议庭其他成员作为补充汇报人的情况),但审委会委员们在院长或者主管副院长的主持下,积极发言、热烈讨论,最终根据汇报、内部审理报告和讨论情况作出判断。

还有可能出现的一种情况:由主管领导带队、合议庭成员参加,将合

---

① 在职务犯罪案件中,往往以涉及被告人的行政级别和社会影响力为标准。如四川省南充市贿选一案,参见罗家良:《四川南充换届贿选案全记录》,http://view.163.com/special/nanchongcorruption/,最后登录时间:2018 年 7 月 11 日。

② 这与既有的副庭长担任审判长带领两名法官组成固定的合议庭不同(参见本书第二章)。

议庭合议情况、审判委员会讨论情况向上级人民法院对口业务部门等组织、部门汇报案情（主要是事实问题的充分呈现），上级法院等组织和部门将对此作出回复，这一回复将对合议庭的判决产生影响。

因此，(M市)中级人民法院审理职务犯罪案件的司法过程，可以作如下总结：

从认定事实（确定小前提）看，认定事实的主体不仅仅有合议庭成员，更有审判委员会成员，亦可能有上级人民法院相关法官等主体。这些主体认定事实时都有自己的判断（即独自的内心确信，与前述承办法官形成的内心确信一样，因为每一个主体均认真参与每个环节并充分讨论），但他们并没有分别展示，而是通过投票表决的方式（以数字形式简化决策过程）展示讨论结果。这是一个集体的决策，体现了合议的基本精神。但是在判决书中，承办法官并没有展示认定事实过程，仍然采取罗列事实的方式铺陈。

在适用法律（确定大前提）问题上，我们仍然可以看到：无论是合议庭，还是审判委员会，抑或上级法院相关法官，他们对此着墨很少，甚至很少有系统、独立的理解和判断。①

因此，仍然有如是一个判断：承办法官仍然根据罗列的事实就着法律条文直接推理出判决结果（包括定罪和量刑）。

如果对照前述的形"合"实"独"刑事合议庭的司法过程，这些合议、讨论都是实质意义上的合议。当然值得注意，这些合议主要是对事实认定事项上的合议、集体决策，并未包括法律适用事项。就此而言，这已经有相当的历史进步意义。

另外，虽然有这些变化和进步，但仅仅从判决书看，承办法官仍然采取前述基层法院的思维方式，即罗列事实、罗列相关法律条文即得出结论。这仍然体现了前述的中国式的司法过程、中国式司法的"三段论"；更确切地说，上级法院等组织和部门对案件的影响（也主要是量刑方面的影响）不会在判决书中得到体现，合议庭的合议可以在判决书阅读到，审判

---

① 在笔者看来，现行的合议庭制度、审判委员会制度、判决书制度并不要求他们这么做，也或许这样做存在一些风险。因为当笔者访谈一名法官时，一名法官有如是发言：不仅仅我们不愿意论证，即使我们愿意去论证，当提交到领导面前，领导们也会批评我们，并建议我们尊重既有的判决书形式和内容的风格。

委员会的讨论可以从卷宗中看到它的身影,亦即我们从判决书仍然看不到具有中国特色的有实质合议的刑事庭审判方式已经取得的一些进步和成就。

总而言之,无论是基层法院,抑或是中级人民法院,在职务犯罪案件中的绝大部分,在形式上主要通过合议庭的方式审理,但实行承办法官负责制度,其他人(合议庭成员、审委会成员)参与度不高。只有少数大案、要案,一方面有其他因素的可能介入,并导致参与主体增加;另一方面,还有一个现象更值得注意,即认定事实上的集体决策,亦即在合议庭合议、在审委会讨论,成员们能充分讨论、谨慎决策,虽然其并不能体现在判决书上——这是具有中国特色的、具有实质意义的刑事合议庭合议模式。如果从司法过程看,判决书均在形式上符合司法"三段论",亦即一种罗列式(罗列事实、罗列法律)的司法"三段论",但并非证成的"三段论",即使在大案、要案中也是如此。

五、原因剖析:对职务犯罪的司法过程和刑事合议庭的进一步审视与反思

根据前述我们可以作出如下判断:在职务犯罪案件中,绝大部分案件均以刑事合议庭组织形式审判。但在刑事审判程序中,不仅仅有合议庭出场,也有审判委员会,甚至更多参与主体出场,进而刑事合议庭的运行方式呈现出多样化样态。进而,合议庭(法官)的司法过程也呈现出多样化。但该类案件的判决书中体现出来的司法过程却相当一致,罗列事实(确定小前提)、罗列相关法律(确定大前提),以此作出判决(判决结果),这是一个具有中国特色的司法判决书、司法"三段论",而不是一种证成的司法"三段论"。

在职务犯罪中,刑事合议庭的运行模式、法官的司法过程为什么呈现出前述样态,其内在深层次原因有哪些?这是我们在这部分将要分析的内容。如果简单地说,在笔者看来,这主要是法官的职位晋升、收入、(案件)工作量等配套制度引导的结果,请看下面具体的分析:

首先,审案与立功、职务晋升。

法院(刑事)审判庭所有案件均实行承办法官制度,当一件(职务犯罪案件)由立案庭分案或者指定由某法官负责时,所有的责任由其承担,同

时如果是奖励,甚至立功也应当属于该法官。在中国目前法院管理体制下,立功、重大立功在审判业务中,只有大案、要案才有可能,而大案、要案绝大部分都是涉及很高级别的党政领导干部的职务犯罪。根据中国目前的分工,一般由中级人民法院的某个刑事审判庭负责,而且承办法官一般为副庭长、庭长或者副院长①,因而可以立功的法官并不多。

因此,承办法官通过审理涉及职务犯罪的大案、要案立功通常都已经是担任一定领导职务的法官立功。根据立功、重大立功制度,在中国现有的政治框架下,它意味着奖励和更多可能的职务晋升,而首先受益的则是承办法官,其次是合议庭其他成员。如果就两者的分配而言,承办法官既有奖金、亦有可能是更快的职务晋升,合议庭其他成员更多是年终奖的增加,正如调研而来的访谈资料所述:

M市中级人民法院刑二庭法官U(庭长):在审判业务中……真正能出彩的地方可能就是审理涉及厅级以上领导干部职务犯罪案件,其他案件很难受到领导重视,更难受到上级法院领导重视……实际上高级领导涉嫌的职务犯罪案件常常受到上级法院、上级法院同级的政法委、党委诸多领导重视……通过审理涉及高级领导职务犯罪的案件,如果出色或者顺利完成审判任务,法官获得的利益首先是立功、其次是奖金,最后才是个人能力的体现,因而这种立功不以体现专业的法律分析技术或者说发展出新的法律规则为目的,而是以完成上级"交办"的政治任务为基本目标……

M市中级人民法院刑二庭法官Q(普通法官):在涉及高级领导的职务犯罪案件中,一般法官只能担任合议庭成员,虽然很多具体工作由我们负责……任务完成后,立功中的"政治"部分一般归于承办法官,我们可以"沾光",而奖金则大家都有;但在心理上,领导一般不关心奖金②,主要关注政治性荣誉,因为其对职务晋升有帮助,我们更多关注奖金……对普通法官的职务晋升只是可能有用而已……

---

① 根据笔者对S省三所中院(M市中级人民法院、D市中级人民法院、N市中级人民法院)调研,普通法官承办厅级领导干部涉案的职务犯罪案件非常少,基本上为零,可以忽略不计。

② 当案件审理完结,相当于完成一件政治任务,合议庭成员一般会聚餐庆贺,在既有的传统中,领导私自出钱请客或者用奖金请客,在有"小金库"的时代,更是以"小金库"请客。

M市中级人民法院刑二庭法官R(普通法官):虽然在涉及高级领导的职务犯罪案件中,我们获得较少的(政治)荣誉、主要归了承办法官,但也在积累、展示自己的能力(因为只有有能力的人,方可进入合议庭)……因此,我们"爱恨交织",一方面,我们作为合议庭成员,却必须承担很多具体工作(相当于半个承办法官),另一方面,也希望加入,不仅仅因为有(更多)奖金、也有一些能力被肯定的意味、也可积累一些(政治)荣誉……

因此,我们的承办法官有动力、有热情投入到重大职务犯罪的审理中,而且不仅仅是承办法官,其他合议庭成员也有动力、热情投入进去。当被法院领导、上级法院领导等诸多领导关注时,作为合议庭成员的法官们,一般会放下手头的其他案件(相当于成立一个"专案组"),花时间、精力阅读卷宗、作案情摘要、认真听审、专门合议、审委会讨论、请示汇报以最终完成审理高级领导涉案职务犯罪案件的政治任务。

其次,法官工作量、收入与工作热情。

绝大部分职务犯罪案件与普通刑事案件没有本质区别,虽然其与其他类型的刑事案件比较而言更重要、法院领导对此也重视。进而言之,除了少数高级领导干部涉案的职务犯罪案件外,其他普通的职务犯罪案件与普通刑事案件一样,并无立功、重大立功的可能。而且,作为专职办理职务犯罪案件的一个刑事审判庭不仅仅办理该类案件,还有诸如毒品犯罪、经济犯罪等类型刑事案件等待他们办理,如果是基层人民法院的法官,情况更复杂,申言之:

(1)对基层法院法官而言。一方面,基层法院一般只有一个刑事审判庭(至少在M市中级人民法院所辖范围均只设立一个刑事审判庭)[①],法官的人数,正如我们在第四章的考察,基层人民法院刑事法官,无论是入额很少的偏远地区法院(一般为1名),还是入额较多农业大县、城区法院(一般为2—5名),相对于其工作量来说,的确不多。因此,法院不可能设置专职负责职务犯罪案件的刑事法官,他们得承办所有类型的刑事案件。另一方面,虽然基层法院刑事案件工作量从绝对数来看增加不多,但法官

---

① 只有少数特大城市(诸如上海、北京、深圳等),其辖区内的基层法院有设立两个刑事审判庭的(对此,请参见本书第三章)。

们的人均工作量、办案数在持续增加,工作压力相应持续增大。①

因此,在工作压力越来越大的语境下,在职务犯罪案件关注度低、没有立功、重大立功的可能,进而法官的收入也没有额外增加的可能、审案的能力也无法得到体现、(政治)荣誉更不会有时,刑事法官没有动力、更没有热情花时间、精力阅读他人卷宗和认真庭审,在合议庭讨论、审判委员会对案情的讨论中花费更多时间则更不可能。因此,在实质上,只有承办法官(一人)负责全案。

(2)就中级人民法院而言。基层法院只有一个刑事审判庭,中级人民法院一般有两个刑事审判庭,但也并非单独由一名刑事审判庭法官负责职务犯罪案件,而是将职务犯罪案件与其他类犯罪案件(如经济犯罪案件、毒品犯罪案件、危害国家安全犯罪案件等)归入到一个刑事审判庭;换言之,审理职务犯罪的某一刑事审判庭的法官除了审理该类犯罪外,也审理其他类型的刑事案件。

除了前述高级领导人涉嫌职务犯罪案件的第一审外,上级法院,特别是上级法院的政法委、党委一般并不关注中级人民法院审理的职务犯罪案件。虽然审理这类案件的审判组织、诉讼程序仍然比其他刑事案件更规范、严格,也常常有更多主体参与,但与普通刑事案件通过刑事合议庭审理并向审判委员会报告、讨论比较的话,在模式上并无二致。这些案件可以在该法院内部得到彻底消化、解决。因此,审理这类职务犯罪的刑事法官也没有立功、特别是重大立功的可能,对职务晋升、对收入增加亦没有任何帮助——在这时,他们与另外一个刑事审判庭审理的案件在本质上可以同等对待,都仅仅是一项工作、业务而已。

再加上,法官工作量的因素:根据我们在第四章已有的分析,中级人民法院刑事法官的工作量、办案数也趋于不断增加、工作压力在持续增加②,他们也没有时间、精力阅读他们合议的每一个职务犯罪的卷宗,更不可能对每一个职务犯罪案件都认真庭审,并在此基础上全面深入地合议。他们更关注自己承办的刑事案件(包括职务犯罪)。

简而言之,在收入相对不高,不断增加的工作量的背景下,当无立功、

---

① 参见本书第四章。
② 参见本书第四章。

特别是重大立功可能时,刑事法官们的"额外"收入没有增加、职务晋升也无更多机会,他们的确没有动力、热情花时间、精力阅读卷宗、参与合议,因而刑事合议庭审判则只能在实质上以独任庭审理(亦即承办法官制度办案模式)的方式实现。

再次,政治对司法影响的方式。

正如前述,职务犯罪,基层法院审理的,在当地也会产生一定影响力,如果是指定管辖下的异地管辖审理,将会受到更多关注(至少成为人们茶余饭后的谈资)。中级人民法院审理职务犯罪案件无一例外地受到更多关注,有些案件还会受到上级法院、上级党政领导的关注。这种关注主体众多,但可以分为两方面,即社会舆论和官方层面两方面:

(1) 社会舆论方面:中国公民(俗称老百姓)非常关注对涉及官员案件的审理。而他们主要关注案件之结果,并不关心(也无法关心,也不能要求其关心)在法律技术上的事实认定和法律适用问题。从中国司法实践看,凡是起诉到法院的职务犯罪案件,无罪率非常低,因而他们主要关注被告人之量刑问题,即被判多少年有期徒刑。当一名承办法官(及其合议庭成员)根据法律条文、依据法律逻辑论证出一个无罪的结果或者说不符合他们期望的量刑结果,甚至是出现其他执行方式(此种执行方式的结果即是不服刑①)时,必然引起重大争议、社会舆论的反弹,进而引起相关党委、政府、政法委领导高度重视。如果相关领导对此批示,这一舆论压力转变为政治压力,法院党组、法院院长将高度重视之,进而可能影响该案之结果,即可能启动再审程序并根据舆论要求或者领导批示作为判决的重要基础。②

(2) 官方层面的关注:根据中国现行政治、宪法框架,法院、政府、检察院、监察委是并立平等的国家机构,均由全国人民代表大会产生,同时检察院还是全国的法律监督机关。因此,从现有政治体制看,只有人大、检察院等部门是正式的监督机构。不过,更值得注意的是,现行《宪法》也

---

① 参见蒋志如:《试论中国保外就医制度——以职务犯罪为中心考》,载《前沿》2015年第7期。

② 已有先例,虽然不是职务犯罪,仅仅是一个普通刑事案件,即云南李昌奎一案(参见蒋志如:《司法权威与人性尊严——以李昌奎案为中心的透视》,载《安徽职业警官职业学院学报》2014年第4期)。该案典型反映了舆论压力转变为政治压力,最后启动再审程序改变既有判决。

规定了中国共产党对中国各项事业的领导权,党对国家机构有领导权和监督权,他们对检察院、法院等司法机关的监督主要通过党委、政法委实现。因此,对法院进行监督的党政机构中,官方层面主要有人大、检察院、政法委、同级或上级党委,最重要的监督来自党的领导和监督。

这一监督有事前监督和事后问责两种:对于前者,则主要通过前述请示、汇报等制度实现,对承办法官及其合议成员一般来说没有负面影响。而后者,当启动问责时,对承办法官及其合议成员不仅仅有政治上的负面评价(有记过、记大过等行政处分),更有扣除奖金、工资降级等风险。

因此,在职务犯罪中,当法官的法律判断、技术性判断有风险时①,法官通常顺从官方的关注、倾向,而非坚持自己的法律判断和作为法官应当承担的社会角色。或者换句话来说,职务犯罪的合议庭成员(包括承办法官)通常不愿意为了被告人的权利而冒一些风险,这些风险包括负面的舆论评价、组织的负面政治评价和扣奖金、工资降级。相反,他们更愿意选择通过审理高级领导人涉案的刑事案件立功。

总而言之,中国政治对司法影响的方式形式多样,都可以归入到社会舆论和官方层面,而社会舆论的影响也需要通过官方层面实现。② 因而,就其实质而言,在职务犯罪案件中,只有官方层面作为一种政治因素可能真正影响法院司法。这一影响,当其作为对法官负面评价时,在没有职务、收入的充分保障的语境下,法官更愿意在自己承办的案件中服从来自党政的监督。

综上所述,刑事合议庭审理职务犯罪案件的运行模式形式多样,却只有两种,以合议庭形式表现,在实质上却是独任庭审理(即承办法官承办)的审判模式和真正的合议制审理的刑事合议庭审理模式。之所以出现这一情况,其深层原因在于中国内在的司法体制(包括其配套制度),可以简单总结如下:

(1) 不断增加的案件工作量让法官自顾不暇,他们怎么可能有"闲心"

---

① 这些风险不仅仅在中国存在,即使在西方法治国家也存在,比如说辛普森案中,法官、陪审团判决其无罪;但其出现时,虽然有舆论压力,却没有人真正去改变判决结果,即使美国总统也不会(克林顿也帮法官说情,让社会接受该判决结果)。

② 在这里,我们只讨论制度层面的内容,不考虑具体领导通过各种方式、影响力干预案件的情况,虽然该种情况在中国非常重要、也普遍。

关心合议庭其他成员承办的案件;同时,也没有丰厚收入的保障或者额外收入的增加、可能的职务晋升、更高的法律职业尊严感(通过审案获得职业工作的认同和提升),法官没有热情、更没有动力花更多时间参与其他法官承办的刑事案件。

因此,承办法官负责(职务犯罪)案件的所有事项,其他法官主要是形式上参与。

(2)当然,应当注意的是,在职务犯罪中,有些案件非常重大(主要以涉及的影响力和被告人的行政领导级别为评价标准),不仅仅有法院领导重视、更有上级法院、上级法院同级政法委、党委等高度重视,进而法院成立审理该案的"专案组",合议庭审理行为则不仅仅是审理案件,更是完成政治任务。在顺利或者出色完成后,承办法官及其合议成员将获得政治荣誉、可能的职务晋升、更多的奖金等益处。进而,法官有热情、动力花时间、精力投入到阅读卷宗、庭审和合议等事项,以更出色完成审判任务、政治任务。

在奖励的同时,亦有风险。这些风险来自审案后的事后监督:当法官审理的职务犯罪案件遭遇争议、强大的舆论反弹时,官方层面会通过具体问责方式让法官面临(政治)荣誉风险、行政级别降低甚至开除的风险,和工资、奖金降低的风险。

为了降低该负面风险,刑事合议庭成员有动力投入更多时间、精力参与高级领导人涉及的职务犯罪和有重大社会影响的职务犯罪案件。

因此,在这些极少数案件中,刑事合议庭以真正合议的角色参与刑事审判程序的启动、展开和终结,是为一种现代的刑事合议庭审案,符合中国当下相关的刑事合议庭法律规范的立法意旨。

六、本节结语

通过描绘涉及职务犯罪,特别是贪污贿赂犯罪的刑事卷宗,通过访谈M市两级法院负责职务犯罪的刑事法官(换言之,通过访谈一直负责职务犯罪的、有丰富审判经验的刑事法官),我们对该类案件的审判组织进行了详细描绘,并对法官的司法过程进行深入探求,现在简单总结如下:

首先,从刑事审判组织(及其运行方式)看:一方面,在形式上,职务犯罪一般以刑事合议庭方式进行审理,独任制审判并不流行。但从司法实践的运行模式看,在绝大部分案件中,仍然采取承办法官制度展开,因而在实质上仍然是独任制审判的运行模式。只有在极少数涉及高级领导人的职务犯罪案件中,合议庭成员(包括承办法官)方对该案的卷宗进行全面深入的阅读、交流,全体成员认真庭审,多次合议、审判委员会多次讨论,最终体现出合议制审判的基本要义和基本精神。但另一方面,职务犯罪案件中的大案、要案,合议庭仍然需要向上级法院及其相关政法委、党委汇报,体现了中国体制的另一面,政治/行政因素对司法过程的干预或影响,根据现行实践主要是量刑方面的影响;而且,即使在一般职务犯罪案件中,虽然不需要汇报,但仍然有影响、干预的可能。

其次,刑事法官在审理职务犯罪的基本过程可以简单描绘如下:不管是哪种刑事合议庭运行方式,法官在判决书中的表现出来的司法过程完全一致:罗列事实、罗列法律,作出判决结果,我们很少可以看到法官以"司法三段论"的方式证成判决结果。只有通过调研的访谈笔录,我们方可洞悉法官们对重大职务犯罪中事实的各种讨论、汇报,甚至争议情况,但我们在判决书中很难捕捉到。同时,他们对法律适用不置一词。因此,中国刑事法官在职务犯罪中的司法过程可以以"罗列"一词描绘,此为中国司法的特色。

再次,中国刑事合议庭的前述运行方式、司法之司法过程状况,与中国当下的司法体制密切相关:越来越多的工作量让从事职务犯罪案件审判的刑事法官自顾不暇,很难有时间、精力阅读他人承办的案件卷宗、参与到需要其合议的他人负责的案件。而且,在收入不高(更不丰厚)、法律职业尊严不高的情况下,刑事法官没有动力、热情参与到他人承办的职务犯罪案件。

只有在重大、疑难的职务犯罪案件中,不仅仅法院领导非常重视,上级法院也非常重视,而且还有其他上级领导(甚至是最高领导)高度重视,进而以"专案组"的方式成立合议庭,他们放下其他所有工作,集中精力办理该案(亦即每一位合议庭成员,包括承办法官仔细阅读卷宗、每一名合议庭成员均认真庭审,认真合议,甚至详细向审判委员会、上级法院等汇报)以不仅仅完成审判任务、更是完成上级领导交办的政治任务。之所以所有刑事合议庭成员能够做到这一点,一个非常重要的原因在于中国当下的立功(重大立功)制度,通过它有更多机会的职务晋升,意味着更多的奖金、政治荣誉、更多个人工作能力的肯定。

简言之,通过深入挖掘刑事合议庭法官在职务犯罪中的司法过程,我们看到了中国司法体制(两审终审制、党对司法的领导、法官的准入、收入等司法配套制度①)与刑事合议庭的运行模式、法官司法方式是紧密配合的(属于一体多面的关系),是一种具有中国特色的司法过程。

最后,如果与帝制中国法官司法过程进行比较的话,我们还可以进一步作出如下总结:

根据第二节的描绘,传统帝制中国法官的司法过程,在事实认定事项上,有如下特点:(1)事实仍然是作为法官的知县、知府考虑的基础性因素,(2)但是他们可以忽视这些案件事实,甚至修改主要案件事实,就好像案件事实是他们可以随意摆弄的泥人。在适用法律上,(3)法官通过"摆弄"案件事实的方式就着国家的刑法典作出在形式上合法的三段论判决。进而言之,法官在认定事实上花费大量时间,而在法律适用上则草草略过。在这里,法官主要以政治/行政的方式改变、重塑案件事实以达致自己需要的目的。

与这里法官在职务犯罪中的司法过程对照,没有变化的方面如下:(1)法官仍然将大部分时间、精力花费在认定事实的事项上,对适用法律事项着墨不多。(2)法官司法过程的"司法三段论"在形式上并没有实质性变化,没有通过证据证成事实,也没有(对法律文本的)释法过程,仅仅简单罗列事实、罗列法律(传统帝制中国罗列法律都没有,常常简单地说,"依律……或者依……律"而已)即得出判决结果。

经过100余年的社会转型,法官司法过程发生变化的方面也可以简单总结如下:(1)案件事实的基础性地位得到提高,案件事实(真相)对所有诉讼主体具有决定性意义,或者更准确地说,查明的案件事实是所有人行为、决策的基础;但也有活动的空间,即在法律空间、框架内,亦即虽然不解释法律,却在一个具有一定范围共识的空间内,法官可以自由裁量。而在帝制中国,法官可以直接重塑和改变案件事实,实际发生的事实(或者说法官查明的事实)在法官司法过程并不占据基础性地位,只是法官决策的一个参考因素而已,他们有的是更多利益考量。(2)虽然都有政治/

---

① 即本书第二章、第三章、第四章分析的内容。

行政因素的干预,但方式、强度迥异:在传统帝制中国,政治/行政干预、影响司法的方式直接、简单。而在当下中国的职务犯罪案件中,法官司法虽然仍然有政治/行政因素的若干影响,但影响的方式却比帝制中国间接得多,而且影响、干预的渠道越来越窄、单一;(3)影响、干预的内容也有差异,当下法官、合议庭等主体只能在尊重事实、法律的基础上关注量刑问题,而帝制中国则是改变案件事实就着法律以符合自己的需要。

总而言之,在此,我们看到了中国当代刑事法官在司法过程中认定事实、适用法律两项事项的全面进步,虽然更确切的说法应当是:刑事合议庭合议运行模式是现代化因素与传统因素的杂糅,有历史进步的一面亦有传统因素仍发挥作用的一面。

第四节 一般刑事案件的司法过程——以部分 交通肇事罪为例的考察

职务犯罪涉及官员。官员,不论是古今中外均为社会精英[①],因而其牵涉的刑事案件必当影响甚广,而且级别越高、影响越深远,不仅仅党和政府高度关注,普通百姓也翘首观看。这些严重的刑事案件,在审理过程中,在法官司法过程中,党和政府通过正式的渠道关注、关心是自然而然的事情,而且也体现党对司法的宏观领导。一方面,如果与帝制中国法官的司法过程进行对照,法官的司法过程受到政治/行政因素的影响已急剧减少,而且主要对量刑产生影响,而对定罪则基本上不再影响。另一方面,政治/司法因素影响的方式上也有巨大的变化,主要通过程序的方式进行,虽然这一程序主要体现为向有关组织、领导进行请示汇报的方式展开。

在这一节,我们将转向普通刑事案件(并以交通肇事案件为例)以考察(刑事合议庭)法官司法过程中考量的基本因素,考察是否有政治/行政

---

① 特别是在中国社会:首先,权力、官员统治了社会的各个方面,其次,从其准入看,官员也是社会精英,传统中国社会的一般人需要通过科举考试取得官职,富商、地主、仕宦家庭可以通过庇荫、捐纳方式取得官职;在当下应当通过公务员考试,从科员、到副科级、正科级等级别升迁而至,亦即通过层层选拔、考察方可进入领导层。再次,在中国,权力不仅仅在各个层面具有高度的统摄力,更是从秦帝国一直延续至今,可谓权力对社会生活的影响尤烈。

因素对作为普通刑事案件代表的交通肇事案件施加影响,并与前两节比较,普通刑事案件中法官司法的异同。

一、问题、材料与研究进路

(一) 交通肇事罪在中国当前社会的基本现状

根据中国刑法学界通说,交通肇事罪(包括危险驾驶罪)是过失犯罪。[①] 该罪名是现行《刑法》分则第二章《危害公共安全罪》中的一个罪名,也是一种常见犯罪,而且也是法院审理该类罪中适用最多、最频繁的一个罪名。它随着科技的急速发展、汽车的日益普及而成为国家和市场都非常重视的一类社会现象和刑事案件[②]:

从法律沿革看,交通肇事罪从 20 世纪 50 年代即被国家纳入刑法的规制之中:1957 年,全国人民代表大会完成的《刑法修正草案》(第 22 稿)即有对交通肇事罪的规定。1979 年新中国的第一部刑法典,《刑法》第 113 条对此进行确认,1997 年《刑法》第 133 条也对交通肇事罪作出规范。到 2011 年,全国人民代表大会常务委员会在《刑法修正案(八)》中进一步扩张交通肇事罪的范围,危险驾驶行为(包括酒驾、毒驾、追逐竞驶等行为)成为刑法的规制对象。虽然作为罪名,他们是并列关系,但在司法统计时常常将其合在一起,而且从法律条文看,危险驾驶罪并未重新单列,仅仅是作为交通肇事罪中的一款而存在。之所以有这一扩张,一个非常重要的原因在于,随着经济、科技发展、生活方式的巨大变迁,酒驾、追逐竞驶等(即喝酒+驾驶,驾驶+竞驶等)危险行为成为社会普遍关注的社会现象,而传统交通肇事罪(由于驾驶汽车等机动车辆而导致的交通事故,有严重的财产、人身损害后果)已无法容纳。

如果从案件发生的数量看,交通肇事罪的数量从长期看呈现出一种

---

① 参见刘艳红:《注意规范保护目的与交通过失犯的成立》,载《法学研究》2010 年第 4 期;扈晓芹:《交通肇事罪理论争议研究》,中国社会出版社 2013 年版,第 22—23 页。

② 交通肇事罪越来越多、越来越普遍,而且国家没有能力避免,只能以立法的方式公平地配置当事人间的权利与义务,但由于犯罪行为人在主观上也是过失,而且造成的损失一定不小,被告人并没有能力单独承担,国家也很少可以在赔偿事项上有所作为,进而国家邀请市场主体参与到交通肇事案件中来,通过合同的方式减轻被告人的负担以减轻国家负担,进而实现国家、市场和当事人的共赢。

稳中有增长的趋势,2007年到2010年,人民法院分别受理该罪名下的刑事案件如次:63465件、67104件、66218件和68918件。① 即使以笔者调研的M市两级法院的交通肇事罪(包括危险驾驶罪)也呈现如是发展趋势,请看下面对此的详细描绘:

表1　2012—2016年M市基层人民法院交通肇事数量统计

2012—2016年M市基层人民法院交通肇事数量统计					
年份	一审(交通肇事)		一审(危险驾驶)		合计
	数量	占刑事案件比例	数量	占刑事案件比例	
2012	308	12.28%	126	5.02%	434(17.3%)
2013	240	10.02%	143	5.97%	383(15.99%)
2014	226	9.01%	210	8.38%	436(17.39%)
2015	237	8.68%	222	8.13%	459(16.81%)
2016	270	9.32%	290	10.01%	560(19.33%)
合计	1281	9.83%	991	7.60%	2272(17.43%)

表2　2012—2016年M市中级人民法院交通肇事数量统计

2012—2016年M市中级人民法院交通肇事数量统计					
年份	一审	二审		合计
		数量	占刑事二审案件比例	
2012	0	43	17.20%	43
2013	0	20	8.58%	20
2014	1	53	17.97%	54
2015	0	53	12.50%	53
2016	1	62	11.70%	63
合计	2	231	13.34%	233

---

① 参见邓思清主编:《刑事案例诉辩审评——交通肇事罪、危险驾驶罪》,中国检察出版社2014年版,第5页。

根据表1:M市各基层人民法院在2012—2016年间,在宏观态势看,虽然数量上有反复,但在总趋势则是持续增长,而且在刑事案件中也一直保持较高比例,平均每年可以达到17.43%——对于一个罪名(包括交通肇事罪和危险驾驶罪)而言,无论从绝对量看,还是从所占比例看,均属于高频率发生的刑事案件。还有,在两类案件中,除了传统肇事罪案件保持稳定外,危险驾驶罪案件也持续增加,进而在整体上呈现增长态势。如果结合表2,更清晰的事实如下:一审持续增加的交通肇事罪案件量,也导致了第二审该罪名案件的持续增加,其也成为二审刑事案件中的重要组成部分(平均每年达13.34%)。

(二)相关学术研究现状

因此,我们可以说,交通肇事罪(包括危险驾驶罪)是中国现行《刑法》非常重要的一个罪名,更是一种常见的、重要的社会现象、犯罪现象。与之相适应,刑事法学界对该罪名研究的文献也蔚为大观,根据收集的文献,可以将其大致分为以下几类:

(1)关于交通肇事罪之犯罪主体的争论。

交通肇事罪的主体是一般主体,还是特殊主体,理论界对此曾有广泛讨论,现已达成共识,即本罪的主体是一般主体,即"从事交通运输的人员"和"非交通运输人员"均可构成本罪的主体。即使如此,在此框架下仍有细节上表述的差异,摘其要者如下:其一,本罪的主体是一般主体,即从事机动车船驾驶的任何人均可成为本罪的主体。[1] 其二,本罪的主体是一般主体。在司法实践中,主要是从事交通运输的人员,同时非交通运输的人员也可以成为本罪之犯罪主体。[2] 其三,本罪的主体除了一般主体外,还包括航空人员、铁路人员以外的从事交通运输等人员。[3] 其四,本罪是一般主体,在司法实践中常常表现为在公路、水路从事运输的自然人。[4]

---

[1] 参见杨春洗、杨敦先主编:《中国刑法论》,北京大学出版社1998年版,第341页。
[2] 参见高铭暄、马克昌主编:《刑法学》,北京大学出版社、高等教育出版社2000年版,第375页。
[3] 参见张明楷:《刑法学》(下),法律出版社1997年版,第584页。
[4] 参见何秉松主编:《刑法教科书》(下卷),中国法制出版社2000年版,第717页。

其五,本罪的主体仅仅包括违反交通管理法规而肇事的自然人。①

（2）关于交通肇事罪行为人的主观意图问题。

法学界对交通肇事罪的行为人主观方面的认识已达成共识,即行为人由于过失而实施该行为。但是,他们仍然对以下问题有争执:其一,过失中的注意义务是以结果预见义务为核心,还是以结果回避义务为核心产生争执。② 其二,交通肇事罪中是否存在共同过失问题,学者冯金银认为,交通肇事罪不存在共同过失的问题③;而另一些学者则认为该罪存在共同过失问题,这是一个客观的社会存在④。

（3）关于交通肇事后逃逸界定的讨论。

法学界对肇事后逃逸的界定有如下四种方式:其一,以王作富教授、黄京平教授为代表,他们认为所谓逃逸即从事故现场离开的行为。其二,以高铭暄教授、马克昌教授为代表,他们认为所谓逃逸肇事者通过逃逸逃避法律追究的(系列)行为。其三,以姚诗、冯江菊教授为代表,他们认为,肇事后逃逸是肇事者遗弃被害人的行为,姚诗教授认为,停留在事故现场的不救助也是逃逸;而冯江菊教授认为,驾驶人员若将同行者留在事故现场救助,自己离开事故现场则不应定性为逃逸。其四,以黄伟明教授为代表,他们认为只要离开肇事现场就应定性为逃逸,无须考虑是否对被害人施救。

（4）关于交通肇事逃逸的解释问题研究。

其一,交通肇事逃逸行为是否能为交通肇事罪基本罪构成要件所包含。一方面,主流观点认为,交通肇事逃逸行为能为交通肇事罪的基本构成要件所包含,并以《最高人民法院关于审理交通肇事刑事案件具体应用法律若干问题的解释》作为言说基础;另一方面,也有学者质疑将交通肇事逃逸行为作为交通肇事罪基本罪的构成要件。

其二,关于交通肇事后逃逸包括逃逸致人死亡能否解释为交通肇事罪的结果加重犯。对此有两种观点。支持者认为,交通肇事后逃逸包括

---

① 参见吴振兴主编:《新刑法罪名司法解释适用全书》,中国言实出版社 1998 年版,第 150 页。
② 参见刘艳红:《交通过失犯认定应以结果回避义务为基准》,载《法学》2010 年第 6 期。
③ 参见冯金银:《交通肇事罪认定中的几个问题》,载《政法论坛》2004 年第 4 期。
④ 参见侯国云:《交通肇事罪司法解释缺陷分析》,载《法学》2002 年第 7 期。

逃逸致人死亡是交通肇事罪的结果加重犯。反对者则认为,交通肇事逃逸为故意行为,其不能被交通肇事过失犯之行为所包含。

其三,交通肇事后逃逸能否成立交通肇事罪的情节加重犯。一方面有的学者认为,交通肇事逃逸是交通肇事罪之后的情节加重犯,同时以《最高人民法院关于审理交通肇事刑事案件具体应用法律若干问题的解释》关于交通肇事逃逸定罪规范为依据。另一方面,有学者质疑赞成者,进而提出如是观点:逃逸行为本身既应不是交通肇事罪的犯罪情节,也不应当是其造成的行为结果;它本质上应是行为人不作为意义上的故意不救助,已超出交通肇事罪基本犯的构成要件。

其四,交通肇事后的逃逸行为能否成立转化犯。有的学者认为,在交通肇事后逃逸的语境下,肇事者基于其先前过失行为而产生的救助或帮助义务以防止更严重危害结果发生;当行为人故意不履行作为义务而导致结果加重时,该行为可按故意犯罪处理,进而产生从过失犯罪转化为故意犯罪的现象。更有其他学者认为,根据《刑法》第133条的规定,"交通运输肇事后逃逸"的情形不应当对后一行为进行刑法评价,而应当成立交通肇事罪即可,不应产生转化问题。

另外,学术界对交通肇事罪的研究还有其他方面的成果和文献,但主要对其的综合研究,如学者李凯所著的《交通犯罪的刑法规制》,该著作对交通肇事的各方面作了个全面、深入、细致的考察[①],类似著作还有李朝晖所著的《交通肇事罪司法适用研究》、扈晓芹所著的《交通肇事罪理论争议研究》。[②] 这些研究都属于纯刑法学领域的研究。

(三) 本节的基本问题及其研究方法

正如前述,国内对交通肇事罪的研究主要局限于刑法学的研究。很少有文献从其他学科、视角观察交通肇事罪,即使相关的案例书(如学者邓思清主编的《刑事案例诉辩审评——交通肇事罪、危险驾驶罪》涉及该罪名的第一审、第二审、再审的叙述,但其研究的中心问题也在于从实体

---

① 参见李凯:《交通犯罪的刑法规制》,法律出版社2017年版。
② 参见李朝晖:《交通肇事罪司法适用研究》,南开大学出版社2016年版;扈晓芹:《交通肇事罪理论争议研究》,中国社会出版社2013年版。

角度展开对案件事实的认定问题讨论①)也基本上不涉及该罪的诉讼程序(及其法官的司法过程),其他相关研究则更少。

在这里,对交通肇事罪的研究,笔者主要不从刑法学角度审视,而是主要从刑事诉讼法学、司法制度角度观察和审视交通肇事罪。不过,需要注意,这里的审视不是对罪名本身的研究,而是以交通肇事案例为例研究刑事法官的司法过程。为什么要以交通肇事罪为例呢?一方面,交通肇事的各方(包括被害人、被告人、保险公司、公、检、法、司等权力部门)均不愿意交通事故的发生,更不愿意有严重的财产损失或重大人员伤亡(如果以制造交通事故实施其他犯罪行为不属于本罪的评价范围,也因而不在讨论范围之内)。因而,当其一旦发生,所有涉案主体的基本意愿不仅仅在于解决被告人刑事责任问题,更在于对赔偿、抚慰等相关问题进行妥善处理。另一方面,由于涉及因素诸多,而且还有市场因素的介入(保险公司等市场主体作为保障),该案及其背后涉及的社会问题的处理机制(还有国家在立法上的均衡配置)已经相当成熟、完善,进而毋庸更多的其他权力因素(深层次)介入。

因此,在这里,考察法官在交通肇事罪中的司法过程之基本意旨在于观察当权力没有介入或者说很少介入的情况下,法官司法考量了哪些因素,进而对照有权力介入、关注语境下,法官司法过程中考量的各种因素。② 或者说,在没有权力介入的语境下,法官的司法过程可以更好地展示法官、刑事合议庭、刑事审判委员会等相关组织的内在深层关系。

为了达到考察目的,笔者采用的研究方法是个案分析法。因为考察法官的司法过程是一个微观观察,只有渗入到具体个案,以全景图的方式展示案例的运行全过程探求法官的司法过程。但这还不够,我们还需要对法官展开访谈,以挖掘案例、卷宗隐藏起来的重要信息。就这里而言,我们主要以M市中级人民法院(刑一庭)审理的两个交通肇事案为中心

---

① 参见邓思清主编:《刑事案例诉辩审评——交通肇事罪、危险驾驶罪》,中国检察出版社2014年版。

② 对此,请参见本章第三节。

展开讨论;在讨论之前,我们还需要对此做一点点说明:

首先,以中级人民法院审理的交通肇事案进行观察的优势。根据中国现行的管辖制度,交通肇事案件一般由基层人民法院审理第一审,中级人民法院负责第一审的案件非常少。[①] 因此,中级人民法院审理的交通肇事罪案件一般为第二审,即使有例外也由于极其稀少,进而可以忽略不计。根据中国的审级制度(两审终审制),通过中级人民法院审理的交通肇事案即告审结,当我们观察中级人民法院审理的交通肇事罪案件时,一方面该案有一定的争议(上诉人或者对刑期不服,或者对赔偿金额不服),另一方面,该案在此终结,该案所能经历的(刑事)诉讼程序也已呈现完毕。我们通过该案不仅仅可以观察第二审,更可以观察第一审,这是一种全景式的观察视角。

其次,虽然我们仅详细描绘两个交通肇事的刑事案例,但笔者并不限于此。在课题调研组所收集的资料中,我们对 M 市中级人民法院近五年的交通肇事案例作了一个基础性梳理,除了统计相关数据外,还收集了 10 余件典型案例,仅是由于篇幅之限制而选择其中两例作深度展示。同时更需要提醒的是,在详细描绘具体案例时,我们没有选择危险驾驶罪(案例),而是仅仅以传统交通肇事、亦即典型的交通肇事罪案件为例进行考察。

再次,我们对案例的分析不仅是对案例的静态描绘,我们也对两个案例涉及的承办法官、合议庭成员进行的详细访谈,以探求法官司法的动态过程,因为卷宗、统计数据也无法全面揭示法官的司法过程。

因此,在本节,我们的研究方法仍然是实证研究方法,在采取具体方法时以个案分析法、以对(承办)法官深度访谈为主。

[①] 正如笔者在前文对 M 市两级法院交通肇事案件的统计数据,中级人民法院审理一审交通肇事罪案件从 2012—2016 年间都只有两例。

二、刑事合议庭的司法过程:基于系列交通肇事案卷宗的分析

(一)交通肇事罪中的程序与审判组织:以 F 区田某交通肇事案为例的考察

首先,当事人基本情况、案件基本事实

第一审情况:

公诉机关 M 市 F 区人民检察院。

附带民事诉讼原告人 M 市 F 区民政局,地址:M 市 W×街 6 号,法定代表人邓某某,系该局局长。

被告人暨附带民事诉讼被告人田某:男,生于 1987 年 8 月 31 日,身份证号码 5×0704198708314911,汉族,M 市人,初中文化,系出租车驾驶员,住 M 市 Y 区玉河镇黄连庙村 6 组。

附带民事诉讼被告人:M 市兴达出租汽车有限公司,法定代表人尹某,系该公司董事长。

附带民事诉讼被告人田学某:男,生于 1967 年 1 月 12 日,住 M 市 Y 区玉河镇黄连庙村 6 组,系肇事出租车车主。

附带民事诉讼被告人:太平财产保险有限公司 M 中心支公司,地址:M 市 F 区滨河北路 38 号愿望大厦 4 楼,负责人赵某,系该公司经理。

第二审情况:

原公诉机关 M 市 F 区人民检察院。

上诉人(原审附带民事诉讼被告人之一):太平财产保险有限公司 M 中心支公司,地址:M 市 F 区滨河北路 38 号愿望大厦 4 楼,负责人赵某,系该公司经理。

诉讼代理人邓晓某,S 省 J 律师事务所律师。

被上诉人(原审附带民事诉讼原告人):M 市 F 区民政局,地址:M 市 W×街 6 号,法定代表人邓某某,系该局局长。

诉讼代理人奉某,S 省 F 律师事务所律师。

被上诉人(原审被告人暨附带民事诉讼被告人之一)田某:男,生于 1987 年 8 月 31 日,身份证号码 5×0704198708314911,汉族,M 市人,初中文化,系出租车驾驶员,住 M 市 Y 区玉河镇黄连庙村 6 组。

原审附带民事诉讼被告人：M市兴达出租汽车有限公司,法定代表人尹某,系该公司董事长。

原审附带民事诉讼被告人田学某：男,生于1967年1月12日,住M市Y区玉河镇黄连庙村6组,系肇事出租车车主。

案件基本事实：2015年3月22日1时53分许,被告人出租司机田某驾驶某BA4318号出租车,沿M市CH路由东向西行驶,行至"苏宁电器"路口之时,因出租车辆行经人行道未让行人,与横过人行横道的行人(无名氏,男)发生碰撞,造成被害人受伤的交通事故。后经人民医院抢救,最终因伤势过重而于当日死亡。经公安机关交通管理部门认定：被告人田某负此次事故的全部责任,行人(无名氏,男)不承担任何责任。

其次,刑事诉讼程序的展开。

(1)M市F区人民检察院以MF检刑诉(2015)357号起诉书指控被告人田某犯交通肇事罪,并于2015年12月9日向F区人民法院提起公诉。2016年3月2日,M市F区民政局代被害人(无名氏,男)提起附带民事诉讼。F区人民法院受理之后,立案庭根据内部分案规则(一般案件轮流办案)将其分配给法官W(W即承办法官)。法官W依法邀请两名陪审员组成刑事合议庭,于2016年3月15日公开开庭审理了此案：

公诉机关认为：被告人田某违反交通运输管理法规,发生重大交通事故,致被害人(无名氏,男)死亡,其行为触犯了《中华人民共和国刑法》第133条,应当以交通肇事罪追究其刑事责任。

附带民事诉讼原告人M市F区民政局诉称：2015年3月22日1时53分许,被告人田某驾驶某BA4318号出租车沿M市CH路由东向西行驶,行至"苏宁电器"路口,因行经人行道未让行人,与横过人行横道的行人(无名氏,男)发生碰撞,造成行人受伤经医院抢救无效于当日死亡的交通事故。现诉请法院判令被告人田某,被告人太平财产保险有限公司M中心支公司,被告人M市兴达出租汽车有限公司,被告人田学某赔偿被害人无名氏的死亡赔偿金、丧葬费共计265022元。

刑事被告人田某：对公诉机关指控的犯罪事实无异议。对附带民事原告人的赔偿请求,被告人田某和附带民事诉讼被告人田学某表示愿意赔偿,但赔偿之标准应按农村人口生活水平计算。被告人田某的辩护人以被告人认罪态度好,有自首情节为由发表辩护意见。

附带民事诉讼被告人 M 市兴达出租车有限公司提出:公司只是一个投保人,不应承担赔偿责任。

附带民事诉讼被告人太平财产保险有限公司 M 中心支公司提出:民政局无诉讼主体资格,不应赔偿。

法院:被告人田某违反交通运输管理法规,因而发生重大交通事故致人死亡,其行为已触犯国家刑律,构成交通肇事罪。被告人田某自动到公安机关投案,并如实供述犯罪事实,属自首,可以从轻或者减轻处罚。被告人田某因犯罪行为给原审附带民事诉讼原告人造成经济损失,除承担刑事责任外,还应承担相应的民事赔偿责任。原审被告人田某受雇于原审附带民事诉讼被告人田学某,而肇事出租车某 BA4318 是由 M 市兴达出租汽车有限公司投保管理,故附带民事诉讼被告人田学某、M 市兴达出租汽车有限公司应承担连带赔偿责任。太平财产保险有限公司 M 中心支公司应当在车辆强制保险范围内承担赔偿责任。根据《中华人民共和国刑法》第 133 条、第 67 条、第 72 条、第 36 条、《中华人民共和国民法通则》第 119 条之规定,判决如下:

被告人田某犯交通肇事罪判处有期徒刑 1 年,缓刑 2 年。由被告人田某赔偿附带民事诉讼原告人 M 市 F 区民政局(作为被害人无名氏的代理人)死亡赔偿金人民币 252600 元。该赔偿款项,由附带民事诉讼被告太平保险股份有限公司 M 市 F 支公司在判决生效后赔偿附带民事原告人 11 万元;余款 142600 元由被告人田某在判决生效后 5 日内支付,附带民事诉讼被告人田学某、M 市兴达出租汽车有限公司一并承担连带责任。

(2)第二审刑事审判程序:一审判决宣判后,附带民事诉讼被告人太平财产保险有限公司 M 中心支公司不服,向中级人民法院提起上诉,中级人民法院受理后,根据法院内部规则(一般案件轮流分配),分配到法官 D,由其负责承办,依法邀请法官 Y、副庭长法官 Z 组成合议庭(由法官 Z 担任审判长)。经阅卷审查,认为本案事实清楚,决定不开庭审理本案,通过刑事合议,其结果具体情况如下:

原审被告人田某违反交通运输管理法规,发生重大交通事故致人死亡,其行为构成交通肇事罪。被告人田某自动到公安机关投案,并如实供述了自己的犯罪事实,属自首,可以从轻或者减轻处罚。原审被告人田某因犯罪行为给原审附带民事诉讼原告人造成经济损失,除承担刑事责任外,还应承担相应的民事赔偿责任;原审被告人田某受雇于原审附带民事诉讼被告人田学某,而肇事出租车某 BA4318 是由 M 市兴达出租汽车有限公司投保管理,故原审附带民事诉讼被告人田学某、M 市兴达出租汽车有限公司应承担连带赔偿责任。太平财产保险有限公司 M 中心支公司应当在车辆强制保险范围内承担赔偿责任。上诉人太平财产保险有限公司 M 中心支公司所持"F 区民政局不是适格的附带民事诉讼原告人,不具有死亡赔偿金权利请求人的资格;不应对死亡赔偿金承担赔偿责任;即使对死亡赔偿金承担责任,也不应按城镇居民的赔偿标准来计算"的上诉意见,经查,由于原审被告人田某的犯罪行为给被害人家属所造成的经济损失,依法应当赔偿,但因被害人死亡,且经公告暂无人员来认尸,其身份无法查明,被害人的亲属暂无法行使赔偿请求权,为保护被害人亲属的合法权利,在我市尚未设立交通事故社会救助管理机构的情况下,由 F 区民政局作为原告人代被害人亲属主张权利应予认可。虽然本案被害人难以认定其是否为城镇居民,但被害人因道路交通事故死于城镇,其死亡赔偿金应按城镇标准计算更为妥当。故其上诉理由本院不予支持。原判认定事实清楚,适用法律正确,审判程序合法。据此,依照《刑事诉讼法》第 189 条第(1)项:原判决认定事实和适用法律正确、量刑适当的,应当裁定驳回上诉或者抗诉,维持原判之规定,裁定如下:驳回上诉,维持原判。

(二)交通肇事罪中的程序与审判组织:以×县陈某×交通肇事案为例的考察

首先,当事人基本情况、案件基本事实。

第一审情况:

原告人(公诉机关):×县人民检察院

附带民事诉讼原告人:潘某×、潘喜某、潘富某,均系×县 HY 镇人,系被害人潘光×之直系晚辈亲属。

被告人:陈某×,男,生于 1992 年 6 月 15 日,汉,S 省×县人,中学文化,系×县能达电子商务有限公司驾驶员,家住×县 HY 镇光明四季村五组。

附带民事诉讼被告人:×县能达电子商务有限公司,法定代表人:何某某(系该公司经理)。

第二审情况:

上诉人:原一审被告人,陈某×。

其他诉讼主体:M 市人民检察院、原一审附带民事诉讼原告。

案件基本事实:2015 年 2 月 15 日 20 时 40 分,被告人陈某×驾驶长安牌轻型普通货车,从×县 HY 镇驶往×县 L×镇方向,行至中立路 17KM+850M 路段,与行人潘光×相撞,直接导致被害人潘光×当场死亡,车辆受损的交通事故。被告人陈某×以为仅仅是撞到某种障碍物,因而并不在意、继续前行,当其行驶至 1000 米左右察觉车辆有问题时,停车检查,发现货车前侧撞坏、车牌也掉了,并有大量血迹,随即驾车返回。当其到达事故现场(从离开到回到现场,共计不到 10 分钟),被告人陈某×发现,交警已经到达现场,开始勘验现场,当交警问明情况(陈某×自己坦诚自己是肇事者),警察将其拘留(2015 年 2 月 15 日),随后提请逮捕,检察院批准了侦查机关的逮捕申请书,随即拘押于×县看守所。2015 年 2 月 19 日,交警作出认定,该次交通事故,由陈某×负全责,行人潘光×没有责任。

其次,刑事诉讼程序的展开:

(1)侦查、起诉程序:交警接警后,来到事故现场,当陈某×承认自己是肇事者,勘验事故现场结束后,即将该案移交×县刑警大队。刑警大队随即对陈某×采取强制措施,对其拘留,并于 2015 年 2 月 18 日提请逮捕,20 日获得检察院批准,并与当日对其逮捕。2015 年 2 月 21 日,×县公安局对该交通肇事案侦查终结,并于 2 月 26 日移送×县人民检察院。×人民检察院于 3 月 19 日向×县人民法院提起公诉。

(2)刑事第一审审判程序:×法院立案后,根据立案庭的内部规则(一般案件轮流分案),由法官 L 负责承办。法官邀请了两名人民陪审员

组成了三人的刑事合议庭,于 2015 年 7 月 15 日开庭审理:

公诉机关认为:行为人陈某×构成交通肇事罪,导致被害人潘光×当场死亡,且在交通肇事后逃逸,应当负全责,请求法院判处被告人有罪,建议量刑 3—5 年。

附带民事诉讼原告人认为:被告人陈某×驾驶货车导致被害人潘光×当场死亡,根据交警交通事故《责任认定书》应当由陈某×负全责,因而请求法院依法追究被告人刑事责任和要求承担民事责任(丧葬费、死亡赔偿金、处理后事事宜误工费、交通费等 54.1724 万元人民币)。

被告人(及其辩护律师)认为:首先,对交通肇事行为认罪,但其认为自己是初犯,应当减轻处罚。其次,对检察机关提出的事实,即被告人交通肇事后逃逸提出质疑、反对,认为行为人前行 1000 米左右即停车检查,发现车辆受损和有大量血迹时随即回到事故现场,前后时间不到 10 分钟,不能认定为逃逸,而且在主观上也没有逃逸的意图;当回到事故现场,即向交警坦诚自己是事故的肇事者,应当认定自首。最后,认为原告人主张的赔偿金额太高(不应包括精神损失费用)。

从法院立案到法院判决前的时间里,附带民事诉讼的原告人与被告人接受×县北坝镇人民调解委员的调解,在自愿、合法的基础上,于 2015 年 7 月 20 日双方达成如下共识:其一,陈某×就自己的肇事行为造成被害人潘光×死亡而给被害人家属带来的伤害道歉,并愿意赔偿数额 38 万人民币的赔偿金。其二,附带民事诉讼原告人接受被告人陈某×的真诚道歉,并以书面方式表达谅解被告人陈某×的肇事行为、接受其积极的悔罪表现。

第一审法院认为(即一审判决主要内容):首先,被告人陈某×违反交通运输管理法规,发生致人死亡的重大交通事故,其行为构成交通肇事罪,检察院的指控事实、罪名成立,判处有期徒刑三年六个月。其次,被告人陈某×交通肇事导致被害人潘光×死亡应当承担民事责任(所有费用共计 374764.5 元),附带民事诉讼被告人×县能达电子商务有限公司承担连带责任。再次,驳回附带民事诉讼原告人其他诉讼请求。

(3)刑事第二审程序:被告人陈某×不服一审判决,于 2015 年 9 月

18日向M市中级人民法院提起上诉,由中级人民法院立案庭立案:根据M市中级人民法院的内部案件分配规则(即一般案件轮流分案),该案由刑一庭法官G承办,该法官邀请该刑事审判庭庭长法官A担任审判长,法官D担任审判员,组成一个由三名审判员参与的刑事合议庭。

该案第二审于2015年11月10日开庭审理:

上诉人(原一审被告人)及其辩护律师认为:首先,陈某×返回现场并向交警坦诚自己是肇事者的行为属于自首。其次,当时是晚上九点,夜间行驶,视线不好,上诉人并未察觉到撞上被害人(潘光×),当继续行驶1000米左右时停车检查,发现大量血迹和车辆受损情况后立即还回现场,前后不到10分钟,不应当认定为交通肇事后逃逸。

M市检察院指派代理检察员杨某某出庭支持公诉,他认为:上诉人当时是驾车逃逸十分钟后又转回到现场是事实,上诉人的行为属于逃逸行为,上诉人的坦诚不是自首。因此,原一审法院认定事实清楚、证据确实充分,请求二审维持原判。

二审法院认为:

合议庭合议:承办法官G认为被告人陈某×不构成逃逸,主观上没有逃逸的故意,而且当其意识到问题时,立即返回现场。晚上九点,属于夜间行驶,视野不好是一个基本事实,我们无法确定被告人当时是否察觉到撞人的事实,且在意识到后10分钟返回现场,并承认自己是肇事者,应当根据有利于被告人的原则,认定被告人肇事后逃逸不成立。法官D认为,只要有离开事故现场的事实,即构成肇事后逃逸,审判长法官A也认为上诉人陈某×构成交通肇事后逃逸。

审判委员会讨论:法官D对此仍然有异议,请求审判长提请审判委员会讨论,审判长带着承办法官向主管副院长汇报了案件基本情况。主管副院长同意该案进入审判委员会审理程序:

由主管副院长主持会议①,由两名其他副院长、两名专职委员、一名调解中心主任、各庭庭长共计8名,共计13名成员出席(占所有审委会成员的80%以上),符合开会的条件:① 承办法官提交内部审理报告(并附有

---

① 院长出差,其委托主管刑事的副院长主持该次审判委员会会议。

相关法律条文),同时汇报案情,包括不构成逃逸的事实、理由,包括被告人陈某×如果不能在量刑上有更多的减轻和更灵活的刑罚执行方式则妨碍民事赔偿实现的情况,还包括合议庭合议的情况;② 审判委员会委员分别发言,主持人最后发言,随即投票,以10∶3的比例作出如下事实的认定:不能认定被告人构成交通肇事逃逸,可以适用缓刑。

基于此,(第二审)刑事合议庭作出如下判决:维持原来一审附带民事诉讼涉及民事赔偿部分的判决;撤销原一审关于被告人陈某×构成交通肇事罪、判处三年六个月有期徒刑的刑罚,另行判处构成交通肇事罪,判处有期徒刑3年、缓刑3年(缓刑考验期从判决生效之日起算)。

(三)交通肇事罪中的程序与审判组织:基于前述案例(卷宗)的初步分析

根据前述两个案例,并结合我们对M市两级法院的调研①,我们可以对交通肇事类刑事案件作如下观察:

首先,交通肇事类刑事案件涉及主体众多,不仅仅有公诉机关、被告人(及其辩护人),更有被害人及其家属一方,还有可能涉及保险公司、地方民政部门等部门的参与。② 这与其他类刑事案件很不一样,以(商业)保险公司为例:保险公司首先是一个市场主体(市场经济的必然产物),但在交通肇事类(刑事)案件经常可以看到其身影,是为民事赔偿责任(民事侵权的必然要求)的重要承担者:其一,交强险,亦即机动车交通事故责任强制保险。更具体地说,无论被保险人在交通肇事事故中是否有责(包括酒驾、毒驾等),保险公司均应在该责任范围内承担民事赔偿责任。其二,商业保险,则是保险公司与被保险人约定在一定条件理赔或者不理赔的合同。当被保险人违反该规则时(如可以约定肇事后逃逸、酒驾等可以拒绝

---

① 这里的调研,主要是针对刑事诉讼制度在交通肇事类案件中的运行展开,包括侦查的启动、展开和管辖、审理等一般事项,不涉及具体案件的调研和访谈。

② 地方民政部门在公益事项上发挥越来越多的作用,比如说田某交通肇事一案,被害人为无名氏,如果没有一定的主体代理该无名氏,保险公司或者被告人的赔偿则无着落,对被告人之量刑必然有影响(其实,这种情况越来越普遍,曾经引起2017年1月5日《今日说法》的关注,即《20170105 无名氏之困》。该案虽然不完全一样,却也类似:一位司机交通肇事,死者为无名氏,为了减轻刑事责任,其自首、赔偿,却找不到赔偿款的领受人,最终由公安机关、最终是相关基金单位(即社会救助基金中心)受领。不过,在法律上却引起了争议)。

理赔),保险公司可以拒绝理赔,该责任则由在交通事故中负有责任的当事人(及其负有连带责任的相关人)承担。

(中国)保险制度、保险公司的成熟运行,意味着被害人及其家属一方的损害可以得到较好补偿(这一赔偿可能不是全部补偿,特别是在中国精神损失的赔偿基本上得不到任何支持的语境下更如此)。因此,它可以减轻被告人之赔偿难度,可以在无形中减少被告人之社会危害性,进而可能在量刑上、刑罚执行方式上更加灵活。

但是,从中国现行的涉及交通肇事的诉讼程序看,附带民事诉讼与刑事诉讼由同一审判组织(或者合议庭,或者独任庭)合并审理,当诸多主体参与时,必然引起诉讼程序的复杂化,比如说前述的田某交通肇事案,由保险公司提起上诉。而一旦上诉程序启动,一场"新"的刑事诉讼程序启动,因为中国现行刑事第二审也是对事实认定和法律适用的全面审理,而非仅仅就上诉涉及的范围而论。如果上诉之请求有错,法院还可以通过启动审判监督程序纠正之,进而增加这类案件的复杂性和不确定性。

其次,除了赔偿之外,最终的事项即被告人的刑事责任问题,即被告人是否有罪、应当如何量刑的问题。在交通肇事案中,有以下几个问题值得关注:(1) 交通事故中的人员、财产受损情况(多少人受伤、重伤、死亡,财产损失多少);(2) 在交通事故中,由交警根据法律认定的驾驶员与被害人之责任(分配)情况,其也影响被告人之罪否,如果有罪、其可能刑期的问题;(3) 有无交通肇事后的逃逸情况,其决定着被告人的量刑多少问题(即法定刑升格的问题)。

再次,在我们叙述中的两个案例中,无论是刑事第一审,还是刑事第二审,均由合议庭进行审理。如果结合调研①,我们还可以作如下申述:初

---

① 在M市两级法院进行调研时,我们对交通肇事案件的审判组织形式进行了调研。

级人民法院审理交通肇事的第一审,大约有60%的案件组成合议庭审理①,更确切地说,由审判员或者助理审判员一名和两名陪审员组成三人合议庭进行审理。原因在于这类案件涉及的事项多、主体多,进而成为相较于其他类型案件而言是更有影响力的案件。中级人民法院审理的第二审交通肇事罪案件,均由合议庭,且均以审判员(或者助理审判员)组成合议庭的方式展开,无论是以开庭方式,还是以不开庭的方式审理均如是。

如前述,赔偿情况与量刑问题(包括刑罚的执行方式,主要是否缓刑)在司法实践中有密切关系,亦即民事责任与刑事责任在有附带民事诉讼的情况下会产生相互影响——在调研中,对法官访谈的情况也证实了这一密切关系。基于此,被告人一般都积极赔偿(即使没有保险公司理赔的情况也会积极赔偿),以争取判处3年以下有期徒刑,因为只有3年以下

---

① 以 M 市三个具有代表性的法院为例:
(1) 以 J 市人民法院(该法院是县级市,由 M 市代管)为例,其基本情况如下:

年份	2012	2013	2014	2015	2016
交通肇事案(刑事)	30	31	31	36	46
合议庭审理	16	23	17	29	37
独任庭审理	14	8	14	7	9
合议庭审理占据比例	53.3%	74.1%	54.8%	80.1%	80.4%

(2) 以农业县 X 县为例:

年份	2012	2013	2014	2015	2016
交通肇事案(刑事)	85	48	60	75	63
合议庭审理	64	32	30	52	45
独任庭审理	19	16	30	17	18
合议庭审理占据比例	75.2%	66.7%	50%	69.3%	85.7%

(3) 以小县 D 县为例:

年份	2012	2013	2014	2015	2016
交通肇事案(刑事)	14	15	14	16	12
合议庭审理	8	9	7	9	7
独任庭审理	6	7	7	7	5
合议庭审理占据比例	57.1%	60%	50%	56.2%	58.3%

该三县基本上可以代表整个 M 市交通肇事刑事案件的基本情况,根据上述表格,我们可以得出如下判断:除了个别年份外,均有60%以上的交通肇事案件以刑事合议庭的方式进行审理,个别年份达到80%,进而平均每年可以达60%。

有期徒刑方可能以缓刑的方式执行。一旦该目的不能实现,被告人(作为附带民事诉讼的被告人)赔偿的动力急剧减少,如果保险公司拒绝理赔或者没有购买保险的情况下,被害人利益(赔偿款)的实现则有相当之难度。

因此,该类案件的审判组织形式有差异,申言之(根据调研):

(1)当保险公司的理赔金额有保障,被告人与被害人家属能够就赔偿金额达成共识并能较好执行时,该交通肇事案比较简单,一般采用独任制审判,占据总的交通肇事(罪)案件的40%左右。

(2)一旦被告人没有买保险,或者虽然购买保险,但在一些事项的出现(如酒驾、毒驾、逃逸等行为的实现)后导致保险公司拒绝理赔时,赔偿则应当由被告人承担,进而增加了附带民事诉讼原告人要求的赔偿金额实现的可能性,诸多问题变得具有不确定性,增加了案件的复杂性。因此,法院一般采用合议庭方式组织审理。

不仅如此,当赔偿情况与量刑出现不一致时,被告人或者相关诉讼主体将对一审判决提起上诉或者抗诉,其还可能进入到审判委员会,最终交由刑事审判委员会决定,如本案陈某×交通肇事一案,最终进入到 M 市中级人民法院审判委员会。

最后,在交通肇事案中,法官、刑事合议庭之司法过程:基于卷宗的描绘。

根据卷宗描绘,我们还可以发现一个基本情况:无论是独任庭法官,抑或合议庭法官,还是审判委员会委员均关注事实问题(在交通肇事中,主要关心是否逃逸、赔偿金额、城市或者乡村人口问题),基本上没有合议庭法官或者审判委员会委员对法律问题作出解释、解读。侦查终结时,侦查机关制作的起诉意见书、公诉机关制作的移送起诉意见书、法院制作的判决书均主要描绘事实、陈述事实,而决定事实的过程(也看不到实质上对事实的争议)很少看到、法律条文更多只是提及而已。

进而言之,如果仅仅根据卷宗,法官详细罗列事实(注意,这不是论证事实的成立,虽然我们可以认为其是中国式的事实认定方式)、罗列法律,即根据司法"三段论"得出他们需要的法律判决。即使阅读到刑事合议笔录、内部审理报告,关于事实认定过程的证成,最多能够窥看到一些事实争议,但绝看不到对法律的选择、解释和适用过程。

总而言之,仅仅根据卷宗,我们的前述内容是对法官、刑事合议庭的司法过程的静态描绘。对构建刑事法官在该类案件的司法过程而言,还有些欠缺,缺少了对法官司法的动态观察。我们还得继续寻找其他方法探求之,请看下面对承办法官的详细访谈:

三、诉讼程序与审判组织的动态运行——基于访谈的考察

正如前述,我们选择的两个案例,均来自 M 市两个基层人民法院,也都提起上诉。田某交通肇事案来自 M 市 F 区人民法院,陈某×交通肇事案来自 M 市×县人民法院,最终都上诉到 M 市中级人民法院,由中级人民法院的二审而终结。我们对该两个案件所涉及的两级人民法院的承办法官(包括合议庭合议法官)进行了详细访谈,资料初步整理如下:

首先,被访谈法官及其所在法院的基本情况。

该两案刑事第一审法官,即案件承办法官,其他两名合议庭成员则为人民陪审员。根据现行司法体制,该种审判模式是相当于独任制审判,因而我们仅仅访谈了该案的承办法官 W(田某交通肇事案的承办法官)和承办法官 L(陈某×交通肇事案的承办法官)。他们在刑事审判庭办理刑事案件均有五年以上工作经验、年龄分别为 37 岁和 41 岁。当该两案上诉到第二审(M 市中级人民法院刑一庭)时,该案分别为法官 D(该案合议庭成员还有法官 Y、副庭长法官 Z)、法官 G 承办(该案合议庭成员还有法官 D、该庭庭长法官 A),因此共计五名法官。因此,我们在这里的访谈涉及三个法院的 7 名法官。

这 7 名法官工作的法院的基本情况:L 法官所在的法院×,是一个农业大县,刑事案件也比较多,该刑事审判庭的交通肇事案件也比较多,当我们深入观察×县人民法院法官的司法过程时,应当可以反映中国农业大县(至少是西部农业大县)法院法官在交通肇事案件中的司法过程。W 法官所在的法院 F,是 M 市最大的市辖区、也是 M 市最发达的市辖区,对该区法院刑事法官在交通肇事案件的司法过程也有典型性。M 市中级人民法院则是 S 省第二大城市的法院,在西部地区具有典型性,在全国属于三线城市,在西部地区相当有典型性。

其次,法官眼中的刑事诉讼程序。

我们对前述 7 名刑事法官涉及刑事诉讼程序的访谈资料进行整理,根据每名法官的发言情况,并根据行文需要而有所侧重,具体情况描绘如下:

法官 L:……我们刑事审判庭在 2015 年共审理交通肇事案 75 件,我承办 20 件。2016 年共 63 件,我承办 25 件(入额后,刑庭审案的法官减少,办案量增加)。在全市法院中,我们法院的刑事案件也属于比较多的法院,因而交通肇事案件也较多,仅次于 M 市 F 区。绝大部分案件一审即告生效,只有少数(大约有 5 件,自己承办的案件每年 1—2 件)提起上诉,比如说陈某×一案由我承办时,被告人提起了上诉……交通肇事一般都附带民事诉讼,涉及很多诉讼主体,一般采用合议庭审理,由于每一位法官承办的案件都比较多,因而合议庭的组成方式一般为一名审判员和两名人民陪审员组成合议庭。案件的所有事项均由承办法官负责……陪审员只有开庭时出庭(一般一起案件开庭一次)、合议时合议(通常一件案件合议一次)……其实与独任庭审判一般无二,基本上是承办法官对案件结果起决定性作用……

法官 W:……我们承办的交通肇事案件一般在合议庭即可作出决定,很少进入到审判委员会。交通肇事案件是非常普通的刑事案件,在车辆保险制度比较健全的社会,该类案件容易得到较好处理,被害人家属也容易接受赔偿、谅解被告人。

……比较难的案件,是没有车辆保险(包括没有购买保险和刚刚超过保险期)的交通肇事案。这类案件的赔偿得由被告人自己赔偿,赔偿数额与被害人家属的期望相差较大的话,被害人家属很难出具谅解书,继而影响量刑、刑罚的执行方式……此类案件承办法官通常会将其提交审判委员会,最终以审判委员会的讨论结果作为判决结果……这类案件也容易引起上诉,或者被告人就量刑及其执行方式(被告人特别期望以缓刑方式执行,而非执行实刑)提起上诉,或者被害人家属一方为赔偿问题提起上诉……

法官 G(中院刑一庭法官):……上诉到中院的刑事案件(包括交通肇事案件)在实践中均由合议庭审理。承办法官负责所有事项的准备,其他合议庭成员也常常只在开庭之时参与、合议时参与一次合议,如果承办法官与合议庭成员有严重分歧,承办法官一般要提请庭长提交审判委员会(一般是庭长向主管副院长汇报,主管副院长同意即可进入)。以我承办的陈某×交通肇事一案为例:该案分配到我手上时,我负责所有程序性事项,包括送达、开庭、撰写判决书等。其他两名合议成员参加开庭一次,合议一次。合议时,由我汇报,在汇报中其他两名成员阅读了起诉书、第一审判决书,最终合议结果是 2∶1,我是少数意见。但我坚持自己的观点,因而再次向庭长(庭长是合议庭成员)汇报,要求提交审判委员会。庭长同意,带着我向主管副院长汇报案情,主管副院长同意提交审判委员会讨论,最终讨论结果同意了我的观点。判决书执行了审判委员会的讨论……

……但这类案件比较少,而且是否提交审判委员会取决于庭长的观点或同意……

法官 D(中院刑一庭法官):……中院的交通肇事案件,最终决定权都在合议庭。只有当承办法官想提交审判委员会时,他需要经庭长、主管副院长同意方可进入审判委员会讨论。在 S 省(M 市所在省)实行员额法官后,能够进入到审判委员会的交通肇事案件非常少。在我承办的田某交通肇事一案中,保险公司提起上诉,质疑 F 区民政局的主体资格问题,虽然在我心里并不质疑,但在法律上这是一个问题(并没有法律明文授权该主体可以起诉并在胜诉后接受赔偿款),需要审判委员会讨论,当我向庭长汇报时,由于不是一个事实问题,庭长拒绝提交审判委员会……

法官 Z(中院刑一庭副庭长):……我一直负责一个合议庭(合议庭成员比较固定),交通肇事案件从处理程序和结果看,比较"简单"、也比较成熟,基本上可以在合议庭内决定,每年我们合议庭的交通肇事案件进入到审判委员会的只有 1—2 件……

法官 A(中院刑一庭庭长):在我从事的刑事审判中……各个基层法院上诉到中院的交通肇事案件中,有 80% 都没有必要。案件大部分案情简单,事实认定正确,法律适用准确……而当事人,或者被告人因为刑期及其执行方式的不服,或者因为赔偿数额(包括保险公司对赔偿数额或者是否理赔有异议,如前述田某交通肇事案中的保险公司提起上诉)没有达到预期……但这基本上是法官裁量权范围内的事情,首先没有错,更多也只是法官的偏好、经验带来的差异……它们在合议庭之内即可得到最终解决。

……剩下20%左右的(交通肇事)案件,有争议,但主要为事实争议,很少有法律争议,其中的绝大部分案件均在合议庭得到较好处理,剩下1—2件,则提交审判委员会。

再次,法官的司法过程。

我们也对交通肇事案件中刑事法官、刑事合议庭的司法过程情况进行访谈,整理如下:

法官L:……交通肇事案件通常比较"简单",在各处都有监控的情况下,事实相对来说容易确定,证据也非常充分,被告人对事实也能如实供述和承认。在此类案件中,我们对事实本身投入时间并不多,当保险公司赔偿充分并没有逃逸等加重情节时,赔偿、量刑及执行方式均能较好合而为一……此时,该案是一个简单案件。法律适用更是简单,只需"罗列"条文,实际上我们有选择法律、适用法律的过程(但时间都比较短,有时自己都没有注意到)。在此类案件中,我们主要关注与刑事责任有关的民事赔偿,两者间有密切联系,而非关注事实的因果关系、犯罪构成要件,法律适用等。

法官W:……如果没有保险公司理赔,案件的难度增加,但不是事实认定和法律适用本身的问题,而是交通肇事案件涉及事项、主体较多,进而成为所谓的"复杂"案件。我们在此情况下也追求被害人(家属)一方可以得到的赔偿数额和被告人量刑(及其执行方式)的最佳结合点,以实现社会的最大和谐、纠纷解决,亦即党和国家倡导的实现司法、纠纷解决的法律效果、社会效果和政治效果三者的统一……

法官G:……在交通肇事上诉案件中,争议的主要有赔偿款项,量刑(多少)、刑罚执行方式,与案件事实本身的认定很少有直接关系,这类上诉案件占据80%以上。即使有事实争议的话,也主要是被告人是否具有逃逸的问题,它是一个真正的事实问题……

法官Z:……关于交通肇事后的逃逸认定,在司法实践中,法官的处理比较简单、粗暴,通常认为只要一离开则构成逃逸……我以前也这样处理……随着司法经验的增加,对交通肇事罪、交通事故认识的积累,发现逃逸本身还需要进一步界定和厘清……

法官 A:……交通肇事案件,法院领导主动关注少,即使作为庭长的我也很少关心,它就是普通类型的刑事案件。有保险公司等市场主体的介入,但很少有外来因素对其关注、介入。而且既有案件(指导案例)、法律条文对此有完善、健全的规范,属于非常成熟类的案件……

四、法官的司法过程或者说司法时的考量因素:基于前述卷宗和访谈的总结

根据前述的卷宗和访谈所呈现出的关于 M 市两级法院交通肇事罪案件的景象,我们可以对其做一番总结和一些推论,请看下面的详细叙述:

首先,就交通肇事(刑事)案件本身而言:它是过失犯罪,而且一旦发生,所有人都是"受害者"。但这也是风险社会、技术社会发展面临风险时需要付出的必要代价,我们不可能因为该风险而禁止汽车、货车等交通工具的使用,更不可能禁止驾驶。因此,需要国家认真对待,引导并建立社会保障制度以降低该类事故的负面影响。除此之外,还应当有市场的参与,保险公司介入,由其对交通事故进行理赔进而减轻了国家、当事人的负担,将社会风险降到最低程度。当市场经济发展到 30 余年后的当下中国社会,市场的保险业、保险公司也运行相当成熟,该类事故、案件的处理也积累了诸多成功的案例。

另外,随着科技的发展,特别是中国监控技术的兴起、普遍运用,涉及交通肇事的绝大部分案件事实的证据收集相对容易,对此之事实认定通常能达到事实清楚、证据确凿的标准。

基于此,交通肇事类刑事案件并不引起社会大众的关注,也很难引起领导的关注,甚至批示。它们是刑事审判庭中比较好处理的案件,更确切地说,刑事法官可以比较独立地作出判断和决定的一类案件——当然,不代表它本身不是一类重要的刑事案件。

其次,该类案件的审理方式:

(1) 就基层人民法院而言,交通肇事案件以合议庭方式审理的频率仍然高于独任庭方式(即使在交通肇事较少的落后地区,基本上也是各占50%①),而且合议庭审理一般是一名审判员和两名人民陪审员组成的三人刑事合议庭。但究其实质,合议庭审理,或者独任庭审理,两者并无二致,在此时,我们可以说以刑事合议庭审理,相当于以独任庭方式审理,但前者的司法成本更高。②

(2)就 M 市中级人民法院而言,由于是上诉案件,审理该类案件的刑事审判庭普遍以合议庭方式审理。

再次,法官、刑事合议庭的司法过程:

(1)在基层人民法院:如果以独任庭方式审理,正如前面的调研,该类案件之赔偿事宜已经达成,并无所谓的附带民事诉讼,事实清楚、简单,证据确凿,行为与结果间的因果关系也简单,司法过程也容易,法官能独立作出判断,即独立作出法律判断(判决)。在这时,法官的司法在各方力量的"辅助"下(赔偿事宜、谅解等均可很好实现)完美达到法律效果、社会效果、政治效果的统一,虽然主要以法律效果展现(因为后两者无法得到体现,也毋庸得到体现)。

如果是以合议庭的方式审理,事实认定也比较简单、法律适用也不复杂,其复杂之处在于当附带民事诉讼提起时,在被告人没有保险公司理赔的情况下,案件显得更复杂,但不是案情本身复杂,而是因案件涉及的多元主体参与而产生的复杂社会关系。但刑事合议庭的运行方式也比较简单,人民陪审员一般只在开庭和合议时出现,其他所有事项均由承办法官负责;因而,基本的司法格局是承办法官一人认定事实和适用法律,其他两名陪审员之意见更多只是附议而已。

(2)在中级人民法院:中级人民法院审理的交通肇事罪案件绝大部分为上诉案件,均以合议庭方式进行审理,而且均为审判员或者助理审判员组成的三人刑事合议庭。在该形式下,运行模式如下:承办法官负责所有事项,其他合议庭成员主要在开庭、合议时参与该案,申言之:由承办法官

---

① 以 P 县法院为例:该法院 2012 年共审理交通肇事罪案件 14 件,合议庭审理 7 件;2013 年 6 件,合议庭审理 3 件;2014 年例外,只有两件,均以合议庭方式审理;2015 年 8 件,以合议庭方式审理计有 4 件;2016 年共计 7 件,以合议庭方式审理有 4 件。

② 参见本书第三章相关章节。

汇报案情,其他合议庭成员简单了解案情、证据的情况下发表法律意见。合议庭判决以合议、投票之结果作为判决结果。在此时,所有合议庭成员的判断的确是独立判断(但不会独立阅卷、更多只是简单阅读起诉书)。①因此,我们可以作出判断,中级人民法院交通肇事罪案件在本质上仍然是承办法官在独立办案,其他两名合议庭成员的参与度不高。

在司法过程中,法官不仅仅着重该案的法律效果,也重视该案的社会效果,亦即在法律框架下,运用自由裁量权尽量兼顾判决的社会效果。更确切地说,法官的司法过程将适当为了社会效果而忽略一些法律效果,或者说两者同等地体现在判决结果之中。而这一决策过程在表现形式上非常一致:罗列基本事实和证据(在判决中,法官简单罗列不同意见,但通常都被粗暴对待,亦即主要罗列自己认定的事实,不同事实简单略过)、罗列涉及的法律条文(并将涉及的法律条文附在判决书之后),根据简单的司法"三段论"得出判决结果,并不是法官通过逻辑、法律方法论证事实和选择、解释法律后论证判决结果。②

又次,刑事审判委员会在交通肇事罪中的地位和作用。

交通肇事案件在刑事审判庭中属于"简单"案件,很少有机会进入审判委员会,绝大部分案件由刑事合议庭即可作出最终决定。如果案件需要进入刑事审判委员会,首先需要承办法官向庭长汇报,并经庭长、主管副院长同意,方可进入刑事审判委员会。通常情况下,在涉及赔偿、量刑(及其执行方式)相关事实有重大争议时,方有可能进入,而且还得由承办法官主动提起。在审判委员会讨论时,一般也由承办法官汇报案情、准备内部审理报告和相关法律条文;在汇报的基础上,审委会委员依次发言(通常从该案所属的刑庭庭长开始,主持人院长或者主管副院长最后发言),并投票作出决定,该决定由合议庭执行。

(刑事)审判委员讨论案情时,更多也是对案件事实展开讨论,很少,甚至没有关注法律适用问题。

最后,法官承办交通肇事罪案件的考量因素。

根据前述,我们可以离析出承办法官、合议庭、审判委员会讨论所考

---

① 但是,此种情况容易产生一种现象,承办法官可能在私益考量下误导其他合议庭成员。
② 这应当是中国刑事判决书撰写的通行做法。

量的因素:(1)承办法官、独任庭法官更多考量案件判决的法律效果(事实确凿、证据充分,法律适用准确),(2)在合议庭审理的交通肇事案件中,承办法官和合议庭其他成员则不仅仅需要考量法律效果,更可能考量判决结果的社会效果,(3)对于刑事审判委员会讨论案件,则主要考量案件的社会效果(和政治效果)。

五、本节结语

在交通肇事罪案件中,刑事合议庭、(承办)法官之司法过程之所以呈现前述状态,如果对照本章第三节之内容,其深层原因基本类似,在此,我们只作如下初步罗列:首先,法院当下的考核体制、工作量、法官享有的司法尊严决定了法官并不关心他人承办的交通肇事案,即使作为刑事合议庭的组成成员;其次,法官的职务晋升制度、法官的收入情况也决定了他们在交通肇事案中没有动力去关注他人案件。因此,在交通肇事案件中,案件均以承办法官制度方式展开,与职务犯罪案件在此保持了一致。虽然有60%以上的该类案件以合议庭方式审理,但因当下的考核体制令案件有合议庭审理之"名"、但却无其"实",而贪污渎职案件中却有部分案件有真正合议庭合议之"实"。进而,与其说是合议庭、审判委员会之独立判断、集体决策,还不如说是承办法官(相对)独立办案。

最后,我们可以对前述内容作一些总结:

一方面,在交通肇事案件中,虽然法院内有诸多主体(各种形式的审判组织)参与,却仍然只有承办法官办理案件,其他人并没有真正参与,其他主体也不真正关心该案,或者说其他主体参与度并不高。① 承办法官在司法过程中,很少以法律逻辑方式论证判决结果,相反他们常常以罗列方式极力掩盖自己内心的真实想法和判断。

另一方面,还有两点值得注意:(1)司法逻辑的高度雷同:在交通肇事案件中,对案件事实本身并无太多争议,他们的司法过程也比较简单:以罗列事实、罗列法律和判决结果的方式表现具有中国特色的司法"三段论"。② (2)基本背景相同,该类案件上级法院、其他部门领导关注很少,

---

① 但凭借既有司法经验,在内心会产生不同想法,却从不表达。
② 对此,还可以参见本章第三节。

无论是独任庭审理,或者合议庭审理,抑或还有审判委员会讨论,判决书都是法官独立判断或者集体决策的产物。

从刑事合议庭运行模式、审判委员会讨论方式看,其他主体在理论上仍然有机会影响、干预该类案件,只是由于该类案件的特殊性而没有必要影响、干预而已。[①] 因此,法官的这种独立性非常有限,当有必要时,其他力量、因素干预、影响能随时达致,正如本章第三节对贪污渎职类案件的分析。如果从司法实践角度观察,与职务犯罪案件中外来的政治/行政因素进行比较,这种干预、影响度在量上的确很少了——这是一种真正的"看得见"的进步。

本章小结

通过前述三节对刑事法官在刑事诉讼程序中司法过程的详细描绘,虽然不能全面地揭示刑事诉讼程序与司法过程中的刑事合议庭运行模式(亦即刑事法官司法的全景图),却也可以勾勒如是过程的基本线索,而且通过有选择地分析(系列)案例,进而其呈现出一种具有一些历史发展感的司法过程。现在,我们可以对其总结:

首先,就案例的选择来说:本章对刑事法官司法过程的研究即决定了不可能采用数理统计的方式展开,只能求助于具体个案。当然,不可否认,仅有个案剖析并不能充分展示刑事合议庭中法官的思考过程。为了弥补这一缺陷,我们选择了系列案例(如果以当下对案件的计算标准计量的话,包括武松系列案例、薛蟠打死冯渊系列案例十个、职务犯罪刑事案件四个、交通肇事刑事案件两个,凡计十六个案子)以更充分地展示法官的司法过程,展示法官司法可能受到的影响因素,或者说刑事合议庭法官作出判决时可能考量的基本因素。

除了数量之外,这些系列案例还存在着内在逻辑关系:(1)就武松系列案件来说,虽然主角是武松,但从法官司法过程中,武松经历的系列案

[①] 当然,也不是说绝对没有其他力量的影响、干预。在我们的访谈中,当我们涉及该问题时,所有法官均表示没有任何力量、因素的影响和干预,能够独立办案。但在私下时,也有法官表示,偶尔也有人来说情,但通常没有用,只有在法律框架内(在其裁量范围内)酌情考量(他表示,在中国社会,这一情况无法避免)。

件所接触的法官(由作为行政长官的知县、知府兼任)包括了地方政府各级法官;而且这些案件均为一般刑事案件,与官员本身的贪污贿赂犯罪没有关系。这类案件可以揭示出最一般案件中法官的司法过程,如果涉及官员犯罪、特别是政治性的刑事案件,法官的司法过程比前者必当更甚。(2)虽然薛蟠打死冯渊一案只有一名法官,即贾雨村,但他却在该案中处理了具有前后因果关系的六件案件(包括四件刑事案件,两件民事纠纷);这类具有因果关系的系列案件可以更好地反映帝制中国刑事法官处理案件的司法技术。(3)职务犯罪案件的选择则充分考量了四起案件所涉及官员的领导级别(从一般科员到副科、再到正处,最后至副厅级领导干部);其可以更好地反映政治/行政等因素渗入、影响法官司法过程的程度和基本方式。(4)两起交通肇事案件,虽然案件间没有任何关系,但两个案件均经历一审和二审(刑事诉讼程序运行殆尽,相当于已穷尽所有常规的救济手段),而且在二审中,还有一名法官作为两案的合议庭成员。

总之,当我们精心选择典型案例并以四组系列案例作为考察对象时,完全可以弥补个案研究之缺陷,对于揭示、解释刑事合议庭法官的司法过程来说,基本材料已经比较丰富(而且还有对承办法官、合议庭法官的详细访谈资料)。

其次,合议庭审理刑事案件之诉讼程序。

众所周知,刑事诉讼程序不仅仅是实现刑法之工具,其更有自身之价值,即程序正义价值。这是一种看得见的正义,正如法言,"正义不仅仅要实现,更要以看得见的方式实现"。此亦被现代法治国家奉为应当遵守的基本价值。虽然西式法律、特别是程序法与中国传统政制、司法文化迥异,我们仍然可以从中探寻到刑事案件中的程序价值,申言之:

其一,对帝制中国来说:通过《红楼梦》《水浒传》中系列刑事案件,我们仍然可以观察到刑事案件诉讼程序的启动、展开和终结。① 当然就薛蟠打死冯渊一案来说,程序的启动、展开和终结描绘简单,但武松杀嫂一案大致勾勒该案经历的地方两级政府(知县县衙、知府府衙两级)和中央审

---

① 其实,这一点不仅仅在明清小说中可以看到,我们也可以从其他途径获得,比如说日本学者通过《史记》等资料对李斯一案的诉讼程序、审判程序进行了充分挖掘(对此的详细分析,请参见〔日〕籾山明:《中国古代诉讼制度研究》,李力译,上海古籍出版社2009年版,第28—46页)。

刑院等诉讼程序方告终结。

但是,从诉讼程序运行的结果看。由于这些案件均为错案,进而当时表现出来的诉讼程序并没有达到真正地追究和惩罚犯罪的程序效果。相反,这些(看得见的)程序成为法官枉法裁判的遮羞布。之所以如此,在很大程度上,不仅仅(刑事)法律,包括诉讼程序并不是他们严格遵守的规则,仅仅是一种参考、参照而已,亦即法官不仅可以不严格遵守程序,甚至随时可以修正和调整程序,或者说即使有一些习惯法意义上的程序,却不是被强制遵守,它并没有现代刑事诉讼程序意义下的严格遵守意蕴(即不遵守即不发生法律效果)。

其二,对现代中国来说:根据卷宗、访谈,我们即可充分窥探到刑事案件中的现行刑事诉讼程序。根据卷宗、访谈,我们可以发现,法官们(包括检察官、律师等主体)均严格遵守诉讼程序,因为不遵守诉讼程序可能导致诉讼行为的无效、引起对既有判决的上诉审和再审。但是,我们仍然可以看到如是一个事实,即刑事诉讼程序并不能抵御来自政治因素/行政因素的影响和干预,虽然这一干预的方式已转变为主要通过程序的渠道进行。

总而言之,刑事案件中的诉讼程序在帝制中国也大致得到遵守,在当下中国得到更严格遵守。但这一"看得见"的正义实现方式仍然有诸多瑕疵,不时受到一些政治/行政因素的影响。

再次,刑事合议庭、刑事法官的司法过程。

在绝大部分案件中,采取哪一种刑事审判组织形式并不重要,最基础的审案制度是承办法官制度(即使在涉及高级领导人的职务犯罪案件,其最基础的底色也是承办法官制度),承办法官负责所有事项。只有在重大职务犯罪案件(或者说至少在性质和程度上等同的刑事案件)中,合议庭成员充分参与,合议庭合议、刑事审判委员会讨论方是现代意义上的合议与讨论,刑事合议庭呈现出作为一种决策组织的基本角色和司法功能,虽然也有瑕疵。对此,可以作如下申言:

其一,就事实认定而言。我们的法官主要罗列事实,罗列控方的事实、证据,罗列辩方的事实和证据,然后通常作如是表示,即"经过本院或本合议庭审理,认为如下事实得到确认"或者"控方或辩方某某事实不属实"。然而,正常的司法过程,或者说法律判决书应当以逻辑的方式证成,即：(1) 分析、展示证据的证明能力，(2) 并应当将所有有证明能力的证据作一个形成被告有罪的完整证据链证明，或者作一个达到排除合理怀疑（或内心确信）的综合判断展示出来，(3) 判决书以此为判断的事实基础。

因此，我们可以说，中国刑事合议庭、独任庭的法官在认定事实事项上存在严重缺陷。

其二，就适用法律而言。从适用法律角度看，判决书更是无从体现其选择法律、解释法律、适用法律的过程。我们在判决书中只能看到法官对相关法律的罗列（并将涉及刑法、刑事诉讼法（包括相关司法解释）条文全文附在判决书后）。这也是中国法官司法中的严重缺陷。

其实，除此之外还有两者相结合的缺陷，即事实认定与法律适用间的错位问题，即当对法律的解释有两种以上可能时，所谓的事实认定与不同解释间形成错位，进而可能形成错案。

因此，正是上述三项可能的缺陷，或者说法官司法过程中存在三项模糊地带（其间也可能有交叉）。这为其他因素（如政治/行政因素）的介入、影响带来了可能。的确，在不同类型案件中，这些因素有不同的表现形式：在简单案件，如交通肇事案件中，其他因素毋庸介入，甚或可以说已经很少能够介入；在一般复杂、重大案件中，需要合议庭法官、审判委员会委员审慎对待，以实现法律效果、社会效果和整治效果的统一，但也很少有外来因素介入（特别是强力的干预和影响基本上消失了）；在重大复杂的职务犯罪案件中，我们仍然可以看到政治/行政因素可以通过一定的程序、渠道对案件量刑产生影响。

总而言之，如果与帝制中国知县、知府等法官的司法过程进行对照的话，我们可以看到现代法官的司法过程有巨大进步，却也同时看到他们在认定事实和适用法律的方式在本质上殊无差异。

又次，除此之外，对法官司法的其他约束因素。

通过前述整理的访谈资料看，刑事法官司法过程的情况不仅仅取决于法律技术，更取决于刑事合议庭刑事法官作为个人的其他诱发因素：

(1) 收入问题。当法官的收入不高时，他们对审案这份工作的态度是"冷淡的"，而其还可能将其收入与审案密切联系在一起，如果不能联系，则更可能消极对待。进而，在重大职务犯罪刑事案件中，法官审案的态度积极，即有经济因素的激励（虽然不多，也不是最重要的影响因素）。

（2）政治荣誉、可能的职务晋升因素。在中国当下体制下，收入与职位成正相关。因此，当审理重要、重大职务犯罪案件与立功制度有直接关系时，其对合议庭法官产生积极正面的刺激作用，他们常常将之与高的政治评价、可能的职务晋升联系在一起，进而努力工作、认真合议、讨论，并真诚接受有关部门的关注。

（3）工作强度、休闲与工作尊严。当工作强度越来越高，休闲很难得到有效保障（不仅仅是休闲时间问题，更是休闲的质量问题）时，法官的职业尊严很难得到提升，进而影响法官的工作心态和部分行为方式。

简言之，法官的收入、工作强度情况或者休闲质量、职务晋升情况虽然不能直接影响案件的结果，却能影响法官的工作态度、心情，进而可能间接影响案件之结果。

总而言之，通过本章对三类案件司法过程不同层面的详细描绘，反映了前述三章所描绘的基本景象，即作为刑事审判组织的刑事合议庭、刑事法官在刑事案件中的司法过程及其表现与本书前述三章描绘的情况相契：（1）从法律规范和司法体制实践看，刑事审判组织呈现如是关系，即：一方面，刑事合议庭与刑事独任庭的运行逻辑基本一致，更确切地说，中国刑事合议庭与刑事独任庭没有本质差异，其基本底色为承办法官制度，是为缩小版的"刑事合议庭"；另一方面，刑事审判委员会同样如此，是为扩展版的"刑事合议庭"。（2）中国刑事审判组织的这一关系在具体刑事案件中得到充分体现，虽然不同类型的案件有所差异，但本质没有变，即：中国的刑事合议庭运行具有政治/行政权力运行的逻辑性质，进而导致法院内部领导与法官之间形成如下关系，即：刑事案件承办法官→刑事合议庭→刑庭庭长→主管副院长→院长主持的审判委员会→上级法院（直到最高法院）；他们在事实上可以形成了一种"命令—服从"关系。（3）因此，考察（刑事）法官即考察刑事审判组织，但以法官为中心的考察，特别是对法官在刑事案件中的司法过程进行考察可以更形象、生动体现之。

如果展望未来，我们需要思考，刑事合议庭应当如何改革？为了保障作为刑事合议庭的基本成员的法官能够公平、公正司法、客观司法，应当对以法官为中心的配套制度、司法制度作哪些改革？在笔者看来，只有一点，即在法治视野下审视和改革中国刑事合议庭——这是下一章即将分析的内容。

第六章　法治视野下的中国刑事合议庭改革

一、导论：中国刑事合议庭的基本现状

刑事合议庭是审判刑事案件的基本组织、基础组织，对其的研究不能局限于组织本身，应当对其展开多维度、多视角的观察。笔者花费四章的篇幅（作为一种组织的刑事合议庭的基本原理，作为一种组织的刑事合议庭在中国现行法律文本和司法实践中的基本现状，中国刑事合议庭中的人即法官，刑事合议庭的运行亦即刑事案件中的刑事合议庭运行）对其作了四个层面考察，展示了一幅丰富、立体的中国刑事合议庭景象，现可以总结如下：

首先，从国家颁布的系列法律文件看：

1949年以来，中国的刑事审判组织，根据法律（包括现行法律和已经失效的法律），有三种形式：刑事独任庭、刑事合议庭和刑事审判委员会。不同历史时期，三种组织负责刑事案件的范围有所差异，但1979年颁布第一部《刑事诉讼法》以来，它们负责的范围大致确定：刑事独任庭负责事实清楚、证据确凿的简单刑事案

件。① 其他案件均由刑事合议庭负责。刑事审判委员会只负责合议庭审理案件中的部分重大、复杂、疑难案件（其实，还包括特定类型案件，如可能判处无罪的案件、可能判处缓刑的案件），与前两者最大的区别在于审判委员会委员不直接参加庭审。

根据现行法律本文，中国刑事合议庭有两方面内容：一方面，合议庭之成员组成（包括准入）、合议庭的庭审规则和评议规则（如民主、平等、独立、投票顺序等规则的设置）等制度设置均符合现代社会的基本理念、基本规则。如果从制度设计角度看，这已经是一个非常现代化的（刑事合议制度、刑事合议组织）法律制度。但另一方面，现行有效法律文本中的部分规则又有意无意让承办法官、审判长、庭长、副院长、院长之间形成了一种领导与被领导的关系，如审判委员会会议的启动权没有直接赋予法官，而是掌握在院长之手；又如院长、副院长、庭长仍然有若干机会参与和影响合议庭，虽然这一情况从法律文本史看在逐渐减少。

简言之，法律文本中的两者并存于一体，有分歧、矛盾，甚至冲突，比较真切地反映了中国当下刑事合议庭的基本现状。

其次，从司法实践的运行现状看：

法律文本中的中国刑事合议庭，作为一种立法设计的组织，即有诸多行政化的印迹。当我们揆诸司法实践时，刑事合议庭的运行模式表现出更多的行政化色彩。这一点可以通过与刑事独任庭、刑事审判委员会的运行模式对比得到更充分地展示。简单地说，虽然三个刑事审判组织有审案范围的分配，但其运行模式却没有多少差别，可以申述如下：

其一，刑事独任庭。该组织审理的刑事案件一般来说是案情简单、事实清楚的案件，独任庭法官有独立办案的权力。但仍然有法院内部的领导签发制度、请示汇报制度、院内考核制度对其有诸多约束，进而在理论上领导仍然有控制权、确认权（即使当下的司法改革取消了这一签发制

---

① 当然，所谓的简单案件随着科技的发展、案件数量的变化而有所不同；在刑事案件还不多的时候，虽然也是刑事合议庭、独任庭负责所有刑事案件，但合议庭审理了绝大部分案件；当刑事案件随着诉讼大爆炸时代的到来，更多原来由合议庭审理的刑事案件归属到简单案件（根据2018年《刑事诉讼法》包括两类，适用简易程序案件和适用速裁程序案件），由独任庭负责。

度,也没有在事实上改变领导对案件的影响力①)。

其二,刑事合议庭。虽然刑事合议庭有三名合议成员②,却常常由于承办法官制度而使其他两人只是在形式上凑数、在决策时简单投票而已(一般为赞成票③),进而刑事合议庭形同刑事独任庭。申言之:承办法官将承揽所有事项(包括程序事项、认定事实和适用法律的事项),当合议、评议之时,由其向合议庭汇报案情,其他成员主要根据汇报的案情发表意见,进而形成合议决议。因此,刑事合议庭承办法官相当于独任庭法官。

其三,刑事审判委员会。刑事审判委员会讨论重大、复杂、疑难刑事案件,一般由承办法官介绍案情、草拟内部审理报告(准备基本案情、争议点和可能需要的法律条文),刑庭庭长负责补充。其他审判委员会委员据此发表意见,主管副院长最后发表意见(如果院长出席,则由院长最后发表意见),合议庭根据委员会之决议结果执行。这一决策模式在很大程度上使刑事审判委员会仅仅是刑事合议庭的扩展而已。

简言之,我们可以说,刑事合议庭是扩张版的刑事独任庭,或者说刑事独任庭是刑事合议庭的简化版。进而言之,无论是合议庭,抑或审判委员会,即使在独任庭中,(承办)法官与法院领导在各种请示汇报中与审判长、刑庭庭长、主管副院长(院长)确实形成了一种"命令—执行"的权力逻辑关系(即有浓厚的行政化色彩)。④

再次,从刑事法官的基本情况看:

(刑事)刑事合议庭与刑事独任庭在运行模式上一致,他们的底色均为承办法官制度,当辅之以请示汇报制度时,合议庭、审判委员会的讨论、决策机制转变成法官与法院领导间的"命令—执行关系",具有浓厚的行

---

① 在课题组访谈中,基层人民法院的法官均表示:虽然领导签发制度取消,但领导仍然可以对案件产生重要影响,或者说在理论上有能力控制,特别是当通过组织的名义(如刑事审判委员会会议决策的方式)作出时,独任庭法官只能执行。

② 虽然合议庭成员在理论上可以有五名或者七名,但在中国既有的司法实践中,特别是改革开放以来的司法实践,五名或七名成员组成刑事合议庭的情况基本上没有。

③ 一般情况下,其他两名法官并不阅读卷宗(没有时间、精力),承办法官也未必愿意将自己的卷宗提交其他两人审阅,因而承办法官之外的合议成员一般是根据经验、承办法官的案情介绍发表对案件的观点,当案情呈现出与其他合议成员的司法经验、常识有重大分歧或冲突时,合议中的异议才可能提出。在这时,案件应当提交庭长、主管副院长,甚至审判委员会。

④ 甚或是各方讨价还价的基础,但讨价还价的范围却是自由裁量权范围之内,与传统社会直接以行政逻辑代替司法逻辑已有相当差异,是一种理念和思维方式、行为方式的巨大进步。

政化色彩。基于此,考察刑事合议庭在本质上是考察作为刑事合议庭的基础要素,即法官(及其与其他法官,和与领导之间的内在关系)。进而言之,刑事合议庭、刑事审判委员会作为一种刑事审判组织,其运行效果不彰,合议、决策的[先"分"(即分权)后"合"(共同决策)]制度设置被虚置;作为刑事审判组织中的成员,法官个体(包括法官与其他法官的行政命令关系,特别是个体间的私人关系)成为审理案件最重要的要素,亦即刑事法官个人情况(能力、经验、个人状态等)的重要性得到全面凸显。

当我们揆诸中国司法制度的实践(特别是保障法官之配套制度),这一情况堪忧:

其一,刑事法官从准入上看,他们在从业前学习到的法律专业知识、法律技能并不丰富,其职业生涯对专业知识的积累亦无明显提升,虽然学历越来越高、在职培训越来越频繁、种类也越来越繁多。如果要深入探讨法官的知识积累的话,只有一途,即刑事法官审理刑事案件更依靠司法经验(而非知识)的持续积累而非增加(的)知识与技能达致。

其二,还有,对于(刑事)法官而言,在中国现有体制下,在职业生涯中,收入、职务晋升是非常重要的标志其成就的要素。虽然刑事法官在收入、职务晋升上的空间并不大,但仍然是法官追求职业成就、标示其成功的基本途径和方法。进而,收入情况、职务晋升情况及对其的追求(包括中国语境下的各种方式)容易影响(刑事)法官在审理刑事案件中的行为方式和态度。

其三,从法官的工作压力与休闲情况看。当我们从法官审理的案件量(即工作强度)、(年)休假情况、法院内部绩效考核等视角考察法官的职业尊严时,法官在从事刑事审判工作中工作量越来越大、考核事项也越来越多,休闲质量却不高,进而他们不能从中获得极高的职业尊严、职业荣誉。在本质上,他们仅仅是一名熟练的技术工人或者说"司法民工"。

总而言之,刑事合议庭、刑事审判组织中的法官,在中国现有体制下,不可能实现法官在审理刑事案件的工作中达到收入、职务晋升与职业尊严的平衡,他们在此更多只是一个熟练之工人而已。

最后,从刑事合议庭审理的刑事案件看:一方面,当刑事案件在法官、刑事合议庭与审判委员会之间以刑事诉讼程序展开时,前述法官之间、法官与领导之间具有的内在"命令—执行"关系可以到充分体现。而且无论哪种类型刑事案件,都能看到其或弱或强的影响,亦即我们只能说在某些案件中(如交通肇事案件),法官处于独立办案状态,但在理论上,即使是这类案件仍然可以看到他人(有能力)对承办法官有影响,甚至很大影响。

另一方面,我们的确可以看到在有些(类型)案件(比如说贪污贿赂职务犯罪案件)中,合议庭的运行模式已经有了质的变化,虽然仍然以承办法官制度作为底色:在这类刑事案件中,合议庭成员共同阅卷、认真听审,积极独立评议、合议,并形成合议庭的意见和决议,进而是一个真正的刑事合议庭,一个有真正合议的合议庭。

因此,我们可以作结:无论是刑事合议庭,还是刑事合议庭中的法官均问题重重,而且还相互缠绕、相互影响,并在具体刑事案件中得到充分体现。面对这些问题,我们需要追问的是,如何改变这一现状,或者说如何更有效地改变现状,因为有些改变只是形式上的改变,而其运行模式、本质没有任何变化。具体到这里,我们将从哪些方面改革现有的刑事审判组织、刑事合议庭组织的运行模式、改变法官的行为方式和心理态度以提升刑事案件审判的质量?

或许,这一问题还可以转变为如是一个问题:在法治状态下,在刑事审案中能实现职业尊严、个人收入(包括职务晋升)较好平衡的语境下,刑事法官可以做哪些努力(即法官可以努力的限度),立法者应当做哪些努力以更好地保障法官独立办案,保障合议庭作为一种现代组织的运行是独立法官根据规则在博弈,并以此作为判决的基础?在笔者看来,可以从两方面着手:

其一,刑事合议庭作为一种组织,我们应当根据司法规律、现代社会组织运行基本特点、决策规律等设计健全和完善的决策模式,考虑成员在决策中更良好的互动模式,而且不能只关注宏观制度设计而不考虑具体细节的规范。

其二,从刑事法官个人角度出发,根据法官的知识,在法律赋予的权限范围内,在现有政法体制下他们可以发挥主观能动性,推动中国刑事合议庭改革、推动中国法制建设。

因此,在这里,我们将从两方面提出改革中国刑事合议庭的建议或者说在对刑事合议(庭)制度作立法设计时应当考虑的因素。

二、建设法治中国的确立与刑事合议庭作为一种组织的制度建设

(一) 建设法治国家之共识逐步形成

法治已经成为现代国家的基本标志,虽然不同国家、不同学者对此的认识还有分歧,甚至冲突。① 中国近代以来,特别是晚清新政以来,法治成为中国现代化追求的重要目标。从晚清新政以来的 100 余年的时间里,前 50 年经历持续的社会动荡,各种革命、各种战争(诸如抗日战争、解放战争)贯穿始终,后 50 年中在改革开放之前还经历各种运动(共和国前 30 年),只有从改革开放到当下是和平的经济建设时期。一言以蔽之,在这 110 余年里,中国从传统社会到工业社会的转型充满曲折,并在曲折经历中探求现代化之路,并逐步意识到、认识到法治对一个国家的存在和发展的基础意义②,申言之:

晚清司法改革在辛亥革命中烟消云散,然而革命后的民国却继承了晚清新政以来的基本成果。中华民国立法机关通过宪法、组织法确立了一种共和体制、三权分立的国家体制,以大理院或者最高法院为代表的现代法院组织随着时间的推移也得到全面确立。因此,经过晚清、民国 50 年左右时间的发展,中国对宪法、法治的理解的共识也越来越多。

随着中华人民共和国的成立、"六法全书"被废除,国民政府建立的法院、司法体制也被取消,西方式的法治发展进程终止。中国共产党领导下的国家立即启动了建设具有中国特色的社会主义法治国家的历程,经过新中国成立后的 70 余年的发展也逐渐完善与成熟起来:

中华人民共和国成立后,《中国人民政治协商会议共同纲领》《中华人民共和国宪法》《中华人民共和国人民法院组织法》《中华人民共和国人民检察院组织法》陆续颁布,具有中国特色的社会主义政治体制得到初步确立。虽然法治没有得到确立,但具有中国特色的司法体制(包括法院体

---

① 参见〔美〕布雷恩·Z. 塔玛纳哈:《论法治——历史、政治与理论》,李桂林译,武汉大学出版社 2010 年版,第 1—7 页。

② 参见张千帆:《宪法学导论——原理与运用(第三版)》,法律出版社 2014 年版,第 94—153 页;何勤华、任超等:《法治的追求——理念、路径和模式比较》,北京大学出版社 2005 年版;郑贤君:《基本权利原理》,法律出版社 2010 年版,第 55—64 页。

制、检察院体制和公安侦查体制)仍然得到确立:党领导下的司法、法院专门负责审理案件等制度得到法律保障,而且与之相关的理念也逐渐形成。

随着"大跃进"、三年自然灾害,特别是"十年文革"的持续进行,对法治追求的理念不但没有得到积累,反而全面破坏了自1949年确立的司法体制、政制体制。改革开放后,鉴于"文革"中大量的侵犯人权现象,司法机关处于瘫痪的基本状况,党和国家日益重视法制建设。经过改革与开放,随着经济的纵深发展、社会急剧变迁、西方法治理念和司法制度的引介,法制、法治理念得到广泛传播①:(1) 从领导干部主动守法;(2) 到积极的法制建设(制定大量法律、特别是与经济建设相关的法律、法规);(3) 再到法治成为治国方略(于1997年十五大确立)。②

当依法治国成为治国方略、法治建设成为中国社会朝野共识后,经历10余年的实践和积累,其成果集中体现在了党的十八届四中全会通过的《中共中央关于全面推进依法治国若干重大问题的决定》。它确立了如下法治理念:具有中国特色的以宪法为中心的社会主义法律体系得到初步确立,坚持走具有中国特色的社会主义法治道路,建设具有中国特色的社会主义法治体系。

总而言之,将中国建设成法治国家,或者说建设法治中国已成为中国社会正在实践的共识。

(二) 法治语境下对中国刑事合议庭的再审视:基本特点与深层缺陷

值得注意的是,这一阶段的成就,主要是立法层面的成就,即党和国家制定了现代工业社会所需要的基本法律,形成了具有中国特色的社会主义法律体系。③ 进而言之,20世纪60年以来已经确立并初步发展了中国共产党领导下的以人民代表大会制度为中心的法律制度。但是,当下立法机关、司法机关颁布的法律、司法解释所确立的法律制度只是略具其

---

① 学者车浩曾经以刑法中的犯罪构成理论为例,详细描绘了中国向西方法治国家学习的基本路径,还将其称为"未竟的循环"(参见车浩:《未竟的循环——"犯罪论体系"在近现代中国的历史展开》,载《政法论坛》2006年第3期),这一观察同样适用于对中国法治的观察。

② 对此的变迁过程,从党的历次党代会、全会报告、公报决议等中可以阅读到(参见《十一届三中全会以来历次党代会、中央全会报告、公报、决议、决定(上、下)》,中国方正出版社2008年版)。

③ 参见蒋安杰:《立法60年呈波浪形走势》,载《法制日报》2011年3月2日第9版;陈斯喜:《新中国立法60年回顾与展望》,载《法治论丛》2012年第2期;朱景文:《中国法律发展的全景展示》,载《法制资讯》2011年第4期。

形,还缺乏法治(国家)的内容和精神,我们需要在此方面着力,以更好地规范、引导制度中行为人的态度和行为方式。具体到这里关注的刑事合议庭、合议制度改革,可以申言如下:

首先,当下关于合议(庭)制度法律规范的特点。关于刑事审判组织、刑事合议庭制度的法律规范已比较丰富,从现行《刑事诉讼法》到最高人民法院系列司法解释均对此有详细规定,甚或最近的党以一次全会报告(即十八届四中全会通过的《中共中央关于全面推进依法治国若干重大问题的决定》)对此也有所着墨,虽然非常简略。但是,当仔细审视这些法律文本,我们可以发现司法领域的法治建设也有前述特点,略具法治之形式,但缺乏法治之实质内容和基本精神。

其一,一方面,法律规范规定的基础事项、主要事项,就整体而言,都比较宏观,只能粗具其形。如独立司法是法院作为一个整体的独立①,又如获取信息的渠道(通过庭审)、合议庭应当合议且少数服从多数。另一方面,对合议庭运行不具有实质性影响的事项规定比较具体:如刑事合议庭的成员数非常具体,同时也以选择性的方式出现,或者三名,或者五名,或者七名。但在司法实践中法院在组刑事合议庭时,由三名审判员组成合议庭(或者至少一名有审判员参与组成的三名成员的合议庭)成为通行的实践,而其他形式的刑事合议庭组成形式几近消失。

其二,法律文本内部之条文间有若干直接或者间接冲突和矛盾:一方面,立法机关、司法机关(特别是最高人民法院)通过顶层设计确立了(刑事)合议庭这一现代审判组织,其与传统的知县、知府、道台、臬司、督抚一人审案迥异。同时也确立了作为一个集体组织决策的基本原则(平等原则、独立原则、共同决策等)、基本规则和运行模式。这是一个相当现代化的(刑事)审判组织。另一方面,在法律文本中也确立了与前述制度、规则相冲突、矛盾的其他规则、制度(如审判委员会制度),甚至非正式制度(如案件承办制度)。

在同一法律文本中出现了两种相互冲突、矛盾的规则、制度情况时,在法治未成之国家、社会,或者说在权力占据主导地位的语境中,这是一

---

① 不仅仅是刑事合议庭的规定这样,整部刑事诉讼法均有这一缺陷(参见蒋志如:《宪政视野下的〈刑事诉讼法·总则〉》,载《安徽警官职业学院学报》2013年第4期)。

个可以选择的情况(也即合法语境下的选择),而其主导权掌握在权力者一方。此时,权力者(刑事审判权的行使者,包括审判委员会和刑事合议庭)更可能选择对己有利、更有效率的法律规范(条文),而非对己不方便、对己不利的法律规则(不仅如此,还可能极力规避对己不利的法律规则)。进而,比较现代化、符合刑事审判规律的规则、制度往往被传统的组织,特别是传统的运行模式取代,虽然组织、制度之名义得到更新。如承办法官制度——在笔者看来——即为传统社会的知县、知府等审案模式的新形式。

其三,关键之钥:刑事合议庭(合议制度)成员在审案时的互动情况(运行模式),虽然在形式上有明确规范,却又被模糊处理,申言之:虽然现行法律规范确定了刑事合议庭之成员在审理案件时应当平等参与、独立判断、共同决策,却没有在规范上确立它们之间的位阶关系,即没有确立平等参与、独立判断实际上是"分",而且应当是处于第一位阶的优先地位(即合议庭内部法官相互分离,独立根据收集的信息判断,而不是首先讨论具体案件,这相当于一种"分权"),并在共同决策前所有事项均已独立完成,亦即独立庭审、阅卷、独立判断;在评议、合议阶段,讨论案情、发表观点(此时可以相互影响,但如果有观点、立场的改变亦应独立判断后的影响和改变),最后共同投票决策,而且在共同投票决策中,法官之间的地位平等、判断仍然各自独立,此为一种"合"。

正因为中国刑事合议庭、合议制度缺乏这一要义,取而代之的是另一种带有浓厚传统的形式:由承办法官负责所有事项,刑事案件的庭审形式化;在评议时,由承办法官汇报,其他法官根据汇报作出判断、发表意见,最后共同决策;即使在向庭长、主管副院长汇报案情和在审判委员会上讨论案件时也采用这一模式。这一模式实际上取消了法官间平等地、独立地收集案件信息,并根据信息独立作出判断的权力。

另外,还由于法院内部实践中的案件请示汇报制度[①]、刑事审判委员会讨论案情的基本模式对此产生影响。法院内、刑事审判委员会内部、刑事合议庭内部行政化色彩浓厚的前述所有要素共同决定了司法权力的运

---

① 现行《刑事诉讼法》《法院组织法》并没有确认该制度,但在中国当下司法实践中仍然没有取消,在十八大司法改革之前还比较盛行。

行模式。

其次,缺少法治精神的中国刑事合议庭实践逻辑。

中国在立法层面上确立了一个比较现代化的刑事审判组织、刑事合议庭,其却缺少现代审判组织的实质内容和法治的基本精神。进而言之,在实践中刑事合议庭(制度)这一问题上存在着如是逻辑,在形式上、正式法律规范中司法逻辑占据主导地位,但也有种种行政权力运行逻辑的痕迹。而在实践中,这一情况更甚,即法院内部运行的,甚至还很少在学术界公开讨论的制度如承办法官制度,其内在的行政(权力)逻辑占据主导地位,而司法逻辑只是审理刑事案件的参考或基础,或者说司法逻辑仅仅是其一件永不变色的"外衣"而已:

在刑事合议庭内部:刑事合议庭组成之后,庭审准备阶段、法庭审理阶段,承办法官负责所有事项,合议庭的其他刑事法官可以不参与任何事项①,讯问被告人、询问证人等均由承办法官负责。只有在法庭审理的评议阶段、合议阶段,合议庭所有成员方对刑事案件展开讨论,讨论的模式如下:在庭审阶段,合议庭其他刑事法官并无实质性参与,一般由承办法官汇报案情,根据汇报的案情,合议庭成员对此作出判断以形成该案的刑事判决。

当案情属重大或者复杂、疑难时,案件应首先提交到庭长面前,由庭长主持,庭内刑事法官参与讨论、合议,其运行的模式与合议庭类似:承办法官汇报案情,合议庭所在的刑事审判庭成员根据汇报情况形成讨论意见;但庭内讨论所得的意见并不需要合议庭严格执行,只是合议庭作出判决的参考意见。

当案件需要提交到刑事审判委员会时,其运行模式也类似。由院长(或主管副院长)主持,审判委员会所有成员参与案件的讨论,其模式也与合议庭一致:首先由承办法官介绍案情,需要时由其所在的刑事审判庭庭长补充,刑事审判委员会根据介绍的案情和讨论案情的所有资料(如内部审理报告和相关法律、法规)发表自己的意见,刑事审判委员会形成的决

---

① 刑事合议庭在庭审阶段存在"闲人",甚至两个"闲人",他们在此"身在曹营心在汉"(参见本书第三章)。

议（少数服从多数的方式）合议庭应当执行。

在这里，制度运行的逻辑不仅有司法程序的逻辑，更有行政权力运行逻辑，换而言之，主导者为承办法官及其背后的"潜伏"的权力者，他们之间通过一些内部制度形成了一种"命令—执行"的行政权力关系，同时又通过合议庭、庭长会议和审判委员会等形式实现之。或者更确切地说，行政逻辑仍然在审理刑事案件中居主导地位，虽然司法逻辑已成为法官们决策的基础。

总而言之，通过将中国刑事合议庭、合议制度放置到法治语境、中国法治建设语境下考察，中国刑事合议庭经过数十年之建设，取得巨大成就，不仅仅有规则的确立，也有若干理念共识的推进。但是，仍然有若干缺陷，即使仅从法律文本看也如是。

（三）改革刑事合议庭应当考虑的因素——法治确立视角的观察

法治问题，特别是法治的确立问题，首先是一个权力分配问题，亦即一元化的权力划分为若干项权力单元，需要处理好两方面问题，既得处理好权力之间的相互关系问题，又得处理好权力内部之职责与权限问题。

就刑事合议庭而言，立法者仍然需要首先从权力分配角度考量这一问题。根据前述，中国当下刑事合议庭的基本问题或者说内在缺陷是行政逻辑压倒司法逻辑，亦即不仅仅没有处理好刑事合议庭与合议庭成员外领导的关系，也没有处理好其与刑事审判委员会的关系；即使从合议庭内部看，合议庭成员的内部建制健全，但其运行却严重扭曲。因此，未来在考虑改革刑事合议庭的因素时，笔者认为如下要素值得考量：

首先，刑事合议庭与刑事审判委员会的外部关系。根据现行法律，审判委员会虽然是刑事审判组织，却只负责复杂、疑难案件，而且该组织也不直接审理案件，而是刑事合议庭审理之后，认为有必要提交审判委员会时，经过庭长、主管副院长同意方可提交。审判委员会经过讨论作出的决定合议庭应当执行。进而言之，该制度实际上是告诉我们如下制度逻辑：虽然一个案件由审判委员会讨论决定，却由刑事合议庭负责。这实际上是法律正式赋权于审判委员会，令其名正言顺地干预刑事合议庭法官的独立判断；如是而来的判决，与其说是刑事合议庭的合议结果，还不如说是外部力量干预的产物。

因此,当我们从权力分配的角度观察时,在将来改革刑事审判组织之际,应当以正式的法律规范切断刑事合议庭与审判委员会之间的外部干预关系,理由如下:

(1)由于中国当下审判委员会委员在法院内部一般为中层以上干部,而且会议一般由院长或者主管副院长主持,成员间的行政服从关系相当浓厚,在某种程度上某些领导可以通过该组织、程序主导之;

(2)除此之外,还有:由于委员们讨论、发表意见全依赖于承办法官的汇报、承办法官撰写的内部审理报告,承办法官也很容易误导或者说可以有意引导进而影响审委会对案件的判断。这种运行模式可能造成错案。

简言之,从内部结构和运行模式看,承办法官和某些领导容易主导、控制审判委员会,或者说,这一制度设计有被主导的可能和机会。这或许对合议庭是一种正面约束,但其负面效应可能更高。因此,在笔者看来,应当废除这一正式的审判组织。

其次,不仅如此,还有一个非正式的制度,即庭长主持的讨论刑事案件会议。虽然该讨论形成的意见、共识或结论,对刑事合议庭来说并不需要严格执行,只是参考意见。由于刑事审判庭成员相对固定,同一刑事审判庭合议庭成员相对固定,进而整个刑事审判庭的法官、副庭长、庭长间的依附关系也相当强烈。因而,即使是参考意见,也对合议庭、承办法官有相当之约束,至少可以产生一定压力。而且,在刑事审判庭所有法官参与的情况下:由承办法官汇报案情、审判长补充案情,所有法官发言,庭长最后做结。该讨论模式与刑事审判委员会的一模一样,或者说这是一个刑事审判庭内的"审判委员会"。

因此,这一模式,不管是刑事审判委员会,还是庭长主持的庭内刑事案件讨论会,实际上是在刑事合议庭中嵌入了若干"潜藏"的第三者,而且对于被告人(及其辩护律师)来说,他们还无法知晓第三者的确切人数。但对案件的确有一些,甚至很大影响,而且即使出现法律规定的回避情形,当事人也不可能对其申请回避。① 因此,庭长主持的讨论刑事案件会议,虽然不是法律上的正式制度,但对合议庭的影响不亚于刑事审判委员会,因为前者讨论的结果在很大程度上决定了庭长是否向主管副院长汇报,决定了是否提交审判委员会。

再次,从刑事合议庭内部看:刑事合议庭本身就是一个现代组织、一个集体组织,应遵从基本的司法规律、司法逻辑,包括两个方面:一方面,成员间的分权、独立、平等,此为"分"。另一方面,审理工作应当是共同审理(参与法庭调查、法庭辩论)、共同合议、评议、共同决策,此为"合"。

因此,在未来配置刑事合议庭内部成员之权力关系时,立法者应当首先将刑事合议庭内部结构设计为一个扁平结构,而非一个科层式的等级结构,应先赋权于独立的个体法官,令其有权力独立阅读、独立获取信息、独立判断,而且还应当将其放置在第一位阶的位置。在此基础上方有合议、投票之展开,并规范发言、投票之(先后)规则,以实现实质上的"合"。如是的刑事合议庭方可是一个现代的决策组织,一个成员间根据规则围绕被告人是否有罪、有什么罪进行博弈的组织。

据此,笔者在这里作出如下基本建议:废除实践中的法官承办制度、案情请示汇报制度,更要废除庭长主持的庭内案件讨论会,废除刑事审判委员会以处理好刑事合议庭作为一种赋权组织与其他权力的外部权力关系,以及与庭内合议成员间的内部权力关系。同时,立法者应当通过法律、法规和系列司法解释进一步确立保障法官独立庭审、独立阅卷、独立判断、共同讨论、一起决策的现代理念和合议规则。

三、法官司法与法治的巩固与提升

中国正处于建设具有中国特色社会主义法治道路的途中。党和国家在立法层面上的顶层设计、制度设计(权力配置)只是实现法治的一方面。另一方面,则是法官通过刑事合议庭的审案推进法治,进而实现巩固法治和提升既有法治水平的目的,因为法治的实现不仅需要立法机关的努力,

---

① 这一情况也适用审判委员会,进而中国刑事诉讼程序中的回避制度被架空;这一点笔者将以专文讨论,在此暂不讨论。

更需要司法机关、法院的推进,正如笔者在其他地方所言:……虽然通过立法方式发展法律(法治)很重要,但通过司法方式发展更重要或者更有效……①对此可以作如下分析:

(一)法官在司法、法治中的角色定位

在中国传统社会,(刑事)法官的基本职责即为审理案件、解决纠纷,恢复被破坏的社会秩序,申言之:法官(由行政长官兼任)审理刑事案件是在调查案件事实真相的基础上,根据情、理、法作出判决以解决具体的刑事纠纷,还可以根据儒学经典如《春秋》判案(被称为"春秋决狱")。进而言之,法官并不严格根据规则(一般为刑法典)判决②,也不需要对法律规则作详细解释和分析,当该案不可能成为未来案件的先例时,法官的职责仅仅是解决纠纷、恢复被破坏的社会秩序而已。如果从国家治理角度看,刑事法官的这一功能仅仅是治理社会的一个环节,它以审理刑事案件的方式实现,而且以被动方式实现。与行政官员管理社会在模式上非常类似,虽然方式不一样,后者主要以主动管理、事前管理方式展开。但在传统社会,行政管理除了收税、征兵外,其他也往往以被动方式展开,因此,司法与行政作为治理方式在帝制中国有更多相似性。

在西方法治国家:司法作为一种社会治理方式,在近代之前与传统中国并无二致。但英国国王亨利二世进行司法改革以来,经过几个世纪的发展,英国普通法、衡平法得到充分发展,全新的法官司法模式出现:其一,法官通过审理案件解决个案纠纷;其二,法官通过审理案件所实现的对事实的认定、对法律的解释、最初的判决对未来同类案件具有约束力等规则并由此演变成一种法律制度,此为法官法、判例法。法官法、判例法要求法官不仅仅审视案件、案情本身,更需要审视既有判例、解释既有判例。换而言之,要求法官仔细甄别事实、解释法律以适应社会的发展,再进而推动法律发展,推进法治进程。

到近现代,经过启蒙运动、经济发展、科技的急剧发展,一种新的体制

---

① 参见蒋志如:《从刑事特别程序审视中国法治发展状况》,载《前沿》2015年第10期。
② 当然,在"习惯法"时代,其本身并不会成为一个问题,因为习惯法、成文法与中国的礼、当时的社会道德差异不大,或者说成文法(在中国,属于国之大典为刑法,如《唐律》《宋刑统》等)是对习惯法、礼、道德的国家确认。

通过革命、战争的方式确立,即工业社会下的政治体制。在这一体制下,司法权得到进一步发展,成为与立法、行政权并立的一种权力。法官(包括刑事法官)的基本职责也得到新发展:当一元化的权力划分为三项权力(立法、行政和司法)时,社会纠纷不仅仅有普通民众的,亦有公民与权力间的纠纷,还有权力之间的纠纷。当法官审理后两种"新型"案件时,它要求法官在解决纠纷的同时审视国家其他权力机关权力行使的范围、是否合法等问题,此即履行司法审查制度之职能。①

综上所述,法官(包括刑事法官)在法治建设中应有如下三项基本职责:(1)解决具体(刑事)纠纷,这是最基本的职责,是所有时代、所有国家法官均应履行的一项基本职责。其他职责都是在此基础之上的积累。(2)在前述基础上,法官有发展法律的职责。(3)审查其他权力机关权力行使情况的职责——这在很大程度上是确认法官在巩固、推进、提升既有法治水平的作用。

(二)就刑事案件、刑事程序而言,刑事合议庭中法官的基本职责

其一,从刑事案件本身看,法官主要通过证据、程序,依据刑法等实体法对案件事实作出涵摄、确定,解释法律以解决刑事纠纷。这首先是一个例行公事的事项,是刑事法官的日常工作事项,是最基础的工作事项。但是,当既有法律不能涵盖新的事实、新型刑事纠纷时,法官不能拒绝裁判,只能通过发展刑事法律(通过刑法解释的方法解释法律,或者扩张解释,或者限缩解释,甚至立法漏洞等②)的方式解决纠纷。换而言之,刑事法官通过刑法释义学的方式发展刑法等实体法是其重要职责,虽然这一职责的行使主要以体现保障和提升被告人人权为出发点和归宿,而非以惩罚犯罪为目的。

---

① 在二战以后,大陆法系国家也专门设立宪法法院、行政法院负责该项职责(参见蒋志如:《宪法概念再探》,载《求索》2011年第11期)。

② 刑法首先遵守罪刑法定原则,在此基础上可以对刑法条文作扩张或者缩限解释,但这一解释均有一个前提,即有利于被告人原则,否则不允许,特别是类推(这也可以说是对罪刑法定原则的完整理解);对罪刑法定原则及其涉及的刑法解释问题的详细分析,可以参见陈兴良:《教义刑法学》,中国人民大学出版社2010年版,第29—60页;张明楷:《刑法学(第五版)》(上),法律出版社2016年版,第51—52页;蔡道通:《刑事法治的基本立场》,北京大学出版社2008年版,第244—265页。

其二,就刑事案件所在的刑事诉讼程序而言,刑事法官可以通过法学释义学解释刑事诉讼程序规则、证据法规则以推进和提升保障人权、惩罚犯罪的水平,进而约束侦查机关、公诉机关的权力行使情况,进而推进中国法治的发展。就人权保障而言,刑事法官可以通过扩张解释的方式赋予被告人更多的诉讼权利和利益,或者通过判例赋予被告人诉讼权利(如赋予犯罪嫌疑人沉默权)。就侦查机关、公诉机关的权力制约而言,对侦查、公诉行为的合法性进行审查,比如说对逮捕的必要性、合理性进行审查,通过审查证据的合法性(特别是非法证据排除规则)约束、规范侦查机关、公诉机关的权力行使。在此语境下,法官通过具体的刑事案例重新界定或持续调整公、检、法三机关间的权力范围。

简言之,刑事法官可以通过审理刑事案件承担着与法治社会中一般法官应当具有的三种职责:解决纠纷、发展法律,审查其他权力机关的权力行使情况(在这里,即在司法场域下审查侦查机关、检察机关的权力行使情况)。

(三)刑事法官发挥主观能动性以自由裁量权推动法治建设的基本背景和条件——以刑事合议庭改革的配套条件为中心的建议

刑事合议庭的法官要达到不仅仅解决纠纷,还要发展法律、审视侦查权和公诉权行使的目的,不是他们在主观上想努力即可努力,想实现即可实现的。就前述三项职责而言,解决纠纷是最基础的职责,它的实现也需要达到最低要求,即法官的工作应当在一个具有现代理念、规则保障和约束下的刑事合议庭中展开,或者前述关于中国刑事合议庭改革之基本建议也只能保障法官履行最低层次的职责,即法治、司法环境下审理刑事案件,即解决纠纷。而要做到发展刑事法律、审查侦查权和公诉权两项职责,除最低要求外,需要更多条件,因为后两项职责需要法官在一个良好的法治语境下发挥主观能动性,主动探索和积极追求。

这一更多条件,可以简单叙述如下:

首先,知识积累问题。没有专业的法律知识、深厚的法学理论知识、丰富的司法经验,(刑事)法官则没有能力运用法律赋予的司法自由裁量权。因此,(刑事)法官在进入法院时应当有较高职业准入以让社会信服,该法官值得被赋予自由裁量权,进而法官的判决也值得信任:系统的大学本科教育、法学教育,获得职业证书(律师资格证书、司法资格证书)、一定时间的实习或见习。进而言之,经过长年累月的专业知识积累和训练、具备丰富的法律专业知识是成为一名法官的前提条件;而且,当成为一名刑事合议庭的法官后,还应当有继续积累知识的态度和实践,包括司法经验,和继续学习法学理论的知识和常识。

只有具备丰富的法律专业知识,法官方有能力通过自由裁量权解释刑事诉讼法、证据法提升中国刑事诉讼程序中犯罪嫌疑人、被告人权利的保障情况,平衡或重新界定侦查权、公诉权与审判权间的权力划分情况。但是,具备丰厚的法学理论知识、经验只是一种能力、可能,并非事实,即这只是为法官推动法治进程提供了可能,如果要从可能变为事实还需要(刑事)法官有动力去行使这一权力,一旦有机会还愿意继续行使这一权力。

这一动力,即其次,(刑事)法官有心情,并愿意行使这一自由裁量权,否则法官可以消极怠工,申言之:

(1) 在优渥的环境中从事审判工作。(刑事)法官在优渥的环境下工作不仅仅意味着收入高(也应当高,因为法官就是社会精英,应当有较高收入以丰衣足食),还意味着工作状态的优雅与闲适。因此,在有机会改革刑事合议庭时,首先得通过其他措施提高,甚至大大提高法官收入以高薪养廉,进而有积极的心态从事审判工作。

(2) 应缩小刑事合议庭的适用范围,扩大刑事独任庭的适用范围以减少合议庭审理刑事案件的数量。只有当法官有时间、有精力时方可从容审理案件和审视案件,并作出理性之判决。

(3) 获得从事法律职业的荣誉感、尊严感。刑事法官通过审理案件获得较高收入,能较好地安排工作时间与休闲时间(休假制度、年休假制度),并在这一工作节奏中推动了中国的法治进程,进而获得职业成就感,获得从事刑事审判中的职业尊严和荣誉。

简单地说,刑事法官在付出、努力与成就(包括职业本身的成就与精英般收入)中获得职业尊严。

综上所述,中国法治的推进和提升更需要(刑事)法官通过审理刑事案件实现,通过在刑事诉讼程序中与诉讼主体、诉讼参与者的互动实现,最终以刑事法官的审判权、司法自由裁量权确定如下事实:(1)刑事法官的司法审判权有权审查侦查权、公诉权的运行情况(是否滥用权力),法官的自由裁量权可以重新界定或者微调整侦查权、公诉权之运行范围和边界。(2)刑事法官可以通过自由裁量权(以法释义学方法)扩张犯罪嫌疑人、被告人的诉讼权利,进而提升保障人权的水平。(3)刑事法官通过法释义学方法(刑法解释方法)发展刑法等实体法,以司法判决方式发展和完善现行法律。

刑事法官可以以此推进中国法治进程,但这只是制度、规则上的权力,还需要增加其行使该权力的动力,即需要刑事法官在优渥的环境(包括收入和可以预期的职业前景)中展开,并能够以此获得职业尊严感、荣誉感。

四、结语

通过上述,我们可以知晓中国刑事合议庭改革,如果从法治的角度审视包括了两方面内容:

其一,刑事合议庭作为一种现代组织的规制问题。它涉及刑事合议庭与法院内其他组织的权力划分问题,也涉及审判权与公诉权与侦查权的权力划分问题,更涉及在刑事合议庭内部的权力配置与互动的问题。基于此,我们提出建议:当下中国刑事合议庭首先应当赋予更多权力以保障法官可以独立办案、真正合议;其次是刑事合议庭中的法官独立行使权力并独立判断的问题,没有这一点,所谓的共同决策则容易成为一种形式,仍然落入既有的承办法官制度的窠臼。

其二,刑事合议庭作为一种组织,从立法层面规制仅仅是起步,还需要法官在审理刑事案件中履行作为一名现代刑事法官应当履行的诸多职责,亦即刑事法官在履行职责中通过司法推动法律发展、法治进步,申言之:在这些职责中(根据前述,共有三项),有些职责是基础性的,无可回避,如通过审理刑事案件解决纠纷;有些职责需要刑事法官具备更多能力和动力方可胜任,比如说发展法律,又如审查侦查权和公诉权的运行情况。通过法官的主观能动性,通过法官具备的经验、知识形成的能力,在审理刑事案件中推动法律发展,进而使中国法治的运行情况、发展状态得以体现。要实现之,需要更多条件配套,如法官收入、休闲之充分保障(他们应当生活在优渥的生活环境中),更应当有预期明显的职业前景和审理(刑事)案件时的职业成就感。

总而言之,在现代法治语境下,在一种现代刑事审判组织、刑事合议庭中,刑事法官运用知识、经验形成的能力,在法律赋予的审判权、自由裁量权范围内,可以达致职业成就与个人成就的统一,换句话来说,刑事法官在审案中达至收入、职位、工作与职业尊严的有机统一或者达到有效平衡——此为刑事合议庭改革的方向,也是目标。

主要参考文献

一、专著类

1. 〔英〕S.斯普林科尔:《清代法制导论——从社会学角度加以分析》,张守东译,中国政法大学出版社2000年版;
2. 〔美〕弗兰克·M.柯芬:《美国上诉程序——法庭·代理·裁判》,傅郁林译,中国政法大学出版社2009年版;
3. 〔美〕罗纳尔多·V.戴尔卡门:《美国刑事诉讼——法律和实践》,张鸿巍等译,武汉大学出版社2006年版;
4. 〔德〕克劳思·罗科信:《刑事诉讼法(第24版)》,吴丽琪译,法律出版社2003年版;
5. 〔德〕托马斯·魏根特:《德国刑事诉讼程序》,岳礼玲、温小洁译,中国政法大学出版社2004年版;
6. 〔美〕查尔斯·蒂利:《民主》,魏洪钟译,上海世纪出版集团2009年版;
7. 〔美〕威廉·L.德威尔:《美国的陪审团》,王凯译,华夏出版社2009年版;
8. 〔法〕卡斯东·斯特法尼等:《法国刑事诉讼法精义》(上),罗结珍译,中国政法大学出版社1999年版;
9. 〔日〕田口守一:《刑事诉讼法(第五版)》,张凌、于秀峰译,法律出版社2010年版;
10. 左卫民等:《合议制度研究——兼论合议庭独立审判》,法律出版社2001年版;
11. 左卫民等:《中基层法院法官任用机制研究》,北京大学出版社2014年版;
12. 左卫民、周长军:《刑事诉讼的理念》,法律出版社1999年版;
13. 龙宗智:《刑事庭审制度研究》,中国政法大学出版社

2001 年版；

14. 苏力：《法治及其本土资源（修订版）》，中国政法大学出版社 2004 年版；
15. 王绍光：《民主四讲》，生活·读书·新知三联书店 2008 年版；
16. 高其才主编：《法理学（第二版）》，清华大学出版社 2011 年版；
17. 杨鸿烈：《中国法律思想史》，中国政法大学出版社 2004 年版；
18. 季怀银：《中国传统民商法兴衰之鉴》，中国民主法制出版社 2003 年版；
19. 张晋藩：《中国法律的传统与近代转型》，法律出版社 1997 年版；
20. 高其才：《多元司法——中国社会纠纷解决方式及其变革》，法律出版社 2009 年版；
21. 魏淑民：《清代乾隆朝省级司法实践研究》，中国人民大学出版社 2013 年版；
22. 郑秦：《清代法律制度研究》，中国政法大学出版社 2003 年版；
23. 张德美：《从公堂走向法庭：清末民初诉讼制度改革研究》，中国政法大学出版社 2009 年版；
24. 姚莉：《反思与重构——中国法制现代化进程中的审判组织改革研究》，中国政法大学出版社 2005 年版；
25. 杨知文：《中国审判制度的内部组织构造》，法律出版社 2014 年版；
26. 尹忠显主编：《合议制问题研究》，法律出版社 2002 年版；
27. 刘世强：《刑事合议制度研究》，中国政法大学出版社 2014 年版；
28. 袁坚：《刑事审判合议制度研究》，法律出版社 2014 年版；
29. 张雪纯：《合议制裁判研究——基于决策理论的分析》，法律出版社 2013 年版；
30. 代志鹏：《司法判决是如何生产出来的——基于法官角色的理想图景与现实选择》，人民法院出版社 2011 年版；
31. 陆而启：《法官角色论——从社会、组织和诉讼场域的审视》，法律出版社 2009 年版；
32. 朱立恒：《刑事审级制度研究》，法律出版社 2008 年版；
33. 王超：《刑事审级制度的多维视角》，法律出版社 2016 年版；
34. 陈杭平：《统一的正义：美国联邦上诉审及其启示》，中国法制出版社 2015 年版；
35. 宋冰：《读本：美国与德国的司法制度及司法程序》，中国政法大学出版社 1998 年版；
36. 邵建东主编：《德国司法制度》，厦门大学出版社 2010 年版；
37. 陈永生：《侦查程序原理论》，中国人民公安大学出版社 2003 年版；
38. 林来梵：《宪法学讲义（第二版）》，法律出版社 2016 年版；
39. 张千帆：《宪法学导论——原理与应用（第三版）》，法律出版社 2014 年版；

40. 赵旻:《民事审判独任制研究》,华中科技大学出版社 2014 年版;

41. 康均心:《法院改革研究——以一个基层法院的探索为视点》,中国政法大学出版社 2004 年版;

42. 易延友:《陪审团审判与对抗式诉讼》,三民书局 2004 年版;

43. 最高人民法院中国应用法学研究所编:《美国法官制度与法院组织标准》,于秀艳等编译,人民法院出版社 2008 年版;

44. 金邦贵主编:《法国司法制度》,法律出版社 2008 年版;

45. 徐显明、郑永流主编:《六年制法学教育模式改革》,中国法制出版社 2009 年版;

46. 林钰雄:《刑事诉讼法(总论编)》,中国人民大学出版社 2005 年版;

47. 王兆鹏:《美国刑事诉讼法》,北京大学出版社 2005 年版;

48. 李洪林:《中国思想运动史》,香港天地出版集团 1999 年版;

49. 武延平、刘根菊等:《刑事诉讼法学参考资料汇编(中)》,北京大学出版社 2005 年版;

50. 赖波军:《司法运作与国家治理的嬗变:基于四川省级地方法院的考察》,北京大学出版社 2015 年版;

51. 万毅:《底线正义论》,中国公安人民大学出版社 2006 年版;

52. 杜豫苏:《上下级法院审判业务关系研究》,北京大学出版社 2015 年版;

53. 陈陟文、孙文波:《法官员额制问题研究》,中国民主法制出版社 2016 年版;

54. 蒋秋明:《南京国民政府审判制度研究》,光明日报出版社 2011 年版;

55. 黄惠贤、陈锋:《中国俸禄制度史》(修订版),武汉大学出版社 2012 年版;

56. 韩涛:《晚清大理院:中国最早的最高法院》,法律出版社 2012 年版;

57. 岳谦厚:《边区的革命(1937—1949)——华北及陕甘宁根据地社会史论》,社会科学文献出版社 2014 年版;

58. 雷艳红:《唐代君权与皇族地位之关系研究》,中国社会科学出版社 2014 年版;

59. 钟金燕:《政法委制度研究》,中央编译出版社 2016 年版;

60. 于明:《司法治国英国法庭的政治史(1154—1701)》,法律出版社 2015 年版;

61. 陈瑞华:《刑事诉讼中的问题与主义(第二版)》,中国人民大学出版社 2013 年版;

62. 陈兴良:《教义刑法学》,中国人民大学出版社 2010 年版;

63. 蔡道通:《刑事法治的基本立场》,北京大学出版社 2008 年版;

64. 何勤华、任超等:《法治的追求——理念、路径和模式比较》,北京大学出版社 2005 年版;

65. 郑贤君:《基本权利原理》,法律出版社 2010 年版,第 55—64 页;

66. 张明楷:《刑法学(第五版)》,法律出版社 2016 年版;
67. 华林甫等:《中国省制演进与未来》,东南大学出版社 2016 年版;
68. 陈茂同编:《中国历代职官沿革史》,昆仑出版社 2013 年版;
69. 施耐庵:《水浒传》,金圣叹批评版,齐鲁书社 1991 年版;
70. 曹雪芹:《红楼梦》,程伟元、高鹗整理(俗称"程乙本校注版")、启功等注评,广西师范大学出版社 2017 年版;
71. 吴闲云:《黑水浒》,民主与建设出版社 2014 年版;
72. 何家弘:《短缺证据与模糊事实》,法律出版社 2012 年版;
73. 李交发:《中国诉讼法史》,中国检察出版社 2002 年版;
74. 费孝通:《乡土中国 生育制度》,北京大学出版社 1998 年版;
75. 苏力:《批评与自恋(增订版)》,北京大学出版社 2018 年版;
76. 那思陆:《明代中央司法审判制度》,北京大学出版社 2004 年版;
77. 那思陆:《清代重要司法审判制度》,北京大学出版社 2004 年版;
78. 那思陆:《中国审判制度史》,上海三联书书店 2013 年版;
79. 董鑫主编:《国家公务员犯罪及其防治》,法律出版社 2016 年版;
80. 陈洪兵:《贪污贿赂渎职罪解释论与判例研究》,中国政法大学出版社 2015 年版;
81. 曹康、刘凡主编:《贿赂犯罪侦查与预防》,中国检察出版社 2017 年版;
82. 韩起祥主编:《腐败渎职犯罪的刑法控制策略》,人民出版社 2017 年版;
83. 刘仁文主编:《贪污贿赂犯罪的刑法规制》,社会科学文献出版社 2015 年版;
84. 卞建林主编:《腐败犯罪诉讼程序专题研究》,中国人民公安大学出版社 2014 年版;
85. 詹复亮:《贪污贿赂犯罪及其侦查实务(第二版)》,人民出版社 2013 年版;
86. 徐进辉主编:《贪污贿赂犯罪案件侦查实务》,中国检察出版社 2013 年版;
87. 朱立恒:《腐败犯罪的司法控制》,中国检察出版社 2010 年版;
88. 扈晓芹:《交通肇事罪理论争议研究》,中国社会出版社 2013 年版;
89. 邓思清主编:《刑事案例诉辩审评——交通肇事罪、危险驾驶罪》,中国检察出版社 2014 年版;
90. 杨春洗、杨敦先主编:《中国刑法论》,北京大学出版社 1998 年版;
91. 高铭暄、马克昌主编:《刑法学》,北京大学出版社、高等教育出版社 2000 年版;
92. 何秉松主编:《刑法教科书(下卷)》,中国法制出版社 2000 年版;
93. 李凯:《交通犯罪的刑法规制》,法律出版社 2017 年版;
94. 苏力:《法律与文学——以中国传统戏剧为材料》,生活·读书·新知三联书店 2006 年版;

95. 苏力:《送法下乡——中国基层司法制度研究》,北京大学出版社 2011 年版;

96. 蒋志如:《刑事特别程序研究》,法律出版社 2016 年版;

97. 蒋志如:《法律职业与法学教育之张力问题研究——以美国为参照的思考》,法律出版社 2012 年版;

外文文献

98. Russell F. Moran: *Justice in American: How It Works-How It Falls*, Createspace Press, 2011;

99. Richard A. Posner: *Reflections on Judging*, Harvard University Press, 2013;

100. David M. O'Brien: *Judges on Judging: Views from the bench*, CQ Press(4th revised edition), 2013;

101. Aspatore: *Navigating Criminal Law in China*, West Publishing Co, 2012;

102. Andrew Harding, Penelope Nicholson: *New Courts in Asian*, Routledge Press, 2009;

103. Sally J. Kenney: Gender and Justice: *Why Woman in the Judiciary Really Matter*, 2012;

104. H. W. Brands: *American colossus*, anchor books, 2010;

105. Jean Edward Smith: *John Marshall: Definer of a nation*, Henry Holt and company, 1996;

106. Charles M. Sevilla: *Disorder in the court: Great fractured moments in courtroom history*, Norton & Company, 1993;

107. Charles M. Sevilla: *Law and disorder: Absurdly funny moments from the courts*, Norton & Company, 2014;

108. Lee Epstein, William M. Landes, Richard A. Posner: *The Behavior of Federal Judges: A Theoretical and Empirical Study of Rational Choice*, Harvard University Press, 2013;

109. Harlow Giles Unger: *John Marshall: The chief justice who saved the nation*, Da CAPO Press, 2014.

二、论文类

期刊类

1. 左卫民:《审判如何成为中心:误区与正道》,载《法学》2016 年第 6 期;

2. 左卫民:《司法化:中国刑事诉讼修改的当下与未来走向》,载《四川大学学报(哲学社会科学版)》2012 年第 1 期;

3. 陈永革:《完善我国刑事审判组织职能刍议》,载《现代法学》1997 年第 4 期;

4. 姚莉、詹建红:《从集体决策到个体决策——刑事审判组织改革新思路》,载《中国律师》2000 年第 10 期；

5. 姚莉：《刑事审判组织表决规则研究》，载《法学研究》2009 年第 1 期；

6. 苏宏峰：《刑事诉讼中的审判委员会不应成为审判组织》，载《呼伦贝尔学院学报》2000 年第 3 期；

7. 曾康：《少年刑事审判组织研究》，载《青少年犯罪问题》2009 年第 5 期；

8. 王冬冬：《刑事简易程序审判组织改革刍议》，载《政法论坛》2005 年第 1 期；

9. 陈卫东、刘计划：《论集中审理原则与合议庭功能的强化——兼评〈关于人民法院合议庭工作的若干规定〉》，载《中国法学》2003 年第 1 期；

10. 余亚宇：《群体决策心理视角下的合议庭评议功能之弥合》，载《法律适用》2014 年第 1 期；

11. 苏力：《法律社会学调查中的权力资源——一个社会学调查过程中的反思》，载《社会学研究》1998 年第 2 期；

12. 崔建军：《法院隐瞒收入私设"小金库"》，载《财政监督》2008 年第 5 期；

13. 陈瑞华：《法官责任制度的三种形式》，载《法学研究》2015 年第 3 期；

14. 丰霏：《法官员额制的改革目标与策略》，载《当代法学》2015 年第 5 期；

15. 叶竹盛：《法官员额制：寻找可复制的经验》，载《南风窗》2015 年第 14 期；

16. 刘斌：《从法官"离职"现象看法官员额制改革的制度逻辑》，载《法学》2015 年第 10 期；

17. 陈永生、白冰：《法官、检察官员额制改革的限度》，载《比较法研究》2016 年第 2 期；

18. 苏力：《审判管理与社会管理——法院如何有效回应"案多人少"》，载《中国法学》2010 年第 6 期；

19. 沈德咏：《论以审判为中心的诉讼制度改革》，载《中国法学》2015 年第 3 期；

20. 魏晓娜：《以审判为中心的刑事诉讼制度改革》，载《法学研究》2015 年第 4 期；

21. 张文显：《论司法责任制》，载《中州学刊》2017 年第 1 期；

22. 黄文艺：《1952—1953 年司法改革运动研究》，载《江西社会科学》2004 年第 4 期；

23. 方流芳：《中国法学教育观察》，载《比较法研究》1996 年第 2 期；

24. 方流芳：《追问法学教育》，载《中国法学》2008 年第 6 期；

25. 张仁善：《近代中、德等国法院体制与法官资格、待遇及社会地位之比较》，载《中德法学论坛》2003 年第 00 期；

26. 刘忠：《"党管政法"思想的组织史生成(1949—1958)》，载《法学家》2013 年第 2 期；

27. 刘忠：《格、职、级与竞争上岗——法院内部秩序的深层结构》，载《清华法学》2014 年第 2 期；

28. 刘忠:《规模与内部治理——中国法院编制变迁三十年(1978—2008)》,载《法制与社会发展》2012年第5期;

29. 刘忠:《条条与块块关系下的法院院长产生》,载《环球法律评论》2012年第1期;

30. 刘忠:《政治性与司法技术之间:法院院长选任的复合二元结构》,载《法律科学》2015年第5期;

31. 吴雨虹:《我国带年薪休假制度的分析与研究》,载《科技创业月刊》2014年第5期;

32. 陈斯喜:《新中国立法60年回顾与展望》,载《法治论丛》2012年第2期;

33. 朱景文:《中国法律发展的全景展示》,载《法制资讯》2011年第4期;

34. 龙宗智:《评贺卫方〈复转军人进法院〉一文》,载《法学》1998年第6期;

35. 芹夫:《〈复转军人进法院〉风波》,载《法学》2000年第7期;

36. 王庆廷:《角色的强化、弱化与平衡——负责制视角下的合议庭成员考》,载《贵州警官职业学院学报》2008年第3期;

37. 刘有伦:《刑事审判组织的权与责》,载《现代法学》1993年第6期;

38. 郑秦:《清代地方司法管辖制度考析》,载《西北政法学院学报》1987年第1期;

39. 卢晖临、李雪:《如何走出个案——从个案研究到扩展个案研究》,载《社会科学研究》2007年第1期;

40. 王立民:《也论中华法系》,载《华东政法学院学报》2001年第5期;

41. 黄宗智:《中国古今的民、刑事正义体系——全球视野下的中华法系》,载《法学家》2016年第1期;

42. 孙谦、尹伊君:《国家工作人员职务犯罪论》,载《法学研究》1998年第4期;

43. 姜涛:《贪污贿赂犯罪之量刑标准的再界定》,载《比较法研究》2017年第1期;

44. 刘宪权:《贪污贿赂罪最新定罪量刑标准体系化评析》,载《法学》2016年第5期;

45. 兰志伟、郑东:《职务犯罪轻刑化问题研究》,载《河北法学》2011年第12期;

46. 陈洪兵:《共犯论的分则思考——以贪污贿赂及渎职罪为例》,载《法学家》2015年第2期;

47. 张明楷:《受贿罪的共犯》,载《法学研究》2002年第1期;

48. 刘明祥:《从单一正犯视角看贿赂罪中的共同犯罪疑难问题》,载《法学家》2017年第2期;

49. 吴雨豪:《论作为死刑替代措施的终身监禁》,载《环球法律评论》2017年第1期;

50. 赵秉志:《论中国贪污受贿罪死刑的立法控制及其废止》,载《现代法学》2016年第1期;

51. 张明楷:《贪污贿赂罪的司法与立法发展方向》,载《政法论坛》2017年第1期;

52. 戴玉忠:《我国贿赂犯罪刑法制度的演变与发展完善》,载《法学杂志》2016年第4期;

53. 刘艳红:《注意规范保护目的与交通过失犯的成立》,载《法学研究》2010年第4期;

54. 刘艳红:《交通过失犯认定应以结果回避义务为基准》,载《法学》2010年第6期;

55. 冯金银:《交通肇事罪认定中的几个问题》,载《政法论坛》2004年第4期;

56. 侯国云:《交通肇事罪司法解释缺陷分析》,载《法学》2002年第7期;

57. 蒋志如:《司法权威与人性尊严——以李昌奎案为中心的透视》,载《安徽警官职业学院学报》2014年第4期;

58. 蒋志如:《中国刑事再审程序启动主体的实证研究——以S省G市的调研为范围》,载《安徽大学法律评论》2014年第2辑;

59. 蒋志如:《试论中级人民法院第一审程序的审判范围》,载《河北法学》2014年第1期;

60. 蒋志如:《中国法学教育的双输!?》,载《厦门大学法律评论》2010年第1辑;

61. 蒋志如:《〈中共中央关于全面推进司法治国若干重大问题的决定〉中的司法改革》,载《内蒙古师范大学学报(哲学社会科学版)》2017年第4期;

62. 蒋志如:《人之发展与法的规制》,载《贵州警官职业学院学报》2012年第1期;

63. 蒋志如:《中国法学教育何处去》,载《安徽大学法律评论》2012年第2期;

64. 蒋志如:《试论法官与法学家的关系——以美国为语境的思考》,载《安徽大学法律评论》2011年第2期;

65. 蒋志如:《宪法概念再探》,载《求索》2011年第11期;

66. 蒋志如:《从刑事特别程序审视中国法治发展状况》,载《前沿》2015年第10期;

67. 蒋志如:《宪政视野下的〈刑事诉讼法·总则〉》,载《安徽警官职业学院学报》2013年第4期;

68. 蒋志如:《试论中国保外就医制度——以职务犯罪为中心考》,载《前沿》2015年第7期;

学位论文类

69. 张可:《清代审级制度研究》,中国政法大学2011年博士学位论文;

70. 吕国凡:《审判委员会制度实证研究》,四川大学2017年博士论文;

71. 曾康:《未成年人刑事审判程序研究》,西南政法大学2007年博士学位论文;

72. 余为军:《刑事审判组织审判权虚置现象研究》,内蒙古大学2012年硕士研究生学位论文;

73. 王超：《关于某县人民法院刑事审判合议庭运行情况的调研报告》，西南政法大学 2011 年硕士研究生学位论文；

74. 孙郑：《基层法院法官境遇现状及分析》，内蒙古大学 2014 年硕士学位论文；

75. 马力：《行政事业单位防治"小金库"长效机制建设研究》，武汉理工大学 2012 年硕士论文；

76. 刘派：《行政事业单位"小金库"的审查与治理对策研究——以 A 单位为例》，吉林财经大学 2016 年硕士论文；

77. 庞芳：《我国最高人民法院机构设置及其变革》，中国青年政治学院 2011 年硕士学位论文；

78. 孙郑：《基层法院法官境遇现状及分析》，载内蒙古大学 2014 年硕士研究生学位论文；

79. 毕文利：《国家工作人员职务犯罪研究》，黑龙江大学 2004 年硕士论文；

80. 王楠：《论国家工作人员职务犯罪的法律规制——基于反腐败的视角》，山东大学 2012 年硕士学位论文；

报纸与网络资源

81. 王智刚、黄伯青、伍天翼：《案件分配制度改革的探索与实践》，载《人民法院报》2016 年 3 月 2 日第 8 版；

82. 贺卫方：《复转军人进法院》，载《南方周末》1998 年 1 月 2 日；

83. 蒋安杰：《立法 60 年呈波浪形走势》，载《法制日报》2011 年 3 月 2 日第 9 版；

84. 《案件请示做法的由来》，载《法制资讯》2009 年第 5 期；

85. 游东华：《法院全面清理"小金库"》，载《闽东日报》2001 年 12 月 21 日；

86. 《法官开庭打瞌睡的背后》，载搜狐网，http://www.sohu.com/a/25175753_114351，最后登录时间 2017 年 7 月 30 日；

87. 《四川西充法院：审判长边接电话边听案》，载腾讯网，http://cd.qq.com/a/20080104/000118.htm，最后登录时间 2017 年 7 月 30 日；

88. 姜洁：《党的十八大以来正风反腐要闻录》，载新浪财经，http://finance.sina.com.cn/roll/2016-02-02/doc-ifxnzanh0604489.shtml，最后登录时间 2017 年 7 月 31 日；

89. 《未来几年，法院将有哪些变化？——解读修订后的人民法院"四五改革纲要"》，载新华网，http://news.xinhuanet.com/legal/2015-02-26/c_1114445304.htm，最后登录时间 2017 年 8 月 24 日；

90. 胡道才：《法官员额制改革"落地"后的思考》，载《中国社会科学网》，http://www.cssn.cn/bk/bkpd_qkyw/bkpd_bjtj/201703/t20170328_3468438_1.shtml，最后登录时间 2017 年 8 月 24 日；

91. 《（甘肃）全省法院积极开展"小金库"专项治理工作》，载 http://www.

chinagscourt. gov. cn/detail. htm? id=34935,最后登录时间 2017 年 12 月 5 日;

92. 冯莹整理:《最高人民法院机构设置简史(1949—2014)》,http://www. 360doc. com/content/14/1209/14/8150055_431535995. shtml,最后登录时间 2018 年 1 月 9 日;

93. 《周强同志简历》,http://politics. people. com. cn/n/2013/0130/c351134-20378812. html,最后登录时间 2018 年 1 月 9 日。

三、法规、司法解释类

1. 《中华人民共和国人民法院暂行组织条例(1951)》;
2. 《中华人民共和国人民法院组织法(1954)》;
3. 《中华人民共和国人民法院组织法(1979)》;
4. 《中华人民共和国人民法院组织法(2006)》;
5. 《中华人民共和国人民法院组织法(2018)》;
6. 《中华人民共和国刑事诉讼法(草案)》;(1957)
7. 《中华人民共和国刑事诉讼法(1979)》;
8. 《中华人民共和国刑事诉讼法(1996)》;
9. 《中华人民共和国刑事诉讼法(2012)》;
10. 《中华人民共和国刑事诉讼法(2018);
11. 《最高人民法院关于适用《中华人民共和国刑事诉讼法》的解释(2021)》;
12. 吴宏耀、种松志主编:《中国刑事诉讼法典百年(上、中、下)》,中国政法大学出版社 2012 年版;
13. 《人民陪审员改革试点工作实施办法(2015)》;
14. 《最高人民法院关于人民陪审员参加审判活动若干问题的规定(2010)》;
15. 《中华人民共和国法官法(1995)》;
16. 《最高人民法院关于人民法院合议庭工作的若干规定(2002)》;
17. 《最高人民法院关于完善院长、副院长、庭长、副庭长参加庭审案件制度的若干意见(2007)》;
18. 《最高人民法院关于进一步加强合议庭职责的若干规定(2010)》;
19. 《最高人民法院审判委员会工作规则(1999)》;
20. 《人民法院第四个五年改革纲要(2014—2018)》;
21. 《中共中央关于全面深化改革若干重大问题的决定(2013)》;
22. 《中共中央关于全面推进依法治国若干问题的决定(2014)》;
23. 《最高人民法院关于完善人民法院司法责任制的若干意见(法发〔2015〕13 号)》;
24. 《关于加强各级人民法院院庭长办理案件工作的意见(试行)》(法发〔2017〕10

号）；

25.《职工带薪年休假条例》；

26.《企业职工带薪年休假实施办法》。

四、法院志（包括内部资料）

1.《浦东新区审判志》，法律出版社 2013 年版；

2. 李其凡主编：《湖北法院志》，人民法院出版社 1995 年版；

3. 周金堂主编：《湖南省志（第六卷）：政法志·审判》，湖南出版社 1995 年版；

4. 毛善刚主编：《湖南省志·审判志（1978—2002）》，珠海出版社 2009 年版；

5. 戴瑞林主编：《河北省志（第 73 卷）：审判志》，河北人民出版社 1994 年版；

6. 西藏自治区高级人民法院编撰：《西藏自治区志·审判志》，中国藏学出版社 2009 年版；

7. 四川省高级人民法院院志编辑室：《四川审判志》，电子科技大学出版社 2003 年版；

8. 成都市中级人民法院：《成都法院志》，四川人民出版社 1997 年版；

9. 曾维林主编：《重庆法院志》，重庆市沙坪坝文化实业开发公司 1995 年版；

10. 新疆维吾尔自治区地方志编纂委员会编：《新疆通志（第 22 卷）·审判志》，新疆人民出版社 1993 年版；

11.《江西省法院志》编纂委员会编：《江西省志·江西省法院志》，方志出版社 1996 年版；

12. 贵州省地方志编纂委员会编：《贵州省志·审判志》，贵州人民出版社 1999 年版；

13.《C 法院志（1990—2005）》（内部资料）；

14.《S 法院志（1986—2005）》（内部资料）；

15.《M 市法院志（内部资料）》；

16.《S 县法院志（内部资料）》。

后　　记

这是笔者的第三本专著,依照既有写作计划,这一本应当是《刑事救济程序研究》。2015 年申请的国家社科基金项目《法治视野下的刑事合议庭研究》获得立项,改变了我研究的方向。经过一年有余的资料准备、实务部门调研,到 2016 年 9 月在北京大学做访问学者时,笔者终于有时间投入到这部著作的写作,到 2018 年 6 月完成初稿,凡计 50 余万字。由于第一章即有近 20 万字,经过斟酌,决定将这一稿子以两本著作的方式出版,这里出版的是其中 30 余万字的《中国刑事合议庭研究》。对原来的第一章作再研究并重新撰写,将以《历史与法律文本视野下的中国法院研究——一个导论》一书出版。这两本著作将与笔者即将展开的《中国基层法院研究——以 M 市两级法院为范围的考察》等一起形成笔者关于中国刑事审判组织研究系列的组成部分。

之所以以法院审判组织为主题进行系列研究,是源于在法院一年挂职的经历。在法院担任副庭长的一年里,我其实是一个"闲人"(学院没有任何课,法院也不安排任何可以负责的事项),但又需要天天到法院打卡上班,其他事情也没法开展,只好跟着该庭两个合议庭跑案子:到看守所讯问犯罪嫌疑人、被告人或者上诉人,参加庭审,参加合议庭合议,参加审判委员会讨论,阅读卷宗,从一个法院到另一个法院。一年里共经历刑事案件100余件,大大丰富了自己的司法经验,改变了自己对法官、刑事合议庭和审判委员会的诸多偏见。2014年年终之时,将经历的案件及其笔记作了一个整理,并以此申请国家社科基金课题。当获批之后,笔者于2015年9月即组成课题组到法院调研,通过系统收集资料、访谈法官,最终确定了本课题的写作大纲,进而深化了对中国法院刑事审判组织的认识,与当初申请课题时的思考已有相当的不同:

其一,三种审判组织的相互关系:在法院挂职时,天天是与案子、法官打成一片,眼里也只有刑事合议庭,很少审视其与独任庭、审判委员会之间的内在关系,因为在中院基本上没有独任庭案件,审判委员会的刑事案件也不多,而且即使参加审判委员会,由于身处其中,并没有审视其与合议庭的关系。当离开法院一年后,再到法院调研,与法院的刑事合议庭、审判委员会、基层法院的独任制审判有了一个空间、时间距离感后,在详细的访谈中、在阅读卷宗中、在《法院志》中感受到了三种审判组织间的深层复杂关系。

其二,法官与领导的关系:在法院挂职时,我对法官与领导之间的关系已有所认识。在日常工作期间,在一起休闲娱乐时,所有人(包括我),都能感受到法官对领导的服从或间接服从,也可以感受到关键时刻领导对法官工资、职务晋升情况的重要影响。记得有一位领导曾经说过,"我肯定不可能雪中送炭,锦上添花亦不可能,但我肯定能让你做不成事"①。在当时,这给我(和其他法官)带来震撼并深感恐惧。当到法院调研时,访谈具体刑庭法官、刑庭庭长、刑庭主管副院长、院长时,法官与领导的关系呈现出复杂景象,改变了我对刑事合议庭法官之间关系的观察和思考,促使我将其放置到更广阔的视野观察中国刑事合议庭的法官问题。

其三,对贪污渎职案件的认识:在挂职的一年里,对贪污渎职的案件一无所知,当时也主要想对交通肇事案件作专题讨论以审视中国刑事合议庭法官的司法过程。当调研特别是第二次调研展开时,课题组接触到基层人民法院、中级人民法院的贪污渎职案件,我们立即认识到该类案件对思考和审视刑事合议庭司法过程的重要意义,进而调整调研中具体案

---

① 这当然是极端言论,也是极个别的领导的观点和立场。绝大多数领导对其下属和蔼可亲,关怀备至。

件的收集方向,集中于两类案件,交通肇事案件和职务犯罪案件,职务犯罪案件收集十余件,涉及副科、科级干部的贪污犯罪案件,亦有副处级、正处级领导干部贪污贿赂罪案件,还收集到了副厅级、正厅级领导干部犯罪案件,大大丰富了笔者对刑事合议庭运行情况的认识和思考(也促使我对其作一个专门的研究)。①

一如既往,这本书不仅仅是笔者近四年来思考的产物,更是与诸多同事、师友交流、互动的产物,在此对帮助、关心、支持我的同事、好友、长辈们表示感谢:

首先,是我的本科同学、挚友申伟博士。该书从课题申请到著作撰写,再到内容修改都有他的参与:自从本科以来,我们即为无所不谈的哥们兄弟,当我产生以合议庭为主题申报课题的想法后多与他交流。他对我的初步想法提出了诸多建设性意见,当课题申报书完成后,通过 E-mail 发给他,他对申报书提出了若干有益的建议。在课题调研和课题撰写中,他也对其中部分章节的布局、细节提出了若干建议。在初稿完成后,特别是在 2018 年 7 月到兰州大学工作后,我们的交往比较频繁,我就本书的所有内容与其交流,因而本书的每一章内容,包括一些细节处理均有申伟博士的诸多努力和建议。

除此之外,还有我好友兼同事张正印教授,在这几年中,我们一有时间就聚在一起讨论学术,也谈天说地,一起成长,2018 年 7 月他离职到湖南湘南学院任职,我也离职到兰州大学任教,相隔千里,期待将来有更多见面和交流;而且,本书中的诸多问题、主题我也经常与他交流,受益良多。

其次,西南科技大学法学院的刘永强副院长对该书主题的支持和建议。当初来到西南科技大学从事刑事诉讼法学、证据法学的教学和科研,十分缺乏司法实务经验。他不仅仅以其从事检察官的经历为我讲解其经历的司法经验,法院、检察院的基本情况,更是将我推荐到司法实务部门,进而有机会在 2014 年到法院挂职一年。这一年让我积累了初步的司法经验,即使离开法院后,仍然继续保持了与法院刑事审判部门、研究室的

---

① 如果将来有时间笔者将以专著对此展开系统研究,不过材料并不局限于司法实践中的贪污渎职案件,考察的范围将扩展到古典文学和古代史学中的刑事案件。

交往,法院、法官关注的问题、司法经验得到继续积累,改变了我既有的研究方法、研究进路和思考路径。而且,在撰写本书的过程中,诸多问题(如检察官、法官的收入问题、职务晋升问题)也得益于他详细的讲解和指导。人生遇到他,是一种幸运。他是引导我进步的好大哥,扩展了我的学术视野。在此,再次感谢刘院长。

还有,绵阳市中级人民法院刑二庭庭长闫晓秋、副庭长孟娟法官,平武人民法院院长申东法官、研究室主任唐红法官,安县人民法院副院长尹伟,三台人民法院院长吴颖法官、梓潼人民法院院长魏宗久法官,及其他人民法院的主管刑庭的副院长、研究室主任。自从到西南科技大学以来即得到你们的支持和帮助。借此机会,再次谢谢你们!

再次,来自司法实务部门法官们的支持:自 2012 年与法院合作课题以来,一直与法院法官有深入交流,不仅仅在工作上有相互交流,更在日常生活中成为好友。不管是遇到教学工作中问题①,抑或涉及刑事诉讼程序、司法体制、法院内部管理问题的科研事项,当我向其请教时,他们不仅仅知无不言、言无不尽,更是提供具体资料、素材。当国家社科基金项目获批之后,他们为我的调研提供了各种帮助,使课题组能够顺利展开。特别感谢绵阳市中级人民法院的法官蒋玉龙、严明;感谢我的高中同学雷杰,他毕业于西南政法大学,本科毕业后即到四川省遂宁市大英县人民法院担任法官,他丰富的实务经验、人生经历,让我获益良多、为本书的相关内容提供诸多建议。

又再次,得益于我的学生团队:我有两个学生组成的读书团队。其一,本科生团队。在这个团队,我们主要是读书、阅读法学经典,但不限于读书,有时我也将对刑事合议庭的研究向他们讲解,讲解的过程一方面丰富他们的知识、见识,另一方面也是整理我思考轨迹的过程。其二,在研究生团队。在这个团队主要是讨论一些学术问题,我也常常带着他们参与课题组的调研。在此过程中,我将自己的想法、学术研究进展情况与他们一起分享,他们在提问、疑问中推进了我对研究对象的认识。在此感谢

---

① 西南科技大学法学院的本科论文和法律硕士研究生论文均要求案例论文。学生们苦于没有案例,或者苦于找不到好的案例,我只好求助法院法官,他们皆不厌其烦地一一满足我或者我学生的请求,而且这些案例也为我思考一些问题提供了诸多灵感。

研究生马四方、徐倩、姜雅琪、乔旭斌、赵倩颖、李菲菲同学,没有你们作为我的科研助手,这本书很难完成。还有,2016级、2017级的硕士研究生,在给他们讲授《刑事诉讼法学》《刑事诉讼法专题》两门课时,我对本书的部分章节以专题形式讲授过,这些讲授丰富、发展了本书的相关内容。在此再次谢谢你们!

岁月如梭,博士毕业已有八年,八年里,我撰写了三部著作,在当下中国功利化的评价体制下仅有评职称之意义耳。

对于我而言,意义很不一样:

首先,这八年、这三部著作代表着我从事学术研究的思考历程,更是让我这八年的教书生涯过得非常充实:生活之中除了家人之外,感受到、接触到最多的就是学生与法官,一直往返于学生与法官之间。在法官那里学习到的经验,我与学生一起分享,也一起观察中国的法院、法官和司法改革;与学生的交往,丰富了对未来法律职业人才培养的观察。他们在我的学术研究中相互促进,进而形成了我学术研究的两大领域:法学教育与刑事诉讼法学(包括司法制度)。

其次,最重要的,它也代表着我妻子为我的付出:我结婚比较早,本科毕业即结婚,在攻读硕士学位、博士学位时,对家的理解、对家庭责任的理解还比较肤浅,对家庭付出也非常少,对女儿的关注更少,主要是我的妻子刘琼华女士在为家庭付出。工作八年来,随着岁月的增添,家庭对于我来说感受得越来越真切,也越来越实在,然仍然以各种"借口"逃避,而刘琼华女士,她一如既往地包容着我的各种"借口",仍然是她在努力支撑这个家。

在此,特别感谢我的妻子刘琼华女士对我、对这个家庭的付出。

2018年12月23日星期日于兰州大学齐云楼